헌법재판소 결정의 효력

허완중 저

전남대학교출판문화원

헌법재판소 결정의 효력

2019년 1월 5일 인쇄
2019년 1월 10일 발행

지은이 | 허완중
펴낸이 | 정병석

펴낸곳 | 전남대학교출판문화원
주소 | 61186 광주광역시 북구 용봉로 77
전화 | (062) 530-0571~3 팩스 | (062) 530-0579
등록 | 1981. 5. 21. 제53호
홈페이지 | http://www.cnup.co.kr
이메일 | cnup0571@hanmail.net

값 19,000 원

ISBN 978-89-6849-581-6 (93360)

이 도서의 국립중앙도서관 출판예정도서목록(CIP)은 e-CIP홈페이지(http://www.nl.go.kr/ecip)와 국가자료공동목록시스템(http://www.nl.go.kr/kolisnet)에서 이용하실 수 있습니다.
(CIP제어번호: CIP2018042733)

머리말

이 책의 시작은 박사학위논문이다. 독일 뮌헨대학교에서 쓴 박사학위논문 '헌법재판소 결정이 입법자를 구속하는 범위와 한계'에서 헌법재판소 결정의 입법자 구속 근거로서 헌법재판소 결정의 기속력을 다루었다. 그러면서 헌법재판소 결정의 효력에 관심을 두기 시작하였다. 그래서 박사학위논문을 제출하고 구술시험을 보기 전에 기속력의 본질과 밀접한 관련이 있는 헌법재판소 결정의 확정력에 관한 논문을 쓰기 시작하였다. 이 논문은 2008년 독일에서 귀국하자마자 약간의 수정을 거쳐 발표하였다. 그리고 독일에서 기속력과 함께 논의하는 법률적 효력을 살펴보다가 이것이 실정법적 근거 없이 인정될 수 없음을 깨달았다. 그래서 실정법적 근거 없이 독일 논의를 수용하는 기존 견해를 비판하면서 소송법의 일반이론에 따라 이해하자는 논문을 썼다. 처음에는 헌법재판소법 제47조 제2항과 제3항의 내용을 형성력으로 이해하자고 주장하였다. 그러나 고려대학교 김하열 교수님께서 이러한 주장의 문제점을 지적해 주셔서 법률요건적 효력으로 보는 견해로 바꾸었다. 더불어 이러한 관점에 따라 헌법재판소법 제47조 제2항과 제3항을 꼼꼼히 해석하는 논문을 차례로 썼다. 또한, 오래전부터 판례의 효력이 법률에 규정되어 있는데도 이를 사실적 효력으로 논의하는 것에 의문이 있었다. 이러한 의문을 풀고자 판례의 효력을 탐구하다가 '헌법재판소 결정의 선례적 구속력'이라는 논문을 완성하였다. 헌법재판소 결정의 효력에 관한 연구를 계속하면서 헌법재판소 결정 자체의 본질에 관한 연구가 없음을 확인하였다. 그래서 헌법재판소 결정의 본질을 파헤치는 논문도 썼다. 끝으로 호원대학교 남복현 교수님께서 여러 차례 위헌법률에 근거한 행정처분의 효력에 관한 이야기를 하신 데다가 여기까지 다루어야 헌법재판소 결정의 효력이 마무리된다는 부담이 있었다. 그러한 묵은 숙제를 미루다가 결국 위헌법률에 근거한 행정처분의 효력에 관한 논문을 작성하였다. 이렇게 헌법재판소 결정의 효력에 관한 전반적인 논의를 끝내자 이를 묶어서 책을 내고 싶은 욕심이 생겼다. 그러면서 헌법재판소법 제47조 제2항과 제3항에 국한하여 간략하게 논의하였던 헌법재판소 결정의 형성력과 법률요건적 효력을 헌법재판소 결정 전체로 확대하여 고찰할 필요성을 느꼈다. 이러한 고찰 없이는 헌법재판소

결정의 효력이라는 책을 온전하게 낼 수 없다고 생각하였다. 그래서 이에 관한 논문을 차례로 쓰게 되었다. 이제 이러한 연구성과를 한데 묶어 책으로 엮게 되었다. 이 책은 각 장이 본디 독립한 논문이라서 겹치는 부분이 여러 부분 있다. 각 장의 독립성을 해치지 않으면 겹치는 부분을 없애려고 노력했지만, 그렇지 않으면 그대로 두었다.

헌법재판소 결정의 효력에 관한 연구를 관통하는 두 가지 기본관점이 있다. 먼저 헌법재판소는 (특별한) 법원이라서 헌법재판소 결정은 판결이고, 헌법재판소 결정의 효력은 판결의 효력이라는 것이다. 따라서 헌법재판소 결정의 효력은 반드시 판결의 효력에서 출발하여야 한다는 것이다. 결국, 헌법재판소 결정의 효력은 판결의 효력을 헌법재판이라는 특수성에 맞게 고치고 보탠 것으로 생각한다. 그래서 이 책은 기본적으로 소송법의 기본법인 민사소송법에 다루는 내용에 기초한다. 즉 헌법이라는 관점보다는 소송법이라는 관점을 우선하여 논의를 전개한다. 다음 이 책은 기본적으로 한국 실정법에 관한 해석이다. 물론 독일에 유학까지 다녀온 지은이의 학문적 기초와 연구방법론 때문에 독일 논의가 상당히 많은 부분을 차지하고 연구방식도 독일식임을 부정할 수 없다. 하지만 지은이가 지금까지 매달려 씨름하는 것은 한국 실정법이다. 그리고 한국 실정법을 한국 현실을 바탕으로 해석하고자 하는 것이 지은이의 연구목적이고 연구방향이다. 이러한 목적이 어느 정도 달성되었는지는 잘 모르겠다. 그러나 적어도 그쪽으로 더디지만 조금씩 내디디고 있고 그러길 바란다. 이러한 두 관점 때문인지 이 책에서는 기존 논의와 다른 주장과 내용이 적지 않다. 이에 관한 아낌없는 비판과 평가를 기대하고 기다린다. 아직도 글을 쓰면서 두렵다. 주장하는 견해가 옳은지에 대한 확신이 점점 사라진다. 하지만 지금 하는 일이 학문발전에 조금이라도 이바지하는 길이라고 믿는다. 이것이 지은이가 계속 연구할 수 있게 하는 힘이다.

여기까지 오는 데 많은 분의 도움과 격려가 있었다. 특히 헌법재판 쪽으로 박사학위 주제를 잡는 데 결정적인 역할을 하시고 학문의 기초를 세워주신 김선택 선생님께는 은혜라는 말도 부족하다. 이 책의 많은 부분의 기초를 다져주신 독일 지도교수 슈테판 코리오트 선생님과 그 스승이신 고 클라우스 슐라이히 선생님도 절대 잊을 수 없다. 그리고 학자의 모범을 보여주시고 언제나 흔들리지 않는 기둥이 되어주시는 계희열 선생님, 언제나 웃음으로 가르침과 격려를 아끼지 않으시는 장영수 선생님, 스승이라고 불러도 부족함이 없으신 정태호 교수님께는 처음 헌법학에 발을 들여놓을 때부터 받기만 한 것 같아 늘 죄송하다. 헌법재판소 결정의 효력과 관련하여 주옥같은 글과 말로 많은 도움을 주신 허영 교수님, 이성환 변호사님, 정종섭 국회의원님, 김현철 교수님, 남복현 교수님, 최희수 교수님, 김하열 교수님을 비롯한 여러 선배 연구자님께도 감사 인사를 드린다.

무뚝뚝하기 이를 데 없는 자식을 한결같이 믿어주시고 사랑해 주시는 부모님, 연구실에 처박혀 있는 남편을 묵묵히 따라주는 아내 박수은, 언제나 눈에 아른거리는 아들 진솔, 인우, 우진에게 사랑한다고 말하고 싶다.

2019년 1월

눈의 설렘을 안아주고픈 날 연구실 창밖 나무에 정겹게 인사하며

허완중

이 책의 바탕이 된 지은이의 논문

제1장 헌법재판소 종국결정의 본질

허완중, 「헌법재판소 종국결정의 본질」, 『영남법학』 제30호, 영남대학교 법학연구소, 2010, 55~84쪽.

제2장 확정력

허완중, 「헌법재판소결정의 확정력」, 『헌법학연구』 제14권 제4호, 한국헌법학회, 2008, 413~452쪽.

제3장 기속력

허완중, 「헌법재판소결정의 기속력과 결정이유 - 헌재 2008. 10. 30. 2006헌마1098등 결정에 대한 평석을 중심으로 -」, 『인권과 정의』 제399호, 대한변호사협회, 2009. 11., 20~39쪽.

허완중, 「헌법재판소결정의 기속력」, 『헌법판례연구』 제13권, 집현재, 2012, 315~378쪽.

제4장 형성력

허완중, 「헌법재판에서 필요성이 의심되는 법률적 효력과 형성력에 의한 그 대체 가능성」, 『안암법학』 제28호, 안암법학회, 2009, 33~72쪽.

허완중, 「헌법재판소 결정의 형성력」, 『법학논총』 제38권 제4호, 전남대학교 법학연구소, 2018, 39~65쪽.

제5장 법률요건적 효력

허완중, 「헌법재판소 결정의 법률요건적 효력」, 『헌법논총』 제29집, 헌법재판소, 2018, 547~593쪽.

제6장 위헌결정의 법률요건적 효력

허완중, 「위헌결정의 법률요건적 효력」, 『헌법학연구』 제19권 제3호, 한국헌법학회, 2013, 389~430쪽.

제7장 선례적 구속력

허완중, 「헌법재판소결정의 선례적 구속력」, 『저스티스』 제110호, 한국법학원, 2009. 4., 5~28쪽.

제8장 위헌으로 결정된 법률의 효력 상실 시기

허완중, 「한국헌법에 따른 헌법재판소법 제47조 제2항의 해석」, 『공법연구』 제37집 제4호, 한국공법학회, 2009, 229~255쪽.

허완중, 「형벌에 관한 법률이나 법률조항에 대한 위헌결정의 소급시점」, 『인권과 정의』 제425호, 대한변호사협회, 2012. 5., 46~62쪽.

허완중, 「한국 헌법에 따른 헌법재판소법 제47조 제3항의 해석 - 헌법재판소법 제47조 제3항 단서를 중심으로 -」, 헌법재판소 헌법재판연구원, 2015, 1~83쪽.

제9장 위헌법률에 근거한 행정처분의 효력

허완중, 「위헌법률에 근거한 행정처분의 효력」, 헌법재판소 헌법재판연구원, 2016, 1~77쪽.

■ 목 차

제3장 기속력

제4장 형성력

제5장 법률요건적 효력

제6장 위헌결정의 법률요건적 효력

제7장 선례적 구속력

제8장 위헌으로 결정된 법률의 효력 상실 시기

제9장 위헌법률에 근거한 행정처분의 효력

Chapter

01

헌법재판소 종국결정의 본질

I. 헌법재판소 종국결정의 본질에 관한 무관심

한국 헌법과 헌법재판소법은 헌법재판소의 지위를 명확하게 규정하지 않는다. '헌법재판'은 독립한 중립기관이 실정헌법을 기준으로 사법절차를 통해서 일반 사법기관이 판단하기 어렵거나 곤란한, 헌법체계적 측면에 비추어 중요한 헌법분쟁에서 무엇이 헌법인지를 최종적으로 결정하는 국가작용을 말한다.[1] '실질적 사법'은 중립기관, 즉 법관이 특별히 규정된 절차에서 실정법을 적용하여 내리는, 사안에 대한 최종적인 결정이다.[2] 헌법재판은 중립기관인 헌법재판관이 헌법재판소법이 규율하는 절차에 따라 헌법을 적용하여 사안에 대한 최종적인 결정에 이르는 판단이므로, 헌법재판은 실질적 사법에 속한다.[3] 헌법재판을 통해서 위헌성이 확인된 법률은 효력

1) ***Klaus Stern***, Das Staatsrecht der Bundesrepublik Deutschland, Bd. Ⅱ, München 1980, S. 943 참조.

2) ***Konrad Hesse***, Grundzüge des Verfassungsrechts der Bundesrepublik Deutschland, 20. Aufl., Heidelberg 1995, Rdnrn. 547 ff. (**콘라드 헷세, 계희열** 옮김, 『통일독일헌법원론』, 박영사, 2001, 337~339쪽); ***Klaus Stern*** (Anm. 1), S. 898 참조.

3) 헌법재판은 사법의 특성을 모두 충족한다: ① 사건성 - 사법작용은 구체적인 법적 분쟁 발생을 전제로 한다. 즉 사법의 대상은 구체적이고 현실적인 권리·의무에 관한 분쟁이다. 헌법재판은 구체적인 헌법분쟁을 대상으로 하므로 사건성이 긍정된다. 추상적 규범통제는 이러한 사건성이 부정되는 것처럼 보이지만, 국가기관 사이에서 법률의 위헌성에 관한 다툼이 있다는 점에서 권한쟁의심판과 비슷한 모습을 띠는 것으로 볼 수 있어 사건성을 부정하기 어렵다. ② 수동성 - 법적 분쟁이 현재화하였다는 사실만으로 사법권이 발동되는 것은 아니다. 사법작용은 당사자가 소를 제기할 때만 발동될 수 있다. 헌법재판에서도 당사자의 심판 청구가 있을 때만 헌법재판소가 심판할 수 있으므로(헌법재판소법 제41조, 제48조, 제55조, 제61조, 제68조) 수동성이 인정된다. ③ 판단의 독립성 - 사법작용은 독립적 지위가 있는 기관이 제3자적 입장에서 수행하여야 할 작용이다. 사법에서 법의 판단과 선언은 엄정하고 공정한 것이어야 하므로, 신분이 보장된 법관이 누구의 명령이나 지시에도 따르지 아니하고 오로지 법과 양심에 따라 할 것이 요청된다. 헌법재판소는 법관 자격이 있는 재판관 9명으로 구성되고(헌법 제111조 제2항, 헌법재판소법 제5조 제1항), 헌법재판소 재판관은 정당에 가입하거나 정치에 관여할 수 없으며(헌법 제112조 제2항, 헌법재판소법 제9조), 헌법재판소 재판관은 탄핵 또는 금고 이상의 형 선고에 의하지 아니하고는 파면되지 아니한다(헌법 제112조 제3항, 헌법재판소법 제8조). 그리고 헌법재판소 재판관은 겸직이 금지되며(헌법재판소법 제14조), 헌법과 법률에 의하여 그 양심에 따라 독립하여 심판한다(헌법재판소법 제4조). 따라서 판단의 독립성도 보장된다. ④ 절차의 특수성 - 사법절차는 객관성과 공정성을 담보하기 위해서 특별하게 규정된다. 따라서 사법절차는 엄격하고 명확하게 형성된다. 헌법재판소법은 일반 사법절차가 (헌법재판의 성질에 반하지 아니하는 한도 안에서) 헌법재판에 준용된다는 것을 전제로 일반 사법절차와 다른 심판절차가 필요할 때 특별규정을 둔다(헌법재판소법 제22조 이하, 특히 제40조 참조). 그러므로 헌법재판에서 절차의 특수성은 충분히 보장된다. ⑤ 법기속성 - 사법작용은 무엇이 법인지를 판단하고 선언하는 작용이다. 따라서 사법은 언제나 법에 구속된다. 그리고 이러한 구속을 통해서 사법은 민주적 정당성을 부여받을 수 있다. 헌법재판소 재판관은 헌법과 법률에 따라 심판하여야 한다(헌법재판소법 제4조). 그래서 헌법재판에서 법

을 상실한다. 하지만 이것은 헌법재판 결과에 불과하므로 이것을 근거로 헌법재판을 입법작용으로 볼 수는 없다. 그리고 헌법재판을 제4의 국가작용으로 보려면 기존 세 국가권력과 구별되는 제4의 국가작용의 명확한 구체적 실질이 제시되어야 한다. 그런데 그러한 실질을 찾기 어렵다. 따라서 헌법재판은 심사기준이 헌법인 특별한 사법작용으로 볼 수 있다. 그에 따라 헌법재판을 담당하는 헌법재판소는 특별한 법원으로 보아야 한다. 헌법해석을 통해서 헌법재판소에 헌법기관의 지위도 있다는 것이 확인된다. 하지만 이것은 헌법이 그에 부여한 기능과 과제 그리고 권한 때문에 인정된다. 따라서 헌법재판소의 헌법기관성이 특별한 법원이라는 헌법재판소의 본질을 바꾸지 않는다.[4)]

지금까지 헌법재판소의 지위에 관한 논의는 활발하게 이루어졌다. 그러나 헌법재판소 종국결정의 본질에 관한 논의는 찾을 수 없다. 헌법재판소 종국결정은 헌법재판의 결론으로서 헌법재판소는 오로지 종국결정을 통해서만 자신의 헌법재판권을 (종국적으로) 행사할 수 있다. 따라서 헌법재판소의 권한 행사에서 가장 중요한 것은 종국결정이다. 게다가 헌법재판소 종국결정의 본질을 밝히는 것은 헌법재판소의 지위를 확인하는 중요한 실마리가 될 수 있다. 특히 헌법재판소 종국결정의 효력은 그 본질에서 출발하여야 그 범위와 한계를 올바르게 확정 지을 수 있다. 그 밖에 헌법재판을 다루는 헌법과 헌법재판소법은 헌법재판에 관한 사항을 옹글고(완벽하고) 충실하게 규율하지 않는다. 따라서 그 빈틈을 어떻게 메워야 하는지가 중요한 문제로 제기된다. 이때도 헌법재판소 종국결정의 본질은 중요한 단서를 제공할 수 있다.

기속성은 당연히 요구된다. ⑥ 보수성 - 사법작용은 분쟁 해결을 통해서 현존하는 법질서를 유지하고 법적 평화를 유지하기 위한 작용이다. 집행작용이 새로운 질서형성을 위한 적극적 작용이라면, 사법은 현재의 분쟁을 해결함으로써 법질서를 유지하려는 현상유지적인 소극적 작용이다. 헌법재판은 법을 정립하는 것이 아니라 이미 있는 법의 위헌성을 확인하는 것에 그친다. 이러한 점에서 헌법재판의 보수성을 부정할 수 없다(이상 **허완중**, 「헌법재판소의 지위와 민주적 정당성」, 『고려법학』 제55호, 고려대학교 법학연구원, 2009, 30쪽 주 30).

4) 이에 관한 자세한 검토는 **허완중**(주 3), 4~25쪽 참조.

Ⅱ. 헌법재판소 종국결정의 본질

1. 헌법재판소 종국결정의 의의

(1) 헌법재판소 종국결정의 개념

헌법재판소 종국결정은 청구인의 심판 청구에 따라서 계속된 심판사건을 옹글게(완벽하게) 끝맺는 헌법재판소 판단을 말한다. 헌법재판소 재판부는 심리를 마치면 종국결정을 한다(헌법재판소법 제36조 제1항). 종국결정을 내릴 때는 ① 사건번호와 사건명, ② 당사자와 심판수행자 또는 대리인의 표시, ③ 주문, ④ 이유, ⑤ 결정일자를 기재한 결정서를 작성하고 심판에 관여한 재판관 전원이 이것에 서명·날인하여야 한다(헌법재판소법 제36조 제2항). 종국결정이 선고되면 서기는 바로 결정서 정본을 작성하여 이것을 당사자에게 보내야 한다(헌법재판소법 제36조 제4항). 법률의 위헌결정, 탄핵심판에 관한 결정, 정당해산심판에 관한 결정, 권한쟁의심판에 관한 본안결정, 헌법소원의 인용결정, 기타 헌법재판소가 필요하다고 인정한 결정은 관보에, 그 밖의 종국결정은 헌법재판소의 인터넷 홈페이지에 각 게재함으로써 공시한다(헌법재판소법 제36조 제5항, '헌법재판소 심판 규칙' 제49조의2 제1항). 관보에 게재함으로써 공시하는 종국결정은 헌법재판소의 인터넷 홈페이지에도 게재한다('헌법재판소 심판 규칙' 제49조의2 제2항).

(2) 헌법재판소 종국결정의 유형

헌법재판소 종국결정에는 일반 사법재판과 마찬가지로 크게 각하결정과 인용결정 그리고 기각결정의 세 가지로 나눌 수 있다. 각하결정은 청구가 적법하지 않을 때 내리는 결정으로 절차결정이다. 그에 반해서 인용결정과 기각결정은 적법한 심판청구가 이유 있는지에 따라 내려지는 것으로, 인용결정은 심판 청구가 이유 있을 때 그리고 기각결정은 심판 청구가 이유 없을 때 각각 내려지는 본안결정이다. 본안결정의 구체적인 형태는 심판절차에 따라 다양하게 나타난다.

위헌법률심판과 위헌소원심판에서 심판 청구를 인용하는 결정은 단순위헌결정과 변형결정(한정위헌결정, 한정합헌결정, 헌법불합치결정)으로(헌법재판소법 제45조), 심판청구를 배척하는 결정은 단순합헌결정으로 각각 나타난다.

탄핵심판에서 심판 청구가 이유 있으면 헌법재판소는 피청구인을 해당 공직에서 파면하는 결정을 선고한다(헌법재판소법 제53조 제1항).[5] 탄핵심판 청구가 이유 없거나[6] 피청구인이 결정 선고 전에 해당 공직에서 파면되면(헌법재판소법 제53조 제2항) 헌법재판소는 기각결정을 내린다.

정당해산심판에서 심판 청구가 이유 있으면 헌법재판소는 피청구정당의 해산을 명하는 결정을 선고한다(헌법재판소법 제59조).[7] 정당해산심판 청구가 이유 없으면 헌법재판소는 기각결정을 한다.

권한쟁의심판에서 헌법재판소는 권한의 유무 여부나 범위를 확인하는 결정을 내린다(헌법재판소법 제66조 제1항). 그리고 권한 침해의 원인이 된 피청구인의 처분을 취소하거나 그 무효를 확인하는 결정을 내릴 수 있다(헌법재판소법 제66조 제2항). 일정한 권한사항의 소재가 청구인이나 피청구인 중 누구에게 귀속하는지를 다투는 것이 아니라 피청구인의 권한 행사가 헌법이나 법률에 위반되어 청구인의 권한을 침해되었는지가 문제 되면, 헌법재판소는 권한 유무를 확인하는 것 이외에 피청구인의 행위로 말미암아 청구인의 권한이 침해되었는지도 확인한다. 이때 청구인의 권한 침해가 인정되지 않아서 심판 청구가 이유 없는 것으로 판명되면, 헌법재판소는 기각결정을 내린다.[8] 그 밖에 심판 청구가 취하되면 헌법재판소는 심판절차종료선언을 한다.[9]

헌법소원심판에서 심판 청구를 인용할 때는 인용결정을, 심판 청구를 배척할 때는 기각결정을 내린다. 헌법소원심판에서 인용결정은 심판 대상이 법령일 때와 그 밖의 공권력일 때 다르게 나타난다. 법령에 대한 헌법소원심판일 때는 위헌법률심판과 마찬가지로 단순위헌결정과 변형결정(한정위헌결정, 한정합헌결정, 헌법불합치결정)으로 나타나고, 그 밖의 공권력에 대한 헌법소원심판일 때는 공권력 행사 취소 결정, 공권력 행사 위헌 확인 결정 또는 공권력 불행사 위헌 확인 결정으로 나타난다. 그 밖에 청구인이 사망하고 소송의 수계가 허용되지 않을 때[10]와 심판 청구가 취하되었을 때[11]에 내리는 심판절차종료선언이라는 특별한 종국결정유형이 있다. 심판 대상이 법령일 때 기각결정은 단순합헌결정으로 나타난다.

재판부는 종국심리에 관여한 재판관 과반수 찬성으로 사건에 관한 결정을 한다. 다만, ① 법률의 위헌결정, 탄핵의 결정, 정당해산의 결정이나 헌법소원에 관한 인용결정을 할 때와 ② 종전에 헌법재판소가 판시한 헌법이나 법률의 해석적용에 관한

5) 헌재 2017. 3. 10. 2016헌나1, 판례집 29-1, 1.
6) 헌재 2004. 5. 14. 2004헌나1, 판례집 16-1, 609, 620.
7) 헌재 2014. 12. 19. 2013헌다1, 판례집 26-2하, 1.
8) 헌재 1998. 8. 27. 96헌라1, 판례집 10-2, 364; 헌재 2000. 2. 24. 99헌라1, 판례집 12-1, 115.
9) 헌재 2001. 6. 28. 2000헌라1, 판례집 13-1, 1218.
10) 헌재 1992. 11. 12. 90헌마33, 판례집 4, 782, 783; 헌재 1994. 12. 29. 90헌바13, 판례집 6-2, 351, 352; 헌재 1999. 11. 25. 99헌마431.
11) 헌재 1995. 12. 15. 95헌마221등, 판례집 7-2, 697, 702.

의견을 변경할 때는 재판관 6명 이상 찬성이 있어야 한다(헌법 제113조 제1항, 헌법재판소법 제23조 제2항). 그러나 선례적 구속력(헌법재판소법 제23조 단서 제2호) 때문에 종국심리에 관여한 재판관 과반수 찬성 없이 각하결정이 내려지기도 하고[12] 재판관 6명 이상 찬성 없이도 법률의 위헌결정[13], 탄핵의 결정, 정당해산의 결정이나 헌법소원에 관한 인용결정이 내려질 수도 있다.

2. 재판과 그 분류[14]

헌법재판소 종국결정의 본질이 무엇인지를 알려면 헌법재판소의 본질이 특별한 '법원'이므로 법원 결정의 본질에 관해서 먼저 살펴보아야 한다. 헌법재판소의 특별함이 법원성을 질적으로 바꾸지 않는다면, 즉 헌법재판의 특수성이 헌법재판소의 법원성을 일부 수정하거나 보충하는 것에 그친다면, 헌법재판소 종국결정의 본질도 법원재판의 본질과 질적으로 달라질 수 없기 때문이다. 따라서 법원인 헌법재판소가 내리는 종국결정의 본질은 먼저 법원 재판의 본질에서 출발하는 것이 논리적이다. 그래서 법원의 판단을 가리키는 재판과 그 개별 유형에 대해서 먼저 살펴보고자 한다.

(1) 재판의 의의

재판은 통속적으로는 소송사건 해결을 위해서 법원이 하는 종국적 판단표시인 종국판결과 같은 뜻으로 쓰인다. 그러나 소송법에서 사용하는 전문용어로서 재판은 재판기관의 관념적 판단이나 의사를 법정 형식으로 표시한 것으로 이에 따라 일정한 법적 효과가 발생하는 법원의 소송행위이다. 재판은 구체적 사건에 관한 사실 확

12) 법령에 영업의 자유를 제한하는 규정을 신설하고 경과조치로서 유예기간을 두면 헌법소원심판의 청구기간은 법령시행일부터 기산하여야 한다는 판례(헌재 1996. 3. 28. 93헌마198, 판례집 8-1, 241, 251; 헌재 1996. 10. 4. 94헌마68등, 공보 18, 590, 592; 헌재 1996. 11. 28. 95헌마67, 공보 19, 90, 92-93; 헌재 1996. 12. 26. 95헌마383, 공보 19, 178, 180-181; 헌재 1997. 2. 20. 95헌마389, 판례집 9-1, 186, 191; 헌재 1999. 7. 22. 98헌마480, 공보 37, 715, 718-719; 헌재 2002. 4. 25. 2001헌마614, 판례집 14-1, 410, 422; 헌재 2002. 8. 13. 2002헌마499)에 반대하여 헌법소원심판의 청구기간을 유예기간이 종료한 다음부터 기산하여야 한다는 의견이 5명이었으나 헌법재판소는 판례에 따라 각하결정을 하였다(헌재 2003. 1. 30. 2002헌마516, 판례집 15-1, 161).

13) 헌재 1998. 7. 16. 95헌바19, 판례집 10-2, 89, 113 재판관 김용준, 신창언, 이영모, 한대현의 반대의견 참조.

14) **강현중**, 『민사소송법(제7판)』, 박영사, 2018, 634~636쪽; **김홍엽**, 『민사소송법(제7판)』, 박영사, 2018, 776~777쪽; **민일영**, 「제4절 재판」, 김상원/박우동/이시윤/이재성 편집대표, 『주석 신민사소송법(Ⅲ)』, 한국사법행정학회, 2004, 155~157쪽; **송상현/박익환**, 『민사소송법(신정7판)』, 박영사, 2014, 393~395쪽; **이시윤**, 『신민사소송법(제12판)』, 박영사, 2018, 606~607쪽; **정동윤/유병현/김경욱**, 『민사소송법(제6판)』, 법문사, 2017, 728~730쪽; **호문혁**, 『민사소송법(제13판)』, 법문사, 2016, 585~587쪽; **홍기문**, 『민사소송법(제7판)』, 대명출판사, 528~529쪽 참조.

인과 그에 관한 법률의 해석과 적용으로 이루어진다. 재판은 법규범을 대전제로 하고 구체적 사실을 소전제로 하여 논리적 조작을 통해서 추리하고 판단한 결과를 외부에 표현하는 형식으로 하게 된다. 헌법재판소는 재판을 구체적 사건에 관하여 사실 확정과 그에 관한 법률의 해석적용을 그 본질적인 내용으로 하는 일련의 과정이라고 한다.[15)]

① 재판 주체는 재판기관이다. 재판기관은 소송법적 의미에서 말하는 법원을 뜻하며, 합의체인 재판부나 단독사건을 처리하는 법관을 말하고, 때에 따라서는 재판장, 수명법관이나 수탁판사를 가리킬 때도 있다. 헌법 제27조는 법관에 의한 재판을 규정하여 이를 확인한다. 따라서 법관 이외의 사법기관인 법원사무관 등이나 사법보좌관, 집행관이 일정한 법률적 판단을 할 때도 그것은 '재판'이 아니라 '처분'이다(민사소송법 제223조, 법원조직법 제54조 제3항). 그리고 중재인의 판정(중재법 제29조)도 재판이 아니다.

② 재판의 내용은 관념적 판단이나 의사를 표시하는 것으로서 사고활동의 결과이다. 그래서 변론 청취, 증거조사, 판결 선고 등의 사실행위는 법원이나 법관의 행위이지만 재판은 아니다.

③ 재판은 법정 형식으로 이루어져야 한다. 즉 재판은 사법절차에 따라 법률이 정한 형식으로 표시되어야 한다. 따라서 이러한 절차와 형식에 위반되는 행위는 재판이 아니다.

④ 재판기관은 재판을 통해서 자기 권한을 행사한다. 따라서 재판은 일정한 법적 효과가 발생하는 근거가 된다.

(2) 판결과 결정 그리고 명령

재판은 재판의 주체와 성립절차 등 형식적 차이에 따라 판결, 결정, 명령으로 나눈다. 법률은 그중 가장 중요한 판결을 중심으로 규정하고, 결정과 명령은 그 성질에 어긋나지 않는 범위 안에서 판결에 관한 규정을 준용한다(민사소송법 제224조 제1항).

판결은 수소법원이 당사자 신청에 대해서 원칙적으로 변론을 거쳐 종국적인 판단을 하거나 그 결론을 좌우하는 중요한 사항에 관한 중간적 판단을 하는 재판이다. 판결을 내리려면, 원칙적으로 변론을 거쳐야 하고(필수적 변론: 민사소송법 제134조 제1항 본문), 법률이 정한 형식을 갖춘 재판서(판결서)를 작성하고 이에 따라 '선고'라는 엄격한 방법으로 고지하여야 한다. 판결 대상은 당사자의 신청, 특히 소·상소·상고 등 중

15) 헌재 1995. 9. 28. 92헌가11등, 판례집 7-2, 264, 278.

요한 사항이고, 판결은 법원을 기속하며, 이에 대한 불복방법은 항소·상고이다.

결정은 절차 진행에 관한 사항이나 절차에서 파생되는 사항, 부수적인 사항이나 강제집행에서 발생하는 사항에 관해서 법원 판단이 필요할 때 수소법원이 하는 재판이다. 주로 신속한 판단이 필요할 때 결정을 활용한다. 결정을 할 때 변론을 거칠 것인지는 법원의 재량이고(임의적 변론), 반드시 재판서를 작성할 필요도 없으며, 재판서를 작성하더라도 이유를 기재하지 않을 수 있고 법관의 서명도 기명으로 갈음할 수 있다(민사소송법 제224조 제1항 단서). 선고는 필요 없고 상당한 방법으로 고지하면 된다. 그 대상은 대수롭지 않은 사항이나 신속한 판단이 요구되는 것이지만, 가사비송사건에 관한 제1심 종국재판은 결정인 심판에 의한다. 결정은 원칙적으로 법원을 기속하지 않으며, 이에 대한 불복방법은 항고·재항고나 이의신청이다.

명령은 재판장·수명법관이나 수탁판사가 하는 재판으로서, 그 절차·고지방법·대상·효력은 대체로 결정과 같다. 명령에 대한 불복방법은 항고·재항고·이의신청이다. 민사소송법에서 명령이라고 부르는 것 중에는 성질상 결정에 속하는 것이 적지 않다는 점을 주의하여야 한다. 예를 들어 지급명령(민사소송법 제462조)·압류명령(민사집행법 제223조)·전부명령(민사집행법 제231조)·추심명령(민사집행법 제232조)·가압류나 가처분명령(민사집행법 제280조, 제281조, 제283조, 제301조) 등은 결정에 속한다.

① 주체 측면에서, 판결과 결정은 법원이 하는 재판이고, 명령은 법관이 하는 재판이다.

② 성립절차 측면에서, 판결은 신중히 처리하기 위해서 원칙적으로 변론에 의하여야 하지만(민사소송법 제134조 제1항 본문), 결정과 명령은 간단하고 신속한 처리를 하여야 하므로 임의적 변론에 의한다(민사소송법 제134조 제1항 단서). 그러므로 변론 없이 할 수 있는 재판(민사집행법 제3조 제2항, 제287조 제1항)이라고 하면 결정이나 명령을 가리킨다.

③ 재판서 작성 측면에서, 판결서에는 법관의 서명날인이 요구되지만(민사소송법 제208조 제1항), 결정서와 명령서에는 기명날인으로 갈음할 수 있다(민사소송법 제224조 제1항 단서). 그리고 판결서에는 원칙적으로 이유를 기재하여야 하지만(민사소송법 제208조 제1항 제4호),[16] 결정서와 명령서에는 이유 기재를 생략할 수 있다(민사소송법 제224조 제1항 단서).

④ 고지방법 측면에서, 판결은 판결서를 작성하고 원칙적으로 이에 따라 선고하여야 하지만,[17] 결정과 명령은 재판서를 작성하지 않고 조서 기재로 대용할 수 있고(민사

16) 예외: '상고심절차에 관한 특례법' 제5조 제1항, 소액사건심판법 제11조의2 제3항.
17) 예외: '상고심절차에 관한 특례법' 제5조 제2항.

소송법 제154조 제5호), 특별한 규정이 없는 한(예를 들어 민사소송법 제211조 제2항, 제225조 제2항) 상당한 방법으로 고지하면 충분하다(민사소송법 제221조 제1항).

⑤ 불복방법 측면에서, 판결에 대해서는 항소·상고로 불복하지만, 결정은 항고(민사소송법 제439조), 재항고(민사소송법 제442조), 특별항고(민사소송법 제449조)로, 명령은 이의나 항고(민사소송법 제138조, 제254조 제3항, 제439조, 제440조)로 불복할 수 있다.

⑥ 대상 측면에서, 판결은 중요한 사항, 특히 소송에 관한 종국적 또는 중간적 판단을 내릴 때 이용되지만, 결정과 명령은 소송지휘나 소송절차의 부수적·파생적인 사항 및 강제집행에 관한 사항과 비송사건을 해결하기 위해서 이용된다.

⑦ 효력 측면에서, 판결은 확정되어야 본래 효력이 발생하고, 법원을 기속하지만, 결정과 명령은 고지로 즉시 효력이 발생하고,[18] 원칙적으로 법원을 기속하지 아니한다(민사소송법 제88조 제3항, 제141조, 제222조, 제446조).

3. 헌법재판소 종국결정의 법적 성격

헌법재판소 종국결정이 법원의 재판에 개념적으로 들어맞는지 그리고 헌법재판소 종국결정이 법원의 재판이라면, 구체적으로 어떤 유형에 해당하는지가 문제 된다.

(1) 재판인 헌법재판소 종국결정

헌법재판소 종국결정의 주체는 헌법재판소, 즉 합의체인 헌법재판소의 재판부이다. 헌법재판소는 특별한 '법원'이므로, 헌법재판소가 재판기관, 즉 소송법적 의미에서 말하는 법원이라는 것은 부정할 수 없다. 그리고 헌법재판소 종국결정은 헌법재판소가 청구인의 청구를 바탕으로 확정한 심판 대상에 관하여 구체적 사실 확인과 그에 관한 헌법해석을 통해서 내리는 판단이다. 헌법재판소 종국결정은, 특히 규범통제절차에서 법규범을 사실관계에 적용하는 것이 아니다. 헌법재판소는 구체적 사건이 아니라 법규범에 관해서 결정하고, 사안이 아니라 법규범인 헌법을 근거로 하위법규범을 심사한다. 하지만 구체적 사실이 아니라 법규범이 소전제라는 특수성을 제외하면, 사법적 3단논법에 따라 법규범인 헌법을 대전제로 하고 하위법규범을 소전제로 하여 논리적 조작을 통해서 추리하고 판단하여 결론에 도달한다는 점에서는 일반 사법재판과 다르지 않다. 게다가 상위법규범을 기준으로 한 하위법규범 판단도 포섭이고, 법규범을 법규범의 빈자리를 메우는 사실관계로 이해할 수 있다. 또한, 헌

18) 다만, 즉시 항고가 인정되는 결정과 명령에 관해서 즉시항고가 제기되면 그 효력이 정지된다(민사소송법 제447조).

법재판소 종국결정은 헌법재판소 제36조 제2항이 정한 형식에 따라 작성한 결정서를 통해서 선고되어 표시된다. 그 밖에 헌법재판소 종국결정에 따라 확정력(헌법재판소법 제39조, 제40조 제1항 전문), 기속력(헌법재판소법 제47조 제1항, 제67조 제1항, 제75조 제1항, 제6항), 법률요건적 효력(혹은 형성력이나 법률적 효력)(헌법재판소법 제47조 제2항과 제3항, 제59조, 제66조 제2항, 제75조 제3항, 제5항과 제6항), 선례적 구속력(헌법재판소법 제23조 제2항 단서 제2호)과 같은 법적 효력이 발생한다. 결론적으로 헌법재판소 종국결정은 재판의 개념요소를 모두 충족하므로 '재판'에 해당한다. 즉 헌법재판소 종국결정은 법규범이나 정치적 결정이 아니고 (사법)재판이다.

(2) 종국판결인 헌법재판소 결정

① 헌법재판소 종국결정은 헌법재판소 재판관이 아니라 헌법재판소, 즉 재판부가 내린다.

② 탄핵심판·정당해산심판과 권한쟁의심판은 구두변론에 의한다(헌법재판소법 제30조 제1항). 하지만 위헌법률심판과 헌법소원심판은 서면심리에 의한다. 다만, 재판부가 필요하다고 인정하면 변론을 열 수 있다(헌법재판소법 제31조 제2항).

③ 결정서에는 심판에 관여한 재판관 전원이 서명·날인하여야 한다(헌법재판소법 제2항). 그리고 결정서에는 이유를 기재하여야 한다(헌법재판소법 제36조 제2항 제4호).

④ 결정서를 작성하고 이에 따라 선고한다(헌법재판소법 제36조 제2항). 결정을 선고할 때는 재판장이 결정서 원본에 따라 주문을 읽고 이유 요지를 설명하되, 필요하면 다른 재판관이 이유 요지를 설명하게 할 수 있다. 다만, 법정의견과 다른 의견이 제출되면 재판장은 선고할 때 이것을 공개하고 그 의견을 제출한 재판관이 이유 요지를 설명하게 할 수 있다('헌법재판소 심판 규칙' 제48조). 종국결정이 선고되면 서기는 바로 결정서 정본을 당사자에게 송달하여야 한다(헌법재판소법 제36조 제4항). 법률의 위헌결정, 탄핵심판에 관한 결정, 정당해산심판에 관한 결정, 권한쟁의심판에 관한 본안결정, 헌법소원의 인용결정, 기타 헌법재판소가 필요하다고 인정한 결정은 관보에 게재하여 공시한다. 그 밖의 종국결정은 헌법재판소의 인터넷 홈페이지에 각 게재함으로써 공시한다(헌법재판소법 제36조 제5항, '헌법재판소 심판 규칙' 제49조의2 제1항). 관보에 게재함으로써 공시하는 종국결정은 헌법재판소의 인터넷 홈페이지에도 게재한다('헌법재판소 심판 규칙' 제49조의2 제2항). 헌법재판소 종국결정은 일반적 구속력이 있으므로 관보나 헌법재판소의 인터넷 홈페이지에 공시하여 일반 국민에게 헌법재판소 종국결정을 알리는 것이다. 따라서 이것은 공시 효과만 있을 뿐이고 헌법재판소 종국결정

의 효력이 생기는 것과는 아무런 관계가 없다. 헌법재판소 종국결정은 헌법재판소법 제40조 제1항 전문에 따라 민사소송법 제205조가 준용되어 헌법재판소가 종국결정을 선고할 때부터 효력이 생긴다.

⑤ 헌법재판소 종국결정에 대한 불복방법은 헌법과 헌법재판소법 어디에서도 찾을 수 없다. 따라서 헌법소송은 헌법재판소 종국결정으로 완결되어 확정된다고 보아야 한다. 즉 헌법소송은 단심으로 끝난다. 이러한 점에서 헌법재판소에 최종적인 헌법해석권이 귀속된다.

⑥ 헌법재판소 종국결정은 심판 청구의 적법성이나 심판 청구 자체를 대상으로 한다.

⑦ 헌법재판소가 종국결정을 선고하면 종국결정은 확정되어 효력이 생긴다. 이 때 헌법재판소 종국결정에도 불가변력이 귀속된다. 따라서 헌법재판소는 종국결정을 선고하면 자기 결정에 구속되어 같은 심판에서 자신이 내린 결정을 더는 바꾸거나 취소할 수 없다.

이러한 점을 종합하면 헌법재판소 종국결정은 재판의 주체와 성립절차 등의 형식적 측면에서 '판결'에 해당한다. 다만, 위헌법률심판이나 헌법소원심판에서 구두변론이 아니라 서면심리에 의하므로, 통상 판결과 다른 모습을 띤다. 그러나 상고법원은 상고장·상고이유서·답변서, 그 밖의 소송기록에 따라서 변론 없이 판결할 수 있고, 소송관계를 분명하게 하는 데 필요하면 특정한 사항에 관해서 변론을 열어 참고인 진술을 들을 수 있다는 점(민사소송법 제430조, 형사소송법 제390조, 행정소송법 제8조 제2항, 가사소송법 제12조, 군사법원법 제450조 제2항)에서 대법원도 서면심리를 원칙으로 한다. 헌법소송은 단심이므로, 헌법재판소를 상고법원으로 볼 수도 있다. 특히 대법원이 사실심이 아니고 법률심인 것처럼 헌법재판소가 헌법심이라는 점에서 헌법재판소를 상고법원으로 보아도 별 무리는 없다고 생각한다. 따라서 위헌법률심판이나 헌법소원심판에서 구두변론에 의하지 않는다는 점이 헌법재판소 종국결정이 판결이라는 것에 아무런 영향을 끼치지 못한다.

판결은 중간판결과 종국판결로 구별된다. 중간판결은 종국판결을 하기 전에 소송 진행 중 당사자 사이에 쟁점이 된 사항에 관해서 미리 정리하고 판단하여 종국판결을 쉽게 하고 이것을 준비하는 판결이다. 종국판결은 소·상소에 따라서 계속된 사건 전부나 일부를 그 심급에서 완결하는 판결을 말한다(민사소송법 제198조). 그 심급에서 소송절차를 완결하는 이상 소송상 이유에 따른 판결(소송판결)이건 실체상 이유에 따른 판결(본안판결)이건 묻지 않는다. 헌법재판소 종국결정은 청구에 따라서 계속된

심판을 옹글게(완벽하게) 끝맺으므로, 판결 중에서도 '종국판결'에 해당한다.

4. 헌법재판소 '결정'이라는 용어의 부적절성

법률이 헌법에 위반되는지를 심사하는 1948년 헌법의 헌법위원회제도를 구체화하는 헌법위원회법(제정 1950. 2. 21. 법률 제100호)과 법원의 제청에 의한 법률의 위헌 여부, 탄핵 그리고 정당의 해산에 관한 사항을 심판하는 1972년 헌법의 헌법위원회제도를 구체화하는 헌법위원회법(제정 1973. 2. 16. 법률 제2530호)에서는 '결정'이라는 용어가 사용되었다. 그리고 1948년 헌법 제81조 제2항(헌법위원회에 제청하여 그 '결정'에 의하여 재판), 1962년 헌법 제62조 제3항과 제4항(탄핵 '결정'), 1972년 헌법 제7조 제3항(정당은 헌법위원회의 '결정'에 의하여 해산), 제99조 제3항과 제4항(탄핵 '결정'), 제105조 제1항(헌법위원회에 제청하여 그 '결정'에 의하여 재판), 제111조 제1항(법률의 위헌 '결정', 탄핵의 '결정' 또는 정당해산의 '결정') 그리고 1980년 헌법 제7조 제4항(정당은 헌법위원회의 '결정'에 의하여 해산), 제101조 제3항과 제4항(탄핵 '결정'), 제108조 제1항(헌법위원회에 제청하여 그 '결정'에 의하여 재판), 제114조 제1항(법률의 위헌 '결정', 탄핵의 '결정' 또는 정당해산의 '결정')에서도 헌법재판과 관련하여 '결정'이라는 용어가 발견된다. 그러나 법률의 위헌 여부 심사, 헌법에 관한 최종적 해석, 국가기관 간의 권한쟁의, 정당의 해산, 탄핵재판, 대통령, 대법원장과 대법관의 선거에 관한 소송을 담당하는 1960년 헌법의 헌법재판소제도를 구체화하는 헌법재판소법(1961. 4. 17. 법률 601호)에서는 '판결'이라는 용어가 사용되었다. 그리고 탄핵심판을 담당하는 탄핵재판소를 규율하는 1948년 헌법 제47조 제3항과 제4항(탄핵 '판결')과 1960년 헌법 제47조(탄핵 '판결'), 제83조의4 제5항(위헌 '판결', 탄핵 '판결')에서는 '판결'이라는 용어를 사용하였다. 또한, 대법원이 헌법재판을 담당하던 1962년 헌법 제7조 제3항(정당은 대법원의 '판결'에 의하여 해산)과 제103조도 '판결'이라는 용어를 사용하였다. 그 밖에 1962년 헌법의 탄핵심판위원회제도를 구체화하는 탄핵심판법(제정 1964. 12. 31. 법률 1683호)에서는 '재판'이라는 용어를 사용하였다. 결국, 역대 한국 헌법에서 헌법재판을 규율하는 헌법과 법률은 (탄핵심판위원회를 제외하고) '재판소'에 '판결'을 그리고 '위원회'에 '결정'을 각각 짝을 지어 사용하였다. 이것은 '재판소'와 '법원'의 개념이 같다는 점에 비추어 '재판소'는 법원성을 긍정하는 의미로 사용하고, '위원회'는 법원이 아닌 정치기관으로 이해한 결과로 보인다.

그러나 이러한 사용례와 달리 현행 헌법과 헌법재판소법은 헌법재판기관을 헌법'재판소'로 칭하면서도, 헌법 제113조 제1항(법률의 위헌 '결정', 탄핵의 '결정', 정당해산의 '결정' 또는 헌법소원에 관한 인용 '결정')과 헌법재판소법은 헌법재판소 판단에 대해서 '결정'이라는 용어를 사용한다. 이에 따라 헌법재판소는 각종 심판절차에서 오직 '결정' 형식으로 심판한다. 현행 헌법과 헌법재판소법의 이러한 용어 사용례는 조문을 비교하여 판단하면, 현행 헌법 제113조가 1980년 헌법 제114조 제1항을 답습하고, 현행 헌법재판소법이 헌법위원회법을 바탕으로 제정된 것에서 기인하는 것으로 보인다. 즉 1980년 헌법과 헌법위원회법을 수정하는 형식으로 현행 헌법과 헌법재판소법을 만들면서 헌법재판기관의 법적 성격이 달라진 점을 충분히 고려하여 용어를 제대로 바로잡지 못한 결과로 보인다. 물론 이러한 용어 사용이 헌법'재판소'라는 용어가 사용되어도 헌법재판소를 법원이 아닌 정치기관으로 이해하거나 헌법재판을 제4의 국가작용으로 보려는 의사의 결과물이라는 주장이 제기될 수도 있다. 그러나 이것은 헌법재판이 사법작용이고 헌법재판소가 법원이라는 점에서, 특히 헌법재판을 제4의 국가작용으로 보거나 헌법재판소를 순수한 사법기관으로 보지 않는 견해도 최소한 헌법재판의 부분적인 사법작용성이나 헌법재판소의 법원형식성을 부정하는 것은 아니라는 점에서 받아들이기 어렵다. 이러한 견해는 헌법재판소가 법원이 아니면 무엇인지에 관해서 명쾌한 답을 하지 못한다는 점과 헌법재판소를 법원으로 보는 견해도 헌법재판소의 정치성을 부정하는 것은 아니라는 점에서도 수긍하기 어렵다. 이러한 용어 사용에 관해서 상위재판인 '판결' 대신에 하위재판인 '결정'이라는 용어를 사용하여 헌법재판소를 대법원보다 많이 낮춰 보려는 의사가 표현된 것이라는 의심도 할 수 있다. 하지만 헌법재판소와 대법원의 관계는 상하관계가 아니고, 현행법 아래에서도 헌법재판소와 대법원은 동등한 지위에 있다는 점에서 설령 이러한 의심이 사실이라고 하여도 그러한 의사는 관철될 수 없다.

헌법재판소 종국결정은 위에서 살펴본 것처럼 결정이 아니라 '판결'이다. 따라서 헌법재판소가 내리는 '결정'은 일반 법원에서 내리는 여러 재판형식 중 하나인 '결정'과 같은 것으로 볼 수는 없다. 그래서 헌법재판소 종국결정의 본질에 맞게 '결정'이라는 용어를 '판결'이라는 용어로 바꾸는 법률 개정이 요구된다. 그러나 이러한 개정이 쉬운 일이 아니고 설사 개정된다고 하여도 적지 않은 시일이 필요하다. 따라서 그러한 개정이 실현될 때까지는 헌법과 헌법재판소법에서 사용되는 '결정'이라는 용어를 재판의 한 종류인 결정이 아니라 헌법재판소의 판단을 지칭하는 특별한 용어로 이해할 수밖에 없을 것이다. 즉 헌법재판소라는 특별한 법원이 내리는 판결의 특수성을 강조하는 용어로 이해하는 것 외에는 적절한 해석을 찾기 어렵다.

Ⅲ. 헌법소송법과 민사소송법 및 행정소송법의 비교

1. 헌법소송법과 다른 소송법의 비교 실익

민사소송은 법원이 개인 사이의 사적 법률관계에서 생기는 분쟁을 대립하는 이해관계인인 당사자의 신청을 기다려 실체사법에 따라 해결하여 개인의 권리를 보호하고 실현하는 절차이다. 민사소송은 법사학적 측면에서 처음 나타난 분쟁해결절차이고 민사소송을 규율하는 민사소송법은 실정법 중 가장 먼저 형성된 소송법이므로, 형사소송법, 행정소송법, 가사소송법 등의 다른 모든 소송법은 민사소송법에서 분화하여 발전하였다. 이러한 이유로 민법이 실체법의 일반법으로 기능하는 것처럼 민사소송법은 소송법의 일반법으로 기능한다. 그래서 다른 소송법은 민사소송법을 바탕으로 민사소송법과 다른 특칙만을 규정하는 방식으로 구성된다. 즉 다른 소송법은 자신이 규정한 것 이외에는 민사소송법을 준용한다(예를 들어 형사소송법 제65조, 행정소송법 제7조, 제8조 제2항, 제16조 제4항, 제17조 제3항, 가사소송법 제3조 제2항, 제4조, 제12조, 제15조 제1항, 제39조 제4항, 제47조). 물론 역사가 오래된 형사소송법처럼 거의 자족적인 규율이 가능한 형태로 체계화한 것도 있다. 그러나 아직도 소송법 대부분은 민사소송법에 많이 의지한다. 헌법재판소법 일부를 구성하는 헌법소송법도 이러한 모습을 띤다(헌법재판소법 제24조 제6항, 제40조 제1항 제1문, 제41조 제3항, 제75조 제8항). 그리고 헌법소송법은 형사소송법과 행정소송법에도 기댄다(헌법재판소법 제40조 제1항 제2문, 제47조 제4항, 제75조 제8항). 헌법소송을 규율하는 헌법재판소법과 개별 사법절차를 규율하는 다른 소송법을 비교하는 것은 헌법소송법의 본질과 특성을 찾는 데 도움이 된다. 특히 일반 소송법인 민사소송법과 헌법소송법을 비교하는 것은 헌법소송법의 특수성을 명확하게 드러나게 한다.

2. 헌법소송과 민사소송의 비교

(1) 헌법소송과 민사소송의 비슷한 점

헌법소송과 민사소송 모두 국가가 당사자의 자의를 전혀 인정하지 않고 강제적으로 분쟁을 해결하여 법질서를 유지하는 절차이다. 즉 양자는 분쟁의 공권적 해결방식이다. 그리고 양자는 수동적인 절차이다. 즉 양자는 당사자의 신청, 즉 소 제기나 심판 청구(헌법재판소법 제26조 제1항)가 있어야 비로소 절차가 개시된다. 그래서 헌법재판소와 일반 법원 스스로 절차를 개시할 수 없다. 또한, 양자는 구체적 분쟁을 해결하는 절차에 불과하다. 따라서 언제나 절차의 계기가 된 구체적 사건을 중심으로 헌법재판소와 일반 법원의 권한 범위와 한계가 설정되고, 소송의 결과물인 헌법재판소 결정과 민사재판의 효력 범위도 구체적 사건을 바탕으로 확정된다. 다만, 헌법소송법과 민사소송법은 선례적 구속력을 법률적 차원에서 수용하여 인정한다(헌법재판소법 제23조 제2항 단서 제2호, 법원조직법 제7조 제1항 단서 제3호, 민사소송법 제451조 제1항 제1호, '상고심절차에 관한 특례법' 제4조 제1항 제1호, 제3호와 제4호 참조). 즉 헌법재판소 결정과 민사재판은 선례적 구속력을 통해서 해당 사건을 넘어 다른 사건에도 추정적 구속력이 있다.

(2) 헌법소송과 민사소송의 다른 점

① 규율의 내용과 완비 여부

민사소송법은 민사소송만을 다루는 절차법이다. 법원조직에 관한 사항은 법원조직법이 다룬다. 그리고 민사소송법은 민사소송과 관련된 모든 사항을 규율한다. 그러나 헌법소송을 규율하는 헌법재판소법은 민사소송법과 달리 헌법소송에 관한 사항뿐 아니라 헌법재판소 조직에 관한 사항도 포함한다(헌법재판소법 제1조 참조).[19] 그리고 헌법재판소법은 헌법소송에 관한 사항 전부를 규율하지 않고, 일부 특별한 사항만을 규율하고 민사소송에 관한 법령, 형사소송에 관한 법령, 행정소송법을 준용한다(헌법재판소법 제40조). 헌법재판소법이 헌법소송과 헌법재판소 조직에 관한 사항을 아울러 규율하고, 헌법소송에 관한 규율이 완비되지 않은 것은 헌법재판을 다루는 법원이 헌법재판소 하나에 불과하고, 민사소송법은 소송법의 일반법이지만, 헌법소송법은 소송법의 특별법으로서 독자적인 내용이 많지 않기 때문이다. 이러한 점에서 헌법재판소법에 빈틈이 많다는 것은 규율의 흠결을 말하는 것이지, '절차운영의 자율권'이 헌법재판소에 부여되었음을 뜻하지 않는다.[20] 게다가 그러한 흠결은 준용을 통해서 대부분 메워지므로 헌법재판소가 자율적으로 절차를 운영할 빈틈도 생각보다 많지 않다.

② 변론주의와 직권탐지주의

민사소송은 변론주의를 채택한다. 따라서 소송자료, 즉 사실과 증거의 수집·제출 책임을 당사자에게 맡기고, 당사자가 수집하여 변론에서 제출한 소송자료만을 재

---

19) 이러한 점에서 '헌법재판소법'과 '헌법소송법'은 구별되어야 한다. 헌법재판소법은 헌법재판을 규율하는 개별 법률로서 '헌법재판소법'이라는 이름이 붙은 것을 말한다. 헌법소송법은 일반적으로 헌법과 헌법재판소법을 포함한 하위법규범에서 헌법소송을 규율하는 법규범을 포괄하여 가리키고, 좁은 뜻에서는 '헌법재판소법'이라는 개별 법률에서 헌법소송을 규율하는 법규정을 아울러 이른다.

20) 같은 견해: ***Klaus Schlaich/Stefan Korioth***, Das Bundesverfassungsgericht – Stellung, Verfahren, Entscheidungen, 11. Aufl., München 2018, Rdnr. 57 참조.

판의 기초로 삼아야 한다. 이와 비교해서 헌법소송은 직권탐지주의를 취한다. 따라서 재판부는 청구서의 청구취지나 당사자의 주장에 얽매이지 않고 심판 대상을 확장하거나 축소할 수 있고, 청구인의 주장을 종합적으로 판단하여 심판 대상을 확정하며, 심판 대상을 청구와 관련되는 범위 안에서 변경할 수도 있다. 그리고 재판부는 사건 심리를 위해서 필요하다고 인정하면 직권으로 증거조사를 할 수 있다(헌법재판소법 제31조 제1항). 또한, 재판부는 결정으로 다른 국가기관이나 공공단체의 기관에 대해서 심판에 필요한 사실을 조회하거나 기록 송부나 자료 제출을 요구할 수 있다(헌법재판소법 제32조 본문). 헌법소송에 직권탐지주의가 적용되는 것은 헌법소송의 기능이 주관적 권리구제에 그치는 것이 아니라 객관적 헌법 보호도 아우르기 때문이다.

③ 특별한 효력 - 기속력

민사소송의 판결에는 원칙적으로 불가변력, 불가쟁력 그리고 기판력이 있다. 헌법재판소 결정에도 이러한 효력이 있다. 그러나 헌법재판소 결정 중 법률의 위헌결정(헌법재판소법 제47조 제1항, 제75조 제6항), 권한쟁의심판의 결정(헌법재판소법 제67조 제1항) 그리고 헌법소원의 인용결정(헌법재판소법 제75조 제1항)에는 민사소송의 판결에는 없는 기속력이 있다. 따라서 이러한 헌법재판소 결정은 일반적인 사법판결의 효력을 넘어서 모든 국가기관을 기속한다. 그래서 이 효력은 헌법재판소 결정의 특별한 효력으로 볼 수 있다. 이 효력이 인정되는 이유는 헌법재판소 결정이 헌법에 대한 최종적 해석이고, 헌법재판은 개별적 기본권 보호에 그치지 않고, 객관적 헌법을 보장하고 헌법의 해석과 계속형성에 이바지하는 기능도 있으며, 헌법재판의 대상이 일반적 효력이 있고, 헌법재판소 스스로 자기 결정을 집행할 수 없기 때문이다. 법률적 효력(법규적 효력)도 헌법재판소 결정의 특별한 효력으로 논의되지만, 한국 헌법과 헌법재판소법에서는 이러한 효력의 근거를 찾을 수 없고, 민사소송의 판결에도 귀속될 수 있는 법률요건적 효력이나 형성력이 법률적 효력의 중요 내용을 충분히 설명할 수 있으므로 적절한 논의로 보기 어렵다고 생각한다.

④ 합의 방법

민사소송에서 합의심판은 헌법과 법률에 다른 규정이 없으면 과반수로 결정한다(법원조직법 제66조 제1항). 헌법소송에서도 재판부는 종국심리에 관여한 재판관 과반수 찬성으로 사건에 관한 결정을 한다. 다만, 법률의 위헌결정, 탄핵의 결정, 정당해산의 결정 또는 헌법소원에 관한 인용결정을 할 때와 종전에 헌법재판소가 판시한 헌법이나 법률의 해석적용에 관한 의견을 변경할 때는 재판관 6명 이상 찬성이 있어야 한다(헌법재판소법 제23조 제2항). 따라서 권한쟁의심판을 제외한 헌법재판소 심판에서 인용결정은 재판관 6명 이상 찬성이 있어야 한다. 이것은 헌법재판이 국가법질서에 미치는 파급효과를 고려하여 법적 안정성을 중시하였기 때문이다.

⑤ 소송비용 부담

민사소송에서 소송비용은 당사자 중 패소자가 부담하는 것을 원칙으로 한다(민사소송법 제98조). 그러나 헌법소송에서 헌법재판소의 심판비용은 국가부담으로 한다. 다만, 당사자의 신청에 의한 증거조사 비용은 헌법재판소규칙이 정하는 바에 따라 그 신청인에게 부담시킬 수 있다(헌법재판소법 제37조 제1항). 즉 헌법소송에서는 헌법재판소를 이용하는 비용은 국민이 낸 세금으로 충당한다. 이것은 헌법소송에는 주관소송적 성격이 없는 것은 아니지만, 객관소송적 성격이 강하므로 당사자에게 비용을 부담시키는 것이 적절하지 않고, 위헌법률심판처럼 헌법소송에서는 당사자가 없을 때가 있는데, 이러한 때는 당사자에게 비용을 부담시킬 수 없어서 국가가 부담할 수밖에 없기 때문이다.

⑥ 변호사 선임 강제 여부

민사소송과 달리 헌법재판의 각종 심판절차에서 당사자인 사인(私人)은 변호사를 대리인으로 선임하지 아니하면 심판 청구를 하거나 심판수행을 하지 못한다. 다만, 그가 변호사 자격이 있으면 그러하지 아니하다(헌법재판소법 제25조 제3항). 이것을 '변호사강제주의'라고 하며, 사인이 당사자가 되는 헌법소원심판 청구에 적용된다. 변호사강제주의는 법절차 부지로 말미암아 권리구제를 받지 못할 때를 방지하기 위한 것이다. 헌법재판소는 변호사강제주의는 재판업무에 분업화 원리 도입이라는 긍정적 측면 외에도, 재판을 통한 기본권의 실질적 보장, 사법의 원활한 운영과 헌법재판의 질적 개선, 재판심리의 부담경감 및 효율화, 사법운영의 민주화 등 공공복리에 그 기여도가 크다 하겠고, 그 이익은 변호사선임 비용지출을 하지 않는 이익보다는 크다고 할 것이며, 더욱이 무자력자에 대한 국선대리인제도라는 대상조치가 별도로 마련되어 있는 이상 헌법에 어긋난다고 할 수 없다고 하였다.[21)] 이에 대해서는 변호사강제주의의 정당성을 강조하는 그러한 이유가 왜 하필 헌법소송에서만 강조되는지에 관한 합리적인 설명이 없고, 더욱이 국선대리인제도는 헌법소원심판에 관해서만 규정되므로, 헌법재판소 판시내용은 견강부회적인 논증이라는 비판이 있다.[22)]

21) 헌재 1990. 9. 3. 89헌마120, 판례집 2, 288, 293-296. 헌재 1996. 10. 4. 95헌마70, 판례집 8-2, 363, 366; 헌재 2001. 9. 27. 2001헌마152, 판례집 13-2, 447, 452-453도 동지.

⑦ 강제집행력

헌법소송은 다른 소송과 달리 재판 결과를 강제할 수단이 없거나 약하다. 민사집행법의 강제집행절차, 형사소송법과 행형법에 따른 형의 집행절차, 행정법규 위반에 대한 행정강제나 행정벌 등 일반 재판에서는 국가의 공권력이 그 실효성을 담보하는 제도적인 장치가 있다. 그러나 헌법소송은 보통 공권력을 담당하는 국가기관이나 지방자치단체를 소송당사자로 하므로 특별히 이 기관에 헌법재판의 결정내용을 준수하도록 강제할 수단이 따로 없다. 물론 독일 연방헌법재판소법(제35조)처럼 연방헌법재판소가 판결로 강제집행기관과 강제집행방법 등을 선고할 수 있도록 규정하는 방법도 입법론적으로는 고려할 수 있다. 하지만 그러한 선고만으로 헌법재판 내용이 당연히 강제집행되는 것은 아니다. 관련 국가기관의 자발적인 협조의지가 전제되지 않고는 헌법재판의 강제집행은 성립하기 어렵다. 헌법재판의 이러한 특성 때문에 헌법재판의 실효성은 궁극적으로 공권력을 행사하는 국가기관의 헌법준수의지에 달렸다.

3. 헌법소송과 행정소송의 비슷한 성질

(1) 행정소송의 특수성

행정소송은 행정작용으로 말미암아 위법하게 권리나 이익을 침해받은 자의 권리보호 신청을 전제로 하여, 중립적인 지위에 있는 사법기관인 법원이 하는 쟁송절차이다. 행정소송은 행정에 관한 공법분쟁을 대상으로 하는 소송으로서 사법분쟁(私法紛爭)을 대상으로 하는 민사소송과 구별된다. 행정소송사항과 민사소송사항의 구별은 공법과 사법의 구별기준에 따라 판단된다. 행정소송은 국가형벌권의 존재 여부와 범위에 관한 소송인 형사소송과도 구별된다. 한국은 민·형사소송은 물론 행정소송도 일반 법원이 담당하는 영미형의 사법국가주의를 취한다(헌법 제101조 제1항, 제107조 제2항).

행정소송도 정식재판절차에 따른 심리·판단작용이라는 점에서는 민사소송과 다르지 않다. 따라서 행정소송법이 특별히 규정하는 사항 이외는 행정소송법도 법원조직법과 민사소송법 및 민사집행법의 규정을 준용한다(행정소송법 제8조 제2항). 그러나 행정소송은 기본적으로 공익실현을 내용으로 하는 공권력 행사를 대상으로 하므로 그 심판 대상은 제3자에게 끼치는 영향이 크고 개인 처분에만 맡길 수 없는 사항이어서 민사소송과 달리 취급할 필요가 있다. 즉 행정소송은 공권력 행사에 관한 행정

22) 허 영, 『헌법소송법론(제13판)』, 박영사, 2018, 137~138쪽.

청 판단의 적법성을 법원이 심리하고 판단하는 작용이므로, 행정소송이 다루는 사건은 단순히 개인의 권리구제뿐 아니라 행정의 적법·타당성과 공익 문제가 개재되어서 완벽히 대등한 사인 서로 간의 권리관계에서 발생하는 분쟁을 해결하는 민사소송과는 다른 특성이 있다. 행정소송법에서 제1심 법원이 지방법원급의 행정법원인 점(제9조), 관련 청구 병합(제10조), 처분청으로 피고적격 한정(제13조 제1항), 행정청의 소송참가(제17조), 임의적 심판전치주의(제18조), 제소기간 제한(제20조), 집행부정지(제23조), 직권탐지주의(제26조), 재량에 의한 청구 기각(사정판결: 제28조), 처분 등을 취소하는 확정판결의 기속력(제30조), 제3자에 의한 재심 청구(제31조), 판결의 간접강제(제34조) 등은 이러한 행정소송의 특수성을 반영한 것이다. 하지만 이러한 특수성이 있어도 행정소송법이 소송법의 하나라는 것에는 의문이 없다.

(2) 헌법소송과 행정소송의 비교

행정소송은 행정법규의 해석과 적용을 내용으로 하는 사법작용이라는 점에서 헌법의 해석과 적용을 내용으로 하는 헌법소송과 다르다. 그리고 행정소송의 심사주체는 법원이고 3심제를 취한다는 점에서도 심사주체가 헌법재판소이고 단심제를 취하는 헌법소송과 구별된다. 또한, 행정소송은 원칙적으로 구두변론절차를 거치고 양 당사자 존재를 전제하므로 원칙적으로 사실심을 포함하지 아니하고 양 당사자 존재를 반드시 전제하지 아니하는 헌법소송과 같지 않다. 게다가 행정소송은 공익 관련성 때문에 예외적으로 사정판결을 허용할 뿐이고, 변형결정 같은 것이 인정되지 아니한다는 점에서 헌법소송과 차이가 난다. 그 밖에 행정소송은 간접강제 등의 방법으로 국가권력이 집행할 수 있지만, 헌법소송은 결정내용 실현을 국가기관의 자발적 이행과 이에 대한 국민 감시에 의지할 수밖에 없다.[23] 이것은 양자의 심판 대상(행정처분과 공권력 행사)과 심사기준(행정법규와 헌법)이 다르고 중심이 되는 구체적인 기능(당사자 권리 구제와 객관적 헌법 보호 그리고 처분의 위법성 확인과 헌법의 최종적 해석)이 같지 않으며 판결에 귀속되는 효력이 미치는 범위가 차이가 난다는 점에서 비롯한다. 하지만 이러한 다른 점이 있어도 행정소송과 헌법소송은 헌법소송을 다른 일반소송과 구별 짓는다고 주장되는 몇 가지 점에서는 비슷한 점이 발견된다.

23) **김철용**, 「행정소송 총설」, 김철용/최광률 편집대표, 『주석 행정소송법』, 박영사, 2004, 5~7쪽.

① 이중적 기능

주관소송은 개인의 권리 보호를 직접적인 목적으로 하는 소송이고, 객관소송은 일반공공 이익 보호를 직접적인 목적으로 하는 소송이다. 주관소송에서는 소송당사자가 소송을 제기하여 다툴 만한 개별적·직접적인 이해관계가 있을 것이 필요하지만, 객관소송에서는 개인의 권리나 이익을 위한 쟁송이 아니므로 객관소송을 제기하기 위해서는 개별적·직접적인 이해관계가 있는 당사자일 필요는 없으나 법률이 이러한 소송유형을 허용할 때만 그 제기가 인정된다.

행정소송이 수행하는 기능은 권리구제기능과 행정의 적법성을 보장하는 기능으로 나눌 수 있다. 즉 행정소송은 쟁송절차로서 당사자의 권리구제 신청을 전제로 기능하는 제도이고, 궁극적으로 헌법이 보장한 재판청구권(헌법 제27조 제1항)을 구체적으로 실현하는 제도이다. 따라서 행정소송은 기본적으로 행정작용을 통해서 위법하게 권익을 침해받은 당사자의 권리를 보호하는 기능을 수행한다. 그러나 다른 한편, 행정소송은 권력분립원리에 따른 사법부의 행정부 통제수단으로도 기능한다. 즉 위법한 행정작용에 대해서 그 시정을 요구함으로써 법치행정원칙에 따른 행정의 적법성을 보장하는 기능을 수행한다. 그러나 이 기능은 그 자체로 독자적인 의미가 있다기보다는 당사자의 권리를 보호하기 위한 심사과정에서 인정되는 부수적인 기능으로 보아야 할 것이다.[24] 다만, 기관소송과 같은 소송유형에서는 사법부가 집행부를 통제하는 기능이 독자적인 의미가 있다고 볼 수밖에 없을 것이다.

헌법재판의 기능에 관해서 다양한 견해가 있지만, 객관적 헌법 보호와 주관적 권리 보호가 주된 기능이라는 점에는 의문이 없다. 즉 헌법재판은 헌법의 규범력을 관철함으로써 국가의 최고규범인 헌법을 보호하고, 국가권력의 기본권구속성과 국가권력 행사의 절차적 정당성을 확보함으로써 국민의 자유와 권리를 보호한다. 성문헌법이 있는 국가는 성문헌법을 기준으로 국가질서를 형성하고 유지한다. 이러한 헌법을 수호하고 실현하는 것을 보장하려고 헌법재판이 고안되었다. 따라서 객관적 헌법을 보호하는 것은 헌법재판의 첫 번째 기능이다. 그리고 헌법은 기본권 보장을 목적으로 한다. 그래서 헌법을 수호하고 실현하는 것은 국민의 기본권을 보장한다는 것을 뜻한다. 기본권을 규정하여 보장하는 헌법의 규범력과 실효성을 확실하게 보장하는 것은 재판기관을 통해서 기본권을 실현하는 것이다. 따라서 헌법재판은 기본권을 보장하는 효과적인 수단이다. 헌법재판은 이 두 가지 기능을 모두 수행하는 것이 일반적이지만, 그 비중이 언제나 같은 것은 아니다. 즉 탄핵심판, 정당해산심판, 권한

24) **류지태/박종수**, 『행정법신론(제16판)』, 박영사, 2016, 673쪽.

쟁의심판은 객관적 헌법 보호에 중점이 있지만, 위헌법률심판과 헌법소원심판은 주관적 권리 보호를 주된 기능으로 한다.

이처럼 헌법소송과 행정소송은 모두 주관적 기능과 객관적 기능을 함께 수행하는 소송유형이다. 따라서 이들 소송에서는 주관소송적 측면이 강조되거나 일부 인정되기도 하지만, 객관소송적 측면이 강조되거나 고려되어야 할 때가 잦다. 다만, 일반적으로 행정소송에서는 주관적 기능이 주된 기능이고 행정통제가 딸린 기능이지만, 헌법소송에서는 객관적 헌법질서의 유지와 보장이 주된 기능일 때가 잦다는 점에서 다르다. 그래서 주관소송인 민사소송의 내용이 이들 소송의 객관적 기능 때문에 수정되거나 새로운 내용이 추가될 수 있다. 이들 소송의 특수성은 대부분 여기서 유래한다. 따라서 객관적 기능에서 비롯하는 특수성은 헌법소송이 소송의 본질에서 벗어난다는 것을 증명하는 합리적 근거가 될 수 없다. 즉 행정소송이 객관적 기능에서 비롯하는 특수성이 있어도 소송이라는 점을 의심받지 않는 것처럼 헌법소송도 객관적 기능에서 비롯하는 특수성 때문에 소송이라는 점이 부정되지 않는다.

② 직권탐지주의 인정

민사소송은 소송구조에서 변론주의가 지배한다. 변론주의는 당사자의 공격과 방어에만 의존하고, 법원은 이들 당사자가 제출한 자료에 따라서만 심리하며, 법원이 직권으로 사실관계 등을 조사하는 것은 허용하지 않는 원칙이다. 이에 반해서 직권탐지주의는 심리를 위하여 필요하면 당사자가 주장하지 않은 증거자료를 수집할 수 있고, 이에 기초하여 결정할 수 있는 원칙이다. 행정소송에서는 원칙적으로 변론주의가 지배하면서도, 법률관계의 실체적 진실 규명을 위해서 필요하다고 인정하면 법원이 보충적으로 직권 탐지할 수 있다. 이에 따라 법원은 직권으로 증거조사를 할 수 있고, 당사자가 주장하지 아니한 사실에 관해서도 판단할 수 있다(행정소송법 제26조). 이것은 행정소송이 당사자의 권리구제 기능 이외에도 행정작용의 자율적 통제를 통한 적법성 확보 기능이 있음에 비추어, 공익적인 측면에서 실체적 진실확보에 필요할 때는 예외적으로 이것을 인정하려는 것이라고 볼 수 있다. 헌법소송에서 직권탐지주의가 인정되는 것은 행정소송과 마찬가지로 객관적 기능이 있다는 점에서 비롯한다. 즉 헌법소송은 주관적 권리 보호 기능뿐 아니라 객관적 헌법 보호 기능도 수행하므로 심리에 필요한 증거자료를 당사자에게만 의존하는 것은 불합리하여서 헌법재판소 스스로 증거자료를 수집할 수 있도록 한 것이다. 따라서 헌법소송을 직권탐지주의를 이유로 다른 소송과 다르다고 볼, 즉 소송이 아니라고 부정할 근거는 없다.

③ 기속력

헌법재판소 결정 중 법률의 위헌결정(헌법재판소법 제47조 제1항, 제75조 제6항), 권한쟁의심판의 결정(헌법재판소법 제67조 제1항) 그리고 헌법소원의 인용결정(헌법재판소법 제75조 제1항)에는 기속력이 귀속되어 일반적인 사법판결의 효력을 넘어서 모든 국가기관을 기속한다. 따라서 이러한 기속력은 헌법재판소 결정을 다른 사법판결과 구별 짓는 특별한 효력으로 볼 수 있다. 하지만 행정소송에서 처분 등을 취소하는 확정판결은 그 사건에 관하여 당사자인 행정청과 그 밖의 관계 행정청을 기속한다(행정소송법 제30조). 즉 처분 등을 취소하는 확정판결에도 기속력이 부여된다. 이때 기속력은 그 사건에 관해서만 효력을 미치는데, 법률의 위헌결정, 권한쟁의심판의 결정 그리고 헌법소원의 인용결정의 기속력도 기판력이나 확정력의 주관적 확장으로서 해당 심판 대상에 국한하여서만 효력이 미친다는 점에서 양자의 차이는 없다. 따라서 기속력을 근거로 헌법재판소 결정을 일반 사법판결과 질적으로 다른 것으로 보는 것은 행정소송에서 처분 등을 취소하는 확정판결의 사법판결성을 부정하지 않는 한 타당성을 인정받을 수 없다. 다만, 행정소송에서 처분 등을 취소하는 확정판결은 당사자인 행정청과 그 밖의 관계 행정청을 기속하지만, 법률의 위헌결정, 권한쟁의심판의 결정 그리고 헌법소원의 인용결정은 모든 국가기관을 구속한다는 점에서 효력이 미치는 범위에서 차이가 있다. 이러한 점에서 법률의 위헌결정, 권한쟁의심판의 결정 그리고 헌법소원의 인용결정에 귀속되는 기속력은 여전히 헌법재판소 결정의 특별한 효력이라고 보아도 큰 문제는 없다고 생각한다.

4. 소송법의 하나인 헌법소송법

살펴본 것처럼 헌법소송법은 민사소송법과 비교하면 다른 점이 여러 가지 있다. 하지만 그것은 주로 주관소송인 민사소송과 객관소송인 헌법소송의 차이 때문에 발생하는 것으로 민사소송법을 일부 수정하거나 보충하는 수준에 머문다. 즉 헌법소송법이 소송법의 본질에서 벗어나는 점을 찾기 어렵다. 게다가 헌법소송법의 특수성이라고 논의되는 내용도 소송법임에 의문이 없는 행정소송법과 비교하면 헌법소송법만의 특수성이라고 보기도 어렵다. 따라서 헌법소송법은 소송법의 하나로 보아야 하고, 헌법소송절차는 다른 일반 사법절차와 질적으로 다르다고 볼 수 없다. 결국, 헌법소송법은 헌법재판소 종국결정이 판결이라는 점을 명확하게 밝혀줄 뿐이고, 헌법재판소의 법원성을 부정할 아무런 실마리를 제공하지 못한다. 다만, 헌법재판소가 '특별한' 법원이라는 점을 확인하고 강조하는 측면이 발견될 뿐이다.

헌법소송법도 다른 소송법과 마찬가지로 당연히 실체법에 봉사하고 그것을 지원하는 기능을 수행한다. 그리고 헌법소송법은 헌법재판소 결정에 '합리성과 그에 따르는 재판에 대한 승복 자체'를 조성하거나 창출하여야 하는 '질서 있게 규율된 법적 절차'이다. 그러나 헌법재판소가 자유롭게 절차를 선택할 수 있다면, 헌법재판소의 활동은 통제될 수도 없을 뿐 아니라 헌법재판소 결정에 필요한 정당성과 설득력은 창출될 수 없다. 이러한 정당성과 설득력은 입법자가 미리 될 수 있으면 엄밀하게 확정하여 놓은 절차로 획득된다. 헌법처럼 적용되어야 할 규범이 개방적이고 불확정적이며 추상적일수록 헌법재판소가 자기 재판에 구속력이 있다고 자부하고 그래야만 한다면 완결된 소송법이 필요하다. 따라서 '개방적' 헌법질서와 짝을 이루어야 하는 것은 개방적 소송법이 아니라 엄밀한 소송법이다. 헌법의 해석과 구체화는 실제로 공개적인 과정에서 이루어지고, 헌법재판소는 헌법 내용에 관한 담론에 참여한다. 그렇지만 헌법소송법은 헌법재판소를 위해서 이 담론을 대화의 종점에서 헌법재판소의 구속력 있는 종국결정이 내려질 방향으로 구조화하는 기능을 수행한다.[25] 이러한 엄밀한 소송법은 헌법재판소법의 해석과 구체화를 통해서 옹글게(완벽하게) 획득될 수 없다. 결국, 헌법을 바탕으로 그리고 헌법소송을 특성을 고려한 전제 아래 헌법재판소법의 빈틈이나 불명확한 부분을 민사소송법을 비롯한 다른 소송법을 준용하거나 변형하거나 필요하면 새로운 내용을 추가하면서 그러한 엄밀한 소송법을 찾아 나가야 할 것이다.

Ⅳ. 소결 : 헌법재판소 종국결정의 본질에 따른 헌법재판 논의

헌법재판소가 특별한 법원이라는 점에 관해서는 일부 소수견해가 있긴 하지만, 대체로 합의가 이루어진다. 그러나 헌법재판소 종국결정의 본질이 무엇인지에 관한 논의는 찾아볼 수 없다. 헌법재판소 종국결정은 소송법적 의미의 법원이 청구인의 청구를 바탕으로 확정한 심판 대상에 관해서 구체적 사실 확인과 그에 관한 헌법해석을 통해서 내리는 판단이다. 구체적 사실이 아니라 법규범이 소전제라는 특수성을 제외하면, 사법적 3단논법에 따라 법규범인 헌법을 대전제로 하고 하위법규범을 소전제로 하여 논리적 조작을 통해서 추리하고 판단하여 결론에 도달한다는 점에서는 일반 사법재판과 다르지 않다. 그리고 헌법재판소 종국결정은 헌법재판소법 제36조

25) 이상 ***Klaus Schlaich/Stefan Korioth*** (Anm. 20), Rdnr. 57.

제2항이 정한 형식에 따라 작성한 결정서를 통해서 선고되어 표시된다. 따라서 헌법재판소 종국결정은 법규범이나 정치적 결정이 아니고 (사법)재판이다. 그리고 헌법재판소 종국결정은 재판의 주체와 성립절차 등의 형식적 측면에서 재판 중 '판결'에 해당한다. 또한, 헌법소송법은 민사소송법과 비교하면 소송법의 본질에서 벗어나는 점을 찾을 수 없다. 민사소송법과 다른 헌법소송법의 내용은 주관소송인 민사소송과 객관소송인 헌법소송의 차이에서 비롯한다. 게다가 헌법소송법의 특수성이라고 논의되는 내용은 행정소송법과 비교할 때 헌법소송법만의 특수성이라고 보기도 어렵다. 따라서 소송법적 측면에서도 헌법재판소 종국결정의 판결성은 부정되지 않는다. 그러나 지금까지 헌법재판에 관한 논의에서, 특히 헌법소송법의 구체화와 헌법재판소 종국결정의 효력에 관한 논의에서 헌법재판소 종국결정의 판결성은 거의 고려되지 않았다. 그러나 다른 소송법과 마찬가지로 헌법소송절차는 헌법재판소 종국결정의 본질에 맞게 형성되어야 하고, 헌법재판소 종국결정의 효력은 그 본질에서 출발하여야 올바르게 확정될 수 있다. 이러한 점에서 지금까지의 논의는, 특히 다른 소송법의 준용과 헌법재판소법 보충이나 보완은 헌법재판소 종국결정의 본질을 바탕으로 재검토되고 정리되어야 할 것이다.

Chapter

02

확 정 력

I. 헌법적 효력으로 인정되는 확정력

헌법재판소는 (특별한) 법원이므로 헌법재판소 결정은 사법판결이다. 사법판결로서 헌법재판소 결정은 분쟁해결을 목적으로 한다. 즉 헌법재판소 결정은 헌법분쟁을 최종적으로 해결하는 사법작용의 결과이다. 이러한 헌법재판소 결정을 마음대로 바꾸거나 취소할 수 있다면 재판의 신뢰를 확보할 수 없어서 헌법분쟁은 종국적으로 해결될 수 없고, 헌법재판을 통한 헌법질서의 형성과 유지도 불가능하며, 국민생활과 국가는 매우 불안정한 상태에 놓이게 될 것이다. 이때 헌법재판은 자기 기능을 제대로 수행할 수 없고, 법치국가원리의 구성요소인 법적 안정성과 법적 평화는 보장될 수 없다. 따라서 헌법재판소 결정이 선고되면 결정 내용을 확정시키고, 그에 따라서 향후 당사자와 법원에 대한 행위기준을 제시하며, 이에 바탕을 둔 헌법질서가 구축되게 할 필요성이 있다. 이러한 필요성을 충족시키기 위해서 헌법재판소 결정에는 확정력(Rechtskraft, res iudicata)이 인정된다. 즉 확정력은 수범자 사이의 법적 평화를 회복하고 유지함으로써 법적 안정성을 확립하고 법원이 분쟁을 해결하기 위한 전제이다. 이러한 점에서 확정력은 명문 규정은 없지만, 법치국가원리를 기본원리로 수용하고 헌법재판제도를 도입한 헌법 자체에서 도출되는 헌법적 효력이다.[1] 헌법재판소법은 확정력을 명시적으로 규율하지 않지만, 기판력의 본질적 작용인 일사부재리[2]

1) 헌법재판소는 자기기속력 때문에 헌법재판소 결정을 취소·변경할 수 없다고 하면서, 이것은 법적 안정성을 위해서 불가피하다고 한다(헌재 1989. 7. 24. 89헌마141, 판례집 1, 155, 156; 헌재 1993. 2. 23. 93헌마32, 판례집 5-1, 15, 16).

2) 기판력과 일사부재리효력의 관계를 어떻게 이해할 것인지와 관련하여 형사소송법에서 기판력과 일사부재리효력이 같다는 일치설(실체적 확정력설), 기판력과 일사부재리효력이 별개의 개념이라는 구별설(이중위험금지설) 그리고 기판력이 일사부재리를 포함한다는 포함설이 대립한다. 영미법의 이중위험금지원칙도 재판의 최종성을 전제로 피고인을 보호하려는 것이므로 기판력과 일사부재리효력을 개념적으로 분리할 수 없고, 피고인의 법적 안정성을 보호하기 위해서는 내용적 구속력이 필요하므로 포함설이 타당하다고 생각한다(**배종대/이상돈/정승환/이주원**, 『형사소송법(제2판)』, 홍문사, 2016, 766~767쪽; **손동권/신이철**, 『새로운 형사소송법』, 세창출판사, 2016, 711쪽; **이재상/조균석**, 『형사소송법(제11판)』, 박영사, 2017, 723~725쪽; **정승환**, 『형사소송법』, 박영사, 2018, 706~707쪽). 헌법재판소 소수의견에는 헌법재판소법 제39조가 기판력 인정을 명문화한 것으로 보는 것(헌재 2001. 6. 28. 2000헌바48, 공보 58, 658, 661 재판관 김영일, 김경일, 송인준의 각하의견)과 규범통제를 목적으로 하는 헌법재판과 일반의 소송은 성질이 다르므로 기판력이론이 원용될 수 없고 헌법재판소법 제39조를 독자적으로 해석하여야 한다는 것(헌재 2001. 6. 28. 2000헌바48, 공보 58, 658, 662-664 재판관 권성의 각하의견)이 있다. 그리고 불가변력과 불가쟁력은 헌법재판에서 한 번 다투어진 사건은 다시 다툴 수 없다는 것을 헌법재판소(불가변력)와 당사자(불가쟁력)라는 각기 다른 측면에서 파악한 것일 뿐이고 결과에서 차이를 발생시키지 않다고 하면서, 민사판결과 달리 선고 즉시 확정되고 단심제를 취하는 헌법재판체계에 비추어 불가변력

를 규정하고(제39조), 일반적으로 헌법재판소의 심판절차에 민사소송법령을 준용하도록 하므로(제40조 제1항 전문), 헌법재판소 결정에는 다른 사법판결처럼 확정력이 인정된다고 보아야 한다. 따라서 헌법재판소 결정에 일반 소송법 원칙에 따른 확정력과 다른 효력을 인정하려면 특별법인 헌법재판소법이나 그 밖의 다른 법률이 명시적으로 그러한 내용을 규정하여야 한다.[3] 확정력은 불가변력, 불가쟁력과 기판력으로 구성된다. 불가변력과 불가쟁력은 헌법재판소 결정의 최종성과 관련이 있고, 기판력은 당사자와 헌법재판소에 대한 헌법재판소 결정의 구속성과 규준성을 발생시킨다. 그러나 다른 사법재판과 구별되는 헌법재판의 특성은 일반 사법판결의 확정력을 헌법재판에 그대로 전용하는 것을 허용하지 않는다. 따라서 헌법재판의 특성에 맞게 헌법재판소 결정에 따르는 확정력의 내용과 범위 그리고 한계를 구체화하여야 한다.

Ⅱ. 불가변력

불가변력(Unwiderruflichkeit, 자기기속력 혹은 자박력)은 같은 절차 안에서 자기 결정에 대한 헌법재판소의 구속, 즉 철회 불가능성을 뜻한다. 헌법재판소 결정도 사법판결이므로 선고할 때부터 효력이 생긴다(헌법재판소법 제40조 제1항 전문, 민사소송법 제205조). 따라서 헌법재판소가 결정을 선고하면 자기 결정에 구속되어 같은 심판에서 자신이 내린 결정을 더는 바꾸거나 취소할 수 없다.[4] 즉 헌법재판소 결정이 선고되고 나서 헌법재판소는 결정주문에서 선고된 법적 효과를 더는 좌지우지할 수 없다. 다만, 결정에 잘못된 계산이나 기재, 그 밖에 이와 비슷한 잘못이 있음이 분명하면 헌법재판소는 직권으로[5] 또는 당사자의 신청에 따라[6] 경정결정을 할 수 있다(헌법재판소법 제40조 제1항 전문, 민사소송법 제211조 제1항). 경정결정은 명백한 형식적 오류를 바로잡는 것에 불과하므로 헌법재판소 결정의 실질적 내용에 영향을 미치지 않는다. 이러한 헌법재

과 불가쟁력이 헌법재판소법이 정한 일사부재리원칙으로 통합될 수 있다는 견해도 있다(**신 평**, 『헌법재판법(전면개정판)』, 법문사, 2011, 282쪽). 이 견해는 만약 일사부재리원칙에 실체적인 요소를 포함하여서, 한 번 심판한 사항은 내용 측면에서 확정되어 헌법재판소가 다시 다른 심판을 할 수 없다는 식으로 심판 대상 해석에서 조금 그 외연을 확장할 수 있다면, 기판력까지 일사부재리원칙에 포함할 수 있다고 한다.

3) ***Michael Sachs***, Die Bindung des Bundesverfassungsgerichts an seine Entscheidung, München 1977, S. 22 참조.

4) 헌재 1989. 7. 24. 89헌마141, 판례집 1, 155, 156; 헌재 1993. 2. 19. 93헌마32, 판례집 5-1, 15, 16.

5) 헌재 2007. 7. 26. 2005헌사717.

6) 헌재 2000. 11. 23. 2000헌사464.

판소 결정의 오류는 그 오류가 분명할 때만 인정된다. 판단오류나 판단유탈은 경정 사유가 되지 못한다. 결정 누락이 있으면 추가결정을 하여야 한다(헌법재판소법 제40조 제1항 전문, 민사소송법 제212조).[7] 헌법재판소 경정결정에 대해서는 다툴 수 없다. 경정결정은 원래의 결정과 일체를 이루므로 결정을 선고 시점으로 소급하여 효력이 생긴다. 경정결정은 결정서의 원본과 정본에 덧붙여 적어야 하고, 정본 송달로 정본에 덧붙여 적을 수 없으면 따로 경정결정 정본을 작성하여 당사자에게 송달하여야 한다(헌법재판소법 제40조 제1항 전문, 민사소송법 제211조 제2항).

불가변력은 실체결정은 물론 절차결정에도 인정된다. 불가변력은 같은 절차 안에서만 미치므로 다른 절차에서 헌법재판소는 이전결정과 다른 결정을 할 수 있다(헌법재판소법 제23조 제2항 제2호). 재심은 같은 절차가 아니므로 재심을 인정하는 것이 불가변력을 해치지 않는다. 불가변력은 헌법재판소 자신에 대해서 작용하는 효력으로서 헌법재판소가 자신이 내린 결정에 같은 절차 안에서 직접 구속된다는 점에서, 당사자에 대한 관계에서 작용하는 불가쟁력과 후행 심판과 관련하여 헌법재판소 자신과 당사자에 대해서 작용하는 기판력과 구별된다.

헌법재판소가 자기 종국결정에 구속되는 것은 물론이나, 중간결정에 대해서 구속되는지는 다툼이 있다. 민사소송법 이론을 따르면 실체관계에 관한 중간판결이 인정되고, 헌법소송에서 이것을 배제할 이유가 없으므로 중간결정에 대해서도 구속된다는 견해가 있다.[8] 이에 대해서 중간결정은 절차적인 사항에 관계되므로 불가변력이 생기지 않는다는 반론이 있다.[9] 불가변력은 불가쟁력 존재를 전제하지 않고, 판결 존재와 함께 이미 생긴다. 따라서 중간결정이 내려지면, 그것이 어떤 대상에 대한 것인지와 상관없이 헌법재판소 자신도 이에 구속되어 스스로 취소하거나 변경할 수

7) 헌재 1991. 1. 8. 90헌마230, 판례집 3, 195.

8) **남복현**, 「헌법재판소 결정의 확정력」, 『한양법학』 제3집, 한양법학회, 1992, 216쪽; **전정환**, 「헌법재판소 결정의 효력에 관한 일반적 고찰」, 문광삼/남복현/전정환, 『헌법재판소결정의 효력에 관한 연구』(헌법재판연구 제7권), 헌법재판소, 1996, 24쪽; **같은 사람**, 「헌법재판소 결정의 확정력에 관한 고찰」, 『아태공법연구』 제8집, 아세아태평양공법학회, 2000, 209쪽; ***Ernst Benda/Eckart Klein/Oliver Klein***, Verfassungsprozessrecht, 3. Aufl., Heidelberg/München/Landsberg/Frechen/ Hamburg 2012, § 40 Rdnr. 1418; ***Herbert Bethge***, Die Rechtskraft im Verfassungsprozessrecht, in: Christian Heinrich (Hrsg.), Festschrift für Hans-Joachim Musielak zum 70. Geburtstag, München 2004, S. 81; ***Christoph Gusy***, Parlamentarischer Gesetzgeber und Bundesverfassungsgericht, Berlin 1985, S. 224 f.; ***Klaus Vogel***, Rechtskraft und Gesetzeskraft der Entscheidungen des Bundesverfassungsgerichts, in: Christian Starck (Hrsg.), Bundesverfassungsgericht und Grundgesetz: Festgabe aus Anlaß des 25jährigen Bestehens des Bundesverfassungsgerichts, Bd. I, Verfassungsgerichtsbarkeit, Tübingen 1976, S. 583.

9) **이성환**, 「헌법재판소 결정의 효력에 관한 연구」, 서울대학교 법학박사학위논문, 1993, 58쪽; ***Christian Pestalozza***, Verfassungsprozeßrecht, 3. Aufl., München 1991, S. 297.

없고, 중간결정을 전제로 종국결정을 하여야 한다. 결국, 중간결정에도 불가변력을 인정하여야 할 것이다.[10)]

Ⅲ. 불가쟁력

헌법재판은 단심이라서 헌법재판소에 대한 상급심이 없으므로 헌법재판소의 각종 심판은 최종적이다. 따라서 헌법재판소 결정이 선고되면 이 결정에 대해서 더는 누구도 통상의 소송절차를 통해서 불복하여 다툴 수 없다.[11)] 이러한 효력을 불가쟁력[Unanfechtbarkeit, 형식적 확정력(formele Rechtskraft)]이라고 한다. 불가쟁력 때문에 헌법재판소 결정은 최종적 구속력이 있는 분쟁의 사법적 해결로서 존속력이 있다. 즉 헌법재판소 결정은 그 폐지나 변경에서 보호됨으로써 헌법재판소 결정 존재가 보장됨은 물론 법질서가 요구하는 법적 효과를 발휘할 가능성이 생긴다. 이러한 점에서 불가쟁력은 기판력을 비롯한 헌법재판소 결정 효력(불가변력은 제외)의 전제가 된다. 전원재판부 결정이든 지정재판부 결정이든 모두 불가쟁력이 있다. 전원재판부가 지정재판부의 상급심에 해당하지 않고, 지정재판부 결정도 전원재판부 결정과 같은 효력이 있으므로, 지정재판부의 전원재판부에 대한 회부결정은 물론 전원합의에 따른 회부각하결정[12)]에도 불가쟁력이 생긴다. 불가쟁력은 실체결정은 물론 절차결정에도 인정된다.

불가쟁력은 재심을 통해서 배제될 수 있다. 헌법재판소법에는 명문 규정이 없지만, 개별 사건에서 예외적으로 재심이 허용되는 범위 안에서 재심이 청구되면 일단 생긴 불가쟁력은 배제된다. 예외적으로 재심이 허용되면 민사소송법 제456조를 준용하여 결정이 확정되고 나서 재심 사유를 안 날부터 30일(불변기간) 이내에 재심을 청구하여야 한다. 그리고 결정이 확정되고 나서 5년이 지나면 재심을 청구하지 못한다. 상급심이 없으므로 헌법재판소 결정에 대해서는 불복신청을 할 수 없다. 따라서

10) **강현중**, 『민사소송법(제7판)』, 박영사, 2018, 644쪽; **김홍엽**, 『민사소송법(제7판)』, 박영사, 2018, 779~780쪽; **이시윤**, 『신민사소송법(제12판)』, 박영사, 2018, 610쪽; **정동윤/유병현/김경욱**, 『민사소송법(제6판)』, 법문사, 2017, 739쪽; **호문혁**, 『민사소송법(제13판)』, 법문사, 2016, 591, 601쪽; **홍기문**, 『민사소송법(제7판)』, 대명출판사, 2016, 540쪽 참조.

11) 헌재 1989. 7. 24. 89헌마141, 판례집 1, 155, 156; 헌재 1990. 5. 21. 90헌마78, 판례집 2, 129, 130; 헌재 1990. 10. 12. 90헌마170, 판례집 2, 363, 364; 헌재 1994. 12. 29. 92헌아1, 판례집 6-2, 538, 541; 헌재 1994. 12. 29. 92헌아2, 판례집 6-2, 543, 547.

12) 헌재 1990. 10. 12. 90헌마170, 판례집 2, 363, 364.

상소 추후보완은 헌법재판에 준용될 수 없다.[13)]

Ⅳ. 기판력

1. 기판력의 의의

불가쟁력만으로는 선행 심판절차에서 판단된 대상이 후행 심판절차에서 다시 다투어지는 것을 배제하지 못한다. 그러나 이로 말미암아 법적 불안정성은 제거될 수 없고, 법적 평화는 계속 위협받을 것이다. 이러한 문제를 해결하기 위해서 기판력이 필요하다. 기판력[실질적 확정력(materielle Rechtskraft)]은 헌법재판소 결정에 불가쟁력이 생기면 당사자는 후행 심판절차에서 확정된 헌법재판소 결정과 어긋나는 주장을 하지 못하고, 헌법재판소도 확정된 헌법재판소 결정에 어긋나는 판단을 할 수 없다는 구속력을 뜻한다.[14)] 따라서 같은 심판 대상에 대한 새로운 심판 청구는 허용되지 않고, 다른 심판 대상에 대한 새로운 심판절차에서도 헌법재판소는 기존 심판절차의 확정된 결과에 기속된다. 기판력을 통해서 헌법재판소 결정은 헌법분쟁의 최종적 사법판단으로서 기능할 수 있다. 기판력은 불가쟁력의 결과로서 보장되는 것이므로, 불가쟁력은 기판력의 전제이다. 따라서 불가쟁력이 생김과 동시에 기판력도 생긴다. 기판력은 헌법재판소 결정의 내용적 존속을 보장한다. 기판력은 확정된 결정내용이 해당 심판절차보다는 후행 심판절차에서 당사자와 헌법재판소를 구속한다는 측면에서, 결정을 선고한 헌법재판소 자신과 맺는 관계에서 논의되는 불가변력이나 해당 심판절차에서 당사자와 맺는 관계에서 논의되는 불가쟁력과 구별된다.

2. 헌법재판소 결정의 기판력 인정 여부

헌법재판소법에는 기판력을 규율하는 직접적인 규정은 없지만, 일사부재리(헌법재판소법 제39조)와 민사소송에 관한 법령의 규정 준용(헌법재판소법 제40조 제1항 전문)에 관한 규정을 근거로 헌법재판소 결정의 기판력을 인정하는 것이 통설이며 타당한 견

13) 같은 견해: **김지형**, 「헌법재판결정의 기판력」, 『헌법논총』 제3집, 헌법재판소, 1992, 261쪽; **이성환**(주 9), 61쪽; **전정환**(주 8, 헌법재판소 결정의 효력에 관한 일반적 고찰), 26쪽; **같은 사람**(주 8, 헌법재판소 결정의 확정력에 관한 고찰), 210쪽; **최희수**, 「법률의 위헌결정의 효력에 관한 연구 - 소송법적 효력을 중심으로 -」, 고려대학교 법학박사학위논문, 2001, 48쪽; **황우여**, 「위헌결정의 효력」, 『헌법재판의 이론과 실제』(금랑 김철수교수 화갑기념), 박영사, 1993, 303쪽.

14) 대법원 1987. 6. 9. 선고 86다카2756 판결(공1987, 1141) 참조.

해라고 생각한다. 헌법재판소[15]와 대법원[16]도 헌법재판소 결정의 기판력을 인정한다. 독일 연방헌법재판소법도 기판력을 규정하지 않지만, 독일 연방헌법재판소는 오래전부터 확정력을 인정한다.[17] 독일의 지배적 학설도 헌법재판소 재판의 기판력을 긍정하지만, 일부 견해는 헌법재판소 재판, 특히 규범통제 재판에 기판력이 귀속되지 않는다고 한다.

먼저 헌법재판에 기판력을 적용하는 것을 전적으로 부정하는 견해가 있다.[18] 이 견해는 헌법재판에는 분리될 수 없는 국가권력과 국가라는 하나의 법인만 있어서 헌법재판은 국가 자신의 고권적 의견에 대한 합법성과 관련한 국가의 자기통제라고 한다. 따라서 헌법재판소 재판의 구속력 문제는 민사소송에서 인정되는 확정력 적용으로 해결될 수 없다고 한다. 헌법기관 서로 간의 관계나 국가에 대한 관계라는 특성, 국가권력을 행사하는 기관성 그리고 국가와 본질에서 분리될 수 없는 국가권력의 통일성 때문에, 처음부터 헌법재판소 재판에 대한 다른 국가기관의 구속성이 있다고 한다. 그러나 헌법재판의 당사자가 국가기관일지라도 헌법재판의 본질이 사법재판이라는 점에는 변함이 없다. 특히 일반 사법판결에서도 행정소송이나 국가가 당사자로 등장하는 민사소송처럼 자신과 대립하는 국가의 법적 분쟁은 드물지 않지만, 이것 때문에 사법판결의 기판력이 부정되지는 않는다. 그리고 헌법재판이 가능하고 필요하다는 것은 국가권력이 통일적으로 행사되지 않을 수도 있어서, 둘 이상의 국가의사가 있어 분쟁이 생길 수 있다는 것을 전제한다. 이러한 분쟁이 사법절차를 통해서 해결된다면 법적 안정성을 유지하기 위해서 사법판결의 기판력은 요구된다. 따라서 이 견해를 따를 수 없다.

그리고 헌법기관이면서 법원인 헌법재판소는 다른 법원과 달라서 기판력이 헌법재판소 재판에 당연히 귀속되는 것은 아니라는 견해가 있다.[19] 이 견해는 규범통제절차는 규범을 다투는 사실관계에 적용하는 것이 아니며, 규범통제절차에서 청구

15) 헌재 1990. 6. 25. 90헌가11, 판례집 2, 165, 171.

16) 대법원 1991. 6. 28. 선고 90누9346 판결(집39-3, 특479; 공1991, 2056).

17) BVerfGE 4, 31 (38); 5, 34 (37 f.); 20, 56 (86 f.); 33, 199 (203); 69, 92 (103); 70, 242 (249 f.); 78, 320 (328); 79, 256 (264); 85, 117 (121); 92. 91 (107); 104, 151 (196); BVerfG, Beschluss vom 19. 11. 1991, in: NJW 1992, S. 817. 법치국가원리의 요소인 법적 안정성과 기판력의 관계에 관해서는 BVerfGE 2, 380 (403); 15, 313 (319); 29, 413 (432); 47, 146 (161, 165) 참조.

18) ***Willi Geiger***, Die Grenzen der Bindung verfassungsgerichtlicher Entscheidungen (§ 31 Abs. 1 BVerfGG), in: NJW 1954, S. 1057 f.

19) ***Ernst Friesenhahn***, Zum Inhalt und zur Wirkung der Entscheidungen des deutschen Bundesverfassungsgerichtes, in: Scritti in Onore di Gaspare Ambrosini, Bd. I, Milano 1970, S. 697 ff.

인은 고유한 청구권을 관철하는 것이 아니라 객관적 소송을 진행하는 것에 불과하다고 한다. 따라서 심사되거나 무효로 선언된 규범이 새롭게 심사될 수 있는지에 관한 문제는 기판력 문제가 아니라 규범통제절차의 특성에 따라 결정되어야 한다고 한다. 그러나 먼저 헌법기관성은 헌법재판소의 기능, 과제, 권한에서 도출되는 것으로 헌법재판소의 독립성을 강조하는 의미만 있을 뿐이지 법원인 헌법재판소의 본질을 바꾸지 못한다.[20] 따라서 규범통제도 사법재판 이외에 아무것도 아니고, 헌법재판소의 헌법기관성은 기판력의 부정근거가 될 수 없다. 그리고 기판력은 법해석 과정의 특정한 형태와 결합하지 않는다. 즉 기판력은 사법판결 형성의 유형 및 방식과 아무런 관계가 없다. 또한, 상위법을 기준으로 한 법규범 판단도 포섭이고, 법규범을 법규범의 빈자리를 메우는 사실관계로 이해할 수 있으며, 규범통제절차에서 사실관계는 심판 대상을 확정하고 기판력을 한계 지우므로 중요한 의미가 있다.[21] 게다가 규범통제절차에서 제청법원도 헌법재판을 통해서 자신이 적용하여야 하는 법률이 확정되어서 규범통제와 관련하여 독자적인 직접적 이익이 있다고 보아야 한다. 이러한 점에서 그의 청구권이 단순히 절차에 이바지하는 것에 불과하다는 것은 타당하지 않다. 결국, 이 견해는 전제 자체부터 성립하기 어렵다.

규범통제 재판에는 법률적 효력과 불가쟁력이 귀속되기는 하지만, 기판력과 기속력은 귀속되지 않는다는 견해도 있다.[22] 이 견해를 따르면 규범통제절차에는 당사자가 없고 그 절차에서 구체적 사실관계를 판단하지 않으므로 규범통제 재판은 기판력이 없다고 한다. 규범통제 재판에서 법치국가원리가 요구하는 법적 평화는 법률적 효력을 통해서 옹글게(완벽하게) 보장된다고 한다. 그 밖에 규범통제절차에는 당사자뿐 아니라 소송물 개별화와 기판력 한정을 위한 본질적 요소가 빠져 있고, 법률적 효력을 규정한 독일 연방헌법재판소법 제31조 제2항이 특별법으로서 기판력을 배제한다는 견해도 있다.[23] 그러나 헌법재판에도 청구인의 청구가 분명히 있고, 규범통제절차에서 제청법원은 자신의 독자적 의사에 따라 제청 여부를 결정할 수 있으며, 헌법재판을 통해서 자신이 적용하여야 하는 법률을 확정함으로써 자신이 하는 재판의 신뢰성을 높일 수 있는 독자적 이익이 있어서, 제청법원도 당사자로 볼 수

---

20) 이에 관해서 자세한 검토는 **허완중**, 『헌법재판소 결정이 입법자를 구속하는 범위와 한계』, 전남대학교출판문화원, 2017, 58~63쪽 참조.

21) 같은 견해: ***Steffen Detterbeck***, Streitgegenstand und Entscheidungswirkungen im öffentlichen Recht, Tübingen 1995, S. 329 f.; ***Klaus Vogel*** (Anm. 8), S. 605.

22) ***Roland Wenig***, Zur Zulässigkeit einer erneuten Vorlage im Normenkontrollverfahren, in: DVBl. 1973, S. 345 ff.

23) ***Brun-Otto Bryde***, Verfassungsentwicklung, Baden-Baden 1982, S. 406.

있다. 따라서 제청법원의 제청서를 통해서 기판력이 미치는 구체적 심판 대상이 확정될 수 있다. 그리고 상위법을 기준으로 한 법규범의 판단도 포섭이고, 법규범을 빈자리를 메우는 사실관계로 이해할 수 있다는 점에서 일반 사법판결의 사실관계와 차이가 없다. 또한, 법률적 효력 때문에 헌법재판소 재판이 법률이 되는 것이 아니라 여전히 사법판결일 뿐이고, 법률적 효력은 헌법재판소 재판의 구속력을 주관적으로 확장하는 것에 불과한 것으로 일반적으로 논의된다는 점에서 법률적 효력은 소송법적 효력에 불과하며 기판력에 근거를 두는 것으로 보아야 한다. 이러한 점에서 법률적 효력이 기판력을 부정하는 근거가 되는 것이 아니라 오히려 기판력을 법률적 효력의 전제로 보아야 한다. 따라서 이들 견해는 수긍하기 어렵다.

또한, 개인이 당사자가 아닌 헌법재판에서 잘못된 판결을 감수하는 것은 개인적 불이익이 아니라 공동체 자신의 불이익이고, 분쟁당사자가 매우 적어 분쟁 반복이 드물어서 헌법재판소 재판은 기판력이 없다는 견해가 있다.[24] 그러나 모든 국가기관이 헌법에 기속된다는 점과 개인의 기본권 보호가 강조된다는 점에서 관련자가 많을수록 결정의 정확성이 더 중요하다는 것은 자명하지 않다. 그리고 공적 기관이 참가하거나 공적 이익이 관련되어서 재판의 정확성이 더욱 중요해지는 것도 아니다. 특히 민사소송에 공공기관이 자주 참여하고 행정소송에서는 언제나 공공기관이 참여하지만, 이러할 때도 기판력은 여전히 인정된다. 게다가 기판력은 잘못된 재판 보호가 아니라 올바른 재판 보호에 본질적인 의미가 있다. 또한, 기판력은 구체적 심판대상에 국한된다.[25] 즉 기판력의 주관적·객관적·시간적 한계가 있는 한 잘못된 판결을 감수하는 때는 많지 않고, 재판의 화석화는 방지될 수 있다. 특히 분쟁당사자가 적다는 것 자체가 헌법재판소 재판에서 기판력의 주관적 범위가 좁다는 것을 증명한다. 그 밖에 기판력을 부정하면 헌법재판의 분쟁 해결성은 위협받을 수밖에 없다. 따라서 이 견해는 타당성을 인정받기 어렵다.

독일 바이에른주 헌법재판소는 규범통제 재판에서는 기판력이 생기지 않는다고 한다.[26] 그에 따르면 기판력은 일정한 사실관계에 규범을 적용하는 것(포섭)을 전제

---

24) ***Martin Kriele***, Theorie der Rechtsgewinnung, 2. Aufl., Berlin 1976, S. 294 ff. (**마르틴 크릴레**, **홍성방** 옮김, 『법발견의 이론』, 유로서적, 2013, 410~414쪽).

25) ***Andreas Heusch***, Bindungswirkung und Gesetzeskraft der Entscheidungen, in: Christian Burkiczak/Franz-Wilhelm Dollinger/Frank Schorkopf (Hrsg.), Bundesverfassungsgerichtsgesetz – Heidelberger Kommentar, Heidelberg 2015, § 31 Rdnr. 37; ***Michael Sachs*** (Anm. 3), S. 28 ff.; ***ders.***, Zur Verbindlichkeit bundesverfassungsgerichtlicher Entscheidungen, in: Burkhart Ziemske (Hrsg.), Staatsphilosophie und Rechtspolitik: Festschrift für Martin Kriele zum 65. Geburtstag, München 1997, S. 436 f.

26) BayVerfGHE 5, 166 (183); 11, 127 (140); 18, 30 (35); 20, 101 (107).

하므로, 헌법재판에서도 사실관계에 관해서 결정할 때만 기판력이 생길 수 있다. 그러나 규범통제의 본질은 상위법규범인 헌법을 기준으로 하위법규범을 판단하는 것이므로 기판력이 문제 되지 않는다고 한다.27) 그러나 이 견해는 규범통제의 논리적 구조를 살펴보면 사법판결의 전형적인 포섭과 같다는 점에서 타당하지 않다.28)

3. 기판력이 생기는 헌법재판소 결정유형

헌법재판소법 제39조와 제40조를 따라서 그 심판사건의 종류가 무엇인지, 그 결정주문 내용이 무엇인지를 불문하고 헌법재판소의 모든 종국결정에 기판력이 귀속된다. 실체결정은 물론 절차결정에도 기판력이 생긴다. 기판력은 실체결정에만 귀속되고, 순수한 절차결정에는 귀속되지 않는다는 견해가 있다.29) 하지만 실체결정뿐 아니라 절차결정도 반복청구 가능성이 있으므로 이러한 견해는 타당하지 않다. 따라서 헌법소원심판 청구가 부적법하여 각하결정을 받고 나서 각하결정에서 판시한 요건의 흠을 보완하지 않고 다시 청구하는 것은 기판력에 어긋난다. 이때 헌법재판소는 기판력에 어긋난다는 이유로 각하결정을 하여야 한다.30) 실체결정 중 일부결정에는 기판력이 미치지만, 중간결정은 아직 확정되지 않아서 기판력이 생기지 않는다. 지정재판부가 일치된 의견으로 헌법소원을 각하한 결정은 형식적 요건만 심사하므로 기판력이 없다는 견해가 있다.31) 그러나 지정재판부 결정도 종국결정이고 전원재

---

27) 독일 바이에른주 헌법재판소 판례를 인용하면서 헌법재판소법 제39조의 일사부재리를 기판력과 별개의 제도로 이해하고자 하는 견해가 헌법재판소 결정의 소수의견에서 제시되었다(헌재 2001. 6. 28. 2000헌바48, 공보 58, 658, 662 재판관 권성의 각하의견).

28) 같은 견해: **김지형**(주 13), 268쪽; **최희수**(주 13), 63쪽; **같은 사람**, 「규범통제결정의 기판력」, 『헌법논총』 제14집, 헌법재판소, 2003, 546~547쪽; ***Ernst Benda/Eckart Klein/Oliver Klein*** (Anm. 8), § 40 Rdnr. 1424; ***Herbert Bethge***, Verbindlichkeit der Entscheidung, in: Theodor Maunz/Bruno Schmit-Bleibtreu/Franz Klein/Gerhard Ulsamer/Herbert Bethge/Karin Grasshof/Rudolf Mellinghoff/Jochen Rozek, Bundesverfassungsgerichtsgesetz - Kommentar, Bd. 1, München 2017 (Stand: Januar 2017), § 31 Rdnr. 50; ***Steffen Detterbeck*** (Anm. 21), S. 330; ***Andreas Heusch*** (Anm. 25), § 31 Rdnr. 38; ***Klaus Schlaich/Stefan Korioth***, Das Bundesverfassungsgericht – Stellung, Verfahren, Entscheidungen, 11. Aufl., München 2018, Rdnr. 118; ***Klaus Vogel*** (Anm. 8), S. 605.

29) ***Herbert Bethge*** (Anm. 28), § 31 Rdnr. 48; ***Andreas Heusch*** (Anm. 25), § 31 Rdnr. 39.

30) 헌재 1992. 9. 3. 92헌마197, 판례집 4, 576, 577; 헌재 1993. 6. 29. 93헌마123, 판례집 5-1, 441, 443; 헌재 1993. 9. 15. 93헌마209, 판례집 5-2, 249, 251; 헌재 2001. 6. 28. 98헌마485, 판례집 13-1, 1379, 1388-1389; 헌재 2002. 12. 18. 2002헌마279, 공보 76, 94, 99 등.

31) **김학성**, 「헌법소원에 관한 연구」, 서울대학교 법학박사학위논문, 1990, 279쪽; ***Herbert Bethge*** (Anm. 28), § 31 Rdnr. 49; ***Andreas Heusch*** (Anm. 25), § 31 Rdnr. 39; ***Norbert Wischermann***, Rechtskraft und Bindungswirkung verfassungsgerichtlicher Entscheidungen – Zu den funktionsrechtlichen Auswirkungen der extensiven Auslegung des § 31 Abs. 1 BVerfGG –, Diss. jur. Berlin 1979, S. 35.

판부 결정과 같은 효력이 있으며 기판력은 본안 판단에 국한하지 않으므로, 지정재판부 전원합의에 따른 각하결정에도 기판력이 인정된다고 보아야 한다. 즉 전원재판부 결정이든 지정재판부 결정이든 모두 기판력이 있다.

위헌법률심판의 합헌결정과 법률에 대한 헌법소원심판에서 해당 법률이 합헌이라는 이유로 기각한 결정에 대해서 기판력을 인정하지 않으면 당사자와 그 소송승계인이 반복해서 이러한 법률의 위헌성을 다투는 것을 막지 못한다. 따라서 이러한 헌법재판소 결정에도 기판력은 인정되어야 한다.[32] 당사자와 그 소송승계인 이외의 제3자는 원칙적으로 기판력에 기속되지 않으므로 [기속력과 법률요건적 효력(이나 형성력 혹은 법률적 효력)이 제한하지 않는 범위 안에서] 언제든지 해당 법률에 대해서 위헌이라고 주장하며 다툴 수 있다. 그리고 당사자와 그 소송승계인도 다른 사건과 관련하여 해당 법률의 위헌성을 다툴 수 있다.[33]

헌법재판소가 법규범에 대해서 위헌결정을 내리면 법규범은 종국적으로 효력이 상실된다(헌법재판소법 제47조 제2항, 제75조 제6항). 따라서 헌법재판소는 위헌으로 결정된 법규범을 다시 심판 대상으로 삼을 수 없다. 게다가 규범통제 결정에는 재심 가능성도 없다. 이와 관련하여 위헌결정에 기판력을 인정할 필요가 있는지 문제 된다. 기속력이나 법률적 효력은 위헌결정의 기판력을 전제로 하여 그 주관적 범위와 객관적 범위를 확대하는 것으로 이해하는데 위헌결정의 기판력을 부정하는 것은 기속력과 법률적 효력의 기초박탈이라는 논리적 결과를 일으키므로 위헌결정에도 기판력을 인정하여야 한다는 견해가 있다.[34] 위헌결정이나 위헌으로 결정된 법률을 선결관계나 전제로 하는 위헌법률심판이나 헌법소원심판이 있을 수 있고, 법률이 효력을 상실하는 전제인 위헌결정에 어긋나는 합헌결정이 나오면 법적 혼란을 피할 수 없으므로, 위헌결정에도 기판력은 인정되어야 할 것이다. 변형결정(한정위헌결정, 한정합헌결정, 헌법불합치결정)도 본질은 위헌결정이고, 이에 대해서 다시 다툴 가능성이 있으므로 기판력은 이러한 결정에도 귀속되어야 한다.[35]

---

32) 같은 견해: **김학성**, 『헌법학원론(전정2판)』, 피앤씨미디어, 2018, 1148쪽; **남복현**(주 8), 224쪽; **전정환**(주 8, 헌법재판소 결정의 효력에 관한 일반적 고찰), 36~37쪽; **같은 사람**(주 8, 헌법재판소 결정의 확정력에 관한 고찰), 219쪽; **최희수**(주 13), 68쪽; **같은 사람**(주 28), 549쪽; **황우여**(주 13), 305~306쪽.

33) 헌재 2006. 5. 25. 2003헌바115, 판례집 18-1하, 39, 47-48 참조.

34) **최희수**(주 13), 69쪽; **같은 사람**(주 28), 550쪽. 같은 견해: **남복현**(주 8), 223쪽; **전정환**(주 8, 헌법재판소 결정의 효력에 관한 일반적 고찰), 37쪽; **같은 사람**(주 8, 헌법재판소 결정의 확정력에 관한 고찰), 219쪽.

35) 같은 견해: **남복현**(주 8), 223쪽; **전정환**(주 8, 헌법재판소 결정의 효력에 관한 일반적 고찰), 37쪽; **같은 사람**(주 8, 헌법재판소 결정의 확정력에 관한 고찰), 220쪽; **최희수**(주 13), 69~70쪽; **같은 사**

형성력은 기판력과 구별되는 효력이다. 그리고 형성력도 형성판결의 존재를 전제한다. 따라서 형성판결 자체가 다투어지면 형성력도 위협받는다. 그러나 형성력은 실체법적 효력이라서 반복적으로 다투는 소송행위를 막을 수 없다. 이러한 소송행위를 막는 것은 소송법적 효력인 기판력이다. 따라서 형성력이 인정되는 형성판결에도 기판력은 인정되어야 한다.[36)]

4. 구체적 심판 대상

기판력의 본질과 관련하여 실체법설과 소송법설이 다투어진다.[37)] 그러나 법관의 임무는 실체법 내용을 인식하고 이것을 바탕으로 주어진 사건에 구체화한 객관적 법을 적용하는 방식으로 법적 효과를 선언하는 것이다. 물론 이 과정에서 법관이 법창조적 활동을 하기는 하지만, 이것은 실체법의 문언과 체계가 허용하는 범위에서만 가능하다. 게다가 이러한 법창조는 원칙적으로 해당 사건에서만 유효하다. 따라서 실체법을 창조하거나 폐지하는 것과 같은 법창조활동은 원칙적으로 법관이 아니라 입법자의 과제이다. 그리고 실체법설은 기판력이 원칙적으로 당사자에게만 미치는 것과 절차판결에 기판력이 부여되는 것을 설명하지 못한다. 따라서 소송법설이 타당하다고 생각한다. 소송법설에는 모순금지설과 반복금지설이 대립한다. 모순금지설은 전소판결 승패에 따라 후소법원의 처리방법이 달라진다는 점에서 이론의 일관성이 없고, 모순금지는 반복금지의 결과이며, 헌법재판소법 제39조가 일사부재리를 규정한다는 점에서 반복금지설을 따른다.

기판력은 당사자에 대한 관계에서는 기판력 있는 결정내용을 뒷날 같은 사건에서 반복하여 다투는 것을 금지한다. 그리고 헌법재판소는 기판력 있는 결정내용에 기속되어 같은 사건을 다시 판단할 수 없고, 뒷날 이것을 선결문제로 하는 사건에서 그에 모순되거나 어긋나는 새로운 판단을 하지 못한다. 이러한 기판력은 같은 당사

람(주 28), 551쪽; **황우여**(주 13), 306쪽.

36) 대법원 1966. 12. 19.자 66마516 결정(집14-3, 민314); 대법원 1980. 7. 22. 선고 80다839 판결(공1980, 13036); 대법원 1981. 3. 24. 선고 80다1888, 1889 판결(집29-1, 민121; 공1981, 13840); **강현중**(주 10), 336쪽; **김홍엽**(주 10), 204~241쪽; **민일영**, 「제216조[기판력의 객관적 범위]」, 김상원/박우동/이시윤/이재성 편집대표, 『주석 신민사소송법(Ⅲ)』, 한국사법행정학회, 2004, 331쪽; **백춘기**, 「판결의 효력」, 『사법논집』 제36집, 법원도서관, 2003, 526~527쪽; **이시윤**(주 10), 210, 634쪽; **정동윤/유병현/김경욱**(주 10), 75, 770쪽; **조상혁**, 「형성판결의 효력 서설」, 『재산법연구』 제21권 제2호, 한국재산법학회, 2005, 408~430쪽; **호문혁**(주 10), 82, 689쪽; **홍기문**(주 10), 548쪽 참조. 가사소송법 제21조는 가사소송에서 형성판결의 기판력을 인정한다.

37) **강현중**(주 10), 667~669쪽; **김홍엽**(주 10), 803~805쪽; **민일영**(주 36), 308~310쪽; **백춘기**(주 36), 477~493쪽; **이시윤**(주 10), 628~629쪽; **정동윤/유병현/김경욱**(주 10), 760~764쪽; **최희수**(주 13), 52~58쪽; **호문혁**(주 10), 698~700쪽; **홍기문**(주 10), 546~547쪽 참조.

자와 관련된[38] 같은 구체적 심판 대상에 국한한다.[39] 헌법재판소법 제39조에서 '동일한 사건'은 심판사건의 당사자와 심판 대상이 같다는 것을 뜻한다. 소송법설을 따르면 심판 대상은 청구인의 실체법적 청구가 아니라 그와 분리된 소송과 관련된 청구가 결정한다. 헌법은 그 적용대상과 관련하여 해석되어야 하므로 심판 대상을 결정할 때 사실관계도 고려하여야 한다.[40] 따라서 본질에서 절차를 이끄는 청구와 그것이 근거하는 사실관계가 심판 대상을 확정한다. 결국, 헌법재판소법 제39조에서 심판 대상은 구체적일 것이 요구되고, 그것은 심판 계기가 된 해당 사건도 같아야 한다는 것을 뜻한다.

(1) 당사자

당사자에는 청구인과 피청구인이 있다. 청구인은 자기 이름으로 심판을 청구하는 자이고, 피청구인은 그 상대방인 당사자이다. 당사자는 개별 심판절차에 따라 다르다.

위헌법률심판에서 제청법원은 제청서 제출로 위헌법률심판을 개시하게 하지만, 적극적으로 심판절차에 참여하는 것도 아니고, 당사자의 권리·의무를 제청법원에 그대로 적용하기도 어려우므로, 제청법원은 당사자가 아니라는 견해가 있다.[41] 헌법재판소법은 당사자라는 표현(제24조, 제25조 제1항, 제30조 제2항)과 구별하여 제청법원이라

38) 규범통제절차에서는 상대방 당사자가 없으므로 헌법재판에서 '같은 당사자 간'이라는 표현을 일반적으로 사용할 수 없다.

39) 헌재 1997. 8. 21. 96헌마48, 판례집 9-2, 295, 303; BVerfGE 4, 31 (39); 78, 320 (328); 104, 151 (196); ***Ernst Benda/Eckart Klein/Oliver Klein*** (Anm. 8), § 40 Rdnr. 1426; ***Herbert Bethge*** (Anm. 8), S. 84 f.; ***ders.***, (Anm. 28), § 31 Rdnr. 42; ***Brun-Otto Bryde*** (Anm. 23), S. 402; ***Hans-Joachim Cremer***, Die Wirkungen verfassungsgerichtlicher Entscheidungen, in: Jochen Abr. Frowein/Thilo Marauhn (Hrsg.), Grundfragen der Verfassungsgerichtsbarkeit in Mittel- und Osteuropa, Berlin/Heidelberg 1998, S. 251; ***Christoph Gusy*** (Anm. 8), S. 230; ***Andreas Heusch*** (Anm. 25), § 31 Rdnr. 40; ***Klaus Lange***, Rechtskraft, Bindungswirkung und Gesetzeskraft der Entscheidungen des Bundesverfassungsgerichts, in: JuS 1978, S. 3 참조.

40) **허완중**, 「헌법 제29조 제2항 법률이 정하는 보상의 적극적 해석」, 『고려법학』 제51호, 고려대학교 법학연구원, 2008, 200~202쪽 참조.

41) **신 평**(주 2), 121쪽; **정연주**, 『헌법소송론』, 법영사, 2015, 58~59쪽; **정종섭**, 『헌법소송법(제8판)』, 박영사, 2014, 154쪽; **한수웅/정태호/김하열/정문식**(정태호 집필), 『주석 헌법재판소법』, 헌법재판소 헌법재판연구원, 2015, 228쪽; **허 영**, 『헌법소송법론(제13판)』, 박영사, 2018, 134쪽; BVerfGE 2, 213 (217); 3, 225 (228 f.); ***Christian Pestalozza*** (Anm. 9), S. 45; ***Klaus Vogel*** (Anm. 8), S. 618. 제청법원은 기판력이 아니라 내부절차적 기속력(innerprozessuale Bindungswirkung)에 따라서 헌법재판소 재판에 구속된다는 견해도 있다[***Klaus Vogel*** (Anm. 8), S. 618]. 이 견해는 헌법재판소와 일반 법원의 관계를 심급구조로 보는 것으로 양 기관이 서로 독립적인 기관이라는 점에서 타당하지 않다[같은 견해: **남복현**(주 8), 228쪽].

는 표현을 쓰고, 나아가 제청법원은 심판절차에서 자기 이익을 옹호하는 데 필요한 각종 소송법적 권리를 주장할 수 있는 주체라고 볼 수 없으므로 제청법원은 당사자가 아니라는 견해도 있다.[42] 그리고 법원에 당사자의 지위를 인정하는 것은 분쟁 주체가 아니라 독립적으로 분쟁을 심판하는 법원의 지위와 조화되기 어렵다는 견해도 있다.[43] 또한, 위헌법률심판 '청구'가 아니라 '제청'이라고 하고, 법원은 위헌법률심판제청서를 제출하고 나서는 별도로 헌법재판소 심판절차에 참여하지 않으므로 제청법원은 당사자로 보기 어렵다는 견해도 있다.[44] 그러나 이 견해들은 제청법원은 그 기능에 비추어, 해당 사건 당사자의 주장에 동조하여서 제청한 때는 물론 독자적인 판단에 따라 제청한 때도 다른 심판절차의 청구인과 비슷한 임무를 수행하고, 규범통제 결정의 실효성 확보가 필요하므로 기판력의 적용대상이 된다고 한다. 이에 반해서 제청법원도 위헌법률심판의 당사자로서 기판력에 구속된다는 견해가 있다.[45] 이 견해는 헌법재판소에 대한 제청법원의 위헌제청은 위헌법률심판 개시를 구하는 심판 청구의 성격이 있으므로, 일반 소송절차와는 달리 객관적 법질서 보호가 목적인 위헌법률심판절차에서는 당사자의 개념을 위헌법률심판절차 개시를 '요구'한다는 의미에서 심판 청구를 할 수 있는 지위에 있는 사람으로 해석할 수 있다고 한다.

제청법원은 해당 사건 당사자의 제청 신청에 구속되지 않고 자신의 독자적 판단에 따라서 위헌법률심판을 제청할 수 있고, 헌법재판소 심판 대상은 제청법원의 제청서를 통해서 확정되며, 제청법원은 위헌법률심판을 통해서 자신이 적용하여야 할 법률을 확정함으로써 자기 재판에 대한 신뢰를 확보할 수 있으므로, 제청법원은 이러한 위헌제청에 독자적 이익이 있다고 보아야 한다. 그리고 헌법재판소법은 위헌법률심판이 다른 절차와 구별되면 별도 규정을 두지만(제26조 제1항, 제27조 제2항, 제30조 제2항), 당사자를 종국결정의 기재사항으로 규정하면서 위헌법률심판에 관한 별도 규정을 두지 않는다(제36조 제2항). 또한, 헌법재판소법이 '청구인' 대신에 '제청법원'이라는 용어를 사용하지만(헌법재판소법 제43조 제1호), 제청법원을 청구인과 달리 취급하는 규정은 찾을 수 없다. 오히려 제청법원을 청구인으로 보는 규정을 찾을 수 있다(헌법재

42) **최희수**(주 13), 32쪽; **같은 사람**(주 28), 565~566쪽; **같은 사람**, 『헌법소송법 요론(개정판)』, 대명출판사, 2015, 19쪽.

43) **김하열**, 『헌법소송법(제3판)』, 박영사, 2018, 113쪽.

44) **성낙인/이효원/권건보/정 철/박진우/허진성**, 『헌법소송론』, 박영사, 2012, 89쪽.

45) **김지형**(주 13), 288~289쪽; **전정환**(주 8, 헌법재판소 결정의 효력에 관한 일반적 고찰), 42~43쪽; **같은 사람**(주 8, 헌법재판소 결정의 확정력에 관한 고찰), 223~224쪽. 같은 견해: **남복현**(주 8), 228쪽; **이성환**(주 9), 74~75쪽; **황우여**(주 13), 307쪽. **한병채**, 『헌법재판론』, 고시계, 1994, 196쪽도 같은 견해로 보인다.

판소법 제71조 제2항 후문). 그 밖에 규범통제절차에 속하는 위헌소원심판이나 법률에 대한 헌법소원심판에서는 당사자를 인정하여 당사자의 권리와 지위에 관한 규정(헌법재판소법 제24조, 제25조 제1항, 제30조, 제31조)을 적용하면서 위헌법률심판만 다르게 보아 이러한 규정 적용을 배제하여야 할 이유는 없다고 생각한다. 게다가 참가는 당사자를 전제로 하므로 당사자를 부정하면 이해관계인이 가지는 권리의 근거를 찾기 어렵다. 따라서 제청법원을 위헌법률심판의 당사자로 보아야 할 것이다.[46]

그러나 위헌법률심판에서 심판 대상은 문제가 된 법률의 위헌 여부인데, 이와 관련하여 대립적인 분쟁이 없으므로 상대방 당사자는 없다. 특히 법률은 국회의원이나 정부의 법률안 제출, 국회의 법률안에 대한 심의·의결, 대통령이나 국회의장의 공포라는 일련의 절차를 거쳐 확정·시행되므로 피청구인을 특정하기도 곤란하다.[47] 이러한 점은 헌법재판소법이 청구서의 송달과 관련하여 위헌법률심판에만 별도로 규정하는 점(제27조 제2항)에서도 확인된다.

위헌법률심판절차에서 해당 사건의 당사자는 해당 법원을 통하지 않고 직접 위헌법률심판절차 개시를 청구할 권한이 없으므로 위헌법률심판의 당사자가 아니다.[48] 따라서 헌법재판소법은 해당 사건의 당사자가 당사자라면 불필요한 해당 사건의 당사자에게 제청서 등본을 송달하도록 하는 규정(제27조 제1항)과 법률의 위헌 여부에 관한 의견을 제출할 수 있는 권리를 인정하는 규정(제44조)을 특별히 둔다. 제청법원이 제3자의 소송담당으로서 위헌법률심판절차에서 직무당사자가 됨으로써 해당 사건의 당사자에게 헌법재판소 결정의 기판력이 미친다는 견해가 있다.[49] 그러나 이 견해는 해당 사건의 당사자를 권리이익의 귀속주체와 결부시킴으로써 객관적 질서 보호라는 위헌법률심판제도의 본질을 너무 도외시하였고, 위헌제청 신청은 법원의

46) 헌법재판소는 "제청법원은 적어도 이 사건 제청당사자로서 위 심판의 기판력을 받을 것은 물론 더 나아가 살필 때 헌법 제107조 제1항의 규정상 제청법원이 본안재판을 함에 있어서 헌법재판소의 심판에 의거하게 되어 있는 이상 위 헌법규정에 의하여서도 직접 제청법원은 이에 의하여 재판하지 않으면 안될 구속을 받는다."라고 하였다(헌재 1990. 6. 25. 90헌가11, 판례집 2, 165, 171).

47) **성낙인/이효원/권건보/정 철/박진우/허진성**(주 44), 89~90쪽; **최희수**(주 42), 19쪽; **한수웅/정태호/김하열/정문식**(정태호 집필)(주 41), 229쪽; **허 영**(주 41), 134~135쪽.

48) **김지형**(주 13), 290쪽; **김하열**(주 43), 114쪽; **남복현**, 「법률의 위헌결정의 효력에 관한 연구」, 한양대학교 법학박사학위논문, 1994, 61쪽; **성낙인/이효원/권건보/정 철/박진우/허진성**(주 44), 89쪽; **신 평**(주 2), 121쪽; **이성환**(주 9), 73, 75쪽; **전정환**(주 8, 헌법재판소 결정의 효력에 관한 일반적 고찰), 43쪽; **같은 사람**(주 8, 헌법재판소 결정의 확정력에 관한 고찰), 224쪽; **정연주**(주 41), 59쪽; **정종섭**(주 41), 154쪽; **최희수**(주 13), 32쪽; **같은 사람**(주 42), 19쪽; **한수웅/정태호/김하열/정문식**(정태호 집필)(주 41), 229쪽; **허 영**(주 41), 134쪽; BVerfGE 2, 213 (217); 3, 45 (49); 20, 350 (351); 31, 87 (92); 42, 90 (91); 78, 320 (328); ***Christian Pestalozza*** (Anm. 9), S. 45; ***Klaus Vogel*** (Anm. 8), S. 618.

49) **이성환**(주 9), 77쪽. **한병채**(주 45), 196~197쪽도 비슷한 견해로 보인다.

제청을 강제하는 효과가 없으므로 제청법원은 신청인의 위헌제청 신청에 구속받지 않는다는 것을 간과하였다.[50] 특히 위헌법률심판 제청은 해당 사건의 당사자에게 불리할 수도 있다. 따라서 이 견해는 타당하지 않다고 생각한다. 해당 사건의 당사자가 의견서를 제출할 권한(헌법재판소법 제44조)을 위헌법률심판절차에 참가할 권한으로 보려는 견해도 있다.[51] 이 견해를 따르면 해당 사건의 당사자는 위헌법률심판에 참가할 권한이 있는 사람으로서 헌법재판소 통지에 따라서 참가한 때이든, 마음대로 참가한 때이든 모두 기판력 적용을 받는다고 한다. 의견서 제출을 참가로 볼 수는 있으나, 해당 사건의 당사자는 당사자적격이 없고 판결의 효력을 받는 사람도 아니므로 이러한 참가는 '보조참가'에 불과하다. 따라서 이러한 참가 때문에 해당 사건의 당사자에게 기판력이 미칠 수는 없다.

위헌소원심판에서는 헌법소원심판청구인이 당사자가 되지만, 문제가 된 법률의 위헌 여부를 둘러싸고 대립적인 분쟁이 있는 것이 아니므로 상대방 당사자는 없다. 법령에 대한 헌법소원심판절차에서도 문제가 된 법령의 위헌 여부를 둘러싸고 주장이 맞서는 당사자 사이의 헌법분쟁이 없으므로 헌법소원심판청구인만이 당사자에 속하고 입법기관이 헌법소원심판청구인의 상대방 당사자가 되는 것은 아니다.[52] 법령에 대한 헌법소원심판 이외의 헌법소원심판은 헌법재판소법이 대립적 구조의 심판절차를 예정한다. 즉 헌법재판소법은 침해된 기본권과 침해의 원인이 된 공권력의 행사나 불행사를 결정주문에서 특정하도록 하고(제75조 제2항), 각하와 심판회부 결정 통지(제73조 제1항)와 공권력 불행사에 대한 인용결정에 따른 새로운 처분의무(제75조 제4항)에서 '피청구인'의 존재를 전제하며, 청구서 송달(제27조 제1항)과 답변서 제출(제29조)에서 청구인에 대립하는 피청구인의 절차와 관련된 행위를 상정한다. 헌법소원심판에 행정소송법 준용을 규정한 것도 이러한 대립적 구조를 고려한 것으로 보인다(헌법재판소법 제40조 제1항 후문). 따라서 이러한 헌법소원심판절차에서 헌법소원심판청구인과 공권력의 행사나 불행사의 주체인 피청구인의 대립적 당사자가 있다.[53]

---

50) **전정환**(주 8, 헌법재판소 결정의 효력에 관한 일반적 고찰), 44쪽; **같은 사람**(주 8, 헌법재판소 결정의 확정력에 관한 고찰), 225쪽.

51) **전정환**(주 8, 헌법재판소 결정의 효력에 관한 일반적 고찰), 43~44쪽; **같은 사람**(주 8, 헌법재판소 결정의 확정력에 관한 고찰), 225쪽. 비슷한 견해: ***Klaus Vogel*** (Anm. 8), S. 618.

52) 법령에 대한 헌법소원에서는 청구서에 피청구인을 기재하지 않는다('헌법재판소 심판 규칙' 제1항 제2호). 실무상으로는 법령을 대상으로 하는 헌법소원심판에서 위헌법률심판과 마찬가지로 청구의 상대방이 되는 당사자를 상정하지 않고 절차를 진행하지만, 그 밖의 공권력 행사나 불행사를 다투는 헌법소원심판에서는 피청구인 존재를 상정하고서 절차를 진행한다(『헌법재판실무제요(제2개정판)』, 헌법재판소, 2015, 30쪽).

53) 헌법재판소는 헌법소원심판절차에서 피청구인 기재 흠결이나 적정 여부는 적법요건이 아니라고

탄핵심판절차, 정당해산심판절차 그리고 권한쟁의심판절차는 모두 대립적인 구조의 심판절차에 해당한다. 탄핵심판절차에서는 탄핵소추대상자가 피청구인임에는 의문이 없다(헌법재판소법 제48조). 탄핵심판에서는 국회법제사법위원회 위원장이 소추위원이 되는데(헌법재판소법 제49조 제1항), 이로 말미암아 국회가 아닌 소추위원이 청구인인지가 문제 된다. 소추위원인 국회법제사법위원장이 청구인이라는 견해도 있다.[54] 그러나 국회는 합의제 기관이고, 소추위원은 이러한 국회를 대표하는 사람에 불과하다. 따라서 소추위원이 아닌 국회를 탄핵심판의 청구인으로 보아야 할 것이다.[55] 정당해산심판절차에서는 정부와 피청구정당(헌법재판소법 제55조), 권한쟁의심판에서는 국가기관과 지방자치단체 중 청구기관과 피청구기관(헌법재판소법 제61조, 제62조)이 각각 심판절차의 당사자가 된다.[56]

(2) 심판 대상

심판 대상은 헌법재판소 결정의 효력범위를 결정하는 기준이 된다. 즉 중요문제가 같고 본질에서 같은 생활사태가 문제 될 때 기판력이 미친다.[57] 심판 대상은 원칙적으로 청구인의 청구취지(와 청구원인)에 따라 확정되지만, 헌법재판이 주관적 권리 보호 이외에 객관적 질서 보호를 기능으로 하고 있고 불필요한 후속심판을 피하여야 하므로, 헌법재판소는 청구인의 청구취지(와 청구원인)에 어긋나지 않는 범위 안에서 직권으로 심판 대상을 확정할 수 있다. 먼저 헌법재판소는 불필요하게 청구대상이 넓으면 불필요한 부분을 심판 대상에서 제외할 수 있다.[58] 그리고 헌법재판소

한다. 그리고 헌법재판소는 청구인의 심판청구서에 기재된 피청구인이나 청구취지에 구애됨이 없이 청구인의 주장요지를 종합적으로 판단하고 청구인이 주장하는 침해된 기본권과 침해 원인이 되는 공권력을 직권으로 조사하여 피청구인을 확정하여 판단하여야 한다고 한다(헌재 1993. 5. 13. 91헌마190, 판례집 5-1, 312, 320; 헌재 2001. 7. 19. 2000헌마546, 판례집 13-2, 103, 106-107). 그러나 이러한 헌법소원심판절차에서는 청구인이 주장하는 침해된 권리와 침해 원인이 되는 공권력의 행사나 불행사를 중심으로 심판하므로 실무적 필요에 따라 피청구인을 확정하여 표시하기도 하나 원칙적으로 피청구인이 없다고 보아야 한다는 견해도 있다[**한병채**(주 45), 191, 195, 198~199쪽].

54) **신 평**(주 2), 122쪽.

55) 같은 견해: **김하열**(주 43), 114~115, 715쪽; **최희수**(주 42), 20쪽; **한수웅/정태호/김하열/정문식**(김하열 집필), 『주석 헌법재판소법』, 헌법재판소 헌법재판연구원, 2015, 672쪽; **한수웅/정태호/김하열/정문식**(정태호 집필)(주 41), 229쪽. 헌법재판소는 대통령 탄핵 사건에서 결정문의 청구인란에 '국회'라고 쓴 후, 줄을 바꾸어 '소추위원 국회 법제사법위원회 위원장'이라고 표시하였다(헌재 2004. 5. 14. 2004헌나1, 판례집 16-1, 609, 620).

56) **김지형**(주 13), 294쪽; **이성환**(주 9), 82~83쪽; **한병채**(주 45), 202~211쪽 참조.

57) ***Steffen Detterbeck*** (Anm. 21), S. 345 참조.

58) 헌재 1997. 4. 24. 96헌가3등, 판례집 9-1, 416, 423; 헌재 1997. 4. 24. 95헌바48, 판례집 9-1, 435,

는 청구대상 이외에도 청구대상과 밀접불가분의 관계가 있는 대상을 심판 대상에 포함할 수 있다(헌법재판소법 제45조 단서, 제66조 제2항, 제75조 제5항 참조).[59] 따라서 문제가 된 법률조항 없이는 다른 법률조항이 독립적 의미가 없거나 문제가 된 법률과 밀접한 관계가 있어서 별개로 나누어질 수 없으면 이러한 법률조항도 심판 대상에 포함할 수 있다.[60] 그리고 법원의 제청대상에는 빠졌지만 문제가 된 법률조항의 전제가 되는 법률조항도 심판 대상에 포함할 수 있다.[61] 또한, 헌법재판소는 법적 명확성·법적 안정성·법적 통일성과 소송경제적인 관점에서 심판 대상을 법원의 제청대상에 한정하지 않고 다른 법률조항을 심판 대상에 포함할 수 있다.[62] 그러나 독일 연방헌법재판소법 제78조 제2문[63]과 같은 명문규정이 없어서 문제가 된 같은 법률 안에서 제청대상이 아닌 조항에 대해서 심사 대상인 조항과 위헌이유가 같다는 이유만으로 위헌결정을 할 수는 없다. 이러한 확장은 직권주의의 지나친 확대로 사법의 소극성에 어긋나기 때문이다.[64] 헌법재판소는 재판의 전제성과 관련하여 법률조항 중 관련 사건의 재판에 적용되지 않는 내용이 들어 있는 때도 그 조항 전체가 위헌심사 대상이 될 수 있는지에 관해서 제청법원이 단일조항 전체를 위헌제청하고 그 조항 전체에 같은 심사척도가 적용될 수 있는 위헌심사 대상일 때 그 조항 전체가 심판 대상이 된다고 하였다.[65] 단일조항 안에서 같은 심사척도가 적용될 때 제청법원 제청을 조건으로 한다면 심판 대상의 임의적 확장 위험성이 없고, 이러한 심판 대상 확장은 사법의 소극성에도 어긋나지 않으며, 같은 심사척도가 적용되는 단일조항을 한 번의

438-439; 헌재 2000. 6. 29. 99헌가16, 판례집 12-1, 767, 771; 헌재 2001. 3. 21. 2000헌바25, 판례집 13-1, 652, 655.

59) 헌재 1994. 4. 28. 92헌가3, 판례집 6-1, 203, 220; 헌재 2001. 1. 18. 2000헌바29, 판례집 13-1, 111, 114; 헌재 2001. 11. 29. 99헌마494, 판례집 13-2, 714, 720; 헌재 2005. 2. 3. 2001헌가9등, 판례집 17-1, 1, 12; 헌재 2007. 5. 31. 2005헌바47, 판례집 19-1, 568, 575.

60) 헌재 1989. 11. 20. 89헌가102, 판례집 1, 329, 342; 헌재 1991. 11. 25. 91헌가6, 판례집 3, 569, 581; 헌재 1996. 12. 26. 94헌바1, 판례집 8-2, 808, 829; BVerfGE 8, 274 (301); 57, 295 (334); 73, 118 (151).

61) 헌재 1994. 6. 30. 93헌가15등, 판례집 6-1, 576, 584; 헌재 1999. 3. 25. 98헌가11등, 판례집 11-1, 158, 167; 헌재 2007. 3. 29. 2005헌마985등, 판례집 19-1, 287, 293-294.

62) 헌재 1999. 1. 28. 98헌가17, 판례집 11-1, 11, 14; 헌재 2000. 8. 31. 97헌가12, 판례집 12-2, 167, 172.

63) "같은 법의 다른 조항이 같은 이유로 독일 기본법이나 그 밖의 연방법과 합치하지 아니하면, 연방헌법재판소는 마찬가지로 그 조항을 무효로 선언할 수 있다."

64) 같은 견해: **전정환**(주 8, 헌법재판소 결정의 효력에 관한 일반적 고찰), 36쪽; **같은 사람**(주 8, 헌법재판소 결정의 확정력에 관한 고찰), 218쪽.

65) 헌재 1995. 11. 30. 94헌가2, 판례집 7-2, 538, 543-544; 헌재 1996. 11. 28. 96헌가13, 판례집 8-2, 507, 516; 헌재 2001. 1. 18. 99헌바112, 판례집 13-1, 85, 90; 헌재 2003. 6. 26. 2001헌가17, 판례집 15-1, 602, 618; 헌재 2004. 10. 28. 2002헌마328, 공보 98, 1187, 1188-1189.

헌법재판으로 판단하는 것은 재판의 통일성과 효율성에도 이바지하므로, 이러한 심판 대상 확장은 허용된다고 생각한다. 헌법재판소가 문제 된 규범의 내용과 유사한 규범에 같은 사정 아래에서 같은 규제내용이 있다고 판단하면 이 유사규범에 대해서도 위헌결정을 할 수 있다는 견해가 있다.[66] 그러나 같은 문구의 조항이라도 개별 규범에 따라서 다른 내용을 담을 수도 있고, 문제가 된 규범과 밀접한 관련성을 인정하기 어려우며, 특히 유사성 자체를 판단하는 것이 어려우므로 유사규범에까지 심판 대상을 확장할 수 없다고 생각한다. 법원이 위헌제청한 법률조항을 심판 대상으로 삼아 심판하는 과정에서 위헌제청된 법률조항과 같은 내용의 법률조항을 담은 법률 개정이 이루어지면 헌법재판소는 헌법질서의 수호·유지와 소송경제적인 측면에서 이 개정조항을 심판 대상에 포함시키는 것이 바람직하다는 견해가 있다.[67] 헌법재판소는 이에 대해서 부정적인 견해를 취하였다.[68] 심지어 헌법재판소는 당사자가 개정법에 대해서 청구취지 확장 청구를 하여도 받아들이지 않았다.[69] 그러나 최근에 헌법재판소는 개정법에 대해서도 직권으로 심판 대상을 확장한다.[70] 이때 개정된 법률조항이 해당 사건과 밀접한 관련이 있으면 심판 대상에 포함시킬 수 있지만, 그렇지 않으면 사법의 소극성에 비추어 심판 대상으로 포함시킬 수 없다고 생각한다. 헌법재판소는 심판청구인의 청구이유, 법원에서 진행된 위헌제청 신청사건의 경과, 해당 사건 재판과 맺는 관련성, 이해관계기관의 의견 등을 종합적으로 고려하여 필요할 때 직권으로 심판 대상을 변경하여 확정할 수도 있다.[71]

위헌법률심판과 위헌소원심판, 법률에 대한 헌법소원심판에서 심판 대상은 법률 자체가 아니라 구체적으로 문제가 된 법률의 위헌성이다. 법률을 대상으로 하지 않는 헌법소원심판의 심판 대상은 공권력의 행사나 불행사가 헌법이 보장한 헌법소원심판청구인의 기본권을 침해하였는지이다. 법률의 집행행위에 대한 헌법소원심판처럼 부수적인 규범통제가 필요하면 근거규범의 위헌성도 함께 심판 대상이 된다. 탄핵심판은 그 심판절차 구조가 형사소송과 비슷하므로 형사소송의 소송물론[72]을 원

66) **전정환**(주 8, 헌법재판소 결정의 효력에 관한 일반적 고찰), 35쪽; **같은 사람**(주 8, 헌법재판소 결정의 확정력에 관한 고찰), 219쪽.
67) **허 영**(주 41), 232~233쪽.
68) 헌재 2000. 6. 29. 99헌가9, 판례집 12-1, 753, 758.
69) 헌재 2002. 10. 31. 99헌바76등, 판례집 14-2, 410, 420.
70) 헌재 2008. 7. 31. 2004헌마1010등, 판례집 20-2상, 236, 241; 헌재 2010. 7. 29. 2008헌가28, 판례집 22-2상, 74, 79.
71) 헌재 1998. 3. 26. 93헌바12, 판례집 10-1, 226, 232-233; 헌재 1999. 10. 21. 97헌바26, 판례집 11-2, 383, 395-396; 헌재 2000. 8. 31. 98헌바27등, 판례집 12-2, 190, 194-195; 헌재 2005. 2. 24. 2004헌바24, 공보 102, 393, 397.

용할 수 있다. 따라서 탄핵심판의 심판 대상은 탄핵소추의결서에 기재된 피청구인에 대한 탄핵심판청구사유로서, 헌법재판소법 제48조 각호의 1에 해당하는 공무원이 그 집무집행에서 헌법이나 법률을 위배한 사실이 현실적 심판 대상이고, 이와 동일성이 인정되는 사실이 잠재적 심판 대상이 된다. 잠재적 심판 대상은 탄핵소추의결서의 변경절차를 통해서 현실적 심판 대상이 된다. 정당해산심판의 심판 대상은 정당의 목적이나 활동이 민주적 기본질서에 위배되는지이고, 권한쟁의심판의 심판 대상은 국가기관 상호간, 국가기관과 지방자치단체 그리고 지방자치단체 상호간에 권한의 존부 및 범위를 심사기준으로 삼아 피청구기관의 처분이나 부작위가 헌법이나 법률이 부여한 청구인의 권한을 침해하였거나 침해할 뚜렷한 위험이 있는지이다. 입법행위가 단순히 다른 기관의 입법권한을 침해한 때가 아니라 입법행위의 결과물인 규범이 다른 기관의 권한을 침해한 때는 이러한 규범의 위헌성이나 위법성도 심판 대상이 된다.[73] 그러나 이러한 때는 규범통제절차와 달리 심사기준으로 모든 헌법적 관점이 적용되는 것이 아니라 국가기관 사이의 권한배분과 관련한 헌법규정이나 법률규정의 위반 여부에 심사가 국한될 것이다.[74]

5. 기판력의 범위

(1) 주관적 범위

기판력은 헌법소송절차에 참여한 사람으로서 공격·방어의 기회를 얻은 사람에 한하여 미치는 것이 원칙이다. 스스로 권리 주장이나 방어 기회를 얻지 못한 제3자에게까지 소송결과를 강요하는 것은 제3자의 절차보장 관점에서 부당하기 때문이다. 따라서 기판력은 소송사건의 당사자[청구인, 피청구인, 참가인(보조참가인 제외)]와 그 소송승계인 그리고 헌법재판소 자신에게만 미친다(헌법재판소법 제40조 제1항 전문, 민사소송법 제218조 제1항).[75] 청구인이나 피청구인이 다르면 기판력이 미치지 않는다.[76] 소송 외의 제3자는 물론 이해관계인, 참고인, 소송에 관여하는 대리인이나 공동소송인에게도 기판력이 미치지 않는다. 또한, 단체가 당사자로서 받은 헌법재판소 결정의 기

---

72) 이에 관해서는 **배종대/이상돈/정승환/이주원**(주 2), 416~420쪽; **이재상/조균석**(주 2), 435~439쪽 참조.

73) 헌법재판소는 법률에 대한 권한쟁의심판도 허용되지만, '법률 그 자체'가 아니라 '법률제정행위'를 그 심판 대상으로 한다고 한다(헌재 2006. 5. 25. 2005헌라4, 판례집 18-1하, 28, 35).

74) **김지형**(주 13), 271~277쪽; **이성환**(주 9), 69~70쪽; **최희수**(주 13), 34~35쪽 참조.

75) 제3자 소송담당의 권리귀속주체((헌법재판소법 제40조 제1항 전문, 민사소송법 제218조 제3항)와 소송탈퇴자((헌법재판소법 제40조 제1항 전문, 민사소송법 제80조, 제82조)에게도 기판력이 미친다.

76) 헌재 1997. 8. 21. 96헌마48, 판례집 9-2, 295, 303 참조.

판력은 그 대표자나 구성원에게 미치지 않고[77], 그 반대도 마찬가지이다. 절차에 참여할 수 있었던 사람이나 국가기관에 기판력을 확장하려는 견해가 있다.[78] 그러나 기속력과 법률요건적 효력(이나 형성력 혹은 법률적 효력)에 따라서 기판력의 주관적 범위가 확장되고, 헌법과 헌법재판소법에서 일반 소송법의 원칙에서 벗어날 근거를 찾을 수 없으므로, 절차에 참여할 수 있었던 사람이나 기관에 대한 기판력 확장은 필요하지 않다.[79] 규범통제 결정에서 일반적 구속성 인정[80]도 기속력과 법률요건적 효력(이나 형성력 혹은 법률적 효력) 때문에 역시 필요하지 않다.[81]

(2) 객관적 범위

기판력은 결정주문에만 인정된다(헌법재판소법 제40조 제1항 전문, 민사소송법 제216조 제1항). 심판 대상에 대한 판단에 관해서만 기판력이 인정되므로,[82] 심판 대상이 아닌 사항에 관한 판단에는 결정주문에 포함되었더라도 기판력이 귀속되지 않는다. 결정주문 단독으로 기판력의 범위를 확정할 수 없으면 결정이유가 주문해석에 고려된다. 즉 결정이유는 결정주문의 해석도우미로서 기능한다. 그러나 기판력의 범위를 명확하게 하는 결정이유 그 자체에는 기판력이 인정되지 않는다. 예외적으로 결정주문만으로는 심판 대상이 무엇인지를 알 수 없고 이유 설명을 통해서 비로소 알 수 있으면 결정이유가 결정주문과 일체불가분의 관계에 있는 한 결정이유도 기판력이 있다

---

77) 대법원 1978. 11. 1. 선고 78다1206 판결(집26-3, 민182; 공1979, 11527) 참조.

78) **남복현**(주 8), 229쪽; **같은 사람**(주 48), 62쪽; **전정환**(주 8, 헌법재판소 결정의 효력에 관한 일반적 고찰), 41쪽; **같은 사람**(주 8, 헌법재판소 결정의 확정력에 관한 고찰), 223쪽; ***Klaus Rennert***, Verbindlichkeit der Entscheidungen, in: Dieter C. Umbach/Thomas Clemens (Hrsg.), Bundesverfassungsgerichtsgesetz - Mitarbeiterkommentar und Handbuch, 1. Aufl., Heidelberg 1992, § 31 Rdnr. 42; ***Klaus Vogel*** (Anm. 8), S. 593, 598; ***Andreas Voßkuhle***, in: Hermann von Mangoldt/Friedrich Klein/Christian Starck (Hrsg.), Kommentar zum Grundgesetz, Bd. 3, 7. Aufl., München 2018, Art. 94 Rdnr. 30.

79) 같은 견해: **정종섭**(주 41), 179쪽; **황우여**(주 13), 307쪽; ***Herbert Bethge*** (Anm. 28), § 31 Rdnr. 56; ***Brun-Otto Bryde*** (Anm. 23), S. 403; ***Christoph Gusy*** (Anm. 8), S. 231 f.; ***Andreas Heusch*** (Anm. 25), § 31 Rdnr. 44; ***Klaus Lange*** (Anm. 39), S. 2 f.; ***Christian Pestalozza*** (Anm. 9), S. 305; ***Klaus Schlaich/Stefan Korioth*** (Anm. 28), Rdnr. 479.

80) ***Christoph Gusy*** (Anm. 8), S. 231.

81) 같은 견해: **김지형**(주 13), 284~286쪽; **남복현**(주 8), 229~230쪽; **전정환**(주 8, 헌법재판소 결정의 효력에 관한 일반적 고찰), 40~41쪽; **같은 사람**(주 8, 헌법재판소 결정의 확정력에 관한 고찰), 222쪽; **황우여**(주 13), 307쪽; ***Christian Pestalozza*** (Anm. 9), S. 305; ***Klaus Schlaich/Stefan Korioth*** (Anm. 28), Rdnr. 479 참조.

82) 대법원 1970. 9. 29. 선고 70다1759 판결(집18-3, 민164); 대법원 1980. 5. 1. 선고 80다473 판결(공1980, 12853); 대법원 1987. 6. 9. 선고 86다카2756 판결(공1987, 1141); 대법원 2006. 7. 13. 선고 2004다36130 판결 참조.

는 견해가 있다.[83] 그리고 헌법분쟁을 종국적으로 종결시킴으로써 그러한 분쟁 반복을 막으려면 기판력을 결정주문뿐 아니라 그 이유에 포함된 '구체적 결정규범' 확인에까지 확장시켜야 한다는 견해도 있다.[84] 여기서 구체적 결정규범이란 일반적으로 표현되어서 구체적으로 내려진 재판을 넘어 같은 종류 사건에서 같은 결정을 도출할 수 있는, 결정주문 진술을 근거 지우는 법적 전제라고 한다. 그러나 이때 결정이유는 결정주문 해석에 이바지할 뿐이지 결정이유가 결정주문를 보충하거나 대체하는 것이 아니다. 그리고 헌법재판소법 제23조 제2항 단서 제2호 때문에 헌법재판소는 자신의 이전결정과 다른 결정을 내리기가 쉽지 않아서 의미 없는 분쟁 반복은 대부분 제거될 수 있다. 게다가 결정이유에까지 기판력을 확장하는 것은 기판력의 객관적 범위를 확대할 뿐 아니라 결정주문 내용을 한정하면 반대로 기판력의 객관적 범위를 축소할 수도 있으므로 분쟁 반복을 조장할 수도 있다. 따라서 이러한 때도 결정이유에는 기판력이 생기지 않는다고 보아야 한다. 그러나 기판력이 생기는 결정주문을 결정이유의 도움을 받아 해석하는 것과 그 범위에서 결정이유에 기판력을 확장하는 것은 결과적으로 차이가 없다.[85] 양자의 유일한 차이는 결정이유에 기판력이 직접적으로 또는 간접적으로 귀속되는지에만 있다.

헌법재판소 결정의 기판력은 같은 심판 대상에만 미친다. 그러나 이후에 청구된 심판이 기판력 있는 헌법재판소 결정의 심판 대상과 같지 아니하여도 선행 심판의 기판력 있는 재판내용이 선결문제가 되면 그와 모순되거나 어긋나는 새로운 판단을 하는 것은 금지된다. 그러나 선행 심판에서 결정을 내리기 위한 선결문제였던 사항은 그것이 후행 심판에서 직접 심판 대상이 되었더라도 후행 심판에서 기판력이 미치는 범위에서 제외되므로, 여기서 말하는 선결관계에 해당하지 않는다. 헌법재판의 기능에는 주관적 권리 보호뿐 아니라 객관적 질서 보호도 있다. 따라서 헌법재판은 객관소송이다. 객관소송인 헌법재판에는 자기책임원칙이 적용되기 어렵다. 이러한 점에서 헌법재판소 결정의 기판력은 헌법재판소가 실제로 심사한 범위에 한하여 미친다. 즉 헌법재판소 결정에서 기판력의 객관적 범위는 헌법재판소의 실질적 심사범위와 일치한다.[86] 헌법재판소 결정은 구체적 사건과 관련된 판단에 불과하고, 헌법재판소가 모든 헌법적 쟁점을 검토하여 판단할 수는 있으나, 그러한 의무를 지는 것

83) **허 영**(주 41), 174쪽.
84) ***Klaus Vogel*** (Anm. 8), S. 587 ff., 605 ff.
85) ***Andreas Heusch*** (Anm. 25), § 31 Rdnr. 41.
86) 같은 견해: **이성환**(주 9), 71~72쪽; **전정환**(주 8, 헌법재판소 결정의 효력에 관한 일반적 고찰), 38~39쪽; **같은 사람**(주 8, 헌법재판소 결정의 확정력에 관한 고찰), 220~221쪽; **최희수**(주 13), 75~76쪽; **같은 사람**(주 28), 553~554쪽; ***Steffen Detterbeck*** (Anm. 21), S. 333 ff.

은 아니고 대부분 그것이 사실적 측면에서 불가능하기 때문이다. 그리고 헌법재판소 결정의 기판력이 심사할 수 있는 모든 범위까지 확대되면, 그 범위를 확정하기 어려워 기판력의 객관적 범위 자체를 불분명하게 할 수 있는데, 이것은 주관적 권리 보호 이외에 객관적 질서 보호까지 기능으로 하는 헌법재판의 성격과 맞지 않는다.

기판력은 심판유형이 같은 때만 미친다. 따라서 심판유형이 서로 다르면 기판력이 미치지 않는다.[87] 즉 개별 심판절차 서로 간에는 판단의 선후문제가 생기면 후행 판단이 선행 판단에 구속되지 않는다. 헌법재판소법 제68조 제2항의 헌법소원심판은 위헌법률심판의 구제수단으로서 그 본질이 위헌법률심판이므로[88] 헌법재판소법 제68조 제1항의 헌법소원심판과 같은 심판이 아니다. 따라서 헌법재판소법 제68조 제1항의 헌법소원심판과 헌법재판소법 제68조 제2항의 헌법소원심판은 서로 기판력이 미치지 않는다.[89] 위헌법률심판을 제청하거나 위헌소원심판을 청구하여 합헌결정을 받으면 기판력 때문에 해당 심급은 물론 다른 심급에서도 다시 위헌법률심판 제청이나 헌법재판소법 제68조 제2항에 따른 헌법소원심판 청구를 하지 못한다. 그러나 법률에 대한 헌법소원심판은 위헌법률심판이나 위헌소원심판과 심판유형이 다르므로 헌법재판소는 다시 심판하여야 한다.

합헌이나 한정합헌으로 선언된 법률조항에 대한 위헌법률심판과 위헌소원심판에서 헌법재판소가 다시 합헌결정[90]이나 한정합헌결정[91]을 반복하는 것을 비판하면서 이러한 때는 반복금지에 대한 기판력의 요청 때문에 본안판단을 할 필요 없이 각하하는 것이 원칙이라는 견해가 있다.[92] 그러나 위헌법률심판이나 위헌소원심판에서 헌법재판소 심판 대상은 구체적 사건과 관련된 법률의 위헌성이다. 따라서 다른 사건에서 다시 합헌이나 한정합헌으로 선언된 법률이 문제 되면 심판 대상이 달라서 기판력이 미치지 않는다. 특히 헌법재판소는 구체적 사건과 관련하여 법률의 위헌성을 판단하므로 법률의 모든 위헌 가능성을 판단하지 않는다. 그리고 개인의 헌법재판청구권은 존중되어야 한다. 따라서 다른 사람이 먼저 헌법재판을 청구하였다는 우연한 사정 때문에 헌법재판청구권이 제약될 수 없고, 각 개인과 관련된 구체적

87) 헌재 1997. 6. 26. 96헌가8, 판례집 9-1, 578, 589.

88) 헌재 1997. 11. 27. 96헌바60, 판례집 9-2, 629, 641.

89) 헌재 1994. 4. 28. 89헌마221, 판례집 6-1, 239, 257-258.

90) 이때 헌법재판소는 전과 달리 판단하여야 할 사정이 있다고 인정되지 않으면 다시 합헌결정을 한다. 예를 들어 헌재 1989. 9. 29. 89헌가86, 판례집 1, 284, 288; 헌재 2001. 6. 28. 2000헌바48, 공보 58, 658, 661; 헌재 2001. 7. 19. 2001헌바6, 판례집 13-2, 60. 65 참조.

91) 예를 들어 헌재 1997. 1. 16. 89헌마240, 판례집 9-1, 45; 헌재 1998. 8. 27. 97헌바85, 판례집 10-2, 407, 413-415 참조.

92) 허 영(주 41), 173~174쪽.

사건의 특성은 헌법재판소가 개별적으로 판단하여야 한다. 따라서 헌법재판소 판례처럼 헌법재판소는 다시 합헌결정이나 한정합헌결정을 하는 것이 타당하다고 생각한다. 법률에 대한 합헌결정에 기속력과 법률적 효력이 인정된다는 견해를 바탕으로 달리 판단하여야 할 사정변경이 없는 한 위헌으로 결정된 법률에 대한 규범통제절차에서는 각하결정을 하여야 한다는 견해도 있다.[93] 그러나 합헌결정은 선고 시점에 구체적 사건과 관련하여 법률의 합헌성을 최종적으로 확인할 뿐이고, 법률에 어떠한 것도 추가하지 않는다는 점에서 이러한 견해를 따르기는 어렵다. 위헌으로 결정된 법률과 같거나 본질에서 비슷한 법률을 입법자가 제정하는 것은 기판력에 어긋나지 않는다. 위헌으로 결정된 법률과 새로 제정된 법률은 형식적으로 다른 법률이어서 심판 대상이 같지 않고 입법자는 규범통제절차의 당사자도 아니기 때문이다.[94] 따라서 이러한 법률에 관해서는 헌법재판소가 아직 판단하지 않았으므로 새로 제정된 법률에 대한 위헌법률심판 청구나 헌법소원심판 청구는 적법하다.[95]

(3) 시간적 범위

헌법재판소의 모든 결정은 선고 당시에 있거나 예측할 수 있는 사실관계와 법적 상황을 근거로 이루어진다. 그리고 당사자가 주장하지 않은 것에 관해서도 헌법재판소는 판단할 수 있다는 점에서 구두변론 여부와 관계없이 선고 시점에 기판력이 생긴다고 보아야 한다.[96] 관보나 헌법재판소의 인터넷 홈페이지에 헌법재판소 결정을 게재하는 것(헌법재판소법 제36조 제5항, '헌법재판소 심판 규칙' 제49조의2 제1항과 제2항)은 일반 국민에게 헌법재판소 결정을 알리는 공시 효과만 있을 뿐이고 헌법재판소 결정의 효력이 생기는 것과는 아무런 관계가 없다. 헌법재판소 결정의 기판력은 원칙적으로 헌법재판소가 고려한 사실관계와 법적 상황에만 미친다. 따라서 이러한 사정 변화는 원칙적으로 심판 대상 변화를 가져오는 본질적 변화는 물론 심판 대상 변화에 이르지 않은 때도 기판력 존속에 영향을 미칠 수 있다. 먼저 심판 대상 동일성이 유지되는 범위 안에서 헌법재판소 결정에 기판력이 발생하는 시점에 이미 있었고 헌법재

93) **남복현**, 「동일한 사건의 인정범위와 헌재결정의 기판력」, 『강의중 교수 정년기념논문집』, 교학사, 2002, 108~112쪽.

94) 그러나 입법자는 헌법재판소 결정의 기속력에 따라서 동일규범반복제정금지의무를 지므로, 새로 제정한 법률이 헌법재판소 결정의 선고 시점까지 소급하면 헌법재판소 결정의 기속력에 저촉된다. 이에 관해서 자세한 검토는 **허완중**(주 20), 192~214쪽 참조.

95) 같은 견해: **김지형**(주 13), 279~280쪽; ***Christoph Gusy*** (Anm. 8), S. 227 f., 232.

96) 같은 견해: **김지형**(주 13), 300쪽; **남복현**(주 8), 230쪽; **이성환**(주 9), 56, 83~84쪽; **전정환**(주 8, 헌법재판소 결정의 효력에 관한 일반적 고찰), 45쪽; **같은 사람**(주 8, 헌법재판소 결정의 확정력에 관한 고찰), 226쪽; ***Ernst Benda/Eckart Klein/Oliver Klein*** (Anm. 8), § 40 Rdnr. 1430.

판소가 고려하였던 사실관계와 법적 상황에는 원칙적으로 기판력이 미친다. 그러나 기판력이 생기는 시점에 있는 사정이라고 할지라도 그것을 고려하면 다른 사실관계를 의미하게 되어 새로운 심판 대상을 규정한다면 이러한 사정을 고려한 새로운 심판 대상에 대한 심판 청구는 기판력에 어긋나지 않는다. 또한, 일반 사법판결과는 달리 객관적으로 있었으나 헌법재판소가 판단하지 않은 사정의 주장은 배제되지 않는다.[97] 결정 선고 이후에 바뀐 사실관계와 법적 상황에 관해서는 기판력이 미치지 못한다. 헌법재판소는 결정 선고 시점의 사실관계와 법적 상황에 근거하여 결정을 내리므로, 이러한 사실관계나 법적 상황에 관해서는 판단하지 않았기 때문이다. 이러한 변화가 있으면 기판력은 결정 선고 이후에 비로소 생긴 새로운 사정의 원용을 막지 못한다. 사실관계 변화에서 사실관계는 헌법재판소 결정이 근거하는 사실관계를 말하고, 변화는 헌법재판소 결정의 내용에 영향을 미칠 정도로 의미 있는 것이어야 한다.[98] 그러나 이러한 변화가 심판 대상을 본질에서 바꿀 정도는 아니어야 한다. 심판 대상이 바뀌면 이것은 시간적 범위가 아니라 객관적 범위가 문제 되기 때문이다. 법적 상황 변화는 규범적 판단기준인 헌법의 변화와 규범의 해석에 영향을 주는 관련 규범 변화를 말한다. 헌법 개정, 헌법에 대한 일반적 해석 변화, 헌법변천, 관련 규범 개정[99]이나 그에 관한 해석 변화[100] 그리고 일반적인 법적 견해 변화[101]가 법적 상황 변화에 해당한다. 해당 규범 개정은 이러한 변화에 속하지 않는다. 해당 규범이 개정되면 심판 대상 동일성이 깨져서 다른 심판 대상이 되기 때문이다. 이러한 변화에 관한 판단은 헌법재판소 결정의 화석화를 방지하기 위해서 관대하여야 한다.[102] 새로운 절차에서도 헌법재판소는 이전 결정에 구속되므로 헌법재판소가 이전 결정과 다른 결정을 하려면 기판력이 차단하지 못하는 사실에 근거하여야 한다.

97) 같은 견해: **최희수**(주 13), 79쪽; **같은 사람**(주 28), 555쪽; ***Steffen Detterbeck*** (Anm. 21), S. 339.
98) BVerfGE 20, 56 (87) 참조.
99) BVerfGE 33, 199 (204).
100) BVerfGE 39, 169 (181 f.).
101) BVerfGE 20, 56 (87); 33, 199 (204); 65, 179 (182).
102) ***Klaus Schlaich/Stefan Korioth*** (Anm. 28), Rdnr. 481 참조.

V. 소결: 사법판결인 헌법재판소결정의 효력

헌법재판은 실질적 사법의 요건을 대부분 충족하므로 헌법재판은 사법작용이다. 물론 헌법재판에 정치적 성격이 있다는 것을 부정할 수는 없지만, 이것은 헌법재판 자체의 성격이 아니라 헌법재판의 심사기준이 헌법이고 헌법재판의 심판 대상이 정치적 분쟁이라는 점에서 기인한 것이다.[103] 따라서 헌법재판소는 (특별한) 법원이고, 헌법재판소 결정은 사법판결일 뿐이다. 그래서 일반적인 사법판결에 확정력이 귀속되는 것처럼 헌법재판소 결정에도 확정력이 귀속된다. 다만, 그 구체적 내용이 헌법재판의 특수성 때문에 사법판결이라는 본질 안에서 부분적으로 수정될 수 있을 뿐이다. 헌법재판소법이 헌법재판소 결정에 기속력이라는 특별한 효력을 부여한다는 점 그리고 헌법재판소가 내리는 인용결정의 상당수가 형성판결이라서 형성력이 생기는 때가 잦다는 점 혹은 법률의 위헌결정에 법률요건적 효력(이나 형성력 혹은 법률적 효력)이 있다는 점을 고려하면 헌법재판의 특성이 확정력에 미치는 영향은 그리 크지 않다. 게다가 헌법재판소법 스스로 확정력에 관해서 직접 규정하지 않는다. 따라서 일반 소송법의 확정력을 바탕으로 헌법재판의 특성과 다른 효력과 맺는 관계를 충분히 고려하였을 때 헌법재판소 결정의 확정력을 올바르게 인식하고 구체화할 수 있다.

103) 허완중(주 20), 50~52쪽.

Chapter

03

기 속 력

I. 국가기관이 존중하지 않는 헌법재판소 결정

헌법재판소는 (특별한) 법원이므로, 헌법재판소 결정은 '사법판결'이다. 당사자[청구인, 피청구인, 참가인(보조참가인 제외)]만 절차의 진행과 종결에 영향을 미칠 수 있다. 그러므로 사법판결의 효력은 법치국가원리를 따라 원칙적으로 당사자에게만 미친다. 국가기관은 일반적으로 규범통제절차에서 당사자가 아니다. 따라서 국가기관은 원칙적으로 헌법재판소의 규범통제 결정에 구속되지 않는 것처럼 보인다. 다른 개별 심판절차에서도 절차에 참여하지 않은 국가기관은 헌법재판소 결정에 구속되지 않는 것 같다. 그러나 일반 사법판결과 달리 헌법재판소 결정은 사법판결의 일반적인 효력을 넘어서 모든 국가기관을 기속한다(헌법재판소법 제47조 제1항, 제67조 제1항, 제75조 제1항과 제6항).[1] 따라서 국가기관이면 입법권, 집행권, 사법권, 지방자치권 등 어떤 국가권력을 행사하는지와 상관없이 모두 헌법재판소 결정에 기속되는 수범자가 된다. 그러나 헌법재판소 결정의 기속력은 자주 그 실효성을 의심받는다. 이와 관련하여 다른 국가기관은 기속력의 범위와 한계를 다툼으로써 헌법재판소 결정의 구속에서 벗어나려고 한다. 그래서 다른 국가기관의 이러한 주장을 극복하고 헌법재판소 결정의 실효성을 보장하려면 헌법재판소 결정의 기속력을 세밀하고 명확하게 검토하고 분석하는 것이 필요하다. 특히 헌법재판소 결정의 기속력은 헌법재판의 특수성에서 비롯한 특별한 효력으로서 다른 사법판결과 헌법재판소 결정을 구별 짓는다. 그러므로 헌법재판소 결정의 기속력을 살필 때 사법판결의 효력에 관한 일반적 고찰을 바탕으로 헌법재판의 특수성을 적절히 고려하여야 한다.

---

1) 헌법재판소 결정 중 법률의 위헌결정(제47조 제1항, 제75조 제6항), 권한쟁의심판의 결정(제67조 제1항) 그리고 헌법소원의 인용결정(제75조 제1항)에서만 기속력이 발생하지만, 독일 연방헌법재판소법 제31조 제1항["연방헌법재판소 재판은 연방과 주의 헌법기관 및 모든 법원과 행정청(Behörden)을 기속한다."]에 따른 기속력은 원칙적으로 모든 연방헌법재판소 재판에 귀속된다. 그러나 양자는 거의 차이가 없다. 다른 심판절차(탄핵심판과 정당해산심판)의 헌법재판소 결정은 심판절차의 성질에 비추어 기속력이 있을 수 없고, 연방헌법재판소 재판은 심판절차의 성질에 따라서(예를 들어 선거소송) 기속력이 없을 수도 있기 때문이다.

Ⅱ. 기속력의 본질

1. 기판력과 구별되는 기속력

헌법재판소의 결정은 법원의 판결이므로, 헌법재판소 결정은 사법판결에 일반적으로 귀속되는 효력이 있다(헌법재판소법 제40조 제1항 참조). 일반 소송법이론을 따르면 오로지 당사자와 같이 볼 수 있는 제3자[2]만 소송물에 대한 법원의 결정에 구속되고, 그 밖의 제3자는 그렇지 않다. 이러한 효력은 소송물에 대한 규준적이고 법유지적인 사법판결이 당사자와 관련된 법적 상황을 구속적으로 해명하고 그와 함께 당사자 사이의 법적 평화를 보장하는, 법치국가원리에서 발원하는 사고에 근거한다.[3] 여기서 자기 결정에 대한 헌법재판소의 구속인 불가변력은 물론 불가쟁력과 기판력도 문제 된다. 그 밖에 헌법재판소법 제47조 제1항, 제67조 제1항, 제75조 제1항과 제6항은 명확하게 사법판결의 일반적인 효력을 넘어서 기속력(Bindungswirkung)을 규정한다.

기판력은 일반적으로 당사자 및 법원과 관련된다. 그에 반해서 기속력은 모든 국가기관에 의무를 부과한다. 이러한 점에서 기속력은 일반 사법판결에서 일반적으로 발견할 수 없는, 헌법재판소 결정에만 귀속되는 특별한 효력이다. 그래서 기속력과 기판력의 차이가 단지 양적인 확장에 그치는지 아니면 이러한 확장이 기판력을 질적으로 바꾸는 것인지가 문제 된다. 이러한 문제는 특히 기속력의 객관적 범위와 깊은 관련이 있다.

2. 학설과 판례

(1) 한국

기속력의 한계에 관한 논의를 통해서 기속력의 본질은 간접적으로 자주 논의된다. 그러나 이 문제를 직접 다루는 논의는 많지 않다. 이에 관해서는 4가지 견해가 있다.

---

2) 여기에는 변론 종결한 뒤의 승계인(변론 없이 한 판결에서는 판결을 선고한 뒤의 승계인), 청구목적물의 소지자, 제3자의 소송담당에서 권리귀속주체, 소송탈퇴자가 포함된다(민사소송법 제218조 제1항과 제3항, 제80조와 제82조).

3) ***Andreas Heusch***, Bindungswirkung und Gesetzeskraft der Entscheidungen, in: Christian Burkiczak/Franz-Wilhelm Dollinger/Frank Schorkopf (Hrsg.), Bundesverfassungsgerichtsgesetz – Heidelberger Kommentar, Heidelberg 2015, § 31 Rdnr. 33; ***Jan Ziekow***, Die Bindungswirkung der Entscheidungen des Bundesverfassungsgerichts, in: Jura 1995, S. 523.

먼저 기속력과 기판력은 같은 것이 아니고, 기속력은 주관적 범위와 객관적 범위에서 기판력이 드러내는 결함을 보완하는 주관적 및 객관적 범위의 확장된 효력이라고 보는 견해가 있다.[4] 이 견해는 기속력을 기판력과 별도로 규정하는 것은 각각의 효력이 같지 않다는 것을 입증한다고 한다. 그리고 헌법재판소 결정의 준수효과를 확보하기 위해서 기판력을 주관적 측면뿐 아니라 객관적 측면에서도 보완하여야 한다고 한다.

다음 기속력을 헌법재판소 결정의 실효성을 보장하고 당사자의 권리구제를 빈틈없이 하려고 법률이 특별히 인정한 특수한 효력으로 보는 견해가 있다.[5] 이 견해를 따르면 기속력과 기판력은 주관적 효력범위뿐 아니라 객관적 효력범위에서도 다르다고 한다. 이 견해는 기속력과 기판력이 일반 소송법이론상 다른 의미로 사용되고 주관적 효력 범위뿐 아니라 객관적 효력 범위도 같지 않다는 것을 근거로 한다. 그리고 이 견해는 기판력과 달리 기속력이 소극적 의무뿐 아니라 적극적 의무도 부과한다고 한다.

그리고 기속력은 확정력을 확장·보충하는 기능이 있는 절차법적 효력이라는 견해도 있다.[6] 이 견해는 헌법재판은 헌법 관련 분쟁을 최종적으로 종결하는 최고의 국가작용이라서 그 결정과 판단에 법적 안정성을 특별히 확보할 필요성이 있는데, 종전 불가변력, 불가쟁력, 기판력이 이러한 필요성을 충족하는 데 충분하지 못하므로 기속력이 인정된다고 한다.

끝으로 기속력을 기판력에 추가로 부가된 효력으로 보는 견해가 있다.[7] 즉 기판력은 종류와 관계없이 모든 종국결정에 발생하지만, 기속력은 법률에 대한 위헌결정, 권한쟁의심판의 결정, 헌법소원의 인용결정에 한정하여 인정된다고 한다. 이 견해는 행정소송(취소소송)과 같은 객관소송에서 기속력과 기판력을 통일적으로 그리고 소송물의 개념을 통해서 양자를 같은 범위에서 같게 이해하여야 한다는 것에 근거한다.[8] 이 견해는 기속력을 기판력의 주관적 범위가 확장된 것으로 보고, 객관소송에서 기

4) **전정환**, 「헌법재판소 결정의 효력에 관한 일반적 고찰」, 문광삼/남복현/전정환, 『헌법재판소결정의 효력에 관한 연구』(헌법재판연구 제7권), 헌법재판소, 1996, 50～51쪽.

5) **이성환**, 「헌법재판소 결정의 효력에 관한 연구」, 서울대학교 법학박사학위논문, 1994, 89~90쪽.

6) **황도수**, 「헌법재판소 결정의 기속력」, 『헌법의 규범력과 법질서』(연천 허영 박사 정년기념논문집), 박영사, 2002, 771쪽.

7) **정종섭**, 『헌법소송법(제8판)』, 박영사, 2014, 185~186쪽.

8) **박정훈**, 「취소소송의 소송물에 관한 연구: 취소소송의 관통개념으로서 소송물 개념의 모색」, 『법조』 제49권 제7호(통권 제526호), 법조협회, 2000. 7., 113~116쪽.

속력과 기판력의 구별이 필요 없다는 것을 강조하므로, 이 견해와 기속력을 기판력의 주관적 확장으로 보는 견해는 기본적으로 같은 것으로 볼 수 있다고 한다.[9)]

(2) 독일

연방헌법재판소법 제31조 제1항을 따라 연방헌법재판소 재판의 확정력은 주관적으로 확장된다. 이러한 확장이 단지 주관적 확장에 머무는지 아니면 확정력을 질적으로 바꾸는지가 다투어진다.

지배적 견해[10)]는 연방헌법재판소법 제31조 제1항을 엄격하게 해석한다. 따라서 이 견해는 기속력은 기판력을 주관적 측면에서 확장하는 것으로 본다. 이러한 견해를 비판하는 두 가지 견해가 있다.

먼저 기속력은 기판력을 주관적 측면뿐 아니라 객관적 측면에서 확장하는 것이라고 보는 견해가 있다.[11)] 이 견해는 국가의 자기통제라는 헌법소송의 특성을 강조하고, 헌법기관 서로의 관계 그리고 국가에 대한 관계라는 성질, 국가를 위해서 행위

---

9) **박진완**, 「헌법재판소와 국회와의 관계: 규범반복금지」, 『헌법학연구』 제11권 제2호, 한국헌법학회, 2005, 91쪽.

10) ***Hans Brox***, Zur Zulässigkeit der erneuten Überprüfung einer Norm durch das Bundesverfassungsgericht, in: Gerhard Leibholz/Hans Joachim Faller/Paul Mikat/Hans Reis (Hrsg.), Menschenwürde und freiheitliche Rechtsordnung: Festschrift für Willi Geiger zum 65. Geburtstag, Tübingen 1974, S. 813 ff.; ***Ernst Kadenbach,*** Zur bindenden Wirkung der Entscheidungen des Bundesverfassungsgerichts – Versuch einer abschließenden Betrachtung -, in: AöR 80 (1955/1956), S. 411 f.; ***Hans Hugo Klein***, Probleme der Bindung des „einfachen Richters" an Entscheidungen des BVerfG, in: NJW 1977, S. 699; ***Christian-Friedrich Menger***, Anmerkung zu zwei Beschlüssen des OVG Lüneberg und des Bundesverfassungsgerichts, in: AöR 80 (1955/1956), S. 225 f.; ***Michael Sachs***, Bindungswirkungen bei verfassungskonformer Gesetzesauslegung durch das Bundesverfassungsgericht, in: NJW 1979, S. 347; ***Ulrich Scheuner***, Das Verfassungsgericht und die Bindungskraft seiner Entscheidungen, in: DÖV 1954, S. 644 f.; ***Friedrich E. Schnapp/Sandra Henkenötter***, Zur Bindungswirkung der Entscheidungen des BVerfG, in: JuS 1994, S. 125; ***Klaus Stern***, in: Rudolf Dolzer/Klaus Vogel/Karin Graßhof (Hrsg.), BK, München 2007 (Stand: Juni 2007), Art. 94 Rdnr. 129; ***Andreas Voßkuhle***, in: Hermann von Mangoldt/Friedrich Klein/Christian Starck (Hrsg.), Kommentar zum Grundgesetz, Bd. 3, 7. Aufl., München 2018, Art. 94 Rdnr. 31; ***Albrecht Zeuner***, Über die Geltungsdauer der Entscheidungen des Bundesverfassungsgerichts und die Möglichkeit späterer abweichender Entscheidungen, in: DÖV 1955, S. 338; ***Konrad Zweigert***, Die Verfassungsbeschwerde, in: JZ 1952, S. 327.

11) ***Willi Geiger***, Die Beziehungen zwischen der Bundesverfassungsgerichtsbarkeit und der übrigen Gerichtsbarkeit im Bunde auf Grund des Bundesverfassungsgerichtsgesetzes (BVGG.), in: DRiZ 1951, S. 173; ***ders.***, Die Grenzen der Bindung verfassungsgerichtlicher Entscheidungen (§ 31 Abs. 1 BVerfGG), in: NJW 1954, S. 1058 ff.

를 하는 기관성, 국가의 통일성 그리고 본질적 측면에서 나누어질 수 없는 국가권력을 근거로 제시한다.

다른 견해는 기속력은 단지 기판력의 확장만은 아니라고 한다.[12] 이 견해를 따르면 기속력은 바로 기판력에 근거하지 않으므로, 기속력은 기판력의 전제에 구속되지 않고, 기판력과 다른 별개의 것이라고 한다. 따라서 기속력은 심판 대상뿐 아니라 모든 같은 종류의 사건을 포섭한다고 한다. 이 견해는 '헌법의 수호자'라는 연방헌법재판소의 지위 및 기속력과 법률적 효력(법규적 효력)의 실질적 동일성을 이에 관한 근거로 제시한다.

연방헌법재판소의 지속적인 판례는 연방헌법재판소 판결과 결정의 기속력을 기판력과 구별한다.[13]

3. 사견

(1) 보완이 필요한 기판력

불가쟁력과 기판력 때문에 당사자와 그의 법적 승계인은 형식적으로 확정된 헌법재판소 결정에 구속되고, 헌법재판소는 같은 심판 대상과 관련된 당사자의 후행 절차에서 더는 재판하지 못하거나 최소한 이전 결정과 다르게 결정할 수 없다. 그러나 국가기관은 일반적으로 규범통제절차에서 당사자도 법적 승계인도 아니다. 다른 심판절차에서도 모든 국가기관이 당사자가 되는 것도 아니다. 그래서 국가기관은 (심판절차에 참가하지 않는 한) 불가쟁력과 기판력에 따라서 헌법재판소 결정에 구속되지 않는다. 그에 따라 헌법재판소 결정은 옹글게(완벽하게) 실현될 수 없다. 법규범은 일반적 구속성이 있고 일반적인 국가행위도 일반적으로 관철될 필요성이 있으나, 헌법재판소 스스로 자기 결정을 집행할 수 없어서 다른 국가기관이 헌법재판소 결정을 집행하여야 하기 때문이다. 따라서 다른 국가기관과 맺는 관계에서 법적 안정성과 법적 평화를 보장하고 헌법재판소 결정을 옹글게(완벽하게) 집행하려면 기판력의 보완이 필요하다. 헌법재판소법 제47조 제1항, 제67조 제1항, 제75조 제1항과 제6항은 이러한 보완을 한다.

---

12) ***Rüdiger Zuck***, Die Selbstbindung des Bundesverfassungsgerichts, in: NJW 1975, S. 908.
13) BVerfGE 4, 31 (38); 20, 56 (86 f.); 77, 84 (104).

(2) 기판력의 주관적 확장인 기속력

헌법재판소법 제47조 제1항, 제67조 제1항, 제75조 제1항과 제6항은 단지 헌법재판소 결정이 모든 국가기관을 구속한다는 것만을 규정한다. 즉 이 조항들은 헌법재판소 결정의 효력을 오로지 주관적 측면에서만 확장한다. 사법판결의 효력은 민사소송뿐 아니라 본질에서 다른 모든 개별 소송에서도 같다. 특히 헌법소송에서 이러한 일반성에서 벗어나야 할 이유나 근거를 찾을 수 없다. 따라서 입법자가 헌법소송을 이러한 보편타당성에서 벗어나게 하는 규율을 정립하고자 한다면, 입법자는 헌법재판소법(이나 다른 헌법재판 관련 개별법)의 개별 조항에서 명확하게 표현하여야 한다. 그러나 헌법재판소 결정의 효력을 주관적으로 확장하는 헌법재판소법 제47조 제1항, 제67조 제1항, 제75조 제1항과 제6항 이외에 다른 조항을 찾을 수 없다. 이러한 주관적 확장은 형성력이나 법률요건적 효력에서 볼 수 있는 것처럼 일반 소송법에서 낯선 것도 아니다. 따라서 기속력은 기판력을 단지 주관적 측면에서 확장하는 것일 뿐이고, 객관적 측면에서는 확장하지 않는다고 보아야 한다.[14] 그래서 기속력 관련 조항은 기판력을 질적으로 변경시키지 않는다.

Ⅲ. 기속력의 근거

1. 법률에 근거한 기속력

헌법은 국가법질서에서 최상위의 법규범이다. 헌법 우위[15]는 헌법국가의 특징으로 이해된다. 그러나 헌법이 분쟁사건에서 관철될 수 있는 제도가 마련되어야 비로소 헌법 우위는 효과적으로 보장될 수 있다. 이러한 헌법 우위 보장과 그 효율화는 헌법이 직접 헌법재판소에 맡긴다. 자기 결정에 충분한 구속성이 있을 때만 헌법재판소는 이러한 과제를 제대로 이행할 수 있다.[16] 이러한 점 때문에 헌법재판소 결정의 기속력은 실정법적으로 보장된다(헌법재판소법 제47조 제1항, 제67조 제1항, 제75조 제1항과 제6항).

14) 같은 견해: **한수웅**, 『헌법학(제8판)』, 법문사, 2018, 1402쪽.

15) 이에 관한 헌법적 근거에 관해서는 **김선택**, 「국가기능체계에 있어서 헌법재판소의 역할과 한계 -국가조직관련 헌법재판소판례의 분석과 평가-」, 『공법연구』 제33집 제4호, 한국공법학회, 2005, 181쪽 참조.

16) ***Andreas Heusch*** (Anm. 3), § 31 Rdnr. 13.

2. 기속력의 필요성

법률조항을 제외하고 다음과 같은 근거에서 헌법재판소 결정의 기속력은 필요하다.

① 헌법재판소 결정을 심사하게 할 구제수단이 없어서 헌법재판소는 최종결정권이 있다. 그래서 다른 국가기관은 헌법재판소가 이미 심사한 헌법분쟁을 다시 심사할 수 없다. 그러므로 다른 국가기관은 헌법재판소 결정을 받아들여야 한다. 이러할 때만 헌법재판소 결정은 국가기관 사이에 있는 모순을 제거함으로써, 국가질서 통일을 실현할 수 있다.[17] 그리고 헌법재판소 결정이 헌법분쟁을 확정적으로 종결하고 반복 가능성을 제거함으로써, 법적 안정성과 법적 평화는 국가생활의 전체 영역에서 보장될 수 있다.[18] 국가질서 통일, 법적 안정성 그리고 법적 평화는 헌법의 지도이념에 속하는 법치국가원리의 본질적 요소이다. 헌법재판소 결정의 이러한 최종성은 다른 모든 국가기관이 헌법재판소 결정에 구속되어야 효과적으로 보장될 수 있다.[19]

② 헌법재판소는 헌법 수호자이므로, 헌법재판소는 개별적 권리 보호 과제 이외에 객관적 헌법 보호 과제도 있다. 따라서 헌법재판의 기능은 개별적 기본권 보호에 그치지 않고, 헌법재판은 객관적 헌법을 보장하고 헌법의 해석과 계속형성에 이바지하는 기능도 있다(2중 기능). 따라서 헌법재판소 결정은 당사자를 넘어 효력을 미칠 수밖에 없다.[20]

③ 일반적 문제는 일반구속적으로 결정할 필요가 있다.[21] 헌법재판소 통제대상은 규범통제에서는 법규범이고 헌법소원심판과 권한쟁의심판에서는 국가기관의 행위이다. 따라서 헌법재판소는 법규범과 국가기관 행위의 효력에 관해서 심사한다. 국가기관의 행위는 보통 일반적으로 관철되어야 한다. 특히 법규범은 그 일반구속성

17) ***Willi Geiger*** [Anm. 11, Die Grenzen der Bindung verfassungsgerichtlicher Entscheidungen (§ 31 Abs. 1 BVerfGG)], S. 1058.

18) ***Hermann Maassen***, Problem der Selbstbindung des Bundesverfassungsgerichts, in: NJW 1975, S. 1345; ***Hans G. Rupp***, Zur Bindungswirkung der Entscheidungen des Bundesverfassungsgerichts, in: die Rechtswissenschaftliche Abteilung der Rechts- und Wirtschaftswissenschaftlichen Fakultät der Universität Tübingen (Hrsg.), Tübinger Festschrift für Eduard Kern, Tübingen 1968, S. 405.

19) ***Uwe Kischel***, Darf der Gesetzgeber das Bundesverfassungsgericht ignorieren? – Zum erneuten Erlaß für nichtig erklärter Gesetze, in: AöR 131 (2006), S. 232 참조.

20) ***Willi Geiger*** [Anm. 11, Die Grenzen der Bindung verfassungsgerichtlicher Entscheidungen (§ 31 Abs. 1 BVerfGG)], S. 1058; ***Friedrich E. Schnapp/Sandra Henkenötter*** (Anm. 10), S. 123; ***Rüdiger Zuck*** (Anm. 12), S. 910.

21) ***Christian-Friedrich Menger*** (Anm. 10), S. 226.

때문에 당사자뿐 아니라 특정되지 않은 많은 사람(불특정 다수인) 및 다른 국가기관과도 관련을 맺는다. 그래서 규범통제심판과 헌법소원심판 그리고 권한쟁의심판은 헌법재판소 결정이 모든 국가기관을 구속하지 못한다면 그 심판 목적을 충분히 달성하기 어렵다.

④ 헌법재판소는 스스로 처분을 할 수 없다. 헌법재판소는 법규범의 위헌성을 확인하거나 다른 국가기관의 행위를 취소하거나 그 무효를 확인할 수 있을 뿐이다(헌법재판소법 제45조, 제66조, 제75조). 그래서 헌법재판소 결정은 드물지 않게 다른 국가기관의 행위를 통해서 비로소 실현될 수 있다. 즉 헌법재판소 스스로 자기 결정을 집행할 수 없어서, 다른 국가기관이 헌법재판소 결정을 존중하고 수용하여야 비로소 헌법재판소 결정은 생명력을 가질 수 있다. 이러한 점에서 헌법재판소 결정은 다른 국가기관을 구속할 때만 의미가 있을 수 있다.

3. 헌법의 규범서열이 있는 기속력?

(1) 헌법전에 언급되지 않은 기속력

헌법재판소 결정의 기속력은 헌법전에서 한 번도 언급되지 않았다.[22] 그와 관련하여 두 가지 상반되는 이유가 제시될 수 있다. 하나는 기속력은 헌법적으로 보장되지 않는다는 것이고, 다른 하나는 기속력은 헌법적으로 자명하여서 명시적 언급이 불필요하다는 것이다.[23]

(2) 학설

① 한국

한국에서 기속력에 헌법의 규범서열이 있는지는 거의 논의되지 않는다. 기속력

22) 헌재 1997. 12. 24. 96헌마172등, 판례집 9-2, 842, 859-860: “모든 국가기관은 헌법의 구속을 받고 헌법에의 기속은 헌법재판을 통하여 사법절차적으로 관철되므로, 헌법재판소가 헌법에서 부여받은 위헌심사권을 행사한 결과인 법률에 대한 위헌결정은 법원을 포함한 모든 국가기관과 지방자치단체를 기속한다. 따라서 헌법재판소가 위헌으로 결정하여 그 효력을 상실한 법률을 적용하여 한 법원의 재판은 헌법재판소 결정의 기속력에 반하는 것일 뿐 아니라, 법률에 대한 위헌심사권을 헌법재판소에 부여한 헌법의 결단(헌법 제107조 및 제111조)에 정면으로 위배된다. 결국, 그러한 판결은 헌법의 최고규범성을 수호하기 위하여 설립된 헌법재판소의 존재의의, 헌법재판제도의 본질과 기능, 헌법의 가치를 구현함을 목적으로 하는 법치주의의 원리와 권력분립의 원칙 등을 송두리째 부인하는 것이라 하지 않을 수 없는 것이다.”

23) ***Jan Ziekow*** (Anm. 3), S. 524.

에 헌법의 규범서열을 부여하려는 몇몇 견해가 있을 뿐이다.

한 견해는 헌법 제10조 제2문에 따라 모든 국가기관은 국민의 기본권을 최대한 보장할 의무가 있고, 헌법재판소는 헌법의 의미내용과 기본권을 최종적으로 그리고 유권적으로 해석하는 국가기관이라고 한다.[24] 따라서 헌법 제107조 제1항과 제111조 제1항 제1호 및 제5호의 의미는 헌법재판소에 법률에 대한 규범통제와 법률에 대한 헌법소원심판의 권한을 부여하여 모든 국가기관이 헌법재판소 결정에 구속되게 하는 것이라고 한다. 오로지 이것을 통해서만 법치국가원리가 요구하는 법질서의 통일성은 보호될 수 있다고 한다.

다른 견해는 기속력이 기판력과 마찬가지로 헌법적 근거에 따른 효력의 지위가 있다고 한다.[25] 이 견해는 헌법재판소 결정의 기속력은 국가기관이나 지방자치단체가 국가권력의 한 부분질서로서 그 뿌리가 같아서 다른 국가기관의 유효한 결정을 서로 존중하여야 한다는 헌법적 의무의 구체화이며, 헌법적 사법기관인 헌법재판소가 이미 판정한 사안에 관해서 그 결정의 실효성을 보장하기 위해서 인정된 효력이라고 한다.

② 독일

연방헌법재판소법 제31조 제1항이 아예 없더라도 연방헌법재판소 재판은 기판력을 넘어서는 구속력이 있다는 견해가 있다.[26] 이 견해는 독일 기본법, 특히 제93조는 연방헌법재판소의 포괄적 권한을 규정하므로, 모든 국가권력에 대한 연방헌법재판소 재판의 구속성은 필요하다고 한다. 그리고 모든 헌법재판소 절차는 헌법 적용과 관련이 있으므로, 헌법재판소 재판은 헌법 우위에 포섭되고 모든 국가기관은 헌법재판소 재판에 구속된다고 한다.

그러나 다른 견해[27]와 독일 연방헌법재판소[28]는 다음과 같은 근거를 들어 기속

24) **방승주**, 「헌법재판소의 헌법합치적 해석의 효력」, 『법학논집』 특별호, 고려대학교 법학연구소, 1997, 440쪽; **같은 사람**, 「국가배상법 제2조 제1항 단서에 대한 한정위헌결정의 기속력」, 『인권과 정의』 제304호, 한국변호사협회, 2001. 12., 106쪽.

25) **이성환**(주 5), 91~92쪽; **같은 사람**, 「한정위헌결정의 기속력」, 『세계헌법연구』 제2호, 국제헌법학회 한국학회, 1997, 558쪽.

26) ***Gerd Roellecke***, Aufgaben und Stellung des Bundesverfassungsgerichts in der Gerichtsbarkeit, in: Josef Isensee/Paul Kirchhof (Hrsg.), HStR, Bd. Ⅲ, 3. Aufl., Heidelberg 2005, § 68 Rdnr. 22; ***Hans Schäfer***, Gesetzeskraft und bindende Wirkung der Entscheidungen des Bundesverfassungsgerichts, in: NJW 1954, S. 1466.

27) ***Steffen Detterbeck***, Normwiederholungsverbote aufgrund normverwerfender Entscheidungen

력에 단순히 법률적 차원에서 부여하는 효력만 인정한다:

(i) 기속력은 독일 기본법전에서 한 번도 언급되지 않는다.

(ii) 헌법전에서 발견될 수 없는 헌법기관이라는 연방헌법재판소의 지위가 인정되기는 하지만, 이를 통해서 다른 국가기관에 대한 연방헌법재판소의 우위는 확인될 수 없다.

(iii) 독일 기본법 제20조 제3항에 따른 입법의 특별한 헌법구속에서 입법자가 먼저 헌법이 형성한 정치적 절차를 구체화하고, 헌법재판소는 단지 그 다음에 형성된 정치적 절차의 성과물을 통제한다는 것이 도출된다.

(iv) 이미 사물의 본성에서 대세적 효력이 발생한다.

(3) 사견: 법률적 효력에 불과한 기속력

기속력은 헌법전에 명확하고 직접적인 근거가 없으므로, 기속력에 헌법의 규범서열이 있다면 다른 헌법규정에서 그에 관한 구체적 내용이 도출되어야 한다. 먼저 이미 언급한 것처럼 기속력의 필요성을 헌법적으로 확인하는 것은 어렵지 않다. 그러나 제도의 필요성이 그 존재를 뜻하지는 않는다. 필요성은 제도가 도입되었을 때 제도를 정당화할 뿐이다. 즉 필요성은 간접적 근거에 불과하다. 법치국가원리를 따라 원칙적으로 사법판결은 단지 당사자만 구속하므로, 기속력은 법치국가적으로 주어지지 않는다.[29] 그리고 헌법재판소 권한은 다른 효력, 즉 기판력, 법률요건적 효력(이나 형성력 혹은 법률적 효력), 선례적 구속력 등을 통해서도 실현될 수 있다. 기속력이 이러한 권한을 더 효과적으로 실현할 수 있을 뿐이다. 또한, 헌법재판소가 헌법을 최종적으로 해석할지라도, 헌법재판소 결정은 헌법 그 자체는 아니다. 게다가 헌법해석은 헌법재판소의 독점적 권한도 아니다. 즉 다른 국가기관도 최종적인 것은 아닐지라도 헌법을 해석할 권한이 있다. 그 밖에 헌법재판소뿐 아니라 모든 국가기관은 국민의 기본권을 최대한 보장하여야 하는 의무가 있다(헌법 제10조 제2문). 이러한 점에서 기속력은 단지 법률적 효력에 불과한 것으로 보아야 할 것이다.

---

des Bundesverfassungsgerichts, in: AöR 116 (1991), S. 445; ***ders.***, Streitgegenstand und Entscheidungswirkungen im öffentlichen Recht, Tübingen 1995, S. 352 f.; ***Michael Sachs,*** Der Fortbestand der Fristenlösung für die DDR und das Abtreibungsurteil des Bundesverfassungsgerichts, in: DtZ 1990, S. 196; ***Jan Ziekow***, Rechtsmittelrecht und Verfassungsgerichtsbarkeit, in: Die Verwaltung 27 (1994), S. 475 f.; ***ders.*** (Anm. 3), S. 524 f.

28) BVerfGE 77, 84 (104).

29) ***Steffen Detterbeck*** (Anm. 27, Streitgegenstand und Entscheidungswirkungen im öffentlichen Recht), S. 352 f.

그러나 헌법재판소는 “모든 국가기관은 헌법의 구속을 받고 헌법에의 기속은 헌법재판을 통하여 사법절차적으로 관철되므로, 헌법재판소가 헌법에서 부여받은 위헌심사권을 행사한 결과인 법률에 대한 위헌결정은 법원을 포함한 모든 국가기관과 지방자치단체를 기속한다. 따라서 헌법재판소가 위헌으로 결정하여 그 효력을 상실한 법률을 적용하여 한 법원의 재판은 헌법재판소 결정의 기속력에 반하는 것일 뿐 아니라, 법률에 대한 위헌심사권을 헌법재판소에 부여한 헌법의 결단(헌법 제107조 및 제111조)에 정면으로 위배된다. 결국, 그러한 판결은 헌법의 최고규범성을 수호하기 위하여 설립된 헌법재판소의 존재의의, 헌법재판제도의 본질과 기능, 헌법의 가치를 구현함을 목적으로 하는 법치주의의 원리와 권력분립의 원칙 등을 송두리째 부인하는 것이라 하지 않을 수 없는 것이다.”[30]라고 하여 헌법에서 직접 기속력을 도출할 수 있다고 해석할 여지를 남긴 것이 있다. 그리고 헌법재판소의 소수의견 중에는 “… 기속력은 헌법재판소법 제47조 제1항, 제75조 제6항에 규정되어 있지만, 법률에 대한 위헌심사권을 헌법재판소에 부여한 헌법의 결단(헌법 제111조)에서 우러나오는 것이다.”[31]라고 하여 기속력이 헌법 제111조에서 도출된다고 밝힌 것이 있다.

Ⅳ. 기속력의 내용

1. 기속력이 생기는 대상

(1) 확정력 있는 본안결정

확정력 있는 헌법재판소 결정이 기속력을 가질 수 있다.[32] 헌법재판소 결정이 확정되어야 기속력의 내용과 범위가 밝혀질 수 있기 때문이다. 기속력은 그러한 범위에서 불가쟁력을 전제한다. 그리고 기속력은 절차결정이 아니고 단지 본안결정과 관련이 있다.[33] 절차결정은 심판 대상에 관해서 결정하지 않기 때문이다.

---

30) 헌재 1997. 12. 24. 96헌마172등, 판례집 9-2, 842, 859-860.

31) 헌재 2006. 3. 30. 2005헌마598, 판례집 18-1상, 439, 454 재판관 조대현의 반대의견.

32) ***Christian Pestalozza***, Verfassungsprozeßrecht, 3. Aufl., München 1991, § 20 Rdnr. 89.

33) **남복현**, 「헌법재판소 결정의 기속력」, 『한양법학』 제4·5(통합)집, 한양법학회, 1994, 153쪽; **이성환**(주 5), 93쪽; BVerfGE 78, 320 (328); 92, 91 (107); ***Ernst Benda/Eckart Klein/Oliver Klein***, Verfassungsprozessrecht, 3. Aufl., Heidelberg/München/Landsberg/Frechen/Hamburg 2012, § 40 Rdnr. 1445; ***Herbert Bethge***, Verbindlichkeit der Entscheidung, in: Theodor Maunz/Bruno Schmit-Bleibtreu/Franz Klein/Gerhard Ulsamer/Herbert Bethge/Karin Grasshof/Rudolf

(2) 사법적 헌법해석

기속력은 최종적 헌법해석에 관한 헌법재판소의 과제와 권한에 근거하므로, 헌법재판소법 조항의 문언이나 의미에서 도출될 수 없을지라도 헌법재판소 결정 중에서 원칙적으로 사법적(司法的) 헌법해석만 기속력이 있을 수 있다. 따라서 개별 하위법규범[34] 해석은 그것이 결정주문의 필수적 전제조건이더라도 기속력이 없다.[35] 개별 하위법규범의 구속적 해석과 적용은 헌법적 권한분배에 따라 일반 법원의 몫이다(헌법 제101조 제1항, 제107조 제2항).[36] 그러나 헌법재판소는 탄핵심판에서 공무원이 그 직무집행에서 헌법이나 '법률'을 위배하였는지(헌법재판소법 제48조)를 그리고 권한쟁의 심판에서 헌법이나 '법률'이 부여한 청구인의 권한이 침해되었는지(헌법재판소법 제61조 제2항)를 심사하여야 하므로, 이러한 헌법재판소 결정에 수반되는 법률 해석은 기속력이 있을 수밖에 없다.[37] 그리고 예외적으로 헌법에서 개별 하위법규범 해석이 도출된다면, 즉 헌법재판소가 개별 하위법규범을 헌법합치적으로 해석하거나 개별 하

Mellinghoff/Jochen Rozek, Bundesverfassungsgerichtsgesetz - Kommentar, Bd. 1, München 2017 (Stand: Januar 2017), § 31 Rdnr. 83; ***Steffen Detterbeck*** (Anm. 27, Normwiederholungsverbote aufgrund normverwerfender Entscheidungen des Bundesverfassungsgerichts), S. 420; ***ders.*** (Anm. 27, Streitgegenstand und Entscheidungswirkungen im öffentlichen Recht), S. 363 f.; ***Christoph Gusy***, Parlamentarischer Gesetzgeber und Bundesverfassungsgericht, Berlin 1985, S. 235; ***Andreas Heusch*** (Anm. 3), § 31 Rdnr. 52; ***Kai-Oliver Knops,*** Bundesverfassungsgericht und die Bindungskraft seiner Entscheidungen, in: KritV 1997, S. 48; ***Andreas Voßkuhle*** (Anm. 10), Art. 94 Rdnr. 32. 그러나 절차규정도 때에 따라 기속력이 있을 수 있다는 견해[***Christian Pestalozza*** (Anm. 32), § 20 Rdnr. 89]도 있다.

34) 여기서 개별 하위법규범은 헌법을 제외한 모든 법규범을 말한다.

35) BVerfGE 19, 377 (392); 40, 88 (93 f.); ***Herbert Bethge*** (Anm. 33), § 31 Rdnr. 88; ***Steffen Detterbeck*** (Anm. 27, Streitgegenstand und Entscheidungswirkungen im öffentlichen Recht), S. 355; ***Wolfgang Endemann***, Zur Bindungswirkung von Entscheidungen des Bundesverfassungsgerichts im Verfassungsbeschwerdeverfahren, in: Theo Ritterspach/Willi Geiger (Hrsg.), Festschriftfür Gebhard Müller: Zum 70. Geburtstag des Präsidenten des Bundesverfassungsgerichts, Tübingen 1970, S. 26 f.; ***Kai-Oliver Knops*** (Anm. 33), S. 47; ***Klaus Lange***, Rechtskraft, Bindungswirkung und Gesetzeskraft der Entscheidungen des Bundesverfassungsgerichts, in: JuS 1978, S. 5; ***Christian Pestalozza*** (Anm. 32), § 20 Rdnr. 92; ***Alfred Rinken***, in: Erhard Denninger/Wolfgang Hoffmann-Riem/Hans-Peter Schneider/Ekkehart Stein (Hrsg.), AK-GG, 3. Aufl., Neuwied/Kriftel 2001 (Stand: August 2002), Art. 94 Rdnr. 66; ***Hans G. Rupp*** (Anm. 18), S. 406; ***Günther Willms***, Was bindet nach § 31 I BVerfGG?, in: JZ 1954, S. 528; ***Wolfgang Zeidler***, Die Verfassungsrechtsprechung im Rahmen der staatlichen Funktionen - Arten, Inhalt und Wirkungen der Entscheidungen über die Verfassungsmäßigkeit von Rechtsnormen, in: EuGRZ 1988, S. 215; ***Jan Ziekow*** (Anm. 27), S. 486.

36) BVerfGE 40, 88 (94) 참조.

37) 참고로 독일에서 구체적 규범통제나 추상적 규범통제에서 연방법을 심사기준으로 심사할 때 이러한 연방법 해석도 예외적으로 기속력이 있다.

위법규범의 특정해석을 위헌으로 선언하였다면, 헌법재판소가 한 개별 하위법규범 해석도 기속력이 있을 수 있다. 그러한 범위에서 위헌적 해석 가능성은 구속적으로 제거된다.[38] [39]

(3) 같은 심판 대상

헌법재판소 결정은 추상적이거나 일반적 분쟁이 아니라 단지 구체적 분쟁을 해결할 뿐이다. 즉 헌법재판소 결정은 개별 사건 결정이지 헌법이나 법률, 즉 법규범이 아니다. 그래서 규범통제에서 심판 대상은 구체적으로 문제가 된 법규범의 위헌성이다.[40] 그리고 헌법소원심판이나 권한쟁의심판에서도 구체적인 국가기관 행위의 위헌성이나 위법성이 문제 된다. 따라서 확정력처럼 기속력도 구체적 심판 대상에 한정된다. 구체적 심판 대상을 넘어선 헌법재판소 결정에 대한 국가기관의 구속은 헌법적으로나 법률적으로나 주어지지 않는다.

유사규범[41]은 형식적으로 심판 대상이 아니어서, 헌법재판소는 그에 관해서 결정하지도 않고 결정할 수도 없다. 그리고 법규범 문언이 같더라도 유사규범의 의미는 때에 따라 다양할 수 있다.[42] 게다가 문제가 되는 법규범의 실질적 유사성을 판단하기도 쉽지 않다. 그래서 기속력은 유사규범을 포섭하지 못한다. 법원이나 관련자가 유사규범에 대해서 심판 청구를 하였을 때, 헌법재판소는 비로소 유사규범의 위헌성을 심사할 수 있다.[43]

2. 준수의무

기속력 때문에 모든 국가기관은 앞날에 처분을 내릴 때 헌법재판소 결정을 준수하고 존중하여야 한다. 이러한 준수의무는 반복금지의무와 반응의무로 구성된다.

38) BVerfGE 19, 377 (392); 40, 88 (94); 42, 258 (260); 72, 119 (121).

39) **황우여**, 「위헌결정의 효력」, 『헌법재판의 이론과 실제』(금랑 김철수교수 화갑기념), 박영사, 1993, 309쪽; ***Herbert Bethge*** (Anm. 33), § 31 Rdnr. 88; ***Andreas Heusch*** (Anm. 3), § 31 Rdnr. 57; ***Kai-Oliver Knops*** (Anm. 33), S. 47 f.; ***Alfred Rinken*** (Anm. 35), Art. 94 Rdnr. 66; ***Hans G. Rupp*** (Anm. 18), S. 407 f.; ***Klaus Schlaich/Stefan Korioth***, Das Bundesverfassungsgericht – Stellung, Verfahren, Entscheidungen, 11. Aufl., München 2018, Rdnr. 445; ***Jan Ziekow*** (Anm. 27), S. 486; ***ders.*** (Anm. 3), S. 527 f. 참조.

40) BVerfGE 20, 56 (86); 92, 91 (107) 참조.

41) 유사규범은 문언과/또는 내용 측면에서 헌법재판소 심판 대상이었던 법규범과 일치하는 법규범을 말한다.

42) 같은 견해: **이성환**(주 5), 98~99쪽.

43) **이성환**(주 5), 98~99쪽; **전정환**(주 4), 54～55쪽; ***Andreas Heusch*** (Anm. 3), § 31 Rdnr. 69; ***Christian Pestalozza*** (Anm. 32), § 20 Rdnr. 85.

반복금지의무는 준수의무의 소극적 측면이고, 반응의무는 준수의무의 적극적 측면이다.

(1) 반복금지의무

모든 국가기관은 자신이 앞날에 처분을 내릴 때 헌법재판소 결정에 근거하여야 한다. 따라서 기속력은 다투어진 통제대상뿐 아니라 같은 상황에서 같은 근거로 같은 내용이 있는 공권력의 행사나 불행사도 금지한다.[44] 그에 따라 다른 국가기관이 같은 당사자에 대해서 같은 근거로 같은 처분을 하는 것은 금지된다. 즉 입법자가 같은 법률을 다시 제정하고 행정기관과 법원이 위헌으로 선언된 규범을 적용하는 식으로 헌법재판소 결정과 모순되는 국가행위를 반복하는 것은 금지된다.

(2) 반응의무

헌법재판소는 위헌상태를 제거하는 데 필요한 처분을 스스로 할 수 없다. 그래서 헌법재판소 결정을 실현하는 것은 다른 국가기관의 몫이다. 이것은 다른 지시가 없는 한 다른 국가기관이 확인된 위헌상태를 즉시 헌법합치적 상태로 바꾸어야 한다는 것을 뜻한다. 따라서 다른 모든 국가기관은 자신의 권한범위 안에서 개별 사건에서 선고된 구체적 헌법재판소 결정을 관철하는 데 필요한 모든 것을 하여야 한다.[45] 예를 들어 권한쟁의심판에서 헌법재판소가 부작위에 대한 심판청구를 인용하는 결정을 하면 피청구인은 결정 취지에 따른 처분을 하여야 하고(헌법재판소법 제66조 제2항 후단), 헌법소원심판에서 공권력의 불행사에 대한 헌법소원을 인용하는 결정을 하면 피청구인은 결정 취지에 따라 새로운 처분을 하여야 한다(헌법재판소법 제75조 제4항).

그러나 헌법재판소는 국회의장의 법률안 가결선포행위가 국회의원들의 법률안

44) BVerfGE 1, 14 (37) 참조.
45) BVerfGE 2, 139 (142) 참조.
헌재 1993. 11. 25. 93헌마113, 판례집 5-2, 551, 557-558: "헌법재판소법 제75조 제1항에는 헌법소원의 인용결정은 모든 국가기관과 지방자치단체를 기속한다고 규정되어 있다. 이 규정이 헌법소원의 피청구인에 대하여 가지는 뜻은 헌법소원의 인용결정이 있으면 피청구인은 모름지기 그 인용결정의 취지에 맞도록 공권력을 행사하여야 한다는 데에 있다고 할 것이다. 헌법재판소법 제75조 제4항은 헌법재판소가 공권력의 불행사에 대한 헌법소원을 인용하는 결정을 한 때에는 피청구인은 결정취지에 따라 새로운 처분을 하여야 한다고 규정함으로써, 공권력의 불행사에 대한 헌법소원의 인용결정에 관하여는 이 뜻을 명백히 하고 있다. 따라서 검사의 불기소처분을 취소하는 헌법재판소의 결정이 있는 때에 그 결정에 따라 불기소한 사건을 재기수사하는 검사로서는 헌법재판소가 그 결정의 주문 및 이유에 설시한 취지에 맞도록 성실히 수사하여 결정을 하여야 할 것이다." 같은 취지로는 헌재 2011. 3. 31. 2010헌마312, 판례집 23-1상, 449, 454-455.

심의·표결권을 침해한 것임을 확인한 권한침해확인결정의 기속력 내용에는 국회의장이 구체적으로 특정한 조치를 취할 작위의무가 포함된다고 볼 수 없다는 것 등의 이유로 권한침해확인결정 이후 국회의장의 부작위가 국회의원들의 법률안 심의·표결권을 침해한다며 제기된 권한쟁의심판 청구를 1(기각) : 4(각하) : 4(인용)로 기각하였다.[46] 인용의견에서는, 헌법재판소가 청구인들의 심의·표결권이 침해되었음을 확인하였는데도 국회가 그 위법성을 바로잡고 침해된 청구인들의 권한을 회복시켜줄 의무를 이행하지 않는 것은 헌법재판소 종전 결정의 기속력을 무시하고 청구인들의 권한 침해상태를 계속 존속시키는 것이므로 그 청구를 받아들여야 한다고 보았다.[47] 권한쟁의심판 결정은 기속력이 있는데도 권한침해 결정을 법적 구속력이 없는 권고적 재판과 같이 취급하는 것은 권한쟁의심판을 통한 구제를 유명무실하게 하는 것이라고 비판한 것이다.

V. 기속력의 대상

1. 한정적으로 규정한 헌법재판소법

연방헌법재판소 '재판'이 연방과 주의 헌법기관과 모든 법원 그리고 관청을 구속한다고 규정한 독일 연방헌법재판소법 제31조 제1항과 달리 헌법재판소법은 모든 헌법재판소 결정에 기속력을 부여하지 않는다. 즉 제47조 제1항과 제75조 제6항은 법률의 위헌결정이 법원과 그 밖의 국가기관 및 지방자치단체를 기속한다고 규정하고, 제67조 제1항은 권한쟁의심판의 결정이 모든 국가기관과 지방자치단체를 기속한다고 규정하며, 제75조 제1항은 헌법소원의 인용결정이 모든 국가기관과 지방자치단체를 기속한다고 규정한다. 권한쟁의심판에서는 단순히 '결정'이라고 규정한다. 여기서 결정은 본안에 관한 판단을 가리키는 것으로 각하결정은 제외된다.[48] 본안에 관한 판단인 이상 내용은 가리지 않는다. 즉 국가기관이나 지방자치단체의 권한 유무나 범위에 관한 판단을 물론 권한침해의 원인이 된 피청구인의 처분을 취소하거나 그 무효를 확인하는 것에도 기속력이 부여된다. 이것은 권한쟁의심판의 결정내용

46) 헌재 2010. 11. 25. 2009헌라12, 판례집 22-2하, 320, 325.

47) 헌재 2010. 11. 25. 2009헌라12, 판례집 22-2하, 320, 336.

48) 권한쟁의심판에 관한 헌법재판소 권한 행사 자체의 존부와 범위에 관해서, 다른 국가기관이나 지방자치단체가 헌법재판소 결정과 다른 판단을 할 우려가 전혀 배제되었다고 볼 수 없어서 각하결정에도 기속력이 인정된다는 견해로는 **황도수**(주 6), 776쪽.

이 심판 대상이 된 국가기관이나 지방자치단체의 권한의 유무나 범위를 판단한다는 점(헌법재판소법 제66조 제1항)에서 심판 청구의 인용 여부에 관계없이 결정형식이 달라지지 않는다는 점을 고려한 것으로 보인다. 따라서 권한쟁의심판에서는 기속력 대상에 관해서 특별한 문제가 발생하지 않는다. 그러나 규범통제절차에서는 단지 위헌결정에만 기속력을 부여한다. 이에 따라 (단순)위헌결정 이외에 합헌결정과 변형결정도 기속력이 있는지가 다투어진다. 헌법소원심판에서는 기속력의 대상에 관해서 논의가 거의 없지만, 규범통제절차와 같은 맥락에서 헌법소원의 기각결정이 기속력이 있는지가 문제 된다.

2. 규범통제

(1) (단순)위헌결정

헌법재판소가 법률을 위헌으로 결정하면, 헌법재판소법 제47조 제1항과 제75조 제6항에 따라서 이러한 위헌결정에 기속력이 부여된다. 위헌으로 결정된 법률은 다른 절차 없이 그 효력을 상실하므로(헌법재판소법 제47조 제2항, 제75조 제6항), 국가권력의 어떤 행위도 이러한 법률에 근거하지 못한다. 위헌결정 전에 헌법소원이 이미 제기되었을지라도[49] 심판 대상이 더는 없으므로, 위헌으로 결정된 법률에 근거한 법률의 제청[50]과 위헌으로 결정된 법률에 대한 헌법소원은 허용되지 않는다.

(2) 합헌결정

① 학설과 판례

헌법재판소법 제47조 제1항의 문언과 상관없이 기속력은 합헌결정에도 귀속된다는 견해가 있다.[51] 이 견해는 헌법재판소가 '헌법 수호자'로서 헌법문제에 관한,

49) 헌재 1994. 4. 28. 92헌마280, 판례집 6-1, 443, 446.

50) 헌재 1994. 8. 31. 91헌가1, 판례집 6-2, 153, 161-162.

51) **남복현**(주 33), 180~182쪽; **같은 사람**, 「법률의 위헌결정의 효력에 관한 연구」, 한양대학교 법학박사학위논문, 1994, 82~85쪽; **같은 사람**, 「헌법재판소 결정의 효력에 관한 쟁점 및 해결방안」, 문광삼/남복현/전정환, 『헌법재판소결정의 효력에 관한 연구』(헌법재판연구 제7권), 헌법재판소, 1996, 301～303쪽; **박찬주**, 「위헌심판결정의 기속력」, 『외법논집』 제34집 제4호, 한국외국어대학교 법학연구소, 2010, 141쪽; **이성환**(주 5), 92~93, 97~98쪽; **같은 사람**(주 25), 557~560쪽; **전정환**(주 4), 60쪽; **한수웅/정태호/김하열/정문식**(정태호 집필), 『주석 헌법재판소법』, 헌법재판소 헌법재판연구원, 2015, 582쪽; **허 영**, 『헌법소송법론(제13판)』, 박영사, 2018, 238~240쪽; ***Young-Chul Chang***, Die konkrete Normenkontrolle in der Verfassung der Republik Korea, Diss. jur. Köln, 1998, S. 208.

내용상으로 통일적이고 확정력 있는 결정을 내려야 하는 과제가 있다고 한다. 이때 위헌결정뿐 아니라 합헌결정도 기초적인 법적 상황을 확인한다고 한다. 따라서 일단 내려진 헌법재판소 결정은 사실관계와 법적 상황이 바뀌지 않는 한 더는 규범통제 대상이 되지 않는다고 한다. 그러나 합헌결정의 기속력이 부정된다면, 같은 법적 문제와 관련하여 반복적으로 제청 신청이나 제청할 수 있게 될 것이라고 한다. 그리고 한정합헌결정이 선고되면 위헌인 부분에는 기속력이 부여되고 합헌인 부분에는 기속력이 부여되지 않는 문제가 발생한다고 한다. 또한, 위헌결정이든 합헌결정이든 헌법재판소 결정은 기존 법적 상태를 확인하는 의미가 있다고 한다. 그 밖에 헌법재판소가 결정이유에서 명백히 헌법합치적으로 해석하였는데도 주문에서는 단순히 합헌으로 결정하면,[52] 기속력이 헌법재판소 결정에 부여되지 않을 수도 있다고 한다.

이에 대해서 다른 견해[53]와 헌법재판소의 소수의견[54]은 헌법재판소법 제47조 제1항의 문언에 따라 합헌결정의 기속력을 부정한다. 이 견해를 따르면 헌법재판소법 제47조 제1항은 위헌결정에 대해서만 기속력을 인정하고 합헌결정의 기속력에 관해서는 규정하지 않으므로, 기속력은 오로지 위헌결정에만 귀속된다고 한다. 헌법재판소법 제47조 제1항의 문언과 달리 해석하려면 명확하고 적절한 근거가 필요하다고 한다. 그러나 그러한 근거 찾기는 어렵다고 한다. 그리고 객관적 재판인 규범통

52) 예를 들어 헌재 1989. 7. 14. 88헌가5등, 판례집 1, 69; 헌재 1990. 1. 15. 89헌가103, 판례집 2, 4; 헌재 1993. 5. 13. 92헌가10등, 판례집 5-1, 226.

53) **김지형**, 「헌법재판결정의 기판력」, 『헌법논총』 제3집, 헌법재판소, 1992, 315쪽; **김하열**, 『헌법소송법(제3판)』, 박영사, 2018, 256쪽; **김학성**, 『헌법학원론(전정2판)』, 피앤씨미디어, 2018, 1150~1151쪽; **손상식**, 「한정합헌결정과 한정위헌결정에 관한 소고」, 『헌법학연구』 제18권 제3호, 한국헌법학회, 2012, 484~485쪽; **신 평**, 『헌법재판법(전면개정판)』, 법문사, 2011, 415쪽; **양 건**, 『헌법강의(제7판)』, 법문사, 2018, 1414쪽; **이경주**, 『헌법 Ⅱ』, 법영사, 2013, 593쪽; **이준일**, 『헌법학강의(제6판)』, 홍문사, 2015, 1010, 1053쪽; **장영수**, 『헌법학(제10판)』, 홍문사, 2017, 1272쪽 주 100; **장윤기**, 「헌법재판소에서 위헌으로 결정된 법률의 효력」, 『사법행정』 제34권 제6호(통권 제390호), 한국사법행정학회, 1993. 6., 57쪽 주 46; **전광석**, 「헌법재판에 있어서의 결정주문의 유형과 효력」, 『헌법재판 및 제도의 활성화에 관한 연구』(헌법재판연구 제2권), 헌법재판소, 1991, 180쪽; **같은 사람**, 『한국헌법론(제13판)』, 집현재, 2018, 820쪽; **정종섭**(주 7), 185쪽; **같은 사람**, 『헌법학원론(제12판)』, 박영사, 2018, 1513쪽; **최희수**, 「법률의 위헌결정의 효력에 관한 연구 - 소송법적 효력을 중심으로 -」, 고려대학교 법학박사학위논문, 2001, 111~113쪽; **같은 사람**, 「헌법재판소 결정의 결정이유의 기속력에 관한 연구」, 『공법연구』 제33집 제1호, 한국공법학회, 2004, 449~450쪽; **같은 사람**, 『헌법소송법 요론(개정판)』, 대명출판사, 2015, 47쪽; **한수웅/정태호/김하열/정문식**(김하열 집필), 『주석 헌법재판소법』, 헌법재판소 헌법재판연구원, 2015, 590~591쪽; **황도수**(주 6), 774~775쪽; **황우여**(주 39), 310~311쪽.

54) 헌재 1990. 6. 25. 90헌가11, 판례집 2, 165, 173의 재판관 변정수의 반대의견; 헌재 1992. 2. 25. 89헌가104, 판례집 4, 64, 102의 재판관 변정수의 전부위헌의견; 헌재 1992. 2. 25. 89헌가104, 판례집 4, 64, 113의 재판관 조규광의 보충의견.

제의 법적 성격에 따라 제청법원 주장에 구속되지 않고 객관적으로 결정할 수 있을지라도, 헌법재판소가 모든 적용사건을 심사함으로써 다투어진 법률의 위헌성을 심사할 수 없다고 한다. 또한, 헌법재판소는 법률의 해석·적용에 관한 의견을 변경할 수 있다고 한다(헌법재판소법 제23조 제2항 단서 제2호). 그 밖에 헌법재판소는 상황 변화나 재판관 교체에 따라 의견을 달리할 수 있다고 한다.

헌법재판소는 합헌으로 결정된 법률을 다시 달리 판단하여야 할 별다른 사정변경이 없는 한 다시 합헌으로 선언하였다.[55] 합헌으로 결정된 법률을 다시 판단하더라도 당사자와 구체적 사건이 다르면 심판 대상이 달라져 기속력이 미치지 않는다. 따라서 헌법재판소는 그 심판 대상의 위헌성을 다시 심사하여야 하고, 그 위헌성을 확인하지 못하면 다시 합헌결정을 내려야 한다.

② 사견

기속력이 헌법재판소법에 따라서 비로소 창조되거나 구체화가 이루어지는 한, 기속력의 내용과 범위 그리고 한계는 헌법재판소법에서 도출되어야 한다. 헌법재판소법 제47조 제1항과 제75조 제6항을 따르면 기속력은 합헌결정에 부여되지 않는다. 그러나 법률 문언과 상관없이 합헌결정의 기속력은 그 필요성과 정당성이 헌법적으로 논증되어 헌법에서 그 근거를 찾을 수 있는 한 예외적으로 인정될 수도 있다. 따라서 이러한 필요성이 먼저 검토되어야 한다.

합헌결정은 최종적으로 법률의 합헌성을 확인한다. 그러나 법률에 대한 합헌결정은 법률에 어떠한 것도 추가하지 않는다.[56] 그리고 법률은 일반구속성이 있으므로, 합헌결정의 기속력과 관계없이 법률은 모든 국민과 국가기관을 구속한다. 그래서 합헌결정의 기속력은 법률의 위헌성이 다시 다투어질 때만 의미가 있을 수 있다. 그러나 심판 대상이 같으면 기판력이 이러한 가능성을 제거한다. 심판 대상이 다른데도 이러한 가능성이 제외된다면, 헌법재판소는 이러한 심판 대상을 아직 심사하지 않았으므로, 기속력은 심사 없이 발생하게 될 것이다. 따라서 이러한 효력이 사법판결인 헌법재판소 결정에 부여될 수는 없다. 그 밖에 합헌결정은 법률이 구체적 사건

55) 헌재 1989. 9. 29. 89헌가86, 판례집 1, 284, 288; 헌재 2001. 7. 19. 2001헌바6, 판례집 13-2, 60, 65. 특히 헌법재판소는 위헌결정(헌재 2015. 2. 26. 2009헌바17등, 판례집 27-1상, 20)을 내리기 전에 배우자 있는 자의 간통 및 그와 한 상간을 처벌하는 형법 제241조에 대해서 무려 4차례에 걸쳐 합헌결정을 내렸다(헌재 1990. 9. 10. 89헌마82, 판례집 2, 306; 헌재 1993. 3. 11. 90헌가70, 판례집 5-1, 18; 헌재 2001. 10. 25. 2000헌바60, 판례집 13-2, 480; 헌재 2008. 10. 30. 2007헌가17, 공보 145, 1384).

56) ***Klaus Lange*** (Anm. 35), S. 6.

과 관련하여 합헌이라는 것만을 확인한다. 즉 법률의 위헌성에 관한 모든 가능성이 심사되지 않는다. 결국, 법률의 합헌성은 잠정적으로만 확인될 뿐이다. 따라서 심사되지 않은 다른 가능성을 심사할 필요성은 여전히 남는다.

요컨대 모든 국가기관은 합헌인 법률에 구속되는 것이지 헌법재판소의 합헌결정에 구속되는 것이 아니다. 집행부와 법원은 합헌으로 결정된 법률 적용을 거부하지 못한다. 입법자도 그가 법률을 개정하거나 폐지하지 않는 한 합헌으로 결정된 법률에 구속된다. 그리고 합헌결정의 기판력 때문에 일반 법원은 해당 사건과 관련하여 헌법재판소의 심판을 다시 구하지 못한다. 그러나 입법자는 합헌결정이 있어도 합헌으로 결정된 법률을 제한 없이 개정하거나 폐지할 수 있다. 따라서 합헌결정의 기속력은 불필요하고 의미 없다고 보아야 할 것이다.[57)]

(3) 한정합헌결정과 한정위헌결정

① 학설

헌법재판소법을 엄격하게 해석하는 견해는 헌법 제107조 제1항, 헌법재판소법 제41조 제1항과 제45조 그리고 제47조 제1항을 근거로 헌법재판소가 변형결정을 내릴 수 없고 오로지 합헌이나 위헌만을 선언할 수 있으므로, 한정합헌결정과 한정위헌결정을 포함한 모든 변형결정은 기속력이 없다고 한다.[58)] 이 견해는 지위와 기능의 측면에서 한국 헌법재판소와 독일 연방헌법재판소의 차이점을 강조한다. 헌법재판소법 제47조 제1항의 '위헌결정'을 헌법재판소가 주문에서 해당 법률 또는 법률조항의 전부나 일부에 대해서 헌법에 위반된다고 명시한 결정이라고 해석함으로써 한정합헌결정과 한정위헌결정의 기속력을 부인하는 견해도 있다.[59)]

그러나 지배적 견해를 따르면 기속력은 한정합헌결정과 한정위헌결정에도 귀속된다고 한다.[60)] 이 견해는 다음과 같은 근거를 제시한다:

---

57) 독일 기본법 제94조 제2항과 연방헌법재판소법 제31조 제정사에서 연방헌법재판소는 긍적적 재판(positive Entscheidungen)에서 단지 선언적으로 확인하므로, 기속력은 부정적 재판(negative Entscheidungen)에만 부여하려던 것이 나타난다[***Hans Schäfer*** (Anm. 26), S. 1467].

58) 헌재 1990. 6. 25. 90헌가11, 판례집 2, 165, 172-174의 재판관 변정수의 반대의견.

59) **장윤기**(주 53), 57~58쪽.

60) **권영성**, 『헌법학원론(개정판)』, 법문사, 2010, 1160쪽; **김학성**(주 53), 1151~1152쪽; **김현철**, 『판례 헌법소송법(제4판)』, 전남대학교출판부, 2016, 132, 209~210쪽; **남복현**(주 51, 헌법재판소 결정의 효력에 관한 쟁점 및 해결방안), 322~326쪽; **방승주**(주 24, 국가배상법 제2조 제1항 단서에 대한 한정위헌결정의 기속력), 117쪽; **성낙인**, 『헌법학(제18판)』, 법문사, 2018, 823쪽; **신봉기**, 「헌법불합치결정의 이유에 기초한 개선입법의무」, 『헌법논총』 제7집, 헌법재판소, 1996, 358쪽; **이기철**, 「헌법재판소결정은 주된 이유에도 기속력이 미치는가?」, 『한양법학』 제13집, 한양법학회,

(i) 법률의 헌법합치적 해석도 헌법해석이므로, 여기에도 기속력이 부여된다.

(ii) 합헌결정도 기속력이 있으므로, 한정합헌결정도 당연히 기속력이 있다.

(iii) 한정합헌결정과 한정위헌결정은 위헌결정에 포함된다.

(iv) 헌법재판소법 제47조 제1항을 한정적이 아니라 예시적으로 해석하여야 한다.

(v) 한정합헌결정과 한정위헌결정의 필요성이 인정되는 한, 이들의 기속력도 인정되어야 한다. 이것이 부정된다면, 헌법재판소가 한정합헌결정이나 한정위헌결정을 내릴 필요가 없기 때문이다.

(vi) 법률에 대한 위헌심사에는 당연히 해당 법률에 대한 해석이 전제된다.

그 밖에 기속력은 오로지 위헌으로 해석된 부분에만 귀속된다는 견해가 있다. 그 근거와 관련하여 헌법재판소법 제47조 제1항은 결정의 종류로서 위헌결정에만 국가기관에 대한 기속력을 인정한 것이 아니고, 어떠한 종류의 결정이든 그 결정에 포함된 위헌성 확인은 기속력이 있다고 해석할 수 있다는 것을 근거로 드는 견해가 있다.[61] 합헌으로 해석된 부분에서 나중에 위헌성이 발견될 가능성을 옹글게(완벽하게) 배제할 수 없다는 것을 근거로 드는 견해도 있다.[62] 그리고 한정위헌결정은 위헌결정으로서 기속력이 있지만, 한정합헌결정에 따른 해석대로 해석하지 않는다고 하여서 곧바로 위헌을 의미하지 않으므로, 한정합헌결정은 위헌결정의 성격이 없는 합헌결정의 일종으로서 기속력이 없다는 견해도 있다.[63] 또한, 한정위헌결정은 결정주문에서 한정되는 범위 안에서 기속력이 있고, 한정합헌결정은 결정주문에 특정된 부분 이외의 나머지 부분이 위헌이라는 것을 전제로 한정위헌결정을 선고하는 것과 그 나머지 부분에 대한 위헌 여부 판단을 유보한 상태에서 특정부분을 한정하여 한정합헌결정을 선고하는 것이 있는데, 후자는 단순한 합헌결정이고, 전자는 위헌판단이 전제되었다는 점에서 위헌결정의 한 유형이라서 기속력이 있다는 견해도 있다.[64]

2002, 113~115쪽; **이성환**(주 5), 98쪽; **같은 사람**(주 25), 557~560쪽; **이준일**(주 53), 1010, 1058쪽; **장영수**(주 53), 1272~1274쪽; **전정환**(주 4), 61쪽; **정연주**, 『헌법소송론』, 법영사, 2015, 188쪽; **정종섭**(주 7), 385쪽; **같은 사람**(주 53), 1548쪽; **최희수**(주 53, 헌법소송법 요론), 114쪽; **한수웅/정태호/김하열/정문식**(김하열 집필)(주 53), 598~600쪽; **허 영**(주 51), 251~252, 254~255쪽; ***Young-Chul Chang*** (Anm. 51), S. 209 f.

61) **전광석**(주 53, 헌법재판에 있어서의 결정주문의 유형과 효력), 180쪽.

62) **최희수**(주 53, 법률의 위헌결정의 효력에 관한 연구), 114~115쪽; **같은 사람**, 「헌법재판소 한정합헌·한정위헌 결정의 기속력」, 『고려법학』 제61호, 고려대학교 법학연구원, 2011, 191~199쪽; **홍성방**, 『헌법소송법』, 박영사, 2015, 154쪽.

63) **손상식**(주 53), 497~499쪽.

64) **황도수**(주 6), 773쪽.

② 판례

헌법재판소는 한정위헌결정과 한정합헌결정을 질적인 부분위헌선언으로 본다.[65] 그리고 헌법재판소는 헌법재판소의 법률에 대한 위헌결정에는 단순위헌결정은 물론 한정합헌결정, 한정위헌결정과 헌법불합치결정도 포함되고 이들은 모두 당연히 기속력이 있고, 헌법재판소의 한정위헌결정은 결코 법률 해석에 대한 헌법재판소의 단순한 견해가 아니라, 헌법에 정한 권한에 속하는 법률에 대한 위헌심사의 한 유형이라고 한다.[66] 또한, 헌법재판소는 한정합헌결정을 내리고 나서 그 결정의 논리적 또는 현실적 근거가 된 사실에 근본적인 변화가 있었다고 할 수 없고, 지금에 이르러 달리 판단하여야 할 다른 사정변경이 있다고 인정되지 않는다고 하면서, 전에 한정위헌으로 결정하였던 법률조항을 다시 한정위헌으로 다시 결정하였다.[67]

그러나 대법원은 한정위헌결정의 기속력을 부정하였다.[68] 대법원을 따르면 한정위헌결정은 헌법재판소 결정이 내려져도 법률이나 법률조항은 그 문언이 전혀 달라지지 않은 채 그냥 존속한다고 한다. 따라서 법률이나 법률조항의 문언이 변경되지 아니한 이상 이러한 한정위헌결정은 법률이나 법률조항의 의미, 내용과 적용범위를 정하는 법률해석이라고 한다. 그러나 구체적 사건에서 해당 법률이나 법률조항의 의미·내용과 적용범위가 어떠한 것인지를 정하는 권한, 곧 법령의 해석·적용 권한은 바로 사법권의 본질적 내용을 이루는 것으로서, 전적으로 대법원을 최고법원으로 하는 법원에 전속한다고 한다. 따라서 한정위헌결정에 표현되는 헌법재판소의 법률해석에 관한 견해는 법률의 의미·내용과 그 적용범위에 관한 헌법재판소의 견해를 일단 표명한 것에 불과하여 법원에 전속되는 법령의 해석·적용 권한에 대해서 어떠한 영향력을 미치거나 기속력도 가질 수 없다고 한다.

③ 사견

헌법 제107조 제1항은 법원이 개별 법률을 해석할 권한이 있긴 하지만, 법원이 해석한 개별 법률의 내용이 위헌인지는 법원이 아닌 헌법재판소가 결정한다고 규정한다. 그래서 법원의 개별 법률을 해석할 권한은 제한된다. 그리고 규범통제는 법률

65) 헌재 1992. 2. 25. 89헌가104, 판례집 4, 64, 99; 헌재 1994. 4. 28. 92헌가3, 판례집 6-1, 203, 221-222; 헌재 1997. 12. 24. 96헌마172, 판례집 9-2, 842, 861.

66) 헌재 1997. 12. 24. 96헌마172, 판례집 9-2, 842, 860-864.

67) 헌재 1997. 1. 16. 92헌바6, 판례집 9-1, 1, 24-26.

68) 대법원 1996. 4. 9. 선고 95누11405 판결(집44-1, 762; 공1996상, 1442); 대법원 2001. 4. 27. 선고 95재다14 판결(공2001상, 1220).

내용을 확인하는 절차를 불가피하게 포함하며, 헌법재판소법 제45조는 헌법재판소가 제청된 법률이나 법률조항의 위헌 여부만을 결정한다고 규정하므로, 법률 일부로 볼 수 있는 법률조항도 위헌으로 결정할 수 있다. 따라서 역시 법률 일부로 볼 수 있는 해석 가능성도 헌법재판소가 위헌으로 결정할 수 있다고 보아야 한다. 이러한 점에서 특정 해석 가능성을 위헌으로 선언하는 한정합헌결정과 한정위헌결정에도 부분위헌결정의 효력이 부여되어야 한다. 또한, 헌법재판소법 제47조 제1항의 관점에서 헌법재판소가 법률 전체를 위헌으로 결정하는 것과 단지 법률의 특정한 해석이 구체화한 '변형규범(Normvariante)'을 위헌으로 결정하는 것은 차이가 없다.[69] 게다가 법률에 대한 위헌심사는 해당 법률이나 법률조항의 의미내용을 확정하는 절차를 불가피하게 포함한다.[70] 따라서 이러한 절차에서 심사기준인 헌법의 내용을 밝히는 헌법해석을 하여야 할 뿐 아니라 심판 대상인 법률의 내용을 확인하는 법률해석도 당연히 하여야 한다. 따라서 헌법재판소는 법률해석권을 당연히 가진다. 특히 헌법재판소법 제23조 제2항 단서 제2호는 종전에 헌법재판소가 판시한 헌법이나 '법률의 해석적용'에 관한 의견을 변경할 때 헌법재판소 재판관 6명 이상 찬성이 있어야 한다고 규정한다. 이 조항은 헌법재판소 법률해석권한을 실정법적으로 인정한 것으로 해석할 수 있다.[71] 그 밖에 한정합헌결정과 한정위헌결정 허용은 그 기속력을 전제한다. 따라서 기속력은 한정합헌결정과 한정위헌결정에도 귀속된다. 그러나 합헌으로 해석된 부분은 실질적으로 합헌결정과 같으므로, 합헌결정의 기속력이 부정되는 것과 마찬가지 이유로 기속력이 부여되지 되지 않는다. 따라서 한정합헌결정과 한정위헌결정에서 단지 위헌으로 해석된 부분만 기속력이 있다.

(4) 헌법불합치결정

① 학설과 판례

헌법재판소법 제47조 제1항에서 '위헌결정'을 헌법재판소가 주문에서 해당 법률이나 법률조항의 전부나 일부에 대해서 헌법에 위반된다고 명시한 결정으로 해석함

69) BVerfGE 40, 88 (94) 참조.

70) 같은 견해: **박경철**, 「대법원 2001. 4. 27. 선고 95재다14판결의 문제점 - 한정위헌결정의 당위성과 기속력을 중심으로 -」, 『헌법학연구』 제8권 제2호, 한국헌법학회, 2002, 415쪽; **방승주**(주 24, 국가배상법 제2조 제1항 단서에 대한 한정위헌결정의 기속력), 110쪽; **황치연**, 「대법원 1996. 4. 9. 선고 95누11405 판결과 관련된 쟁점들에 대한 비판적 고찰」, 『인권과 정의』 제240호, 대한변호사협회, 1996. 8., 156쪽.

71) 같은 견해: **박경철**(주 70), 415쪽; **방승주**(주 24, 국가배상법 제2조 제1항 단서에 대한 한정위헌결정의 기속력), 109쪽.

으로써 헌법불합치결정의 기속력을 부인하는 견해가 있다.[72]

그러나 지배적 견해[73]를 따르면 헌법불합치결정도 위헌결정에 포함되거나 합헌결정도 기속력이 있으므로, 헌법불합치결정에도 기속력이 부여된다고 한다.

헌법재판소는 헌법재판소의 법률에 대한 위헌결정에는 단순위헌결정은 물론 한정합헌결정, 한정위헌결정과 헌법불합치결정도 포함되므로, 이들은 모두 당연히 기속력이 있고, 헌법불합치결정은 법률 개선 시점까지 심판 대상인 법률조항은 법률문언 변화 없이 계속 존속하나, 헌법재판소의 위헌성 확인 효력은 기속력이 있다고 하였다.[74]

② 사견

헌법불합치결정도 단순위헌결정과 마찬가지로 법률의 위헌성을 확인하는 헌법재판소 결정이다. 헌법재판소는 단순위헌결정이 일으키는 문제를 피하려고 불가피하게 단순위헌결정 대신에 헌법불합치결정을 선택한다. 따라서 헌법불합치결정은 본질에서 위헌결정이다. 이러한 헌법불합치결정에 기속력이 부여되지 않는다면 헌법재판소가 헌법불합치결정을 내리는 근거가 사라지게 되어 헌법재판소는 단순위헌결정을 내릴 수밖에 없다. 따라서 헌법불합치결정이 허용되는 한 헌법불합치결정에도 단순위헌결정과 마찬가지로 기속력이 귀속되어야 한다.

3. 헌법소원심판

헌법소원의 인용결정에는 기속력이 부여된다(헌법재판소법 제75조 제1항). 헌법소원이 인용되면, 공권력의 행사나 불행사가 청구인의 기본권을 침해하였음이 확정된다(헌법재판소법 제75조 제2항). 그와 함께 기본권 침해 원인이 된 공권력의 행사가 취소되거나 그 불행사가 위헌임이 확인된다(헌법재판소법 제75조 제3항). 공권력 불행사의 위헌

---

72) **장윤기**(주 53), 57~58쪽.

73) **권영성**(주 60), 1160쪽; **김현철**(주 60), 209~210쪽; **남복현**(주 51, 헌법재판소 결정의 효력에 관한 쟁점 및 해결방안), 347~349쪽; **박찬주**(주 51), 144쪽; **성낙인**(주 60), 823쪽; **성낙인/이효원/권건보/정 철/박진우/허진성**, 『헌법소송론』, 박영사, 2012, 208쪽; **신봉기**(주 60), 358쪽; **양 건**(주 53), 1433쪽; **이성환**(주 5), 98쪽; **같은 사람**(주 25), 557~560쪽; **이준일**(주 53), 1010, 1059쪽; **장영수**(주 53), 1273~1274쪽; **전정환**(주 4), 60~61쪽; **정연주**(주 60), 191쪽; **최희수**(주 53, 법률의 위헌결정의 효력에 관한 연구), 116~118쪽; **같은 사람**(주 53, 헌법소송법 요론), 54쪽; **허 영**(주 51), 260~261쪽; **황도수**(주 6), 773~774쪽.

74) 헌재 1989. 9. 8. 88헌가6, 판례집 1, 199, 261; 헌재 1997. 12. 24. 96헌마172, 판례집 9-2, 842, 860-861.

이 확인되면 피청구인은 결정취지에 따라 새로운 처분을 하여야 한다(헌법재판소법 제75조 제4항). 이러한 점은 헌법소원심판에 준용되는 행정소송법에서도 확인된다(헌법재판소법 제40조 제1항 제2문, 행정소송법 제30조). 따라서 국가기관과 지방자치단체는 이전에 한 공권력의 행사나 불행사를 반복하지 못하고 헌법재판소 결정 취지에 맞는 새로운 처분을 하여야 한다. 그러나 헌법소원이 기각되면 다투어진 공권력의 행사나 불행사에는 아무런 변화가 없다. 공권력 행사는 본래 지니는 구속력에 따라서 전과 다름없이 효력을 발생할 뿐이다. 공권력의 행사나 불행사가 다시 다투어질 가능성은 같은 심판 대상 범위 안에서 기판력이 제거한다. 다른 심판 대상이 문제 되면 헌법재판소가 이에 관해서 아직 심판하지 않았다는 점에서 이를 저지할 근거가 없다. 특히 헌법재판소가 모든 침해 가능성을 빠짐없이 검토할 수 없다. 따라서 헌법소원의 기각결정에 기판력 이외에 기속력을 부여할 필요는 없다.

Ⅵ. 기속력의 범위

1. 주관적 범위

(1) 모든 국가기관

기판력과 비교되는 주관적 범위 확장은 기속력에 대한 헌법재판소법 조항(제47조 제1항, 제67조 제1항, 제75조 제1항, 제6항)에서 도출할 수 있으므로, 기속력의 주관적 범위를 확정하는 것은 어렵지 않다. 기판력은 당사자, 즉 청구인, 피청구인 그리고 참가인(보조참가인 제외)과 관련되지만, 헌법재판소법 조항을 따르면 모든 국가기관은 그가 절차에 참여하였는지와 상관없이 헌법재판소 결정에 구속된다. 기속력은 오직 공권력의 보유자만을 겨냥한다. 법원이 헌법재판소 결정에 구속된다고 하여도 헌법재판소가 법원인 이상 사법권 독립은 침해되지 않는다. 사법권 독립은 사법권의 내부관계가 아니라 사법부와 다른 국가권력의 관계에서 문제가 되기 때문이다. 기속력은 국가기관이 아닌 당사자와 소송에 참가하지 않은 사람에게는 미치지 않는다. 따라서 일반 사인은 기속력의 수범자에서 제외된다. 일반 사인은 법률요건적 효력(이나 형성력 혹은 법률적 효력)의 수범자가 될 뿐이다. 이러한 점에서 기속력에 관한 헌법재판소법 조항은 헌법재판소 결정의 기판력을 주관적으로 확장한다.

(2) 헌법재판소 자신

연방헌법재판소법 제31조 제1항의 문언에 따라서 법원이며 헌법기관인 헌법재판소도 기속력의 수범자라는 독일 견해가 있다.[75] 그러나 이러한 견해는 타당하지 않다. 먼저 헌법재판소는 그가 선고한 자기 결정을 폐기할 수 없다. 즉 결정주문에서 표현된 법적 효과는 더는 바뀔 수 없다(불가변력). 그리고 헌법재판소는 기판력 때문에 이미 자기 결정에 구속된다.[76] 또한, 국가기관이 기속력에 따라서 그리고 일반 사인은 법률요건적 효력(이나 형성력 혹은 법률적 효력)에 따라서 헌법재판소 결정에 구속되고 헌법재판소는 심판 청구 없이 능동적으로 결정할 수 없으므로, 헌법재판소는 자기 결정을 수정할 가능성이 없다. 따라서 헌법재판소를 기속력의 수범자에 포함할 필요가 없다. 기속력이 이미 헌법재판소를 수범자로 하는 기판력의 주관적 확장이라는 점에서도 논리적 모순이 발생한다. 게다가 기판력을 넘어서는 헌법재판소 구속은 헌법 수호자로서 최종적 헌법해석자인 헌법재판소의 특별한 기능과 합치하지 않는다.[77] 따라서 기속력은 헌법재판소 자신에게 미치지 않는다.[78] 이것은 헌법재판소가

75) BVerfGE 1, 89 (90); ***Albrecht Zeuner*** (Anm. 10), S. 338. 같은 견해: **성낙인**(주 60), 800쪽; **성낙인/이효원/권건보/정 철/박진우/허진성**(주 73), 199쪽.

76) 같은 견해: BVerfGE 4, 31 (38 f.); 5, 34 (37 f.); 20, 56 (87); 33, 199 (203); 78, 320 (328); ***Ernst Benda***, Die Verfassungsgerichtsbarkeit der Bundesrepublik Deutschland, in: Christian Starck/Albrecht Weber (Hrsg.), Verfassungsgerichtsbarkeit in Westeuropa, Teilband 1, Baden-Baden 1986, S. 138; ***Hans Brox*** (주 10), S. 819; ***Kai-Oliver Knops*** (Anm. 33), S. 56 f.; ***Michael Sachs*** (Anm. 10), S. 345.

77) ***Steffen Detterbeck*** (Anm. 27, Streitgegenstand und Entscheidungswirkungen im öffentlichen Recht), S. 370.

78) **김하열**(주 53), 259쪽; **김학성**(주 53), 1150쪽; **김현철**(주 60), 135쪽; **남복현**(주 51, 법률의 위헌결정의 효력에 관한 연구), 63쪽; **신 평**(주 53), 288쪽; **양 건**(주 53), 1416쪽; **이성환**(주 5), 106~107쪽; **같은 사람**(주 25), 560~561쪽; **전정환**(주 4), 69~70쪽; **정연주**, 「안마사 결정의 재검토 - 위헌결정 기속력의 주관적·객관적 범위의 문제를 중심으로 -」, 『홍익법학』 제10권 제2호, 홍익대학교 법학연구소, 2009, 332쪽; **같은 사람**(주 60), 173쪽; **정종섭**(주 7), 365쪽; **같은 사람**(주 53), 1542쪽; **최희수**(주 53, 법률의 위헌결정의 효력에 관한 연구), 92쪽; **같은 사람**(주 53, 헌법재판소 결정의 결정이유의 기속력에 관한 연구), 449쪽; **한수웅**(주 14), 1404쪽; **한수웅/정태호/김하열/정문식**(김하열 집필)(주 53), 593쪽; **허 영**(주 51), 176쪽; **황도수**(주 6), 788쪽; **황우여**(주 39), 308쪽; BVerfGE 4, 31 (38); 20, 56 (87); 77, 84 (104); 78, 320 (328); 85, 117 (121); ***Ernst Benda*** (Anm. 76), S. 138; ***ders./Eckart Klein/Oliver Klein***, Verfassungsprozessrecht, 3. Aufl., Heidelberg/München/Landsberg/Frechen/Hamburg 2012, § 40 Rdnr. 1474; ***Herbert Bethge*** (Anm. 33), § 31 Rdnrn. 118 f.; ***Steffen Detterbeck*** (Anm. 27, Streitgegenstand und Entscheidungswirkungen im öffentlichen Recht), S. 369 f.; ***Rainer Eckertz***, Die Kompetenz des Bundesverfassungsgerichts und die Eigenheit des Politischen, in: Der Staat 17 (1978), S. 186; ***Willi Geiger*** [Anm. 11, Die Grenzen der Bindung verfassungsgerichtlicher Entscheidungen (§ 31 Abs. 1 BVerfGG)], S. 1058; ***Christoph Gusy*** (Anm. 33), S. 236; ***Andreas Heusch*** (Anm. 3), § 31 Rdnr. 65; ***Wolfgang Hoffmann-Riem***, Beharrung oder Innovation - Zur Bindungswirkung verfassungsgerichtlicher Entscheidungen, in: Der Staat 13 (1974), S. 342; ***Hans***

심판 대상이 다르면 자기 결정에서 벗어날 수 있다는 것을 뜻한다(헌법재판소법 제23조 제2항 단서 제2호). 그래서 헌법재판소는 헌법 범위에서 계속발전을 고려할 수 있고, 결정 이후에 더 좋은 인식과 판단을 근거로 언제나 자신의 법적 견해에서 벗어날 수 있다. 즉 헌법재판소는 다른 후행 사건에서 자신의 구속적 결정 내용을 고수할 것인지 또는 자신의 법적 견해를 바꿀 것인지에 관해서 결정하여야 한다. 후행 사건에서 기속력 자체가 제거되는 것이 아니라 단지 그 관계대상이 바뀌는 것이고 그와 함께 새로운 결정은 다시 기속력을 발휘한다.[79]

(3) 입법자

① 입법자와 관련된 특별한 문제

입법자 이외의 다른 국가기관은 법률에 구속되므로, 국가기관은 합헌결정이 선고되면 존재하는 법률에, 위헌결정이 선고되면 위헌결정이 수정한 법적 상황에 구속된다. 그래서 기속력이 이러한 때에 거의 문제 되지 않는다. 그러나 입법자는 법률을 제정하거나 개정 또는 폐지할 수 있으므로, 입법자가 위헌으로 결정한 법률과 내용상으로 같거나 비슷한 새로운 법률을 제정할 수 있는지가 특별하게 문제 된다.[80] 즉 입법자가 특히 동일규범반복제정금지와 관련하여 헌법재판소 결정에 구속되는지 그리고 구속된다면 어떤 범위에서 구속되는지가 다투어진다.

Hugo Klein (Anm. 10), S. 700; ***Kai-Oliver Knops*** (Anm. 33), S. 57; ***Klaus Lange*** (Anm. 35), S. 4; ***Alfred Rinken*** (Anm. 35), Art. 94 Rdnr. 66; ***Michael Sachs*** (Anm. 27), S. 195; ***Klaus Schlaich***, Das Bundesverfassungsgericht – Stellung, Verfahren, Entscheidung, in: JuS 1982, S. 598; ***ders./Stefan Korioth*** (Anm. 39), Rdnr. 482; ***Helmuth Schulze-Fielitz***, Wirkung und Befolgung verfassungsrechtlicher Entscheidungen, in: Peter Badura/Horst Dreier (Hrsg.), Festschrift 50 Jahre Bundesverfassungsgericht: Verfassungsgerichtsbarkeit - Verfassungsprozeß, Bd. Ⅰ, Tübingen 2001, S. 393; ***Klaus Stern***, Das Staatsrecht der Bundesrepublik Deutschland, Bd. Ⅱ, München 1980, S. 1042; ***Gregor Stricker***, Subjektive und objektive Grenzen der Bindungswirkung verfassungsgerichtlicher Entscheidungen gemäß § 31 Abs. 1 BVerfGG, in: DÖV 1995, S. 980; ***Andreas Voßkuhle*** (Anm. 10), Art. 94 Rdnr. 33; ***Jan Ziekow***, Abweichung von bindenden Verfassungsgerichtsentscheidungen?, in: NVwZ 1995, S. 248.

79) ***Jan Ziekow*** (Anm. 3), S. 525.

80) 헌법재판소는 위헌으로 결정된 법률조항의 반복입법에 해당하는지는 단지 위헌으로 결정된 법률조항 내용을 일부라도 내포하는지에 따라서 판단할 것이 아니라, 입법목적이나 입법동기, 입법당시의 시대적 배경 및 관련 조항들의 체계 등을 종합하여 실질적 동일성이 있는지에 따라 판단하여야 한다고 한다(헌재 2010. 12. 28. 2008헌바89, 판례집 22-2하, 659, 668; 헌재 2013. 7. 25. 2012헌바409, 판례집 25-2상, 230, 238).

② 학설과 판례

(i) 한국

헌법재판소 결정이 입법자를 구속할 수 없다는 견해가 있다.[81] 이 견해는 입법자의 입법형성권을 강조한다. 그리고 헌법재판소뿐 아니라 입법자도 헌법의 구체화에 참여한다는 점을 지적한다. 따라서 헌법해석권은 헌법재판소에만 부여되는 것이 아니라 입법자에게도 부여된다고 한다. 단지 최종적인 헌법해석권만 헌법재판소에 귀속된다고 한다.

이에 대해서 많은 학자[82]는 다음을 근거로 입법자도 헌법재판소 결정에 구속된다고 한다.

㉠ 헌법재판소법 제47조 제1항은 모든 국가기관을 헌법재판소 결정에 구속하고 입법자를 특별히 다루지 않으므로, 입법자도 기속력 적용을 피할 수 없다.

㉡ 입법자의 입법형성권과 사실관계 및 법적 상황 변화와 관련하여 동일규범반복제정금지를 엄격하게 요구하는 것이 합리적이지 않더라도, 반복규범의 제한 없는 허용은 규범통제의 본질에 비추어 매우 큰 문제를 일으킨다.

㉢ 기속력은 순수한 법률적 근거뿐 아니라 헌법적 근거가 있고, 기속력이 법률적 효력에 불과하더라도, 입법자는 스스로 법률을 폐지하지 않는 한 법률에 따라야 한다.

㉣ 입법자 스스로 헌법재판소가 위헌으로 결정한 것과 같은 내용의 규정을 반복한다면 헌법재판소법의 기속력 규정뿐 아니라 헌법 제10조의 기본권보장의무 규정에 어긋난다.

㉤ 기속력은 시간적 한계가 있으므로 사정변경이 발생하면 입법자는 위헌으로

---

81) **박진완**(주 9), 107~108쪽; **양 건**(주 53), 1415쪽; **이기철**(주 60), 74~75쪽; **정연주**, 「위헌결정의 기속력」, 『헌법논총』 제17집, 헌법재판소, 2006, 413~416쪽; **같은 사람**(주 78), 332쪽; **같은 사람**(주 60), 110~112쪽[기관상호존중의 원칙에 따른 제한을 인정한다(기관상호존중설)]; **정종섭**(주 7), 189~190, 367~368쪽; **같은 사람**(주 53), 1542쪽; **한수웅**(주 14), 1404~1405쪽(입법자는 헌법재판소 결정에 단지 상대적으로만 구속된다고 하는데, 입법자는 헌법이 헌법재판소에 부여한 헌법재판권과 헌법기관 상호 간의 존중의무에 근거하여 원칙적으로 헌법재판소 결정을 존중하여야 할 의무가 있다고 하면서, 상호 간의 존중의무는 헌법재판소 결정이 있고 나서 얼마 지나지 않아 근본적인 법적·사실적 변화가 없는데도 다시 같은 내용의 규범을 제정하는 것을 금지한다고 한다).

82) **계희열**, 「헌법재판과 국가기능」, 『헌법재판의 회고와 전망 -창립 10주년 기념세미나-』, 헌법재판소, 1998, 236쪽; **김하열**(주 53), 261쪽; **남복현**(주 33), 173~178쪽; **박찬주**(주 51), 150쪽; **성낙인/이효원/권건보/정 철/박진우/허진성**(주 73), 199쪽; **신 평**(주 53), 289쪽; **이성환**(주 5), 108~110쪽; **같은 사람**(주 25), 561쪽; **전정환**(주 4), 56~57쪽; **최희수**(주 53, 법률의 위헌결정의 효력에 관한 연구), 94~95쪽; **한수웅/정태호/김하열/정문식**(김하열 집필)(주 53), 594~595쪽; **황도수**(주 6), 787~788쪽. 국회에 대해서는 상대적 구속성에 그쳐야 한다는 견해[**김학성**(주 53), 1150쪽]도 있다.

선언된 규범과 같은 내용의 규범을 새롭게 제정할 수 있다.

그 밖에 입법권자의 입법형성권과 시대상황이나 생활감각의 변화를 고려하면 반복입법금지를 엄격하게 요구하는 것은 불합리하지만, 반복입법을 무제한 허용하는 것은 규범통제제도의 본질상 더 큰 문제점을 일으키므로, 입법자는 원칙적으로 반복입법금지원칙을 준수하되 특별한 사정이 있는 때에 한하여 예외적으로 반복입법이 허용된다는 견해(이른바 제한적 기속설)도 있다.[83] 그리고 헌법재판의 절대적 우위를 인정할 수 없는 바에는 국회의 정치적 결단에 따른 입법형성권을 존중하여야 한다고 하면서, 헌법재판소와 국회 사이의 헌법적 의견 충돌은 헌법심급인 헌법재판소의 전문성과 국가의사결정의 정치적 중심인 국회의 대표성을 조화시키는 방향의 적절한 대화구조 속에서 상호존중을 기초로 해결되어야 할 것이라는 견해도 있다.[84] 이 견해는 헌법재판소의 사법적 논리구조와는 조금 다른 방향에서 국회는 국가의 이익을 더욱더 넓은 차원에서 고려할 수 있으므로 일정한 범위에서 반복입법이 불가피하여서, 헌법재판소와 국회의 기능 차이를 고려하면 엄격하게 이른바 기속설을 따르는 것은 맹목적이고, 위헌결정 기속력의 시간적 한계를 인정하는 것만으로는 기속력 문제를 극복하기는 어렵다고 한다. 그리고 헌법재판소법 제47조 제1항 문언에 비추어 국회 반응에 아무런 제약도 하지 않는 이른바 비기속설도 문제가 있는데, 이른바 비기속력을 따르면 극단적으로는 국회와 헌법재판소의 핑퐁게임이 무한대로 이어질 수도 있다고 한다. 또한, 이른바 제한적 기속설은 반복입법을 할 정당한 사유가 있는지를 둘러싸고 국회와 헌법재판소 사이의 의견대립이 있을 수 있고, 그때도 양자 사이의 핑퐁게임이 벌어질 수 있다고 한다.

헌법재판소는 종전 위헌결정의 기초가 된 사실관계 등의 근본적인 변화에 따른 특별한 정당화 사유가 있으면 반복입법이 허용된다고 한다.[85]

83) **허 영**(주 51), 176쪽.

84) **김선택**, 「헌법적 대화에 있어서 헌법재판소의 역할」, 『공법연구』 제41집 제4호, 한국공법학회, 2013, 40~41쪽.

85) 헌재 2012. 12. 27. 2012헌바60, 판례집 24-2하, 529, 535-536: "헌법재판소법은 위헌으로 결정된 법률 또는 법률조항은 원칙적으로 그 결정이 있는 날로부터 효력을 상실하도록 규정하고 있다(제47조 제2항, 제75조 제6항). 이에 따라 법률 또는 법률조항에 대한 위헌 결정은 일반적 기속력과 대세적·법규적 효력을 가진다. 즉 법규범에 대한 헌법재판소의 위헌결정은 소송 당사자나 국가기관 이외의 일반 사인에게도 그 효력이 미치고, 종전 위헌결정의 기초가 된 사실관계 등의 근본적인 변화에 따른 특별한 정당화 사유가 있어 반복입법이 이루어지는 경우가 아닌 한, 일반 국민은 헌법재판소가 위헌으로 선언한 법규범이 적용되지 않는 것을 수인해야 하고, 위헌으로 선언한 법규범에 더 이상 구속을 받지 않게 된다. 이러한 효력은 법원에서의 구체적·개별적 소송사건에서 확정된 판결이 그 기속력이나 확정력에 있어서 원칙적으로 소송 당사자에게만 한정하여 그

(ii) 독일

ⓐ 판례

연방헌법재판소 제2재판부는 법률을 무효로 선언하는 판결은 연방의 모든 헌법기관이 같은 내용의 연방법률을 다시 제정하지 못하게 하는 방식으로 구속한다고 하였다.[86] 이에 대해서 연방헌법재판소 제1재판부는 그러한 동일규범반복제정금지 수용을 거부하였다.[87] 제1재판부를 따르면 입법자는 연방헌법재판소의 폐기재판 때문에 폐기된 법률과 같거나 비슷한 내용의 규율을 새롭게 제정하는 것을 방해받지 않는다고 한다. 이 견해는 입법권이 독일 기본법 제20조 제3항에서 다른 국가권력과 달리 법률적 질서가 아닌 오직 헌법합치적 질서에만 구속된다는 것을 근거로 삼는다. 그래서 법률에 불과한 연방헌법재판소법 제31조 제1항의 기속력은 입법자의 입법형성권을 제한할 수 없다고 한다. 그러나 이러한 견해들은 모두 '방론'에서 언급된 것이라서 연방헌법재판소의 공식적 견해로 볼 수 없다는 점을 유의하여야 한다.[88] 게다가 연방헌법재판소 두 재판부가 서로 다른 견해를 취하는 것의 실질적 의미는 그리 크지 않다. 제2재판부도 외부적 상황이 바뀌지 않는다는 조건 아래에서만 동일규범반복제정금지를 인정한다. 따라서 바뀐 사실상황 나아가 새로운 법적 논증도 입법자에게 새로운 법률을 제정할 계기를 제공할 수 있다.[89]

ⓑ 학설

연방헌법재판소 제1재판부를 지지하는 견해[90]는 다음과 같은 근거를 제시한다:

효력이 미치는 것과 크게 다른 것이다."

86) BVerfGE 1, 14 (37); 69, 112 (115).

87) BVerfGE 77, 84 (103 f.). 연방헌법재판소 제1재판부의 다른 재판을 따르면 연방헌법재판소 재판의 구속력은 절대적인 동일규범반복제정금지를 발생시키지 않고(BVerfGE 98, 265 [320 f.]), 동일규범 제정은 특별한 근거를 요구한다고 한다(BVerfGE 96, 260 [263]; 102, 127 [141 f.]).

88) 이러한 점에서 규범반복(Normwiederholung) 사건(BVerfGE 96, 260)에서 연방헌법재판소가 견해를 바꾸었다는 평가(**공진성**, 「반복입법금지에 관한 소고」, 『헌법학연구』 제16권 제4호, 한국헌법학회, 2010, 379~380쪽)는 적절하지 않다고 생각한다. 그리고 규범반복 사건에서 제시된 견해가 BVerfGE 77, 84에서 제시된 견해와 충돌하는지 아니면 그것을 구체화한 것에 그치는 것인지도 명확하지 않다. 규범반복 사건 내용 소개는 **공진성**(같은 논문), 379~380쪽 참조.

89) ***Reinhard Gaier***, Die Durchsetzung verfassungsgerichtlicher Entscheidungen, in: JuS 2011, S. 964; ***Andreas Heusch*** (Anm. 3), § 31 Rdnr. 64 참조.

90) ***Ulrich Battis***, Der Verfassungsverstoß und seine Rechtsfolgen, in: Josef Isensee/Paul Kirchhof (Hrsg.), HStR, Bd. Ⅶ, Heidelberg 1992, § 162 Rdnr. 60; ***Herbert Bethge*** (Anm. 33), § 31 Rdnr. 71; ***Volker Busse***, Kontinuität und Wandelbarkeit in der verfassungsgerichtlichen Judikatur, in: ZG 1988, S. 355 ff.; ***Philippe Gerber***, Die Rechtssetzungsdirektiven des Bundesverfassungsgerichts, in: DÖV 1989, S. 704 ff.; ***Andreas Heusch*** (Anm. 3), § 31 Rdnr. 64; ***Uwe Kischel*** (Anm. 19), S. 250; ***Hans Hugo Klein***, Verfassungsgerichtsbarkeit und Verfassungsstruktur – Vom Rechtsstaat

(ㄱ) 연방헌법재판소의 처분 폐지에서 고유한 동일규범반복제정금지를 명확하게 끌어낼 수 없다는 결론이 연방헌법재판소법 제95조 제1항 제2문[91]에서 도출된다.

(ㄴ) 독일 기본법 제20조 제3항[92]을 따르면 입법자는 오직 헌법합치적 질서에만 구속된다. 그래서 법률로 규정한 구속(연방헌법재판소법 제31조 제1항에 따른 기속력)은 입법자가 필요하다고 여기면 같은 내용의 새로운 규율 제정을 통해서 자신의 입법형성권을 행사하고 입법책임을 이행하는 것을 방해하지 않는다.

(ㄷ) 연방헌법재판소법 제23조가 규정한 청구원칙은 다투는 처분을 위헌으로 생각한다는 심판 청구를 전제한다. 특히 연방헌법재판소법 제23조 제1항 제2문[93]을 따라서 논증하는 것이 필요하다. 이를 위해서 독일 기본법 해석이 필수적이다. 여기서 기본법 해석의 최종성은 기본법의 해석 독점을 뜻하지 않음이 인정된다. 입법자도 헌법 구체화에 참여한다. 따라서 입법자는 자기 해석을 오로지 헌법재판소 재판에 일치시키도록 강요받지 않는다.

(ㄹ) 법질서를 바뀐 상황과 역사적 및 사회적 변화에 적응시키는 것은 민주적으로 정당성을 부여받은 입법자의 특별한 책임이다. 그리고 헌법재판소는 능동적으로 행위를 하지 못하고 심판 청구가 필요하므로, 헌법재판소는 자기 판례를 스스로 수정할 수 없다. 따라서 입법자가 헌법재판소 재판에 구속되면, 법발전의 경직화를 예방하기가 쉽지 않다.

(ㅁ) 헌법재판소는 입법권 행사를 헌법재판소 선례가 아니라 헌법 자체를 기준으로 심사하여야 한다.

(ㅂ) 입법자는 개별 법률을 언제나 개정하거나 폐지할 수 있다.

(ㅅ) 관계 변화는 법규범 변화를 일으킬 수 있다. 따라서 위헌이었던 것이 나중

---

zum Verfassungsstaat -, in: Paul Kirchhof/Klaus Offerhaus/Horst Schöberle (Hrsg.), Steuerrecht, Verfassungsrecht, Finanzpolitik: Festschrift für Franz Klein, Köln 1994, S. 518 (**한스 후고 클라인**, **송석윤** 옮김, 『헌법재판과 헌법구조』, 독일 콘라드 아데나워 재단, 1996, 12~13쪽); ***Stefan Korioth***, Die Bindungswirkung normverwerfender Entscheidungen des Bundesverfassungsgerichts für den Gesetzgeber, in: Der Staat 30 (1991), S. 556 (**슈테판 코리오트**, **허완중** 옮김, 「입법자에 대한 연방헌법재판소 규범폐기재판의 기속력」, 『헌법판례연구』 제12권, 집현재, 2011, 250~251쪽); ***Hans G. Rupp*** (Anm. 18), S. 407; ***Klaus Schlaich/Stefan Korioth*** (Anm. 39), Rdnr. 484; ***Helmuth Schulze-Fielitz*** (Anm. 78), S. 391 ff.; ***Nina-Luisa Siedler***, Gesetzgeber und Bundesverfassungsgericht - eine funktionell-rechtliche Kompetenzabgrenzung -, Hamburg 1999, S. 221 ff.; ***Gregor Stricker*** (Anm. 78), S. 980 ff.; ***Andreas Voßkuhle*** (Anm. 10), Art. 94 Rdnr. 33; ***Wolfgang Zeidler*** (Anm. 35), S. 215 f.; ***Jan Ziekow*** (Anm. 27), S. 480 f.; ***ders.*** (Anm. 78), S. 248.

91) "동시에 연방헌법재판소는 심판 대상이 된 처분 반복도 언제나 독일 기본법에 어긋난다는 취지를 선고할 수 있다."

92) "입법은 헌법질서에 구속되고, 집행과 사법은 법률과 법에 구속된다."

93) "청구는 그 이유가 소명되어야 하고, 필요한 증거방법이 제시되어야 한다."

에 합헌이 될 수도 있다.

이에 대해서 다른 견해[94]는 다음 근거를 바탕으로 기속력 때문에 입법자가 의무를 진다는 것을 인정한다:

(ㄱ) 연방헌법재판소법 제31조 제1항 문언을 따르면, 연방의회와 연방참사원은 헌법기관이므로 입법자는 기속력의 수범자이다.

(ㄴ) 입법자는 법률을 폐지하거나 개정하지 않는 한, 법률에 구속된다.

(ㄷ) 권력분립원리를 따르면 입법자는 일반 법원이나 행정법원의 판결을 취소하거나 그가 법률 형식으로 판결에 어긋나는 결정을 하는 방식으로 판결을 무시할 수 없다. 따라서 입법자는, 심지어 헌법개정자도 연방헌법재판소 재판을 취소하거나 바꿀 수 없다.

(ㄹ) 연방헌법재판소법 제95조 제1항 제2문은 특별규정으로서 단지 기본권 보호에 이바지하는 헌법소원절차와 관련이 있다. 따라서 이것을 다른 절차에 유추적용하는 것은 금지된다.

③ 사견

(i) 헌법재판소 결정에 대한 입법자의 구속

기속력에 관한 조항(제47조 제1항, 제67조 제1항, 제75조 제1항, 제6항)은 입법자를 특별하게 다루지 않는다. 따라서 입법자를 기속력의 수범자에서 제외할 실정법적 근거는 없다. 그리고 헌법재판소 결정이 입법자를 구속할 수 없다면, 규범통제의 의미를 찾기 어렵다. 즉 헌법재판소의 최종적 해석권은 입법자 동의를 조건으로만 인정될 수 있다. 또한, 헌법은 입법자에게 법률을 제정할 권한을 부여하기는 하지만(헌법 제40조, 제51조, 제52조, 제53조), 법률의 일반적 구속성에서 벗어날 특권을 부여하지는 않는다. 따라서 입법자가 법률을 폐지하거나 개정하지 않는 한 입법자도 법률에 따라야 한다.[95] 그 밖에 체계정당성(Systemgerechtigkeit)[96] 때문에 특히 법률 표현이 명

94) ***Ernst Benda/Eckart Klein/Oliver Klein*** (Anm. 33), § 40 Rdnrn. 1466 ff.; ***Steffen Detterbeck*** (Anm. 27, Streitgegenstand und Entscheidungswirkungen im öffentlichen Recht), S. 366 ff.; ***Kai-Oliver Knops*** (Anm. 33), S. 49 ff.; ***Hanno Kube***, Die Bindungswirkung der Normverwerfung – Zur Stellung der Parlamente im Verfassungsstaat -, in: DÖV 2002, S. 737 f.; ***Christian Pestalozza*** (Anm. 32), § 20 Rdnr. 85; ***Michael Sachs*** (Anm. 27), S. 198 f.; ***Horst Säcker***, Die Rechtsmacht des Bundesverfassungsgerichts gegenüber dem Gesetzgeber, in: BayVBl. 1979, S. 198; ***Dirk Waschull***, Das verfassungsrechtliche Normwiederholungsverbot am Beispiel der Entscheidung des Bundesverfassungsgerichts zu den Einmalzahlungen, in: SGb 2000, S. 606 f.; ***Albrecht Zeuner*** (Anm. 10), S. 339 f.

확하면 모순되는 다른 법률 제정을 통한 묵시적인 법률 개정은 원칙적으로 허용될 수 없다. 게다가 입법자에게 부여된 폭넓은 입법형성권이 위헌적인 입법행위를 허용하는 것은 아니므로, 입법자는 법률제정권한을 언제나 헌법합치적으로만 행사하여야 한다. 따라서 입법자도 헌법재판소 결정에 구속된다고 보아야 할 것이다.

(ii) 입법자의 구속범위

헌법재판소는 자기 결정에서 단지 해당 사건과 관련하여 헌법을 해석하지만, 헌법 내용을 확정하거나 고정하지는 않는다. 따라서 헌법재판소 결정은 법규범처럼 확정된 지속적인 기준을 제공하지 않는다. 헌법재판소는 (특별한) 법원일 뿐이고 입법기관이 아니기 때문이다. 그래서 헌법재판소 결정은 해당 사건과 관련하여서만 기속력이 있는 것이지 모든 사건에서 기속력을 발휘하는 것은 아니다. 그리고 해당 사건과 관련된 모든 헌법적 관점이 심사되는 것도 아니므로, 헌법재판소 결정의 기속력은 해당 사건 안에서도 한계에 부딪힌다. 결국, 헌법재판소 결정은 최종적이기는 하지만, 일반적이거나 지속적이지 않다.[97] 그러므로 기속력은 구체적 심판 대상에 한정된다. 그래서 기속력은 다른 심판 대상에 미치지 않는다. 입법자가 위헌으로 결정된 법률과 같거나 비슷한 내용의 법률을 제정하더라도, 이러한 법률은 위헌으로 결정된 이전 법률과 최소한 형식적으로 같지 않다.[98] 따라서 반복법률과 위헌으로 결정된 이전 법률은 다른 심판 대상이므로, 헌법재판소는 반복법률에 관해서 아직 심사하지 않은 상태이다.[99] 결국, 반복법률은 헌법재판소가 다시 위헌으로 결정하지 않는 한 유효한 법률로 존속한다. 이러한 결론은 입법자가 헌법의 1차적 해석자로서 법률을 통해서 가장 먼저 헌법을 구체화한다는 점에서도 도출된다. 이러한 지위 때문에 입법자는 법률을 제정할 때 헌법에만 구속된다. 그러나 헌법재판소 결정은 언제나 헌법 자체는 아니다. 그러므로 입법자의 입법형성권은 헌법재판소 결정에 구속되지 않는다. 게다가 법률은 다른 국가기관의 행위와는 비교할 수 없는 일반적·추상

---

95) ***Steffen Detterbeck*** (Anm. 27, Streitgegenstand und Entscheidungswirkungen im öffentlichen Recht), S. 367 참조.

96) 헌재 1995. 7. 21. 94헌마136, 판례집 7-2, 169, 192-193; 헌재 2004. 11. 25. 2002헌바66, 판례집 16-2하, 314, 333-334; 헌재 2005. 6. 30. 2004헌바40, 판례집 17-1, 946, 962-963; BVerfGE 59, 36 (49); 81, 156 (206 f.); 85, 238 (247); ***Christoph Degenhart***, Systemgerechtigkeit und Selbstbindung des Gesetzgebers als Verfassungspostulat, München 1976 참조.

97) **김선택**(주 84), 36쪽: "헌법재판소가 헌법의 의미에 관하여 내리는 결정은 독점적이지도 않고 최종적인 것도 아니다."

98) 같은 견해: **정연주**(주 81), 414쪽; ***Brun-Otto Bryde***, Verfassungsentwicklung, Baden-Baden 1982, S. 407.

99) ***Uwe Kischel*** (Anm. 19), S. 233 참조.

적 성격이 있어서 구체적 심판 대상과 관련된 심판결과인 헌법재판소 결정이 모든 헌법적 관점을 검토하는 것은 사실적 측면에서 불가능하다. 따라서 입법자가 위헌결정 이후 헌법적 상황을 다시 자세히 검토하여도 이전과 같은 결론에 도달한다면, 입법자는 위헌결정에 어긋나는 반복법률도 제정할 수 있다.

그러나 위헌결정에 어긋나는 내용을 담은 법률은 헌법재판소가 이전 법률을 위헌으로 결정한 시점까지 소급하여 적용될 수는 없다. 헌법재판소가 선고 시점의 사실관계와 법적 상황을 고려하여 법률의 위헌성에 관하여 종국적으로 결정하여서 헌법재판소를 포함한 누구도 이러한 결정을 바꾸거나 없앨 수 없기 때문이다. 이러한 결론은 헌법재판소가 최종적인 헌법해석자라는 점에서 비롯하고, 기속력에 관한 조항은 이러한 지위를 명확하게 뒷받침한다(헌법재판소법 제47조 제1항, 제67조 제1항, 제75조 제1항과 제6항). 위헌결정에 어긋나는 내용을 담은 법률에 이러한 소급효가 허용된다면, 입법자는 사실적 측면에서 헌법재판소의 위헌결정을 폐지하거나 변경할 수 있게 된다. 결과적으로 이러한 소급효는 입법자를 법률의 위헌결정에서 자유롭게 하여 규범통제 자체를 (최소한 부분적으로) 무력하게 만들 것이다.

다만, 계획법률을 포함한 앞날을 규율하는 법률(장래규율법률)[100]처럼 법률이 현재의 사실관계와 법적 상황이 아니라 앞날의 사실관계와 법적 상황을 규율한다면, 입법자에 대한 기속력의 적용범위는 법률이 규율하는 앞날의 사실관계와 법적 상황까지 확장될 수 있다. 이때 입법자에 대한 위헌결정의 기속력은 사정변경에 매우 강하게 영향을 받을 것이다. 즉 헌법재판소는 선고 시점에 파악하거나 예상할 수 있는 앞날의 사실관계와 법적 상황을 바탕으로 결정을 내릴 수밖에 없다. 그러므로 파악되거나 예상된 사실관계와 법적 상황이 달라지거나 사실관계와 법적 상황을 잘못 파악하거나 예상한 것으로 밝혀진다면, 새롭게 파악되거나 예상된 혹은 올바르게 확인된 사실관계와 법적 상황을 바탕으로 헌법재판소가 다시 판단하여야 할 것이다. 이러한 점 때문에 앞날의 사실관계와 법적 상황을 규율하는 법률에 대하여 위헌결정의 기속력은 사정변경이 없는 범위 안에서만 미친다고 보아야 한다. 결론적으로 앞날의 사실관계와 법적 상황을 규율하는 장래규율법률에 대한 위헌결정의 기속력은 확정적이 아닌 잠정적 성격이 있어서, 위헌결정에 어긋나는 내용을 담은 장래규율법률은 파악되거나 예상된 사실관계와 법적 상황이 바뀌지 않는 범위 안에서 상대적으로만 금지될 뿐이다.

---

100) 장래규율법률은 ① 제정 시점부터 앞날을 규율하는 법률이 아니라 제정 시점 이후 일정 기간이 지난 장래 시점을 규율하는 법률(예를 들어 효력 발생 시점을 1년 후로 정한 법률)과 ② 특정 입법목적을 달성하기 위한 절차와 과정을 규율하는 법률을 아우른다.

요컨대 위헌결정 기속력의 적용범위는 원칙적으로 헌법재판소가 이전 법률을 위헌으로 선고한 시점에 국한된다. 즉 이전 법률에 대한 위헌결정 선고 시점을 규율하는, 위헌결정에 어긋나는 내용을 담은 법률만 입법자는 제정할 수 없다. 입법자가 이전 법률에 대한 위헌결정의 선고 시점을 규율하는, 위헌결정에 어긋나는 내용을 담은 법률을 제정한다면, 이러한 법률은 헌법재판소 결정의 기속력에 저촉되어 위헌이다. 하지만 이러한 법률은 헌법재판소가 위헌결정을 내릴 때까지 존속한다.[101] 즉 이러한 법률에 대해서 헌법재판소가 위헌심사를 거쳐서 위헌결정을 내려야 비로소 그 법률은 효력을 상실한다. 오로지 헌법재판소만 법률이 재생법률(Wiederholungsgesetz)인지를 최종적으로 확인하여 그 효력을 상실시킬 수 있기 때문이다. 헌법재판소가 위헌으로 결정한 법률이 앞날의 사실관계와 법적 상황을 규율하지 않는다면 입법자는 선고 시점 이후를 규율하는, 위헌결정에 어긋나는 내용을 담은 법률을 제정할 수 있다. 그러나 헌법재판소가 위헌으로 결정한 법률이 앞날의 사실관계와 법적 상황을 규율한다면, 위헌결정에 어긋나는 내용을 담은 법률은 파악되거나 예상된 사실관계와 법적 상황이 바뀌지 않는 범위 안에서만 금지된다.

2. 객관적 범위

(1) 논란이 되는 중요이유의 기속력

기속력의 객관적 내용 확정은 기속력의 객관적 한계 확정을 뜻한다.[102] 기속력이 심판 대상에 관한 결정인 결정주문에 미친다는 것은 의문이 없다. 그리고 소수의견이나 결정요지가 기속력에 포섭되지 않는다는 것도 다툼이 없다.[103] 그러나 기속력이 결정이유에도 미치는지는 논란이 있다. 결정이유는 중요이유[주요한 (결정)이유, 중요한 (결정)이유, 핵심적인 결정이유, 주된 이유, 주론: ratio decidendi, tragender Entschendungsgrund]와 방론(부수적 의견, 부수적 이유: obiter dictum)으로 구성된다. 중요이유는 일반적으로 주문에 표현된 결론을 바꾸지 않고는 헌법재판소의 추론에서 배제할 수 없는 이유로 정의된다.[104] 방론은 논의되는 부수적 근거를 말한다. 기속력이 방론에서 도출되지 않는다는 것에는 견해가 일치한다. 그러나 중요이

101) ***Stefan Korioth*** (Anm. 90), S. 554 [**슈테판 코리오트**(주 90), 247~248쪽] 참조.
102) **최희수**(주 53, 법률의 위헌결정의 효력에 관한 연구), 96쪽.
103) ***Herbert Bethge*** (Anm. 33), § 31 Rdnrn. 90 ff.; ***Andreas Heusch*** (Anm. 3), § 31 Rdnr. 61.
104) ***Willi Geiger*** [Anm. 11, Die Grenzen der Bindung verfassungsgerichtlicher Entscheidungen (§ 31 Abs. 1 BVerfGG)], S. 1060; ***Klaus Lange*** (Anm. 35), S. 5; ***Gregor Stricker*** (Anm. 78), S. 984 참조.

유에 기속력이 있는지는 다툼이 있다. 중요이유의 기속력이 논란이 되는 이유는 헌법재판의 특수성에서 비롯한다. 헌법재판에서는 일반 사법재판과 달리 단순히 소송 승패만 중요한 것이 아니라 올바른 헌법해석을 찾아내는 것이 주된 문제이다. 헌법의 개방성, 추상성, 불명확성 등 때문에 헌법규정에서는 다양한 해석 가능성이 도출될 수 있고, 이러한 해석 가능성 중 하나(때로는 둘 이상)를 선택하는, 헌법재판소 결정의 구체적이고 명확한 내용은 간결한 결론의 표현인 결정주문만으로는 명확하게 드러나지 않는 때가 잦다. 따라서 일반 사법재판보다 헌법재판에서는 중요이유의 도움을 받아서 결정주문을 명확하게 할 필요성이 훨씬 크고 그렇게 하여야 할 때가 빈번하다. 따라서 기속력의 객관적 범위와 관련하여 중요이유는 특별하게 다룰 필요가 있다.

(2) 학설과 판례

① 한국

헌법재판소 판례에서 기속력의 객관적 범위는 아직 다루어지지 않았다.[105] 그러나 독일 연방헌법재판소 재판과 학설을 언급하면서 이 문제를 다루는 견해가 많다.

중요이유에도 기속력을 부여하려는 견해[106]는 헌법재판소 결정의 내용과 법적 효과는 헌법재판소 결정과 부딪히는 모든 국가기관의 행위를 금지할 뿐 아니라 일반적 지침으로서 앞날의 행위에서도 존중되어서 헌법재판소의 헌법해석은 모든 국가기관의 행위기준이 되어야 한다고 주장한다. 따라서 중요이유도 구체적 사건과 상관없이 기속력이 있다고 한다. 이 견해는 다음과 같은 구체적 근거를 언급한다:

---

105) 다만, 헌법재판소는 "헌법재판소법 제47조에 정한 기속력을 명백히 하기 위하여는 어떠한 부분이 위헌인지 여부가 그 결정의 주문에 포함되어야 하므로, 이러한 내용을 결정의 이유에 설시하는 것만으로는 부족하고 결정의 주문에까지 등장시켜야 한다."라고 한 적이 있다(헌재 1994. 4. 28. 92헌가3, 판례집 6-1, 203, 222).

106) **계희열**(주 82), 237쪽; **김하열**(주 53), 258쪽; **김학성**(주 53), 1149~1150쪽; **남복현**(주 33), 154~170쪽; **같은 사람**(주 51, 법률의 위헌결정의 효력에 관한 연구), 80~82쪽; **같은 사람**(주 51, 헌법재판소 결정의 효력에 관한 쟁점 및 해결방안), 184~186쪽; **방승주**(주 24, 국가배상법 제2조 제1항 단서에 대한 한정위헌결정의 기속력), 117쪽; **성낙인/이효원/권건보/정 철/박진우/허진성**(주 73), 126쪽; **신봉기**(주 60), 358쪽; **이성환**(주 5), 101~105쪽; **이준일**(주 53), 1011쪽; **장영수**(주 53), 1272쪽; **전광석**(주 53, 한국헌법론), 822~823쪽; **전정환**(주 4), 64~67쪽; **정연주**(주 78), 333~334쪽; **같은 사람**(주 60), 113~114쪽; **정재황**, 「헌법재판소와 국회·법원과의 관계」, 『고시연구』 제19권 제1호(통권 제214호), 고시연구사, 1992. 1., 46쪽; **최희수**(주 53, 법률의 위헌결정의 효력에 관한 연구), 106~110쪽; **같은 사람**(주 53, 헌법재판소 결정의 결정이유의 기속력에 관한 연구), 462~466쪽; **같은 사람**(주 53, 헌법소송법 요론), 56쪽; **한수웅/정태호/김하열/정문식**(김하열 집필)(주 53), 592쪽; **허 영**(주 51), 177~178쪽; **홍성방**, 『헌법학(하)(제3판)』, 박영사, 2014, 357~358쪽; **같은 사람**(주 62), 150~151쪽; **황도수**(주 6), 780~781쪽; **황우여**(주 39), 311~312쪽.

ⓐ 중요이유에 기속력을 인정하면 헌법해석 통일성과 법적용 일관성을 확보할 수 있다.

ⓑ 위헌으로 결정된 행위가 반복되면, 중요이유의 기속력은 그에 대한 통제수단으로 고려될 수 있다.

ⓒ 법원의 재판이 헌법소원 심판 대상에서 제외되었으므로, 법적용자와 맺는 관계에서 헌법재판소 결정이 지닌 실질적 효과를 담보하기 어렵다. 중요이유의 기속력은 이에 대한 보완책으로 작용할 수 있다.

ⓓ 헌법재판소가 법률에 대해서 위헌결정을 할 때, 기속력은 모든 결정이유가 아니라 단지 주문을 근거 지우는 결정이유의 중요한 부분에만 부여된다. 그리고 중요이유는 일반적이고 추상적인 법원칙이 아니라 다투어진 심판 대상과 같거나 비슷한 사건에서 문제가 되는 구체적 헌법해석에 한정된다면, 입법형성권 침해는 전혀 문제가 되지 않는다.

ⓔ 헌법재판소는 기속력의 수범대상에서 제외되고, 기속력은 다투어진 심판 대상과 같거나 비슷한 사건에 국한되며, 기속력은 시간적 한계가 있어서 법발전 경직화는 일어나지 않는다.

ⓕ 헌법 수호자라는 헌법재판소 기능을 수행하려면 중요이유의 기속력은 필요하다.

ⓖ 헌법재판소 결정의 사실적 구속력, 법률요건적 효력 등에 비추어 보면, 기속력을 중요이유에 확장하는 것은 과도하지 아니다.

ⓗ 헌법국가에서 헌법기관의 정당성은 국민이 제정한 헌법이 부여하므로, 민주적 정당성은 문제가 되지 않는다.

ⓘ 개별 사안에서 중요이유를 파악하기 어렵다는 것은 그것의 불가능을 뜻하지는 않는다. 그리고 중요이유가 있다는 것은 부정할 수 없다.

ⓙ 상황에 따라 주문만으로 내용을 파악하기 어려우면 기속력은 의미를 잃는다.

이에 대해서 기속력을 주문에 한정시키는 견해[107]는 다음과 같은 근거를 토대로 비판한다:

ⓐ 사법작용인 헌법재판의 한계와 권력분립원리 때문에 중요이유는 입법자를 구속할 수 없다.

ⓑ 중요이유가 무엇인지가 명확하지 않다. 그에 따라 법적 안정성과 법적 명확

107) 헌재 1992. 2. 25. 89헌가104 판례집 4, 64, 113 재판관 조규광의 소수의견; **신 평**(주 53), 287~288쪽; **이기철**(주 60), 112쪽; **정종섭**(주 7), 188쪽; **같은 사람**(주 53), 1543쪽.

성이 침해될 수 있다.

ⓒ 해당 사건과 비슷한 후속사건이나 해당 사건과 비슷한 병행사건은 헌법재판소가 다시 심사함으로써 해결될 수 있다.

② 독일

확정력과 법률적 효력(법규적 효력)은 그 내용적 범위와 관련하여 다툼 없이 오로지 주문에 따라서 확정되고 주문의 의미를 명확하게 하려고 재판이유가 고려될 뿐이다. 그에 반해서 연방헌법재판소의 확고한 판례[108]를 따르면 헌법해석을 포함하는 한 재판의 중요이유에도 연방헌법재판소법 제31조 제1항에 따른 기속력이 부여된다고 한다.

연방헌법재판소 판례에 동조하는 견해[109]는 다음과 같은 논거를 제시한다:

ⓐ 개별 사안에서 중요이유를 파악하기 쉽지 않다는 것은 법적으로 중요한 관점이 아니다.

ⓑ 연방헌법재판소법 제69조, 제72조 제2항 제2문과 제74조의 주문화 가능성은 연방헌법재판소법 제31조 제1항에 따른 기속력의 중요하지 않은 이유, 즉 방론에 대한 확장으로서 해석될 수 있다.

ⓒ 헌법재판소와 입법자의 관계를 새롭게 확정하는 견해를 따르면, 중요이유에

108) BVerfGE 1, 14 (37); 19, 377 (392); 20, 56 (87); 40, 88 (93 f.); 79, 256 (264).

109) ***Ernst Benda*** (Anm. 76), S. 138; ***ders./Eckart Klein/Oliver Klein***, Verfassungsprozessrecht, 3. Aufl., Heidelberg/München/Landsberg/Frechen/Hamburg 2012, § 40 Rdnrn. 1450 ff.; ***Herbert Bethge*** (Anm. 33), § 31 Rdnrn. 96 ff.; ***Winfried Brohm***, Die Funktion des BVerfG – Oligarchie in der Demokratie?, in: NJW 2001, S. 1; ***Steffen Detterbeck*** (Anm. 27, Streitgegenstand und Entscheidungswirkungen im öffentlichen Recht), S. 357 ff.; ***Rainer Eckertz*** (Anm. 78), S. 184 ff.; ***Ernst Friesenhahn***, Zum Inhalt und zur Wirkung der Entscheidungen des deutschen Bundesverfassungsgerichtes, in: Scritti in Onore di Gaspare Ambrosini, Bd. I, Milano 1970, S. 700 ff.; ***Willi Geiger*** [Anm. 11, Die Beziehungen zwischen der Bundesverfassungsgerichtsbarkeit und der übrigen Gerichtsbarkeit im Bunde auf Grund des Bundesverfassungsgerichtsgesetzes (BVGG.)], S. 173; ***ders.*** [Anm. 11, Die Grenzen der Bindung verfassungsgerichtlicher Entscheidungen (§ 31 Abs. 1 BVerfGG)], S. 1057 ff.; ***Andreas Heusch*** (Anm. 3), § 31 Rdnr. 59; ***Christian Hillgruber/Christoph Goos***, Verfassungsprozessrecht, 4. Aufl., Heidelberg 2015, Rdnrn. 13, 552; ***Kai-Oliver Knops*** (Anm. 33), S. 43 f.; ***Hanno Kube*** (Anm. 94), S. 737; ***Klaus Lange*** (Anm. 35), S. 4 f.; ***Hermann Maassen*** (Anm. 18), S. 1345; ***Albrecht Peter Pohle***, Die Verfassungswidrigerklärung von Gesetzen, Frankfurt am Main/Bern/Cirencester 1979, S. 151 f.; ***Hans G. Rupp*** (Anm. 18), S. 406; ***Wiltraut Rupp-von Brünneck***, Stellung und Tätigkeit des deutschen Bundesverfassungsgerichts, in: Hans-Peter Schneider (Hrsg.), Verfassung und Verantwortung, Baden-Baden 1983, S. 247; ***Wolfgang Zeidler*** (Anm. 35), S. 215; ***Jan Ziekow*** (Anm. 27), S. 482 ff.; ***ders.*** (Anm. 78), S. 248; ***ders.*** (Anm. 3), S. 527.

기속력이 부여됨으로써 헌법 발전이 저해되고 헌법재판소가 자기 권한을 넘어 활동한다는 비판은 설득력을 상실한다. 양 기관은 헌법 발전에 함께 참여하고, 이때 입법자는 헌법재판소에 대해서 우선한다. 그러한 범위에서 헌법의 경직화는 헌법재판소의 우위로 말미암아 발생할 수 없다.

ⓓ 독일 기본법 제97조 제1항은 단지 비사법적 권력의 법원에 대한 영향력 배제만을 뜻하고, 일반 사법재판이 아니라 연방헌법재판이 독일 기본법 적용에 대해서 최종적으로 결정하므로, 일반 사법재판에 대한 관계에서 중요이유와 관련하여 기속력 명령에 대한 독일 기본법의 규율은 필요하지 않다.

ⓔ 연방헌법재판소법 제31조 제2항(제3문과 제4문에서)은 명확하게 법률적 효력(법규적 효력)을 단지 재판주문에 관련시키지만, 연방헌법재판소법 제31조 제1항의 기속력은 재판에 확장한다.

ⓕ 공동체 기본질서인 헌법의 통일성을 보장하기 위해서, 구속력 있고 통일적인 헌법해석이 최종적으로 실행되는 것이 필요하다. 그리고 구체적 절차에서 얻어진 결과를 포함한, 헌법에서 도출된 표현은 모든 국가기관을 소송당사자와 관계없이 구속할 필요가 있다.

ⓖ 연방헌법재판소가 재판할 때 헌법에서 다른 국가기관에 부여한 형성 여지를 고려한다면, 헌법의 경직화라는 두려운 결과는 나타나지 않는다.

연방헌법재판소 판례에 어긋나게 기속력을 재판주문에 한정하는 견해[110]는 다

110) ***Gernot Biehler***, Zur Bindungswirkung von Urteilen des Bundesverfassungsgerichts, in: DVBl. 1991, S. 1238 f.; ***Hans Brox*** (Anm. 10), S. 814 ff.; ***Christoph Gusy*** (Anm. 33), S. 236 ff.; ***Dietrich Jesch***, Zur Bindung an Entscheidungen des BVerfG über Verfassungsbeschwerden, in: JZ 1954, S. 528 ff.; ***Ernst Kadenbach*** (Anm. 10), S. 412 ff.; ***Stefan Korioth***, Staatsrecht Ⅰ, 4. Aufl., Stuttgart 2016, Rdnr. 799; ***Hans Lechner***, Nochmals zur bindenden Wirkung verfassungsgerichtlicher Entscheidungen, in: NJW 1956, S. 441 ff.; ***Ki-Cheol Lee***, Schonung des Gesetzgebers bei Normenkontrollentscheidungen durch das Bundesverfassungsgericht – Eine verfassungstheoretische Betrachtung von Kompetenzstreitigkeiten -, Diss. jur. Göttingen, 1993, S. 223; ***Christian-Friedrich Menger*** (Anm. 10), S. 226; ***Christian Pestalozza*** (Anm. 32), § 20 Rdnrn. 90 ff.; ***Ludwig Renck***, Zur Bindung der Gerichte an verfassungsgerichtliche Entscheidungen, in: BayVBl. 1977, S. 368; ***Alfred Rinken*** (Anm. 35), Art. 94 Rdnr. 67 ff.; ***Hans Schäfer*** (Anm. 26), S. 1468; ***Ulrich Scheuner*** (Anm. 10), S. 646 f.; ***Klaus Schlaich***, Die Verfassungsgerichtsbarkeit im Gefüge der Staatsfunktionen, in: VVDStRL 39, Berlin 1981, S. 138 ff.; ***ders./Stefan Korioth*** (Anm. 39), Rdnrn. 487 ff.; ***Friedrich E. Schnapp/Sandra Henkenötter*** (Anm. 10), S. 124 f.; ***Hans Schneider***, Die Verbindlichkeit von Entscheidungen des Bundesverfassungsgerichts, in: DVBl. 1954, S. 186 f.; ***Helmuth Schulze-Fielitz*** (Anm. 78), S. 390 f.; ***Max-Jürgen Seibert***, Wirkungen der Entscheidungen des BVerfG, in: JuS-Lernbogen 1988, S. L 50 f.; ***Nina-Luisa Siedler*** (Anm. 90), S. 215 ff.; ***Klaus Stern*** (Anm. 10), Art. 94 Rdnr. 129; ***Gregor Stricker*** (Anm. 78), S. 983 ff.; ***Andreas Voßkuhle*** (Anm. 10), Art. 94 Rdnr. 32; ***Dirk Waschull*** (Anm.

음과 같은 논거를 제시한다:

ⓐ 구체적으로 무엇이 중요이유에 해당하는지는 오늘날까지 확실하지 않다.

ⓑ 재판이유의 기속력을 통해서 연방헌법재판소는 실질적으로 법정립 행위를 한다. 그러나 구속력 있는 법규 제정은 원칙적으로 민주적 입법자와 헌법제정자의 일이다. 그리고 두려운 재판이유의 규범화는 앞날의 발전을 위해서 필요한 개방성을 헌법에서 박탈하는 헌법의 경직화를 일으킨다.

ⓒ 중요이유의 규범화는 연방헌법재판소에서 최상위재판의 활력, 즉 이의를 제기하는 하위법원과 벌이는 생산적인 논쟁과 함께 자기 재판에 대한 비판적 자기 심사 기회를 박탈한다.

ⓓ 헌법기관이라는 연방헌법재판소의 지위는 법원이라는 연방헌법재판소의 법적 성격을 본질적 측면에서 바꿀 수 없다.

ⓔ 연방헌법재판소법 제69조, 제72조 제2항 제2문 그리고 제74조는 특정한 절차에서 이미 다룬 법적 문제에 관한 결정을 주문에 포함할 가능성을 예정한다.

ⓕ 연방헌법재판소법 제95조 제1항 제2문을 따르면, 헌법소원을 인용할 때 동시에 다투어진 처분의 모든 반복이 독일 기본법과 충돌한다는 것을 표현할 가능성이 연방헌법재판소에 열린다. 이러한 표현은 당연히 재판주문에 수용되어야 한다. 여기서 연방헌법재판소 재판의 이유는 구속력 있는 효력을 요구할 수 없다는 것이 도출될 수 있다.

ⓖ 절차에 직접 참여한 사람은 기판력 때문에 오로지 주문에만 구속되므로, 절차에 참가하지 않은 사람은 광범위한 대상적 구속 아래 있을 수 없다.

ⓗ 독일 기본법 제100조 제3항은 주(Land)헌법재판소가 연방헌법재판소 재판에서 드러난 법적 견해에서 벗어나려고 할 때, 연방헌법재판소 재판을 제청할 의무를 부여한다. 그래서 이유는 구속력이 없다.

(3) 사견

① 사법판결의 효력인 기속력

헌법재판소 결정은 사법판결이므로, 기속력은 사법판결의 효력 중 하나이다. 사법판결의 효력은 원칙적으로 법원이 심판하여야 하는 소송물이나 심판 대상에 미친다. 헌법재판에서 심판 대상은 다투어진 법규범이나 국가기관 행위의 위헌성이다.

---

94), S. 607; ***Günther Willms*** (Anm. 35), S. 525 ff.

그러므로 다투어진 법규범이나 국가기관 행위의 위헌성은 (그에 관한 근거가 아니라) 원칙적으로 기속력이 있다. 헌법재판소의 헌법해석이 모든 국가기관의 행위기준으로 기능하는 것은 그러한 해석이 앞날의 헌법분쟁에 적용되는 한 재판의 본질에 어긋난다. 헌법재판소는 결정을 선고할 때 다투어지는 구체적 사건을 해결하기 위해서 선고 시점의 사실관계와 법적 상황만을 고려할 수 있어서, 아직 앞날의 헌법분쟁에 관해서 심판하지 않았기 때문이다. 따라서 중요이유는 기속력이 없다. 그리고 중요이유에 기속력이 있다는 것은 중요이유가 해당 사건을 벗어나 효력을 미칠 수 있을 때 비로소 실질적 의미가 있을 수 있다. 그런데 중요이유에 기속력이 있다는 것은 헌법재판소 결정의 기속력이 해당 사건을 넘어 미치는 근거가 될 수 없다. 즉 중요이유에 기속력을 부여하여도 당연히 헌법재판소 결정의 기속력이 해당 사건이 아닌 다른 사건에 미치는 것은 아니다. 요컨대 중요이유에 기속력이 있는지와 무관하게 헌법재판소 결정의 기속력이 해당 사건을 벗어나 미칠 수 있는지가 논증되어야 한다.

② 결정주문의 해석 필요성

주문은 그 명확한 의미내용이 일반적으로 그 자체에서 도출될 수 없어서 법규범처럼 해석이 필요하다.111) 특히 헌법재판소 결정의 주문은 중요이유에 기초한 간략하고 함축적인 내용을 담을 뿐이다. 그리고 헌법재판의 기능은 개별적 기본권 보호에 그치지 않는다. 헌법재판은 객관적 헌법을 보장하고 그 해석과 계속형성에 이바지하는 기능도 있다(2중 기능). 개별적 기본권 보호 측면에서는 결정이유에 상관없이 오로지 당사자의 기본권이 보장되는지만 중요하다. 그래서 거의 모든 문제는 결정주문에 드러난 내용을 통해서 해결될 수 있다. 그러나 객관적 기능 측면에서 헌법재판소 결정 대부분은 절차에 참가하지 않은 국가기관이나 사람에게도 효력을 미친다. 따라서 헌법재판소는 다른 국가기관의 행위지침을 제시하여야 한다. 위헌결정만으로는 헌법질서가 회복될 수 없을 때가 드물지 않기 때문이다. 결정주문의 구체적 내용을 확정하는 것은 이러한 기능을 수행하기 위해서 필수적이다. 또한, 다른 법원과 달리 헌법재판소는 자기 결정을 관철할 강제수단이 없다.112) 그래서 헌법재판소 결정 관철은 다른 국가기관이 헌법재판소 결정을 따르는지에 달렸다.113) 그러나 헌법재판소 결정 이행을 제한 없이 다른 국가기관에 맡길 수는 없다. 즉 헌법재판소는

111) ***Christian-Friedrich Menger*** (Anm. 10), S. 226; ***Walter Seuffert***, Über Gesetzgebung, Rechtsprechung und Bindungswirkungen, in: AöR 104 (1979), S. 178 참조.

112) BVerfGE 2, 79 (89); 비슷한 것으로는 6, 257 (266).

113) ***Kai-Oliver Knops*** (Anm. 33), S. 57.

다른 국가기관에 적절한 이행 기준을 제시하여야 한다. 그러나 결정주문에서 이러한 기준이 명확하게 그리고 구체적으로 도출될 수 없을 때가 대부분이다. 그리고 논증과정에서 헌법재판소가 다루지 않은 법적 고려가 결정주문과 같은 결론을 도출할 수도 있고, 헌법재판소는 모든 근거를 검토할 수도 없다. 이러한 점에서도 결정주문은 일반적으로 법규범과 같이 해석을 요구한다.

결정주문을 해석할 때 우선적인 기준은 결정주문을 근거 짓는 결정이유일 수밖에 없다. 따라서 중요이유는 결정주문 해석에 절대적 영향을 미친다. 해석과정에서 결정주문은 중요이유를 수용할 수밖에 없기 때문이다. 그래서 중요이유를 통해서 해석된 결정주문 내용에서 기속력이 발생한다.[114] 중요이유는 그러한 범위에서 해석 도우미로서 기능한다. 이러한 과정에서 중요이유는 결정주문 해석을 통하여 간접적으로 기속력이 있다. 따라서 중요이유의 기속력을 긍정하는 견해와 부정하는 견해의 차이는 그리 크지 않고, 심지어 사실적 측면에서는 그러한 차이가 없다고 볼 수 있다. 양자의 유일한 차이점은 중요이유가 직접적으로 또는 간접적으로 기속하는지에 있기 때문이다.[115] 특히 중요이유의 기속력을 긍정하는 견해도 기속력의 해당 사건 관련성으로 말미암아 다른 사건에 영향을 미칠 수 없어서 그 실익이 크지 않다.

3. 기속력과 관련 있는 결정이유

(1) 중요이유와 방론의 구별기준

① 중요이유의 객관적 확정 필요성

중요이유에 간접적으로 또는 직접적으로 기속력이 부여된다면, 결정이유에서 중요이유를 어떻게 구별해 낼 것인지가 문제 된다. 중요이유와 방론은 한데 엉켜 있어서 양자를 구별하기가 쉽지 않기 때문이다. 중요이유는 헌법재판소의 결정주문을 도출하기 위한 연속적인 논리적 사고과정에서 불가결한 것을 가리키고, 방론은 헌법재판소의 결정주문을 도출과정에 불가결한 논리적 연관을 맺지 않는 법적 근거에 관한 설명을 말한다. 중요이유는 결정주문을 기준으로 추출되므로, 헌법재판소 결정을 구체적으로 검토하여 확정할 수밖에 없다. 중요이유가 객관적으로 명확하게 확정되지 않으면 중요이유의 도움으로 해석되어 확정되는 결정주문 내용도 명확성을 잃을 수밖에 없다. 이때 헌법재판소 결정이 형성하고 유지하여야 할, 헌법을 정점으로 하

114) ***Klaus Lange*** (Anm. 35), S. 3; ***Christian-Friedrich Menger*** (Anm. 10), S. 226 참조.
115) ***Gernot Biehler*** (Anm. 110), S. 1238; ***Wolfgang Endemann*** (Anm. 35), S. 25; ***Ulrich Scheuner*** (Anm. 10), S. 642 참조.

는 법질서의 형성과 유지가 어렵게 될 수 있다. 특히 중요이유를 추출하는 객관적 기준이 없어서 해석자가 멋대로 결정할 수 있다면 결정주문 내용은 해석자에 따라 달라질 수밖에 없다. 따라서 중요이유와 방론을 구별하는 명확한 기준을 찾아 결정주문 해석자의 자의를 가능한 한 제한하고 통제하여 결정주문 내용을 객관적으로 명확하게 확정할 필요가 있다.

② 결정주문에 종속되는 결정이유

(i) 기속력과 관련 있는 결정이유의 부분

결정이유의 기능은 결정주문이 도출되는 과정을 세세히 설명함으로써 결정주문에 정당성을 부여하고 그 내용을 명확하게 구체화하는 것이다. 그래서 결정이유는 결정주문을 근거 지울 수 있어야 비로소 의미가 있다. 따라서 결정주문을 직접 근거 짓는 결정이유만 간접적으로든 혹은 직접적으로든 기속력과 관련을 맺을 수 있다. 이러한 점에서 방론과 소수의견은 기속력과 무관하다. 방론도 기속력과 관련을 맺는 것은 법원의 소극적 성격에 어긋나고, 소수의견은 법원의 공식견해가 아니기 때문이다. 판결 요지는 헌법재판소 재판관이 작성하는 것이 아니다. 따라서 그것은 헌법재판소 결정의 '이유'를 구성하지 않으므로 기속력과 관련이 없다.

(ii) 중요이유의 판단기준인 결정주문

ⓐ 본안결정의 결정주문

확정력 있는 헌법재판소 결정에 기속력이 귀속될 수 있다.[116] 헌법재판소 결정이 확정되어야 비로소 기속력의 내용과 범위가 밝혀질 수 있기 때문이다. 기속력은 그 범위에서 불가쟁력을 전제한다. 그리고 기속력은 절차결정이 아니고 단지 본안결정과 관련이 있다.[117] 절차결정은 심판 대상을 판단하지 않기 때문이다. 결정주문에서 판단한 청구요건 존재 여부에도 기판력이 발생하지만, 청구요건은 청구인을 기준으로 판단되므로 청구인이 아닌 국가기관에 미치는 기속력은 청구요건 존재 여부 판단에서 발생할 수 없다. 따라서 심판 대상에 관한 판단을 포함하는 결정주문만이

116) ***Christian Pestalozza*** (Anm. 32), § 20 Rdnr. 89.

117) 남복현(주 33), 153쪽; 이성환(주 5), 93쪽; BVerfGE 78, 320 (328); 92, 91 (107); ***Ernst Benda/Eckart Klein/Oliver Klein*** (Anm. 33), § 40 Rdnr. 1445; ***Herbert Bethge*** (Anm. 33), § 31 Rdnr. 84; ***Steffen Detterbeck*** (Anm. 27, Normwiederholungsverbote aufgrund normverwerfender Entscheidungen des Bundesverfassungsgerichts), S. 363 f.; ***Christoph Gusy*** (Anm. 33), S. 235; ***Andreas Heusch*** (Anm. 3), § 31 Rdnr. 55; ***Kai-Oliver Knops*** (Anm. 33), S. 48; ***Andreas Voßkuhle*** (Anm. 10), Art. 94 Rdnr. 32. 그러나 절차규정도 때에 따라서 기속력이 있을 수 있다는 견해 [***Christian Pestalozza*** (Anm. 32), § 20 Rdnr. 89]도 있다.

중요이유를 분별할 기준으로 작용할 수 있다. 이것은 청구인의 청구취지를 중심으로 확정한 심판 대상에 대한 헌법재판소의 대답이 본안결정의 결정주문이라는 점에서도 당연히 도출되는 결론이다.

ⓑ 중요이유의 결정주문에 대한 종속성

중요이유는 결정주문을 구체화하고 보충이나 보완하는 것에 불과하다. 따라서 중요이유는 결정주문과 분리되는 독립성이 없고 결정주문에 종속될 뿐이다. 그래서 결정주문에 언급되지 않은 내용을 담은 결정이유, 즉 결정주문과 아무런 관련성도 찾을 수 없는 결정이유는 중요이유가 될 수 없다. 따라서 한정합헌결정이나 한정위헌결정에서 이루어지는 합헌적 법률해석이나 헌법불합치결정의 구체적 내용은 결정주문에 포함되거나 인용될 때만 효력이 있을 수 있다. 예를 들어 헌법재판소가 결정이유에서 명백하게 헌법합치적으로 해석하였어도 주문에서는 단순히 합헌으로 결정하였다면,[118] 기속력은 위헌결정에만 귀속되므로 단순히 합헌으로 결정한 주문에 귀속되지 못하고, 헌법합치적으로 해석한 결정이유는 기속력과 관련을 맺지 못한다.

ⓒ 중요이유를 확정할 때 고려할 사항

헌법재판소 결정의 판시 부분이 중요이유인지는 그 결정 자체만을 놓고 판단하여야 한다. 다른 이론 구성에 따라서 그 결정과 같은 결과에 도달할 수 있는지를 기준으로 중요이유인지를 결정한다면, 중요이유를 확정하는 것이 매우 불명확해지기 때문이다. 그리고 결정주문 자체에 아무런 영향을 주지 않는다고 하더라도 결정의 내용과 효력에 관한 법적 의미가 달라질 때도 중요이유가 될 수 있다. 또한, 하나의 중요이유가 결정주문을 근거 짓는 유일한 이유일 필요는 없다. 여러 중요이유가 결정주문을 병렬적으로 근거 지울 수도 있고, 때로는 선택적으로 근거 지울 수도 있다. 여기서 중요한 것은 중요이유가 결정주문을 옹글게(완벽하게) 근거 지울 수 있는 지이다. 그래서 결정주문을 지탱하는 이유가 여러 개면 각 이유가 단독으로 또는 여러 개의 이유가 함께 결합하여 다른 이유의 여부와 관계없이 결정주문을 근거 지울 수 있다면 모두 중요이유가 될 수 있다.[119]

③ 원칙적으로 사법적 헌법해석에 국한되는 기속력

기속력은 최종적 헌법해석에 관한 헌법재판소의 과제와 권한에 근거한다. 그래

118) 예를 들어 헌재 1989. 7. 14. 88헌가5등, 판례집 1, 69; 헌재 1990. 1. 15. 89헌가103, 판례집 2, 4; 헌재 1993. 5. 13. 92헌가10등, 판례집 5-1, 226.

119) 이상 **허완중**, 「헌법재판소결정의 선례적 구속력」, 『저스티스』 제110호, 한국법학원, 2009. 4., 20~21쪽 참조.

서 헌법재판소법 규정의 문언이나 의미에서 직접 도출될 수 없을지라도 헌법재판소 결정 중에서 원칙적으로 사법적(司法的) 헌법해석만 기속력이 있다고 보아야 할 것이다. 따라서 중요이유도 원칙적으로 헌법해석에 국한될 수밖에 없다. 즉 개별 하위법규범의 구속적 해석과 적용은 헌법의 권한배분에 따라 일반 법원의 몫이라서(헌법 제101조 제1항, 제107조 제1항), 결정이유 중 헌법해석 이외의 법해석 부분은 원칙적으로 중요이유가 될 수 없다. 그러나 권한쟁의심판에서 헌법재판소는 헌법이나 '법률'이 부여한 청구인의 권한이 침해되었는지(헌법재판소법 제61조 제2항)를 심사하여야 하므로, 이러한 헌법재판소 결정에 수반되는 법률해석은 기속력이 있을 수밖에 없다.[120] 따라서 권한쟁의심판에서는 결정이유 중 법률해석 부분도 중요이유가 될 수 있다. 그리고 예외적으로 헌법에서 개별 하위법규범 해석이 도출된다면, 즉 헌법재판소가 개별 하위법규범을 헌법합치적으로 해석하거나 개별 하위법규범의 특정해석을 위헌으로 선언하였다면, 헌법재판소가 한 개별 하위법규범 해석도 기속력이 있을 수 있다. 그러한 범위에서 위헌적 해석 가능성은 구속적으로 제거된다.[121] [122] 따라서 이때는 결정이유 중 개별 하위법규범 해석 부분도 중요이유가 될 수 있다.

기속력이 헌법의 해석과 적용에 국한된다는 것은 '헌법의 규준적 해석자이면서 수호자'인 헌법재판소의 지위에서 도출되고, 헌법재판소와 일반 법원의 기능분배를 정당화한다고 하면서도, 이러한 결론을 주문에 적용할 수 있는지를 의심하는 견해가 있다.[123] 이 견해를 따르면 주문, 즉 심판 대상에 관한 결정에는 그것이 단순히 일반 법률의 해석과 적용에 관한 것일지라도 기속력을 부여하여야 한다고 한다. 헌법재판소법 제47조 제1항의 의미는 주문에 포함된 것이라면 그것이 어떤 내용이든 기속력을 부여하려는 것으로 해석되므로, 이러한 결론은 부정되지 않는다고 한다. 이것은 법률에 대한 일정한 해석 가능성을 제시하고 이러한 해석 가능성에 대해서 헌법적 기준을 적용하여 합헌이나 위헌의 결과를 도출하는 한정합헌이나 한정위헌이 내려졌을 때 특히 그 실천적 의미가 크다고 한다. 그러나 헌법재판소법 제47조 제1항의 의미는 규범통제의 본질 그리고 헌법재판소의 지위와 권한 및 한계에 비추어 해석되어야 한

120) 참고로 독일에서 구체적 규범통제나 추상적 규범통제에서 연방법을 심사기준으로 심사하면 이러한 연방법 해석도 예외적으로 기속력이 있다.

121) BVerfGE 19, 377 (392); 40, 88 (94); 42, 258 (260); 72, 119 (121).

122) 이상 **황우여**(주 39), 309쪽; ***Herbert Bethge*** (Anm. 33), § 31 Rdnr. 60; ***Kai-Oliver Knops*** (Anm. 33), S. 47 f.; ***Alfred Rinken*** (Anm. 35), Art. 94 Rdnr. 66; ***Hans G. Rupp*** (Anm. 18), S. 407 f.; ***Klaus Schlaich/Stefan Korioth*** (Anm. 39), Rdnr. 445; ***Jan Ziekow*** (Anm. 27), S. 486; ***ders.*** (Anm. 3), S. 527 f. 참조.

123) **최희수**(주 53, 헌법재판소 결정의 결정이유의 기속력에 관한 연구), 452쪽.

다. 헌법재판소는 헌법이 부여한 헌법재판권만 행사할 수 있을 뿐이기 때문이다. 따라서 헌법재판소가 규범통제의 본질 그리고 자기 지위와 권한 및 한계에 어긋나는 결정을 내릴 때도 무조건 결정주문에 포함되었다는 이유만으로 기속력을 부여할 수는 없다. 즉 헌법재판소법 제47조 제1항의 위헌결정은 헌법해석을 바탕으로 법률의 위헌성을 확인하는 헌법재판소 결정으로 보아야 할 것이다. 이러한 해석이 헌법을 기준으로 하위법규범의 위헌성을 판단하는 것으로 이해되는 규범통제의 본질에 들어맞는다. 그리고 이러한 해석 아래에서만 헌법재판소의 권한 남용을 억제할 수 있다. 한정합헌결정이나 한정위헌결정에서 드러나는 합헌적 법률해석은 비록 법률해석이기는 하지만, 그 위헌성이나 합헌성은 헌법해석을 통해서 확인된다는 점에서 일반 법률해석과 구별되므로 이러한 위헌결정에 포함될 수 있다고 보아야 할 것이다.

(2) 중요이유와 재판관 6명 이상 찬성

① 헌법재판소의 우회적 해결과 그 문제점

헌재 2008. 10. 30. 2006헌마1098등 결정에서 헌법재판소는 입법자인 국회에 기속력이 미치는지와 결정주문뿐 아니라 결정이유에까지 기속력을 인정할 것인지가 문제 된다고 명백하게 언급하였다. 그러나 헌법재판소는 이러한 문제들에 관해서 구체적으로 검토하지 않은 채 결정이유에 기속력을 인정한다고 하더라도, 결정주문을 뒷받침하는 결정이유에 대해서 적어도 위헌결정의 정족수인 재판관 6명 이상 찬성할 때만 결정이유에 기속력이 인정된다고 주장하면서 우회적 해결을 하였다.[124] 즉 이전 결정(헌재 2006. 5. 25. 2003헌마715등 결정)의 결정이유에 관하여 재판관 6명 이상 찬성하지 않아서 결정이유에 기속력이 부여될 수 없으므로, 이전 결정의 기속력이 해당 결정에서 문제가 되지 않는다고 하였다. 그러나 이러한 해결은 먼저 (해당 결정에서 기속력이 문제 된다는 것을 인정한다면) 직접 문제가 되는 기속력 문제에 관해서 검토하지 않았다는 점을 비판받을 수밖에 없다. 직접적인 문제에 관한 검토가 쉽지 않으므로 혹은 그에 관한 견해가 명확하게 정립되지 않았으므로, 헌법재판소가 이러한 우회로를 선택한 것으로 볼 수 있다. 물론 이러한 해결을 통해서도 똑같은 결론에 도달할 수도 있다. 하지만 헌법재판소 결정이 해당 사건 해결에만 국한되는 것이 아니라[기속력, 법률요건적 효력(이나 형성력 혹은 법률적 효력), 법규범 자체의 효력 그리고 선례적 구속력 등을 통해서] 해당 사건을 벗어나 일반적인 효력이 있다는 점에서 헌법재판소는 가능한 범위에서 모든 문제에 관해서 명확하고 직접적인 해결기준

124) 헌재 2008. 10. 30. 2006헌마1098등, 판례집 20-2상, 1089, 1103-1104.

을 제시하여야 한다. 이것은 헌법재판의 2중 기능에서 당연히 도출되는 것으로 이러한 이유로 헌법재판에 객관적 소송이라는 성격을 부여한다. 그리고 제기되는 문제에 대한 직접적인 대답을 회피하면, 헌법재판소는 문제 해결을 쉽게 할 수 있을지 몰라도 헌법재판소 결정에 대한 신뢰는 치명적인 손상을 입을 수도 있다. 특히 헌법재판소가 특정한 결론을 얻기 위해서 논거를 조작한다는 의심을 불러일으킬 수도 있다. 따라서 이러한 해결은 바람직하지 않은 것으로 보인다. 게다가 우회적 해결을 위해서 제시한 견해 자체가 확고한 타당성이 없고 새로운 문제를 제기한다는 점에서 더욱더 큰 문제가 있다. 이하에서는 헌법재판소가 우회적 해결을 위해서 제시한 논거가 적절한 것인지에 관해서 검토하고자 한다.

② 학설

주문을 지탱하는 중요한 이유에 관해서 기속력을 인정하는 것이 주문을 지탱하는 이유가 다양하고 어떠한 이유도 독자적으로 위헌결정에 필요한 다수, 즉 재판관 6명에 이르지 못하면 해당 위헌 사유가 기속력이 없다는 의미도 동시에 있다는 견해가 있다.[125] 그리고 헌법이나 헌법재판소법에서는 직접적인 규정이 없으나, 헌법이나 법률의 해석·적용에 관한 이유 부분 변경에 가중정족수를 요구하는 헌법재판소법 제23조 제2항 단서 제2호에서 기속력이 인정되는 결정이유가 되려면 재판관 6명 이상 찬성하여야 한다는 것을 유추할 수 있다는 견해도 있다.[126]

이에 반해서 결정주문을 뒷받침하는 결정이유는 적어도 재판관 6명 이상 찬성하여야 한다는 헌법재판소 결정을 비판하는 견해가 있다.[127] 이 견해는 먼저 ① 결정이유의 기속력 문제는 결정주문을 뒷받침하는 논거인 결정이유, 그중에서도 법정의견에 대해서만 논의되는데, 이것은 주문의 기속력을 전제로 그것을 보완하는 차원에서 논의된다는 점, ② 주문의 제시요건에 해당하는 법정의견이 전개하는 논거가 결정이유의 핵심이 된다는 점, ③ 결정이유, 즉 법정의견에 풀이된 논거에 모두 기속력이 부여되는 것이 아니라 주문을 끌어내는 핵심적인 논거에만 기속력이 부여된다는 점을 근거로 위헌결정 정족수와 기속력이 무관함을 주장한다. 그리고 이 견해는 결정주문이 도출되는 과정이 상세하게 소개된 전반적인 내용을 수록하는 것이 결정이

125) **전광석**(주 53, 한국헌법론), 822~823쪽.
126) **박찬주**(주 51), 139~140쪽.
127) **남복현**, 「헌법재판소 결정주문의 합의방식과 중요한 결정이유의 기속력」, 『헌법학연구』 제15권 제1호, 한국헌법학회, 2009, 215~219쪽; **같은 사람**, 『헌법재판소 결정의 소송법적 효력』, 한국학술정보, 2013, 333쪽.

유라면, 그중에서도 결정주문을 논증하는 핵심적인 근거가 헌법재판소 결정에서 법정의견이라고 한다. 이때 법정의견은 반드시 재판관 6명 이상 찬성하여야 하는 것은 아니라고 한다. 그리고 상황에 따라서는 어떠한 주된 논거나 이유도 기속력이 없다는 모순에 빠질 수 있고, 결국 무한대로 반복입법이 허용되어 위헌결정 기속력의 의미와 실효성이 퇴색될 수 있으므로 재판관 6명 찬성을 얻지 못하여도 위헌논거에 기속력이 부여된다는 견해도 있다.[128] 이 견해는 위헌결정 정족수는 문자 그대로 위헌결정을 내릴 수 있는지를 결정하는 기준으로서 이는 구체적인 위헌논거에 따른 각각의 재판관 수가 아니라 결과적으로 위헌결정에 가담하는 전체 재판관 수에 관한 것이라고 한다. 따라서 위헌결정 정족수가 재판관 6명이라는 규정은 위헌에 참여한 재판관들 사이에서 설사 위헌 논거가 서로 다르다고 하더라도 일단 결과적으로 위헌이라고 판단하는 재판관 수가 6명 이상이면 위헌결정을 내릴 수 있다는 것을 의미할 뿐이지 그 위헌결정 각각의 논거에 가담한 재판관 수가 6명 이상일 때만 그 각각의 논거에 기속력이 인정된다는 의미는 아니라고 한다. 그리고 과잉금지원칙 위배가 재판관 5명의 지지만 얻어서 직접 기속력을 발생시키는 '판결주문'에 등장하지 않고, 직접 기속력을 발생시키지 못하는 '판결이유'에 등장하므로, 과잉금지원칙 위배에서는 직접 국회를 구속하는 기속력이 발생하지 않는다는 견해도 있다.[129]

그 밖에 주문별 합의제 아래에서 전개되는 헌법재판소 논리에 대하여 결론에서는 동의하지만, 쟁점별 합의가 아닌 주문별 합의제 아래에서는 위헌정족수를 충족할 수 없어 기속력을 인정받을 수 없는 다수의 견해가 주장된다고 하더라도 그 결론에서 같다면 합산하여 위헌을 성립시킬 수 있는데, 이로 말미암아 결국 위헌주문은 성립하였어도 기속력 있는 '중요한 이유'는 없고 다수의 방론만 있게 되는 기형적 결과가 발생한다는 점을 지적하는 견해도 있다.[130]

③ 사견

(ⅰ) 언제나 재판관 6명 이상 찬성이 있는 것이 아닌 결정주문

결정주문은 늘 재판관 6명 이상 찬성을 얻어야 하는 것은 아니다. 심지어 재판관 6명 이상 찬성 없이, 특히 선례적 구속력(헌법재판소법 제23조 단서 제2호) 때문에 소수의 의견에 따라서 각하결정[131]이나 위헌결정[132]이 내려질 수도 있다.[133] 헌법재판소법

128) **정연주**(주 78), 335~337쪽; **같은 사람**(주 60), 115~117쪽.

129) **임지봉**, 「국회의 입법형성권과 헌법재판소 결정의 기속력」, 『입법학연구』 제3집, 한국입법학회, 2006, 132~133쪽.

130) **최희수**, 「위헌결정의 기속력」, 『헌법재판 주요선례연구 2』, 헌법재판소 헌법재판연구원, 2012, 490쪽.

은 법률의 위헌결정(제47조 제1항, 제75조 제6항), 권한쟁의심판의 결정(제67조 제1항) 그리고 헌법소원의 인용결정(제75조 제1항)에서만 기속력이 발생한다고 규정할 뿐이고, 이러한 결정들이 기속력이 있으려면 재판관 6명 이상 찬성을 얻어야 한다는 것을 규정하지 않는다. 따라서 재판관 6명 이상 찬성을 얻지 못한 법률의 위헌결정과 권한쟁의심판의 결정 그리고 헌법소원의 인용결정도 기속력이 있다고 보아야 한다. 특히 권한쟁의심판의 결정은 6명 이상 찬성을 요구하지도 않는다(헌법 제113조 제1항, 헌법재판소법 제23조 제2항 단서 제1호 참조). 그리고 변형결정에 반드시 재판관 6명 이상 찬성이 필요하지도 않다. 예를 들어 헌법재판소법 제40조 제1항에 따라 법원조직법 제66조 제2항의 '합의방법'을 준용하여 5명의 단순위헌의견과 1명의 헌법불합치의견이나 한정위헌의견이 있으면 헌법재판소는 헌법불합치결정이나 한정위헌결정을 내린다. 이때 결정주문에는 재판관 6명 이상 찬성하지 않는다. 물론 헌법불합치결정이나 한정위헌결정도 위헌결정에 속하므로 부분적인 위헌결정으로서 단순위헌결정이 이를 포함한

---

131) 법령에 영업의 자유를 제한하는 규정을 신설하고 경과조치로서 유예기간을 두었을 때 헌법소원심판의 청구기간 기산점과 관련하여 법령시행일부터 기산하여야 한다는 판례(헌재 1996. 3. 28. 93헌마198, 판례집 8-1, 241, 251; 헌재 1996. 10. 4. 94헌마68등, 공보 18, 590, 592; 헌재 1996. 11. 28. 95헌마67, 공보 19, 90, 92-93; 헌재 1996. 12. 26. 95헌마383, 공보 19, 178, 180-181; 헌재 1997. 2. 20. 95헌마389, 판례집 9-1, 186, 191; 헌재 1999. 7. 22. 98헌마480등, 공보 37, 715, 718-719; 헌재 2002. 4. 25. 2001헌마614, 판례집 14-1, 410, 422; 헌재 2002. 8. 13. 2002헌마499)에 반대하여 헌법소원심판의 청구기간을 유예기간이 종료한 다음부터 기산하여야 한다는 의견이 5명이었으나 헌법재판소는 판례에 따라 각하결정을 하였다(헌재 2003. 1. 30. 2002헌마516, 판례집 15-1, 161).

132) 헌재 1998. 7. 16. 95헌바19, 판례집 10-2, 89, 112-114 재판관 김용준, 신창언, 이영모, 한대현의 반대의견 참조.

133) 헌법재판소법 제23조 제2항 단서 제2호보다 헌법 제113조 제1항이 우선한다는 견해[**공진성**(주 88), 382~385쪽; **한수웅/정태호/김하열/정문식**(정태호 집필)(주 51), 292쪽]를 따르면, 선례가 변경되지 않아도 위헌의견이 6명이 아니면 선례에 따라서 위헌결정을 내릴 수 없다. 그러나 이 견해는 헌법재판소법 제23조 제2항 단서 제2호도 헌법 제113조 제1항과 마찬가지로 법치국가원리의 내용인 법적 안정성을 구체화하는 규정이라는 점을 간과한 것으로 보인다. 즉 헌법재판소법 제23조 제2항 단서 제2호에 따른 결과가 헌법 제113조 제1항의 취지에 어긋나는 것으로 보기는 어렵다. 그리고 헌법이나 법률의 해석 적용에 관한 의견을 바꾸지 못해서 위헌의견이 6명이 아닌데도 위헌결정을 내릴 수밖에 없는 것은 엄격한 선례변경방식에 따른 당연한 결과로서 선례가 위헌 여부를 결정하는 예외적일 때 일어나는 우연한 결과에 불과하다. 또한, 이러한 때 원칙대로 평의가 이루어져서 선례 변경이 이루어지지 않으면 거기서 법률의 위헌성이 바로 확정되므로, 재판관들이 선례 변경에 관한 의견 이외에 다른 내용에 관한 의견을 밝힐 필요는 없을 것이다. 즉 이러한 예외적인 때는 선례 변경 여부에 관한 평의만으로 이미 해당 법률의 위헌 여부가 결정되므로, 재판관들이 선례 변경 여부에 관한 의견 이외에 법률의 위헌 여부에 관한 별도의 의견을 제시하는 것은 사족에 불과할 것이다. 즉 이러한 별도의 의견 제시는 방론에 해당한다. 따라서 헌법재판소법 제23조 제2항 단서 제2호와 헌법 제113조 제1항이 충돌하는 때를 생각하기는 어렵다.

다고 볼 수도 있다. 그러나 단순위헌결정의 주문과 헌법불합치결정이나 한정위헌결정의 주문을 다른 유형으로 이해하는 한 (특히 헌법재판소처럼 쟁점별 합의제가 아닌 주문별 합의제를 채택하였을 때) 그 타당성에 의문이 제기된다. 이처럼 결정주문에 재판관 6명 이상 찬성하지 않을 때 당연히 그를 뒷받침하는 결정이유도 재판관 6명 이상 찬성할 수 없다. 따라서 결정주문을 뒷받침하는 결정이유에 언제나 재판관 6명 이상 찬성하는 것은 아니다.

(ii) 결정정족수가 아닌 결정주문과 관련 있는 결정이유

사법재판에서 원칙적으로 의미 있는 것은 소송물이나 심판 대상에 관한 판단인 주문이다. 그래서 사법재판의 효력은 원칙적으로 주문을 기준으로 부여된다. 결정이유는 결정주문에 종속적인 것에 불과하다. 즉 결정이유는 언제나 결정주문을 전제로 의미가 있을 수 있을 뿐이다. 따라서 결정이유에 간접적인 기속력을 부여할 때는 물론 직접적인 기속력을 부여할 때도 '결정이유는 해당 사건에서 결정주문과 독립하여 의미가 있을 수 없다.' 그래서 결정주문에 기속력이 부여되면, 그에 대한 중요이유도 (결정주문 해석을 위해서) 기속력과 관련을 맺는다고 보아야 한다. 특히 결정이유의 기속력이 문제 될 때는 오로지 결정주문만으로 헌법재판소 결정 내용을 확정하기 어려울 때뿐이다. 그런데 결정주문에도 요구하지 않는 재판관 6명 이상 찬성을 결정이유에 요구하는 것은 간접적으로든 직접적으로든 결정이유에 기속력을 인정하는 취지와 결정주문에 대한 중요이유의 종속성에 어긋난다. 즉 재판관 6명 이상 찬성 여부에 따라 결정이유를 기속력과 관련시키는 것은 결정주문의 불명확성을 결정문 자체에서 제거하는 길을 봉쇄하여 사실적 측면에서 결정주문의 기속력을 무력하게 만든다. 내용이 명확하지 않은 결정주문은 사실적 측면에서 기속력을 발휘하기 어렵기 때문이다. 따라서 기속력과 관련되는 결정이유인지는 중요이유의 결정주문에 대한 종속성에 비추어 결정정족수가 아닌 오로지 결정주문과 맺는 관계를 기준으로만 판단하여야 할 것이다.

4. 시간적 범위

헌법재판소 결정의 효력은 결정 선고와 함께 발생한다. 헌법재판소는 실제로 고려할 수 있었던 것에 관해서만 판단할 수 있으므로, 모든 헌법적 이해는 그 시점에 있는 관계에서 출발한다. 따라서 헌법재판소 결정의 기속력은 언제나 헌법재판소 결정이 선고된 시점과 관련된다. 즉 헌법재판소는 심판 대상을 오로지 선고 당시의 사실관계와 법적 상황과 관련하여서만 심사한다. 그래서 헌법재판소 결정은 결정 이후

에 비로소 나타난 변화를 포섭할 수 없다. 즉 사실관계와 법적 상황이 나중에 바뀌면 헌법재판소는 그것을 아직 판단하지 않은 상태이다. 따라서 기속력은 결정 이후에 비로소 발생한 새로운 사실에 근거한 행위 반복을 저지하지 않는다. 헌법재판소는 이러한 행위를 새로 심사하여야 한다. 법적 상황 변화는 심사기준이 되는 헌법의 명시적 변화뿐 아니라 헌법의 묵시적 의미변화도 포함한다. 그리고 생활관계나 일반적인 법적 견해의 근본적인 변화도 헌법재판소 결정의 내용에 영향을 미치면 고려되어야 한다. 그 밖에 기속력은 헌법재판소 결정 존재에 근거한다. 따라서 헌법재판소 결정 자체가 더는 없으면, 즉 재심으로 헌법재판소 결정이 폐기되면 기속력은 사라진다.

Ⅶ. 소결 : 사법판결의 효력인 기속력

헌법재판소는 법원이므로 헌법재판소 결정은 사법판결이다. 따라서 헌법재판소 결정의 효력에 관한 논의는 당연히 사법판결의 일반적 효력에서 출발하여야 한다. 그러나 지금까지 기속력에 관한 논의 대부분은 헌법재판소가 법원이라는 점을 인정하면서도 헌법재판소 결정이 사법판결이라는 점을 간과하였던 것처럼 보인다. 기속력이 헌법재판소 결정에 부여한 특별한 효력이라는 점은 의문의 여지가 없다. 하지만 기속력도 어디까지나 사법판결의 효력일 뿐이다. 따라서 사법판결의 효력이라는 측면에서 접근하면서 헌법재판의 특수성을 적절하게 고려하여야 기속력은 올바르게 파악될 수 있다. 특히 기속력은 기판력과 비교되면서 검토되어야 그 범위와 한계가 명확하게 드러날 수 있다. 이러한 점에서 기속력과 기판력의 밀접한 관계를 인정하면서도 기판력과 맺는 관계 속에서 기속력의 범위와 한계를 찾지 않는 기존 견해는 문제가 있다고 생각한다. 그리고 기속력이 사법판결의 일반적인 효력이 아닌 헌법재판에 특유한 효력이므로, 기속력을 규율하는 실정법은 기속력을 이해하는 출발점이 되어야 하고, 그 자체가 엄격하게 해석될 필요가 있다.

Chapter

04

형 성 력

I. 기속력에 치중된 헌법재판소 결정의 효력 논의

헌법재판소 결정의 효력에 관해서는 그동안 적지 않은 논의가 있었다. 그리고 헌법재판에 관한 교과서나 체계서에도 헌법재판소 결정의 효력은 당연히 서술된다. 헌법재판소는 결정을 통해서 자기 권한을 행사한다. 그리고 헌법재판소 결정은 그 효력을 바탕으로 실효성을 보장받는다. 그래서 헌법재판소 결정의 효력은 헌법재판소 권한을 실현하고 담보하는 필수 요소이다. 헌법재판소가 헌법과 법률에 따라 부여받은 권한을 통해서 자기 지위를 확보하고 존립목적을 달성할 수 있다는 점에서 헌법재판소 결정의 효력은 헌법재판에서 가장 중요한 문제 중 하나라는 것은 의문이 없다.

헌법재판은 단심이라서 헌법재판소가 결정을 내리면 그 결정은 확정된다. 헌법재판소 결정이 확정되면 그 내용과 유형에 따라 확정력과 기속력 그리고 형성력이 생긴다. 이처럼 결정의 내용과 유형에 따라 생기는 헌법재판소 결정의 효력을 본래적 효력이라고 한다. 당사자 사이의 법적 분쟁 해결을 주된 목적으로 하는 일반 사법판결에서는 확정력, 특히 기판력이 가장 중요한 효력이다. 그러나 헌법재판에서 확정력은 중요성이 크지 않다. 구체적 사건 관련성 때문에 확정력이 미치는 범위가 좁고, 당사자 사이의 법적 분쟁 해결을 넘어서는 객관소송이라는 헌법재판의 특성 때문에 확정력만으로는 헌법재판의 목적을 달성하기 어렵기 때문이다. 게다가 헌법재판소 결정의 확정력은 객관소송인 헌법재판의 특성에 맞게 부분적으로 수정되기는 하지만(예를 들어 기판력의 객관적 범위: 헌법재판소 결정의 기판력은 헌법재판소가 실제로 심사한 범위에 한하여 미친다. 즉 헌법재판소 결정에서 기판력의 객관적 범위는 헌법재판소의 실질적 심사범위와 일치한다.) 기본적으로 일반 사법판결의 확정력과 거의 같다. 따라서 별도로 논의할 실익이 그리 크지 않다. 이러한 점으로 말미암아 헌법재판소 결정의 효력은 기속력을 중심으로 논의된다. 하지만 기속력은 확정력이나 기판력의 주관적 확장 혹은 주관적·객관적 확장으로 이해된다. 그러므로 기속력도 당연히 구체적 사건 관련성에 묶여서 그 효력 범위가 생각보다 넓지 않다. 이것은 헌법재판소 결정이 법규범이 아닌 사법재판이라는 점에서 피할 수 없는 결론이다. 이러한 점에서 기속력은 논의 빈도에 비교해서 실제 헌법재판에 미치는 영향력은 크다고 보기 어렵다. 바로 이점 때문에 학계에서 활발하게 논의가 되는데도 실제 헌법재판에서 기속력이 다투어지거나 헌법재판소 결정 자체에서 기속력이 언급되는 때가 드물다.

그런데 대세적 효력을 중요한 특징으로 삼는 헌법재판소 결정의 형성력은 구체적 사건 관련성에 매이지 않아서 그 효력 범위가 기속력보다 훨씬 넓다. 하지만 헌법재판소 결정의 형성력에 관한 논의는 거의 찾을 수 없다. 단편적으로 언급되는 것에 그친다. 그리고 형성력에 해당하는 구체적 효력을 형성력에 관한 언급 없이 개별적으로 살펴볼 뿐이다. 어쩌면 이런 정도의 검토만으로 충분하다고 보는 것일 수도 있다. 혹은 헌법재판소 결정도 사법재판의 하나라는 점에 제대로 주목하지 않은 결과일 수도 있다. 형성력에 관한 검토가 별다른 성과를 낳지 않는 것으로 생각할 수도 있다. 근본적으로는 민사소송법이나 형사소송법은 물론 행정소송법에서도 형성력에 관한 논의가 활발하지 않다는 것에서 비롯한 것으로 볼 수도 있다. 그러나 먼저 총론적 측면에서 체계성이라는 관점에 비추어 형성력에 관한 언급은 필요하다. 각론적 측면에서도 형성력에 속하는 구체적 효력을 개별적으로 논의하면 자칫 통일성이 깨질 수도 있어서 형성력이라는 관점에서 접근하는 것이 필요하다. 그리고 형성력이라는 관점이 특정 문제에 관한 해결의 실마리를 제공할 수도 있다(예를 들어 정당해산결정에 따른 소속 국회의원의 의원직 상실 여부). 따라서 형성력에 관한 검토 필요성을 부정하기 어렵다. 다만, 여기서는 일반적인 형성력과 비교하여 헌법재판소 결정이라는 특별한 판결의 형성력에 나타나는 특수성을 규명하려는 것이 아니라 판결에 해당하는 헌법재판소 결정에서 생기는 형성력의 일반성을 강조하고자 한다. 즉 일반적인 형성력이라는 틀로 헌법재판소 결정의 효력 일부를 설명하려고 한다. 따라서 형성력에 관한 내용은 특별한 사정이 없는 한 일반소송법(특히 민사소송법)에서 논의되는 내용과 다르지 않다는 점을 밝힌다.

II. 형성력의 의의

1. 형성력의 개념

형성력(Gestaltungswirkung)은 일반 소송법이론을 따르면 형성판결이 확정되었을 때 재판내용대로 새로운 법관계가 생기거나 종래 법관계가 바뀌거나 사라지는 효력을 말한다. 형성력은 모든 재판에 인정되는 것이 아니라 특정한 판결에만 귀속되는 특별한 효력이다. 즉 형성력은 형성판결, 즉 형성의 소를 인용하는 판결에서만 발생하고, 형성의 소를 기각하는 판결과 확인판결을 포함한 다른 판결에서는 생기지 아니한다.[1] 형성력은 별도의 다른 행위 매개 없이 판결 그 자체에서 주문 내용대로 직

1) **강현중**, 『민사소송법(제7판)』, 박영사, 2018, 217쪽; **민일영**, 「제4절 재판」, 김상원/박우동/이시윤

접 발생한다.[2] 형성력은 원칙적으로 실정법적 근거가 있을 때만 인정된다.[3] 즉 판결에서 형성력이 발생하려면 적어도 실정법에 그러한 형성판결을 내릴 수 있다는 명시적 근거가 반드시 있어야 한다. 정확하게 말하면 형성력은 오로지 형성판결에서 생기는데, 형성판결은 실정법적 근거가 있어야만 내릴 수 있어서 결국 형성력은 실정법적 근거가 있을 때만 발생한다. 이때 실정법적 근거는 대부분 법률이지만, 헌법일 수도 있다. 예를 들어 피청구인을 해당 공직에서 파면하는 결정에 관한 헌법재판소법 제53조 제1항의 내용은 헌법 제65조 제4항의 내용을 확인하는 것에 불과하다. 따라서 피청구인을 해당 공직에서 파면하는 결정은 헌법 제53조 제1항을 직접 근거로 볼 수 있다. 형성판결이 확정되면, 그 판결은 판단내용에 따라 실체적 또는 소송적 법적 관계 변동을 일으키는 형성력 이외에 표준시를 기준으로 형성권의 존재 여부(나 법률관계 형성을 구할 법적 지위 존재 여부) 판단에 관한 기판력을 포함한 확정력이 발생한다.[4] 형성력은 실정법상 인정되는 효력이지만, 정확하게 말하면 판결에 따라서 발생하는 효력이므로 판결의 형성력이라고 한다.[5]

2. 형성력의 본질

(1) 학설 검토

형성력의 본질과 관련하여서 세 가지 견해가 대립한다.[6] 먼저 ① 형성판결을 사인의 의사표시나 행정청의 행정처분과 같은 것으로 보아 형성력을 국가의 처분적

/이재성 편집대표, 『주석 신민사소송법(Ⅲ)』, 한국사법행정학회, 2004, 331쪽; **백춘기**, 「판결의 효력」, 『사법논집』 제36집, 법원도서관, 2003, 526쪽; **손한기**, 『민사소송법』, 홍문사, 2017, 123쪽; **송상현/박익환**, 『민사소송법(신정7판)』, 박영사, 2014, 198, 469쪽; **이명환**, 「민사판결의 인적효력 범위」, 『사회과학논총』 제1집, 계명대학교 사회과학연구소, 1983, 135쪽; **이시윤**, 『신민사소송법(제12판)』, 박영사, 2018, 210, 672쪽; **정동윤/유병현/김경욱**, 『민사소송법(제6판)』, 법문사, 2017, 75, 815쪽; **조상혁**, 「형성판결의 효력 서설」, 『재산법연구 제21권 제2호』, 한국재산법학회, 2005, 407쪽; **호문혁**, 『민사소송법(제13판)』, 법문사, 2016, 82, 746쪽; ***Leo Rosenberg/Karl Heinz Schwab/Peter Gotteald***, Zivilprozessrecht, München 2010, 17. Aufl., § 149 Rdnr. 5.

2) **류지태**, 「행정소송의 판결의 효력」, 『고시계』 제38권 제5호(통권 제435호), 국가고시학회, 1993. 5., 87~101쪽.

3) 대법원 1993. 9. 14. 선고 92다35462 판결(공1993하, 2751): "기존 법률관계의 변동 형성의 효과를 발생함을 목적으로 하는 형성의 소는 법률에 명문의 규정이 있는 경우에 한하여 인정되는 것이고 법률상의 근거가 없는 경우에는 허용될 수 없는 것이다."

4) **백춘기**(주 1), 526~527쪽.

5) **조상혁**(주 1), 408~409쪽. 대법원 2006. 4. 7. 선고 2005도9858 전원합의체 판결(집54-1, 805; 공2006하, 2106): "… 판결이 갖는 자체의 효력, 즉 기판력, 집행력 및 형성력 등…."

6) 이에 관해서는 **백춘기**(주 1), 527쪽; **이명환**(주 1), 135~136쪽; **손한기**(주 1), 304쪽; **정동윤/유병현/김경욱**(주 1), 815~816쪽; **조상혁**(주 1), 411~419쪽.

의사표시에 따른 효력이라는 의사표시설(국가적 처분행위설)이 있다. 다음 ② 판결의 본질은 의사표시가 아니라 판단작용이고, 형성판결도 하나의 판결이며, 형성권이나 형성요건의 존재가 기판력을 통해서 확정되면 다툴 수 없어서 형성의 효과도 다툴 수 없게 되는 것이 형성력이라는 기판력(근거)설이 있다. 그런데 의사표시설은 형성판결이 판단작용인 점을 간과한다. 그리고 기판력설을 따르면 형성력도 기판력처럼 당사자 사이에서만 미치는 것이 원칙이고, 일반 제3자에 대한 확장은 예외가 되어서 형성력의 대세효를 설명하기 어렵고, 확인소송이 원형이라는 점을 토대로 형성소송의 독자적 기능을 부정하며, 형성력을 기판력과 결부시키면 형성력을 상대화하는 문제점이 있다. 그래서 ③ 확정된 형성판결 존재가 법률요건을 이루고, 형성판결 확정에 따라서 후소 법원을 비롯하여 누구라도 여기에 구속되는 효과인 형성력이 발생한다는 법률요건적 효력설이 등장하였다. 법률요건적 효력설은 형성력을 실체법적으로 설명한다는 특징이 있다. 즉 실체법이 형성판결 존재를 구성요건으로 일정한 법효과 발생을 규정하므로 형성력이 생긴다고 한다. 형성력은 법률이 규정한 때만 발생하고, 해당 법률이 형성판결 존재를 구성요건으로 삼아야 비로소 형성력이 생길 뿐 아니라 형성력의 구체적 내용도 해당 법률 내용에 따라서 결정되며 대세효가 있는 형성력의 법적 명확성과 법적 안정성을 확보할 수 있다는 점에서 법률요건적 효력설이 타당하다고 생각한다. 형성력의 본질은 형성력의 효력 범위와 밀접한 관련이 있다. 즉 기판력설을 따르면 형성력은 기판력이 미치는 범위까지만 미치고, 국가적 처분행위설이나 법률요건적 효력설을 따르면 기판력과 무관하게 대세적 효력을 인정할 수 있다.

(2) 형성력과 고유한 법률요건적 효력의 비교

① 일정한 내용이 있는 유효한 판결 존재가 실정법적 법률요건(이나 헌법요건)이고, 그를 통해서 법관계 변동이 발생하며, ② 기판력에 기초한 효력이 아니고, 효력이 소송물이나 심판 대상과 일치하지 않는다는 점(소송물이나 심판 대상에 관한 모든 판결이 형성판결이 되는 것도 아니고, 법률규정의 요건이 되는 것도 아니다)에서 형성력과 고유한 법률요건적 효력은 같다. 그러나 형성력이 고유한 법률요건적 효력과 옹글게(완벽하게) 일치하는 것은 아니다. 먼저 ① 형성력은 형성판결의 목적이고, 주된 효력이며, 내용적 효력이라서 판결주문에서 선언된다. 하지만 고유한 법률요건적 효력은 부수적 효력이므로 판결주문에 나타나지 않는다. 다음 ② 형성판결은 법관계 형성의 명확성과 안정성 확보가 실정법규정의 목적이다. 하지만 부수적 효력인 고유한 법률

요건적 효력은 실정법규정 목적이 다양하고 조건이 붙을 수도 있다. 끝으로 ③ 고유한 법률요건적 효력에서는 판결이 선고되면 법관계 당사자는 변동이나 청구권 발생을 다툴 수 없다. 그러나 이때 당사자가 판결의 판단내용에 구속받지 않는다. 하지만 형성력에서 구속력은 판결 존재라는 사실적 차원에 그치지 않고, 판결 내용인 판단 자체에 미친다. 이러한 점에서 형성력과 고유한 법률요건적 효력은 다르다.[7)]

이러한 차이점으로 형성력과 고유한 법률요건적 효력을 같은 것으로 취급하기는 어렵다. 즉 법률요건적 효력설을 따르더라도 형성력은 고유한 법률요건적 효력과 구별되는 특별한 법률요건적 효력이다. 이러한 점 때문에 일반적으로 형성력은 법률요건적 효력과 구별하여 논의하고 있으며, 논의하여야 한다. 형성력과 법률요건적 효력은 각자의 독자성을 존중하면서 살펴보아야 한다. 특히 형성력은 형성판결의 직접적 목적이라서 헌법재판소는 형성력 인정 필요성을 고려하여 형성판결을 내릴 것인지를 결정할 수 있다(혹은 결정하여야 한다). 하지만 법률요건적 효력은 판결의 직접적 효력이 아니라서 [간접적 고려를 옹글게(완벽하게) 배제할 수는 없지만] 법률요건적 효력 발생을 직접 고려하여 법률요건(때로는 헌법요건)이 되는 결정 선고 여부를 판단할 수는 없다. 그리고 형성력은 본래적 효력이지만, 고유한 법률요건적 효력은 파생적 효력이라는 점도 잊지 말아야 한다. 이러한 차이점을 강조하면 형성력을 법률요건적 효력과 구별되는 독자적 효력으로 볼 여지도 있다.

3. 형성력과 기판력 비교

일반 사법판결의 중요 효력인 기판력과 형성력은 여러 면에서 다르다. 먼저 ① 기판력은 사실심 변론 종결 시점의 권리나 법관계를 확정한다. 하지만 형성력은 판결 확정 시점에 발생하고 앞날의 법관계를 형성하거나 때에 따라서는 소급하여 법관계를 형성한다. 따라서 기판력과 형성력은 효력 발생 시점이 다르다. 다음 ② 기판력의 내용은 구속적이고 지속적인 효력이라서 당연히 후소를 전제한다. 하지만 형성력의 내용은 법적 변동을 일으키고 그 변동 순간에만 영향을 주며 그 자체로 완결적이어서 지속적 효력이 아니다. 따라서 형성력은 후소나 그 밖의 절차를 전혀 전제하지 않는다. 이러한 점에서 기판력과 형성력은 효력 내용이 다르다. 그리고 ③ 기판력은 소송물이나 심판 대상에 관한 것이다. 하지만 형성 대상은 판결주문에서 언급된 법관계이다. 소송당사자가 같다면 소송물이나 심판 대상이 복수이더라도 그 소송물이나 심판 대상 중 어떤 것이 인정되더라도 형성력 대상은 하나이고, 당사자가 여러

---

7) 이상 **조상혁**(주 1), 418~419쪽.

명이어도 형성력 대상은 하나이다. 따라서 기판력과 형성력은 효력 대상도 다르다. 또한, ④ 기판력은 소송법상 효력이어서 일반적 명령에 근거를 두고 모든 확정된 종국판결에서 발생한다. 하지만 형성력은 실체법상 효력이고, 언제나 특정한 실정법에 근거를 두며, 특정한 내용의 판결에서만 발생한다. 그래서 기판력은 소송법이 규율하고, 형성력은 해당 실체법이 규율한다. 따라서 기판력과 형성력은 해당 평면이 다르다. 끝으로 ⑤ 기판력은 당사자와 그 승계인에게만 미치는 것이 원칙이다. 하지만 형성력은 제3자에게도 미친다(대세효). 따라서 기판력과 형성력은 효력이 미치는 범위가 다르다.[8] 그러나 형성력이 확정된 종국판결에서 도출된다는 점에서 형성력은 기판력을 포함한 확정력을 전제한다. 이러한 점에서 형성력이 인정되어도 확정력은 여전히 판결의 기본적 효력이다.

4. 기속력과 비교

기속력은 확정력이나 기판력의 주관적 확장 혹은 주관적·객관적 확장이다. 이러한 점에서 확정력과 형성력의 비교 내용은 대부분 기속력과 형성력의 비교 내용과 같다. 다만, 확정력과 기속력의 차이점에서 비롯하는 다른 내용이 있다. 먼저 ① 기속력은 확정력의 주관적 확장으로서 헌법재판소 결정의 효력을 국가기관에도 미치게 한다. 이러한 점에서 기속력도 당사자와 법원 이외의 제3자에게 효력을 확장한다. 하지만 기속력은 오로지 국가기관에만 주관적 측면에서 효력을 양적으로 확장한다. 따라서 국가기관은 물론 일반 국민에게도 효력을 미치게 하는 형성력과는 차이가 있다. 다음 ② 기속력은 판결에서 도출되는 효력이라는 점에서 확정력과 같다. 하지만 확정력은 일반적 효력으로서 실정법 유무와 상관없이 당연히 판결에서 생긴다. 그러나 기속력은 특별한 효력으로서 이것을 인정하는 특별한 규정이 있을 때만 예외적으로 인정된다. 이러한 점에서 기속력은 형성력과 같다.

Ⅲ. 형성판결에 속하는 헌법재판소 결정

1. 형성력이 부여될 수 있는 헌법재판소 결정

판결에 형성력이 부여되려면 형성 대상이 되는 법관계가 있어야 하고, 그 소송이 당사자적격이 있는 주체 사이에서 수행되어야 한다.[9] 형성 대상이 되는 법관계는

8) 이상 **조상혁**(주 1), 411쪽.

소를 제기하여 법원 판결을 받아야 비로소 변동되는 법관계이다. 따라서 형성력은 형성의 소가 인용되는 형성판결에서만 발생한다. 그래서 헌법재판소 결정도 형성의 소를 인용하는 결정에 해당하면 당연히 형성력이 인정된다. 형성력은 헌법재판소법이 인정하는 효력이지만, 헌법재판소 결정에 따라서 발생하는 효력이므로 헌법재판소 결정의 효력이다.[10)]

헌법재판소의 개별 심판 중에서 피청구인을 공직에서 파면시킴을 목적으로 하는 탄핵심판(헌법 제111조 제1항 제2호), 위헌정당 해산을 목적으로 하는 정당해산심판(헌법 제111조 제1항 제3호), 기본권을 침해하는 공권력 취소를 목적으로 하는 헌법소원심판(헌법 제111조 제1항 제5호, 헌법재판소법 제68조 제1항) 그리고 피청구기관 처분의 취소를 목적으로 하는 권한쟁의심판(헌법 제111조 제1항 제4호, 헌법재판소법 제66조 제2항)이 형성의 소에 속한다. 그리고 법률의 효력 상실을 목적으로 하는 위헌법률심판(헌법 제111조 제1항 제1호)과 위헌소원심판(헌법재판소법 제111조 제1항 제5호, 헌법재판소법 제68조 제2항)을 형성의 소로 보는 견해도 있다. 형성의 소에 해당하는 헌법재판소의 개별 심판들은 인용결정이 내려져야 비로소 법관계가 변동된다. 따라서 형성의 소에 해당하는 헌법재판소의 개별 심판들에서 인용결정에는 형성력이 귀속된다.

2. 법률을 위헌으로 선언하는 결정(헌법재판소 제47조 제2항과 제3항, 제75조 제6항)?

헌법재판소는 위헌법률심판과 헌법소원심판에서 심판 대상인 법률을 위헌으로 선언하는 결정을 내릴 수 있다(헌법재판소법 제47조 제2항과 제3항, 제75조 제6항). 헌법재판소가 위헌으로 결정한 법률은 효력을 상실한다. 이러한 효력을 많은 학자는 독일 논의[11)]를 받아들여 법률적 효력(법규적 효력)으로 이해한다. 헌법재판소도 이러한 효력을 법규적 효력으로 이해한다.[12)]

---

9) **정동윤/유병현/김경욱**(주 1), 815쪽.

10) **조상혁**(주 1), 408~409쪽 참조.

11) 이에 관한 소개는 **허완중**, 「헌법재판에서 필요성이 의심되는 법률적 효력과 형성력에 의한 그 대체 가능성」, 『안암법학』 제28호, 안암법학회, 2009, 35~41쪽; ***Ernst Benda/Eckart Klein/Oliver Klein***, Verfassungsprozeßrecht, 3. Aufl., Heidelberg 2012, Rdnr. 1436 ff.; ***Christian Pestalozza***, Verfassungsprozeßrecht, 3. Aufl., München 1991, § 20 Rdnr. 94 ff.; ***Klaus Schlaich/Stefan Korioth***, Das Bundesverfassungsgericht – Stellung, Verfahren, Entscheidung, 11. Aufl., München 2018, Rdnr. 495 ff.

12) 헌재 2012. 12. 27. 2012헌바60, 판례집 24-2하, 529, 535: "헌법재판소법은 위헌으로 결정된 법률 또는 법률조항은 원칙적으로 그 결정이 있는 날로부터 효력을 상실하도록 규정하고 있다(제47조 제2항, 제75조 제6항). 이에 따라 법률 또는 법률조항에 대한 위헌결정은 일반적 기속력과 대세적·법규적 효력을 가진다."

그런데 이러한 효력을 형성력으로 보는 견해도 있다. 먼저 법률적 효력(법규적 효력)은 실정법적 근거가 없을 뿐 아니라 혼란을 일으키고 법이론상으로도 타당하지 않으므로 일반 소송법이론에 따라 형성력이라는 용어를 사용하자는 견해가 있다.[13] 이 견해는 법률의 위헌결정은 법률을 법령집에서 삭제하거나 폐지공포하여 어떠한 집행행위 도움 없이 법률의 효력을 상실시킨다고 하면서 위헌법률심판에서 법률의 위헌결정이 형성판결에 해당한다고 한다. 그리고 헌법재판소가 위헌법률심판에서 한 위헌결정이나 다른 심판절차에서 한 법률에 대한 위헌결정으로 말미암아 심판대상인 법률이 효력을 상실하는 것은 소송법적으로 보면 형성력으로 이해된다는 견해도 있다.[14] 법률의 위헌결정에 따른 효력 상실을 형성력으로 이해하는 견해는 결국 법률을 위헌으로 선언하는 결정을 형성판결로 보는 것이다.[15] 참고로 독일에서도 법규범을 폐기하는 재판에 특정한 일반 사법판결의 형성력에 상응하는 효력이 귀속되는 것이 자명하므로 연방헌법재판소 재판의 사실적인 대세적 효력은 이미 사물의 본성에 따라서 주어진다는 견해가 있다.[16] 그리고 무효선언이 형성판결이라면 무효선언은 어차피 대세적으로 효력이 미쳐서 법률적 효력은 여기에 어떤 것도 추가하지 못한다는 견해도 있다.[17] 또한, 연방헌법재판소가 규범심사를 통해서 규범을 위헌이나 무효로 선언한다면, 이러한 모든 것에 효력을 미치는 재판은 확정력 있는 확인 이외에도 일종의 법적 상황 '형성'을 포함한다는 견해도 있다.[18]

법률적 효력(법규적 효력)은 독일 기본법의 명문 규정을 바탕으로 논의되는 특별한 효력이다. 따라서 법률적 효력(법규적 효력)은 실정법적 근거 없이 일반 소송법이론을 토대로 인정할 수 있는 효력이 아니다. 그리고 법률적 효력(법규적 효력)은 독일 연방헌법재판소 재판의 효력을 일반 국민에게까지 주관적으로 확장하는 것에 불과

13) **이성환**, 「헌법재판소 결정의 효력에 관한 연구」, 서울대학교 법학박사학위논문, 1994, 124~125쪽.

14) **정종섭**, 『헌법소송법(제8판)』, 박영사, 2014, 190쪽. 그러나 2010년에 발행된 이 책의 제6판 187쪽에서는 개별 심판절차의 특성상 특별히 헌법재판소의 결정에 인정되는 효력의 하나로 위헌결정에 귀속되는 일반적 효력(=법률적 효력=법규적 효력 Gesetzeskraft)을 거론하면서, 엄격하게 말하면 일반적 효력은 위헌으로 결정된 법률의 효력이므로 종국결정의 효력이라고 하기는 어려워서, 기판력이나 기속력과 아무런 관계가 없다고 하였다.

15) 자세한 설명 없이 위헌제청과 헌법소원을 실체법상 형성의 소로 분류하는 견해로는 **이시윤**(주 1), 207쪽; **정동윤/유병현/김경욱**(주 1), 70쪽.

16) ***Steffen Detterbeck***, Streitgegenstand und Entscheidungswirkungen im öffentlichen Recht, Tübingen 1995, S. 352.

17) ***Christian Pestalozza*** (Anm. 11), § 20 Rdnr. 98.

18) ***Hans Brox***, Zur Zulässigkeit der erneuten Überprüfung einer Norm durch das Bundesverfassungsgerichts, in: Gerhard Leibholz/Hans Joachim Faller/Paul Mikat/Hans Reis (Hrsg.), Menschenwürde und freiheitliche Rechtsordnung: Festschrift für Willi Geiger zum 65. Geburtstag, Tübingen 1974, S. 823.

하고 위헌으로 선언된 법률의 효력을 상실시키는 효력과 관련이 없다. 이러한 점에서 헌법재판소법 제47조 제2항과 제3항(그리고 제75조 제6항)을 근거로 법률적 효력(법규적 효력)을 인정하려는 견해는 타당하다고 보기 어렵다. 그리고 헌법재판소법 제47조 제2항과 제3항(그리고 제75조 제6항)을 일반소송법적으로 해석하려는 시도 없이 특별한 효력으로 이해하는 태도도 문제가 있다고 생각한다. 이러한 점에 비추어 형성력이라는 일반소송법적 논의를 바탕으로 헌법재판소법 제47조 제2항과 제3항(그리고 제75조 제6항)을 해석하려는 시도는 원칙적인 해석방법으로 볼 수 있다. 그러나 법률의 위헌결정은 주문에서 심판 대상인 법률이 위헌이라고 선언할 뿐이다. 그리고 법률의 위헌성은 헌법재판소가 창설하는 것이 아니라 이미 선존하는 위헌성을 확인하는 것에 불과하다. 따라서 법률의 위헌결정은 형성판결이 아니라 확인판결에 해당한다. 법률의 위헌결정 주문에는 해당 법률의 효력 상실에 관한 언급이 전혀 없기 때문이다. 위헌으로 결정된 법률이 효력을 상실한다는 내용은 결정주문이 아니라 헌법재판소법 제47조 제2항과 제3항(그리고 제75조 제6항)에 있다. 따라서 위헌으로 결정된 법률이 효력을 상실하는 것은 법률의 위헌결정 때문이 아니라 헌법재판소법 제47조 제2항과 제3항(그리고 제75조 제6항) 때문이다. 이러한 점에 비추어 법률의 위헌결정에 따른 효력 상실은 법률요건적 효력으로 볼 수는 있어도 형성력으로 볼 수는 없다고 생각한다.

3. 피청구인을 해당 공직에서 파면하는 결정(헌법재판소법 제53조 제1항)

탄핵심판에서 헌법재판소는 재판관 6명 이상 찬성으로 탄핵의 결정을 할 수 있다(헌법 제113조 제1항, 헌법재판소법 제23조 제2항 단서 제1호). 탄핵결정 주문은 예를 들어 "피청구인을 파면한다." 또는 "피청구인 '공직명' ○○○을(를) 파면한다."라는 형식을 취한다.[19] 피청구인은 탄핵결정 선고를 통해서 그 공직에서 파면된다. 그러나 탄핵의 결정으로 민사상 책임이나 형사상 책임이 면제되는 것은 아니다(헌법 제65조 제4항, 헌법재판소법 제54조 제1항). 징계적 처벌에 해당하는 탄핵결정과 민·형사재판 사이에는 일사부재리원칙이 적용되지 않는다. 따라서 탄핵결정이 있고 나서 별도로 민사소송이나 형사소송이 제기될 수 있다. 형사상 책임 불면제는 대통령에게 특별한 의미가 있다. 대통령은 그 형사상 특권(헌법 제84조)으로 말미암아 내란·외환의 죄를 제외하고는 재직 중 형사상 소추를 받지 않으므로 파면결정으로 대통령 신분이 상실되면 곧바로 그에 대한 형사소추를 할 수 있기 때문이다.

---

19) 대통령(박근혜) 탄핵 사건의 주문은 "피청구인 대통령 박근혜를 파면한다."이었다(헌재 2017. 3. 10. 2016헌나1, 공보 245, 1, 4).

탄핵심판에서 판단하는 것은 피청구인의 파면 여부이다. 그래서 피청구인이 결정 선고 전에 해당 공직에서 파면되면 헌법재판소는 심판 청구를 기각하여야 한다(헌법재판소법 제53조 제2항). 피청구인이 해당 공직에서 파면되면 심판 청구 목적이 달성되기 때문이다. 파면은 공무원인 피청구인을 강제로 퇴직시키는 것이다. 파면으로 말미암아 피청구인은 공무원이라는 신분을 상실한다. 따라서 파면은 신분관계를 바꾸는 법관계 변동이다. 그리고 탄핵을 통한 파면은 오로지 헌법재판소 결정을 통해서만 가능하다. 이러한 점에서 피청구인을 해당 공직에서 파면하는 결정은 형성판결에 해당하고, 여기서 당연히 형성력이 발생한다. 그러나 피청구인의 민사상 또는 형사상 책임 불면제와 공직 취임 금지는 헌법재판소법 제54조가 명시적으로 규정하지만, 이러한 내용은 탄핵결정 주문에 표시되지 않는다. 더욱이 사면 금지는 명시적인 실정법 규정조차 없다. 따라서 이러한 효력은 형성력이 아니다. 결국, 이러한 효력은 법률요건적 효력에 해당하는지가 문제 되거나 해당 규정 해석 문제로 남는다.

국회에서 탄핵소추 의결이 있으면 의장은 즉시 소추의결서 정본을 법제사법위원장인 소추위원에게, 그 등본을 헌법재판소·피소추자와 그 소속기관 장에게 송달한다(국회법 제134조 제1항). 소추의결서가 송달되면 임명권자는 피소추자의 사직원을 접수하거나 해임할 수 없다(국회법 제134조 제2항). 피청구인이 파면을 당하면 사임이나 해임과 달리 피청구인은 향후 5년간 공무원이 될 수 없고(헌법재판소법 제54조 제2항, 국가공무원법 제33조 제7호), 퇴직급여는 5년 미만 근무자이면 1/4, 5년 이상 근무자이면 1/2이 감액되고, 퇴직수당은 1/2이 감액된다(공무원연금법 제64조 제1항 제2호, '공무원연금법 시행령' 제55조 제1항 제1호). 당사자 사임이나 임명권자 해임으로 탄핵을 면할 수 있다면 탄핵제도가 유명무실하게 될 것이기 때문이다.[20] 이것에 위반한 사직원 접수나 해임은 무효이다.

그러나 소추의결서가 송달되기 전에는 피소추자가 사직하거나 피소추자를 해임할 수 있다. 하지만 소추의결서가 송달된 이후의 피소추자 사임이나 임명권자 해임이 전혀 효력이 없는 것은 아니다. 즉 피소추자 사임이나 임명권자 해임은 탄핵기각을 정지조건부로 효력이 있다. 즉 소추의결서가 송달된 이후의 피소추자 사임이나 임명권자 해임은 탄핵기각결정이 내려지면 효력이 발생하는 것으로 보아야 한다. 따라서 탄핵기각결정이 내려지고 나서는 물론 탄핵기각결정이 내려지기 전에도 피소추자 사임이나 임명권자 해임은 철회될 수 없다. 대통령과 같이 임명권자가 없는 피소추자의 사직원도 탄핵기각을 정지조건부로 효력이 있다. 대통령과 같이 임명권자

20) **김하열**, 『헌법소송법(제3판)』, 박영사, 2018, 710쪽; **이승우/정만희/음선필**, 『탄핵심판제도에 관한 연구』(헌법재판연구 제12권), 헌법재판소, 2001, 159쪽.

가 없는 피소추자도 소추의결서가 송달되고 나서 사직할 수 있다. 따라서 소추의결서가 송달되고 나서 피소추자가 사직원을 제출하였을 때 탄핵결정이 나면 피소추자는 파면되고, 탄핵기각결정이 내려지면 피소추자는 선고 시점에 사직하게 된다(정확하게는 사직원을 수리할 수 있다). 그리고 소추의결서가 송달되고 나서 임명권자가 피소추자를 해임하면, 탄핵 여부가 결정되기 전에는 그 효과가 발생하지 않다가 탄핵결정이 나면 피소추자가 파면되고, 탄핵기각결정이 내려지면 피소추자는 선고 시점에 해임되게 된다. 탄핵소추 당한 사람을 탄핵소추를 받지 않은 사람보다 우대할 이유가 없을 뿐 아니라 탄핵제도의 실효성을 보장하려는 국회법 제134조 제2항의 취지에 이러한 해석이 어긋나지 않고, 오히려 이러한 행위의 효력을 부정하면 이러한 행위의 오·남용을 막을 방법이 없기 때문이다. 특히 형성의 소인 탄핵심판이 청구되었다고 관련된 모든 행위가 금지되는 것이 아니고 형성판결인 탄핵결정에 따른 형성력 발생을 방해하는 행위만 금지되기 때문이다. 그래서 탄핵소추를 받은 사람이 결정 선고 이전에 파면되면 탄핵 목적이 달성되어서, 정확하게는 탄핵결정에 따른 형성력이 발생한 것과 같은 효과가 발생하므로 탄핵심판 청구를 기각하여야 한다(헌법재판소법 제53조 제2항).

4. 정당 해산을 명하는 결정(헌법재판소법 제59조)

정당해산심판 청구가 이유 있으면 헌법재판소는 "피청구인 ○○정당을 해산한다."라는 형식[21]의 정당해산 결정을 선고한다(헌법재판소법 제59조). 헌법재판소가 정당해산을 명하는 결정을 선고하면 그 정당은 해산된다(헌법재판소법 제59조). 중앙당뿐 아니라 정당 일부를 이루는 시·도당도 함께 해산된다. 헌법재판소의 정당해산결정은 창설적 효력이 있다. 즉 이러한 정당해산 효과는 헌법재판소 결정에 따라서 비로소 발생하고, 중앙선거관리위원회가 헌법재판소 통지를 받고 정당법 제47조에 따라 그 정당 등록을 말소하고 이것을 공고하는 행위는 단순한 사후적 행정조치에 불과하다. 즉 중앙선거관리위원회 해산 공고는 선언적·확인적 효력이 있을 뿐이다. 해산결정이 확정된 정당은 그때부터 불법결사가 되므로 행정청이 행정처분으로 그 정당의 존립과 활동을 금지할 수 있다. 정당조직 일부를 구성하는 부분조직이나 정당의 부분으로서 특수한 과제를 담당하는 특별조직도 해산되는 정당과 운명을 같이한다. 시·도당별로 창당절차를 거치는 것(정당법 제9조와 제13조 참조) 등 시·도당의 독자성을 인정할

21) 통합진보당 해산 사건에서 주문은 "1. 피청구인 통합진보당을 해산한다."이었다(헌재 2014. 12. 19. 2013헌다1, 판례집 26-2하, 1, 14).

수 있고, 정당해산결정에도 비례성원칙이 적용되므로 정당의 가분적 일부에 대한 해산결정도 헌법재판소는 내릴 수 있다.[22)]

정당해산심판에서 판단하는 것은 정당의 해산 여부이다. 정당해산심판이 청구되고 나서도 피청구인인 정당은 자진해산을 할 수는 있다. 따라서 결정 선고 전에 피청구인 정당이 스스로 해산하면 헌법재판소는 기각결정을 내린다. 피청구인 정당의 해산이라는 심판목적이 달성되었기 때문이다. 그러나 정당해산결정의 효력에 내포된 정당의 위헌성 확인 효과가 예외적으로 위헌사유가 발생한 시점까지 소급하면 정당해산제도의 실효성을 효과적으로 확보하기 위해서 자진해산한 정당에 대하여 해산결정을 하는 실익이 있어서 유효한 자진해산이 있더라도 헌법재판소는 절차를 속행할 수 있다.[23)] 정당이 해산되면 정당을 중심으로 이루어진 법관계가 소멸한다. 따라서 정당 해산은 정당을 중심으로 한 모든 법관계를 변동시킨다. 그리고 위헌정당의 강제해산은 오로지 헌법재판소 결정을 통해서만 가능하다(헌법 제8조 제4항). 이러한 점에서 피청구인 정당을 해산하는 결정은 형성판결에 해당하고, 여기서 당연히 형성력이 발생한다. 그러나 잔여재산 국고 귀속(정당법 제41조 제3항), 대체정당 금지(정당법 제42조), 동일명칭 사용 금지(정당법 제41조 제2항)의 효과는 정당해산결정 주문에 나타나지 않는다. 따라서 이러한 효과는 형성력에 해당하지 않는다. 결국, 이러한 효력은 법률요건적 효력에 해당하는지가 문제 되거나 해당 규정 해석 문제로 남는다.

헌법재판소는 통합진보당이 위헌정당이라고 해산결정을 내리면서 통합진보당 소속 국회의원들의 의원직을 상실시키는 결정을 내렸다.[24)] 이 결정에 대해서 위헌정당을 해산한다고 선언하면서 해당 정당 소속 국회의원의 의원직을 상실시키는 결정은 소속 국회의원은 위헌정당해산심판에서 청구인도 피청구인도 아니라서 당사자가 아니므로 그에게 효력이 없고, 정당해산결정은 형성판결이라서 그에 관한 법률규정이 필요한데 정당해산결정에 관한 규정에는 위헌정당 소속 국회의원의 의원직 상실에 관한 내용이 없어서 헌법재판소가 내릴 수 없다는 비판이 있다.[25)]

---

22) **이성환/정태호/송석윤/성선제**, 『정당해산심판제도에 관한 연구』(헌법재판연구 제15권), 헌법재판소, 2004, 227쪽; **한수웅/정태호/김하열/정문식**(정태호 집필), 『주석 헌법재판소법』, 헌법재판소 헌법재판연구원, 2015, 794쪽.

23) **이성환/정태호/송석윤/성선제**(주 22), 196쪽; **한수웅/정태호/김하열/정문식**(정태호 집필)(주 22), 739~740쪽; **홍성방**, 『헌법소송법』, 박영사, 2015, 189쪽. 정당해산심판이 형사벌이나 행정벌과 달리 과거행위에 대한 제재가 아니라 앞날을 향해서 헌법을 보호하는 것이므로 피청구인인 정당이 자진해산할 수 있다는 견해로는 **정종섭**(주 14), 473쪽.

24) 헌재 2014. 12. 19. 2013헌다1, 판례집 26-2하, 1.

25) **강현중**, 「헌재의 해산 정당 소속 국회의원직 상실 결정의 소송법상 효력」, 『법률신문』 제4423호, 2016. 6. 20., 12쪽.

소송법적 측면에서 먼저 형성판결에 따르는 형성력은 당사자가 아닌 일반 제3자에게도 미친다는 점에서 위헌정당 소속 국회의원이 위헌정당해산심판의 당사자가 아니더라도 위헌정당 소속 국회의원의 의원직이 상실된다는 형성판결을 헌법재판소가 내릴 수 있다면 아무런 문제가 되지 않는다. 따라서 관건은 헌법재판소가 이러한 형성판결을 내릴 수 있는지이다. 그런데 형성판결은 반드시 실정법적 근거가 있어야 한다. 하지만 헌법은 물론 헌법재판소법과 국회법, 정당법을 비롯한 실정법 어디에도 이에 관한 언급이 전혀 없다. 즉 위헌정당 소속 국회의원의 의원직 상실에 관한 실정법적 근거는 전혀 찾을 수 없다. 특히 국회법 제136조는 국회의원의 퇴직을 규정하는데 여기에 위헌정당 해산과 관련된 내용은 없다. 따라서 적어도 소송법적 측면에서 헌법재판소는 이러한 결정을 내릴 수 없다고 보아야 할 것이다.

헌법재판소의 해산결정으로 위헌정당이 해산되면 그 정당 소속 국회의원이 그 의원직을 유지하는지 혹은 상실하는지에 관하여 헌법이나 법률에 명문 규정이 없는데도 피청구인 정당 소속 국회의원들이 의원직을 상실한다고 하면서 헌법재판소가 내세우는 근거는 '국회의원의 국민대표성과 정당기속성의 관계' 그리고 '정당해산심판제도의 본질적 효력'이다.[26] 국회의원의 국민대표성과 정당기속성의 관계, 특히 국회의원의 정당기속성과 정당해산심판제도의 본질적 효력은 피청구인 정당 소속 국회의원들의 의원직을 상실하여야 하는 필요성을 근거 지울 수는 있다. 그러나 형성력을 부여할 필요성을 설명하는 것만으로는 실정법적 근거가 필수적인 형성력을 실정법 없이도 부여할 수 있는 충분한 근거를 제시한 것으로 볼 수 없다. 이러한 점에서 헌법재판소는 정당해산결정과 관련하여 형성력에 관한 진지한 고민이 없었던 것으로 보인다. 따라서 적어도 소송법적 측면에서 헌법재판소가 정당해산결정을 내리면서 피청구인 정당 소속 국회의원들이 의원직을 상실한다고 한 것은 헌법재판소 권한 밖의 행위로 보인다.

5. 권한침해 원인이 된 피청구인의 처분을 취소하는 결정(헌법재판소법 제66조 제2항)

권한쟁의심판에서 헌법재판소는 심판 대상이 된 국가기관이나 지방자치단체 권한의 유무나 범위를 판단하고(헌법재판소법 제66조 제1항), 나아가 권한침해 원인이 된 피청구인의 처분을 취소하거나 그 무효를 확인할 수 있고, 헌법재판소가 부작위에 대한 심판 청구를 인용하는 결정을 하면 피청구인은 결정취지에 따른 처분을 하여야 한다(헌법재판소법 제66조 제2항). 이처럼 권한쟁의심판에서는 2단계의 판단과 그에 따른

26) 헌재 2014. 12. 19. 2013헌다1, 판례집 26-2하, 1, 112-114.

결정을 할 수 있다. 헌법재판소는 '권한의 유무나 범위'에 관해서는 필수적으로 판단하여야 한다. 하지만 처분의 취소나 무효 확인은 재판부 재량에 따라 부가적으로 할 수 있다. 처분의 취소나 무효 확인 결정을 할 때는 "피청구인의 처분을 취소한다." 또는 "피청구인의 처분이 무효임을 확인한다."라고 결정주문을 낸다.[27]

무효 확인 결정은 해당 처분이 처음부터 처분으로서 아무런 효력이 발생하지 않았음을 확인한다. 따라서 무효 확인 결정은 기존 법관계를 확인할 뿐이고 변동시키지 않는다. 이러한 점에서 무효 확인 결정은 형성판결이 아니라 확인판결에 불과하다.[28] 그러나 처분의 취소 결정은 일단 유효한 것으로 인정되었던 처분이 원칙적으로 소급하여 무효가 된다. 즉 처분의 취소 결정에 따라 법관계가 변동된다.[29] 그리고 처분의 취소는 오로지 취소 결정을 통해서만 가능하다. 따라서 처분의 취소 결정은 형성판결에 해당하고, 그에 따른 해당 처분의 무효는 형성력에 속한다.[30] 권한쟁의 심판에서 처분 취소 결정은 청구 인용에 따른 필수적 결정이 아니라 선택적·부가적 결정이라는 점에 특색이 있다.

---

27) 무효 확인을 한 것으로는 헌재 1999. 7. 22. 98헌라4, 판례집 11-2, 51, 61; 헌재 2006. 8. 31. 2003헌라1, 판례집 18-2, 319, 325. 취소한 것으로는 헌재 2006. 8. 31. 2004헌라2, 판례집 18-2, 356, 360.

28) 대법원 2014. 5. 22. 선고 2012도7190 전원합의체 판결 다수의견에 대한 대법관 이인복, 대법관 이상훈, 대법관 김용덕의 보충의견(공2014상, 1265): "행정소송법 제4조 제2호는 행정처분의 무효확인소송을 항고소송의 한 형태로 규정하고 있지만, 무효확인판결은 문언 그대로 행정처분이 무효임을 확인·선언하는 확인판결에 불과하며, 행정처분의 효력을 상실시키는 형성판결이 아니다. 이러한 점에서 무효확인소송은 어떠한 행정처분을 취소하는 판결이 확정되어야 비로소 그 행정처분의 효력이 소멸되는 형성적 효력이 발생하는 취소소송과는 본질적으로 다르다."

29) 대법원 1969. 1. 28. 선고 68다1466 판결(집17-1, 100): "… 행정 소송에 있어 어느 하자 있는 행정 처분을 취소하는 법원의 판결이 선고 되었다는 사실 만으로 행정 처분 취소의 형성력이 발생한다고 할 수 없고 동 판결이 확정함으로서 비로소 행정 처분취소의 효력(형성력)이 발생함은 당연한 법리임…"

30) 헌재 2010. 11. 25. 2009헌라12, 판례집 22-2하, 320, 330 재판관 이공현, 재판관 민형기, 재판관 이동흡, 재판관 목영준의 각하의견: "권한쟁의심판에 있어서 헌법재판소는 심판의 대상이 된 국가기관의 권한의 존부 또는 범위에 관하여 판단한다(헌법재판소법 제66조 제1항). 여기서 헌법재판소는 관련된 헌법 또는 법률을 해석하여 관련 국가기관에 권한이 존재하는지 여부와 그 권한의 범위를 확정하는바, 기본적으로 헌법재판소법 제66조 제1항에 따른 결정은 권한의 존부 또는 범위에 관한 확인적 성격을 지닌다. 헌법재판소가 위와 같이 권한침해확인결정을 하는 경우에 나아가 권한침해의 원인이 된 피청구인의 처분을 취소하거나 그 무효를 확인할 수 있는바(같은 조 제2항), 처분의 취소 또는 무효확인 결정은 권한질서를 회복하고 청구인의 권한을 회복시켜주는 형성적 기능을 갖는다."
헌재 2010. 11. 25. 2009헌라12, 판례집 22-2하, 320 재판관 이강국의 인용의견: "법 제66조 제2항 전문에 의한 처분의 취소나 무효확인 결정은 헌법재판소가 재량으로, 그리고 권한침해확인의 주문에 부가하여 선고할 수 있는 형성적 결정이다."

헌법재판소가 처분을 취소하면 그 처분은 소급하여 무효가 된다. 그러나 헌법재판소가 국가기관이나 지방자치단체의 처분을 취소하는 결정을 하더라도 그 처분 상대방에 대해서 이미 생긴 효력에는 영향을 미치지 아니한다(헌법재판소법 제67조 제2항). 이 조항은 처분의 유효성을 믿은 제3자의 법적 안정성이나 법적 지위를 보호하기 위해서 처분 상대방에 대한 관계에서는 취소결정의 소급효를 제한하기 위한 것이다. 즉 청구인, 피청구인, 제3자의 3각관계가 형성되면 청구인과 피청구인의 권한분쟁으로 말미암아 선의의 제3자에게 손해를 끼치게 할 수 없다는 고려를 반영한 것이다. 그래서 처분 상대방이 곧 청구인이어서 제3자의 법적 지위에 대한 영향이 있을 수 없으면 이 조항은 적용되지 않는다. 이 조항을 그러한 때도 적용하여 청구인에 대해서 이미 생긴 효력, 즉 청구인이 입은 기존 권한침해 상태를 구제하지 않는 것으로 풀이한다면 권한쟁의심판의 의의나 효용성이 많이 감소하기 때문이다.[31] 이 조항이 적용되면 처분의 상대방에 대해서 이미 생긴 효력에 영향을 미치지 아니한다. '이미' 생긴 효력만 그대로 인정할 뿐이고 취소결정 이후 앞날까지 그 효력을 계속 주장할 수 있다는 것은 아니다. 무효 확인 결정은 이러한 효력상 제한을 받지 않는다.

6. 기본권 침해 원인이 된 공권력 행사를 취소하는 결정(헌법재판소법 제75조 제3항)

헌법소원심판에서 헌법재판소가 인용결정을 할 때 인용결정서 주문에서 침해된 기본권과 침해 원인이 된 공권력의 행사나 불행사를 특정하여야 한다(헌법재판소법 제75조 제2항). 헌법소원을 인용할 때 헌법재판소는 기본권 침해 원인이 된 공권력의 행사를 취소하거나 그 불행사가 위헌임을 확인할 수 있다(헌법재판소법 제75조 제3항). 이때 헌법재판소가 공권력 행사를 취소할 뿐 아니라 그 무효를 확인할 수 있는지가 문제된다. 헌법재판소는 헌법소원을 인용하는 무효 확인 결정을 아직 내리지 않았다. 헌법소원심판에 준용되는 행정소송법은 무효확인소송을 규정할 뿐 아니라(행정소송법 제35조) 취소사유보다 무효사유가 더 중대한 하자라는 점에 비추어 헌법재판소가 무효 확인 결정을 내릴 수 있다고 볼 수도 있다. 하지만 권한쟁의심판에서 보는 것처럼 헌법재판소법은 무효와 취소를 명확하게 구별하고(헌법재판소법 제66조 제2항), 무효사유를 근거로 취소결정을 내릴 수 있을 뿐 아니라 무효 확인 결정과 관련하여서도 헌법소원심판의 청구기간은 준수되어야 하므로 취소결정 이외에 무효 확인 결정을 내릴 실익이 없다. 따라서 헌법소원을 인용할 때는 취소결정만 내릴 수 있다고 보아야 할 것이다. 기본권 침해 원인이 된 공권력 행사를 취소하는 결정을 할 때는 "피청구인

---

31) **김하열**(주 20), 666~667쪽; **정연주**, 『헌법소송론』, 법영사, 2015, 299쪽.

의 공권력 행사는 청구인의 기본권을 침해한 것이므로 이를 취소한다."라고 주문에 적는다.

헌법소원심판에서 공권력 행사 취소 결정에 따라서 일단 유효한 것으로 인정되었던 공권력 행사가 원칙적으로 소급하여 무효가 된다. 따라서 공권력 행사 취소 결정으로 말미암아 법관계가 변동된다. 그리고 이러한 공권력 행사의 소급무효는 오로지 공권력 행사 취소 결정을 통해서만 가능하다. 이러한 점에 비추어 공권력 행사 취소 결정은 형성판결에 해당하고, 그에 따른 해당 공권력 행사의 무효는 형성력에 속한다.

Ⅳ. 형성력의 범위

1. 주관적 범위

형성력은 종래 법관계를 바꾸거나 사라지게 하거나 새로운 법관계를 생기게 한다. 따라서 형성력은 해당 심판의 관계인뿐 아니라 제3자에게도 효력을 미친다. 이러한 점은 당사자나 헌법재판소에만 효력이 미치는 확정력 혹은 기판력이나 국가기관에만 효력이 미치는 기속력과 구별된다.[32] 이처럼 형성력에 대세적 효력을 인정하는 이유는 헌법재판이 사인의 권리구제만을 목적으로 하는 것이 아니라 객관적 헌법질서 보호를 목적으로 하기 때문이다(헌법재판의 2중적 성격).[33] 그리고 헌법재판은 공법적 효과나 공법관계를 대상으로 하는데, 이것은 획일적으로 규율되어야 하며, 특정인에게는 효력이 존속하고 다른 특정인에게는 효력이 미치지 않는 결과가 되어서는 많은 사람을 대상으로 통일적으로 규율하여야 할 헌법관계 안정이라는 요청에 부합하지 않기 때문이다. 또한, 형성의 소에서 형성판결의 존재는 실정법이 그것에 일정한 법적 상태 변동이라는 법효과를 결부시킨 일종의 법률요건이라서 형성판결의 형성력은 일종의 법률요건적 효력으로서 당연히 제3자에게 효력이 미친다.[34] 이러한 대세적 효력으로 말미암아 법적 안정성이 흔들릴 수 있다. 그러므로 형성력이 발생하는 형성의 소는 명문 규정으로 허용되는 때만 인정하는 것이 원칙이다(형성의

32) 따라서 형성판결에서 기판력과 형성력의 주관적 범위는 다르다[대법원 1960. 8. 31. 선고 4291행상118 판결; 대법원 1972. 10. 31. 선고 72누89 판결(집20-3, 007)].

33) 같은 견해: **이성환**(주 13), 126쪽.

34) **백춘기**(주 1), 527쪽 참조.

소 법정주의).[35] 그리고 형성력의 내용은 명문 규정이 구체화하여야 한다. 따라서 헌법재판소법은 개별 심판절차에서 형성력을 구체적으로 규정한다(헌법재판소법 제53조 제1항, 제59조, 제66조 제2항, 제75조 제3항). 그리고 대세적 효력 때문에 법적 안정성을 위해서 형성의 소는 명문으로 제소권자와 제소기간을 한정하는 때가 많다.[36] 헌법재판소법도 형성의 소에 해당하는 개별 심판절차에서 청구권자와 제소기간을 명확하게 규정한다. 헌법재판과 마찬가지로 객관소송에 속하는 행정소송에서도 형성의 소에 해당하는 취소소송의 인용판결(취소판결)에 형성력이 인정된다(행정소송법 제29조). 그러나 해당 규정은 취소판결을 내릴 수 있다고 규정하지 않고 제3자에 대해서도 효력이 있다고 규정할 뿐이다. 취소 개념 자체가 이미 법관계 변동을 포함하기 때문이다. 다만, 형성력의 대세효를 제한 없이 인정하면 헌법재판에 관여하지 않은 제3자가 예측할 수 없는 손해를 입을 수도 있다. 따라서 때에 따라서는 이러한 제3자를 보호하려고 형성력의 대세효를 제한할 수 있다. 이러한 제한은 형성력의 예외이므로 원칙적으로 명문 규정이 있을 때만 허용된다(예를 들어 헌법재판소가 국가기관이나 지방자치단체의 처분을 취소하는 결정을 하더라도 그 처분 상대방에 대해서 이미 생긴 효력에는 영향을 미치지 아니한다고 규정하는 헌법재판소법 제67조 제2항).

2. 객관적 범위

① 탄핵심판의 탄핵결정은 피청구인을 해당 공직에서 파면시키고(헌법재판소법 제53조 제1항), ② 정당해산심판의 정당해산결정은 정당을 해산시킨다(헌법재판소법 제59조). 그리고 ③ 권한쟁의심판의 취소결정은 청구인의 권한을 침해한 피청구기관의 처분을 취소시키고(헌법재판소법 제66조 제2항), ④ 헌법소원심판의 취소결정은 기본권 침해원인이 된 공권력 행사를 취소시킨다(헌법재판소법 제75조 제3항). 형성력의 객관적 범위는 이러한 의도된 법관계 변동이라는 실질적 내용이 결정한다. 따라서 형성력의 객관적 범위는 곧 형성력의 내용이다. 형성력은 절차에 참여하지 않은 사람에게도 미치는 대세적 효력이므로 형성력의 내용은 명확하게 확정되거나 확정될 수 있어야 한다. 따라서 형성력은 결정주문에 한정된다.[37] 그러나 형성의 소에 해당하는 심판절

35) 대법원 1993. 9. 14. 선고 92다35462 판결(공1993하, 2751); 대법원 2001. 1. 16. 선고 2000다45020 판결(공2001상, 446); **강현중**(주 1), 217쪽; **이시윤**(주 1), 206쪽; **정동윤/유병현/김경욱**(주 1), 69쪽.

36) **이시윤**(주 1), 206쪽.

37) 대법원 2006. 9. 28. 선고 2006두8334 판결(공2006하, 1849); 대법원 2012. 12. 13. 선고 2011다89910 판결(공2013상, 141): "판결 주문의 내용이 모호하면 기판력의 객관적 범위가 불분명해질 뿐만 아니라 집행력·형성력 등의 내용도 불확실하게 되어 새로운 분쟁을 일으킬 위험이 있으므

차에서 헌법재판소가 내리는 결정 주문 전체에서 언제나 형성력이 생기는 것은 아니다. 결정주문에 형성판결과 무관한 내용이 있을 수 있기 때문이다. 따라서 실정법에서 형성판결 대상으로 명시한 부분에서만 형성력이 생긴다. 결정이유는 결정주문 해석을 위해서 원용될 수 있다. 그러나 형성력의 내용은 명문 규정이 구체적으로 규정하고 이것을 결정주문에 표시하므로 형성력과 관련하여 결정이유를 원용할 가능성은 거의 없다. 헌법재판소 결정의 주문 내용은 실정법에 따라서 확정된다. 그러므로 헌법재판소는 표현을 달리할 수는 있어도 내용을 추가하거나 변경할 수는 없다.

3. 시간적 범위

형성력은 형성판결이 확정되었을 때 발생한다. 따라서 형성판결에 해당하는 헌법재판소 결정도 확정되었을 때 형성력이 생긴다. 따라서 형성력은 원칙적으로 해당 헌법재판소 결정의 선고일에 앞날을 향해서 발생한다(헌법재판소법 제40조 제1항 전문, 민사소송법 제205조). 다만, 소급효를 인정하는 명문 규정이 있거나 형성대상의 성질에 비추어 소급효가 인정되면 예외적으로 형성력은 소급효가 있다. 그러나 헌법재판소 스스로 형성력의 효력 발생 시점을 마음대로 정할 수는 없다. 형성력은 오로지 법률이 부여한 범위에서만 헌법재판소 결정에 부여되기 때문이다.

헌법재판소법 제36조 제5항에 종국결정은 헌법재판소규칙으로 정하는 바에 따라 관보에 게재하거나 그 밖의 방법으로 공시한다고 규정한다. 헌법재판소 심판 규칙 제49조의2 제1항 제2호, 제3호, 제4호 그리고 제5호는 탄핵심판에 관한 결정, 정당해산심판에 관한 결정, 권한쟁의심판에 관한 본안결정 그리고 헌법소원의 인용결정은 관보에 게재함으로써 공시한다고 규정한다. 이에 따라 실무에서는 결정문 전문, 즉 결정주문뿐 아니라 결정이유까지도 헌법재판소장 이름으로 관보에 공시한다. 그러나 관보를 통한 공시는 일반 국민에게 헌법재판소 결정을 알리는 공시의 효과만 있을 뿐이고 헌법재판소 결정의 효력 발생과는 아무런 관계가 없다.[38)]

① 탄핵결정의 효력 발생 시점에 관해서는 명문 규정이 없다. 그러나 탄핵심판에는 별도의 이의절차가 없어서 결정이 선고되면 바로 결정이 확정되므로 결정이 선고된 때부터 효력이 발생한다.[39)] 이러한 해석이 피소추자의 권한을 정지시키는 헌

로 판결 주문에서는 청구를 인용하고 배척하는 범위를 명확하게 특정하여야 한다."

38) 같은 견해: **이성환**(주 13), 128~129쪽.

39) **김하열**(주 20), 725~726쪽; **이승우/정만희/음선필**(주 20), 163쪽; **한수웅/정태호/김하열/정문식**(김하열 집필), 『주석 헌법재판소법』, 헌법재판소 헌법재판연구원, 2015, 696쪽.

법 제65조 제3항에도 들어맞는다. 따라서 탄핵결정의 형성력도 결정이 선고된 때부터 생긴다.

② 정당해산결정은 창설적 효과가 있어서 그에 따른 정당해산 효과는 해산결정이 있는 날부터 앞날을 향해서 발생한다. 이날부터 해당 정당은 법적으로 존속하지 않는다. 나아가 정당해산 결정에 소급효를 인정할 것인지가 문제 된다. 해산결정에는 정당의 위헌성을 확인하는 의미가 내포되고, 위헌성 확인의 효과는 위헌사유가 발생한 시점까지 소급한다는 견해가 있다.[40] 이 견해를 따르면 정당특권의 소급 박탈이 가능하므로 자진해산한 정당에 대해서도 해산결정의 효과를 귀속시킬 수 있고 위헌적 정당활동에 대한 형사법적 책임 추궁도 가능하다고 한다. 그러나 정당의 존속과 활동은 헌법재판소의 해산결정이 있을 때까지는 합헌으로 간주하겠다는 것이 정당해산심판의 제도적 취지이다. 그러므로 정당해산 효과는 해산결정일부터 앞날을 향해서 발생할 뿐이고, 해산되기 전의 정당활동에 해산결정만을 이유로 불이익을 가할 수 없다.[41]

③ 권한쟁의심판의 취소결정은 행정소송상 취소판결의 형성력과 마찬가지로 성질상 소급효가 있을 수 없는 때를 제외하고는 원칙적으로 소급효가 있다.[42] 국가기관이나 지방자치단체의 처분을 취소하는 결정은 그 처분의 상대방에 대해서 이미 생긴 효력에 영향을 미치지 않는다는 헌법재판소법 제67조 제2항은 이러한 소급효를 전제한다.

④ 헌법소원심판의 취소결정도 권한쟁의심판의 취소결정과 마찬가지로 성질상 소급효가 있을 수 없는 때를 제외하고는 원칙적으로 소급효가 있다.

형성력은 헌법재판소 결정 선고와 동시에 직접 법관계를 발생·변경·소멸시킨다. 따라서 형성력에서 시간적 한계는 문제가 되지 않는다. 즉 형성력은 시간상으로 헌법재판소 결정의 선고일에 관련되지 않고, 앞날을 향해서 법관계를 변동시킨다는 점에서 확정력이나 기속력과 구별된다. 따라서 확정력이나 기속력은 헌법재판소 결정 이후 사실관계나 법적 상황이 바뀌면 구속력을 상실하지만, 형성력은 이러한 변화에 상관없이 효력이 유지된다. 오로지 재심을 통한 형성판결 취소를 통해서만 형성력은 제거될 수 있다.

---

40) 이성환/정태호/송석윤/성선제(주 22), 189~196쪽.

41) 김하열(주 20), 757~758쪽.

42) 김하열(주 20), 661쪽.

V. 형성력의 헌법재판상 의의

헌법재판소법에는 헌법재판소 결정의 집행력에 관한 일반규정이 없다. 오로지 정당해산심판에서 "정당의 해산을 명하는 헌법재판소의 결정은 중앙선거관리위원회가 정당법에 따라 집행한다."라고 규정할 뿐이다(헌법재판소법 제60조). 그래서 일반적으로 헌법재판소 결정은 다른 국가기관의 행위에 의존한다. 즉 다른 국가기관이 헌법재판소 결정에 따라서 필요한 행위를 하여야 비로소 헌법재판소 결정은 관철될 수 있다. 이러한 점에서 집행행위 없이, 즉 다른 국가기관에 의존하지 않고 바로 실체법관계를 변동시키는 형성력은 헌법재판소 결정의 실효성을 확보하는 확실한 수단이 될 수 있다. 특히 형성력의 내용은 헌법재판소 결정주문에 바로 표현되고 선고와 함께 효력이 발생한다는 점에서 헌법재판소가 권한을 행사하는 가장 확실한 방법이다. 이것은 행위의무를 부여하는 것에 그치는 기속력과 비교된다. 이러한 점에서 형성력의 실질적 의미는 대단히 크다.

그러나 형성력은 반드시 형성판결을 전제하고, 형성판결은 헌법에 규정되지 않는 한 법률에 명시적 규정이 있을 때만 내릴 수 있다. 법률은 오로지 입법자인 국회만 만들 수 있고 헌법재판소는 자기 권한을 결정 선고를 통해서 행사한다는 점에서 결국 형성력은 국회가 헌법재판소 권한을 구체화하는 중요한 방식이다. 그리고 형성력은 국회가 헌법재판소를 통제하는 효율적인 수단이 될 수 있다. 즉 국회는 헌법에 직접적 근거가 없는 형성판결을 내릴 권한을 헌법재판소에 부여하거나 제거하는 형태로 헌법재판소를 부분적으로 직접 통제할 수 있다.

그리고 헌법소송을 규율하는 헌법과 헌법재판소법은 일부 사항을 간단하게 규정하고 포괄적인 준용규정을 둘 뿐이다. 하지만 헌법소송법의 특성 때문에 다른 소송법령을 준용하는 것은 한계에 부딪힐 수밖에 없다. 따라서 헌법소송법은 규율 측면에서 상당히 많은 빈틈이 있다. 이것은 입법자가 헌법재판에 관한 경험이 부족하여서 구체적 사건에 즈음하여 법관법을 탄력적으로 형성하여 절차를 형성하도록 헌법재판소에 폭넓게 위임한 것으로 보아야 한다. 그런데 형성력은 실정법적 근거가 있어야 부여된다는 점에서 헌법재판소 스스로 창조할 수 있는 효력이 아니다. 따라서 형성력은 헌법재판소가 법관법을 형성할 때 중요한 한계로 기능한다. 헌법재판소가 심판과정에서 필요성을 느낀 형성력도 헌법 개정이나 국회의 법률 제정을 통해서만 확보할 수 있다.

Ⅵ. 소결 : 헌법재판소 결정의 중요 효력으로 주목받아야 하는 형성력

형성력은 그동안 헌법재판에서 거의 주목받지 못하였다. 그러나 제3자에게까지 효력이 미치는 대세효의 대명사인 형성력은 구체적 사건 관련성에 갇혀 있는 확정력(이나 기판력) 및 기속력과 달리 구체적 사건에 매이지 않는다. 게다가 형성력은 사실관계나 법적 상황의 변화(사정변경)에 영향을 받지 않는다. 이러한 점에서 주관적 권리 구제뿐 아니라 객관적 헌법질서 보호를 기능으로 삼아서 일반적 효력이 요구되는 헌법재판소 결정에 법률요건적 효력과 더불어 적합한 효력으로 볼 수 있다. 오히려 법률요건적 효력이 부수적·파생적 효력에 불과하다는 점을 고려하면 헌법재판소 결정에 가장 적합한 효력으로 보아도 무방하다. 그리고 형성력은 판결의 본래적 효력으로서 일반 소송법이론 안에 있다. 게다가 형성력은 전적으로 명시적인 실정법에 근거한다는 점에서 법적 안정성과 명확성이라는 점에서도 탁월하다. 이러한 점에서 형성력은 헌법재판소 결정의 중요 효력으로 주목받아야 할 충분한 가치가 있다. 형성력에 관한 주목은 형성력을 체계화한다는 점에서도 필요하지만, 이를 바탕으로 아직 제대로 정비되지 못한 헌법소송법을 정비하고 해석론을 발전시키는 데 많은 이바지를 할 것이다.

Chapter

05

법률요건적 효력

I. 헌법소송법에서 논의 대상이 거의 되지 않는 법률요건적 효력

헌법재판에서 헌법재판소 결정의 효력은 그 중요성을 아무리 강조해도 지나치지 않다. 헌법재판소 결정에 효력이 없다면 헌법재판은 그 실효성을 담보하기 어렵기 때문이다. 그래서 헌법재판 논의에서 헌법재판소 결정의 효력은 자주 등장한다. 하지만 헌법재판소 결정의 효력에 관한 논의를 자세하게 들여다보면 거의 기속력에 집중되어 있음을 알 수 있다. 게다가 헌법재판소 결정은 어디까지나 사법재판, 정확하게는 판결에 불과하여 법규범에 견주기 어려운 것인데도 헌법재판소 결정을 법규범으로 오해하는 듯한 견해와 주장을 적지 않게 발견할 수 있다. 이것은 아마도 기속력이 확정력이나 기판력의 주관적 확장 혹은 주관적·객관적 확장이라서 확정력이나 기판력과 마찬가지로 구체적 사건 관련성이 있다는 점을 간과한 결과로 보인다. 그리고 헌법재판이 객관소송이라서 일반적 효력이 부여되어야 한다는 점을 지나치게 강조한 결과로 볼 수도 있다. 기속력의 이러한 한계 때문에 기속력에 관한 논의가 많아도 그 실익을 찾기는 어렵다.

법원이 판결을 내리면 그 판결에서 다양한 효력이 생긴다. 이러한 판결의 효력은 본래적 효력과 파생적 효력으로 나뉜다. 기판력을 포함한 확정력은 형성력 및 집행력과 더불어 본래적 효력에 속한다. 그리고 법률요건적 효력과 반사적 효력, 사실적 효력 등을 파생적 효력이라고 부른다.[1] 따라서 기판력을 포함한 확정력뿐 아니라 형성력도 판결의 본래적 효력으로서 중요하다. 형성력처럼 판결의 효력을 당사자와 법원을 넘어 다른 제3자에게 확장하는 것에는 법률적 효력과 반사적 효력 등도 있다. 그런데도 헌법재판소 결정의 효력이 기속력을 중심으로 논의되고, 기판력을 포함한 확정력이 간혹 검토되며, 형성력에 관한 논의가 매우 드물게 이루어지는 것은 정상적인 연구상황이라고 볼 수 없다. 이것은 헌법소송법도 소송법이라는 기본적인 사실이 제대로 인식되지 않은 탓으로 보인다. 그리고 독일 논의 답습에 급급하여 헌법재판소법의 개별 규정에 관한 치밀한 검토가 부족하였던 것도 중요한 원인으로 볼 수 있다. 나아가 형성력이나 법률요건적 효력을 인정하려면 반드시 관련 법률 규정이 있어야 하는데, 이러한 개별 법률 규정 해석만으로 큰 어려움 없이 해당 효력을 설명할 수 있다는 점도 간과할 수 없다.

1) 대법원 2009. 5. 14. 선고 2006다34190 판결(공2009상, 824): "… 확정판결이 가지는 효력 중 기판력을 제외한 나머지 효력인 집행력 및 법률요건적 효력 등의 부수적 효력…."

여기서는 이러한 상황에 관한 반성을 바탕으로 헌법재판소 결정의 법률요건적 효력을 시론적이나마 체계적으로 검토하고자 한다. 구체적으로 법률요건적 효력이 판결인 헌법재판소 결정에 인정된다는 전제 아래 법률요건적 효력이라는 관점에서 헌법재판소 결정의 효력을 살펴보려고 한다. 이때 법률요건적 효력에 관한 내용은 특별한 사정이 없는 한 일반소송법(특히 민사소송법)에서 논의되는 내용과 다르지 않다는 점을 밝힌다. 내용이 다르다면 이러한 효력을 법률요건적 효력이라고 부르기 어려울 뿐 아니라 법률요건적 효력 자체가 개방적 측면이 강하기 때문이다.

Ⅱ. 법률요건적 효력의 의의

1. 법률요건적 효력의 개념

법률요건적 효력(Tatbestandswirkung)은 법률이 확정판결 존재를 구성요건으로 하여 일정한 실체법적 법률효과를 발생시키는 것을 말한다. 정확하게 말해서 특정 확정판결 존재를 요건으로 일정한 법률효과가 생기게 하는 법률규정이 있을 때, 법원이 해당 확정판결을 내리면 이러한 법률규정을 매개로 발생하는 효력이 법률요건적 효력이다. 법률요건적 효력을 구성요건적 효력[2]이나 사실효[3]라고도 부른다. 여기서는 행정법에서 행정행위의 구성요건적 효력이라는 용어를 사용하여 이것과 구별할 필요가 있고, 확정판결이 법률이 규정한 요건이라는 점을 강조하여 법률요건적 효력이라는 용어를 사용하고자 한다.

2. 법률요건적 효력의 본질

법률요건적 효력은 법률이 확정판결을 요건으로 일정한 법률효과가 생기도록 규정함으로써 발생한다. 법률의 확정판결은 법률규정이 정한 요건 충족에 해당한다. 따라서 법률요건적 효력은 확정판결 자체의 효력이 아니라 법률규정에 따른 효력이다. 즉 법률요건적 효력은 판결 본래의 효력이 아니다. 그래서 법률요건적 효력은 반사적 효력과 더불어 판결의 실체법적·부수적 효과라고 한다.[4] 즉 법률요건적 효력

2) **김용진**, 『다시본 민사소송법』, 청목출판사, 2012, 476쪽; **백춘기**, 「판결의 효력」, 『사법논집』 제36집, 법원도서관, 2003, 529쪽.
3) **강승준**, 「제4절 재판」, 민일영/김능환 편집대표, 『주석 민사소송법(Ⅲ)(제7판)』, 한국사법행정학회, 2012, 379쪽.
4) **이시윤**, 『신민사소송법(제12판)』, 박영사, 2018, 673쪽.

은 판결에서 도출되는 판결 자체의 효력 문제가 아니라 판결 존재에 따른 부수적 효과 문제이다.[5] 법률요건적 효력이 판결내용에 따른 효력이 아니라는 점에서 법률요건적 효력은 판결의 파생적 효력이라고 한다.[6] 법률요건적 효력은 기판력을 포함한 확정력이나 그 주관적 혹은 주관적·객관적 확장인 기속력과 달리 소송법적 효력이 아니라 실체법적 효력이다.[7] 즉 법률요건적 효력은 실체법 규정에 근거하여 자동으로 발생하는 효력이다. 따라서 법률요건적 효력은 법원과 당사자의 의사와 상관없이 법률규정에 따라서 생긴다.[8]

법률요건적 효력은 개념상 법률이 확정판결 존재를 요건으로 규정함으로써 발생하므로, 명문의 법률규정을 통해서만 인정된다.[9] 다만, 이러한 법률규정이 헌법규정의 내용을 확인하거나 구체화할 수도 있다. 이때는 법률요건적 효력이 법률규정이 아니라 헌법규정에서 생긴다고 볼 수도 있다. 법률요건에 해당하는 확정판결 존재는 소송절차에서 당사자가 주장하고 증명하여야 하므로 변론주의 지배를 받는다.[10] 이러한 점에서 법률요건적 효력은 변론주의가 적용되지 않는 기판력을 포함한 확정력 및 기속력과 다르다. 법률요건적 효력의 예로는 확정판결에 따른 시효의 재진행과 단기시효의 10년으로 보통화(민법 제178조, 제165조), 공탁물회수청구권 소멸(민법 제489조 제1항), 설립무효 취소와 회사 계속(상법 제194조), 가집행 선고 실효의 원상회복과 손해배상청구권 발생(민사소송법 제215조), 소유권보존등기 청구권 발생(부동산등기법 제65조 제2호) 등이 있다. 그 밖에 소송법적 효력으로 참가적 효력(민사소송법 제78조)과 청구이익의 소에서 이의 제한(민사집행법 제44조) 등을 들 수 있다. 다만, 직권주의를 채택할 뿐 아니라 위헌법률심판처럼 당사자를 찾기 어려운 때도 있는 헌법재판에서는 법률요건적 효력과 관련하여서도 변론주의가 적용되지 않는다. 즉 법률의 수범자인 국가는 당사자의 주장과 상관없이 법률요건적 효력에 구속된다.

헌법재판소 재판관을 포함한 법관은 헌법과 법률에 의하여 그 양심에 따라 독립

---

5) 김용진(주 2), 476쪽.

6) 강현중, 「판결의 파생적 효력」, 『사법행정』 제27권 제12호, 한국사법행정학회, 1986. 12., 59쪽.

7) 강현중(주 6), 59쪽; 같은 사람, 『민사소송법 강의』, 박영사, 2013, 427쪽; 김홍엽, 『민사소송법(제7판)』, 박영사, 2018, 877쪽; 손한기, 『민사소송법』, 홍문사, 2017, 305쪽; 정동윤/유병현/김경욱, 『민사소송법(제6판)』, 법문사, 2017, 818쪽; 정영환, 『신민사소송법』, 세창출판사, 2009, 1046쪽.

8) 이명환, 「민사판결의 인적효력범위」, 『사회과학논총』 제1집, 계명대학교 사회과학연구소, 1983, 138쪽.

9) 강현중(주 7), 427쪽; 같은 사람, 『민사소송법(제7판)』, 박영사, 2018, 730쪽; 김홍엽(주 7), 877쪽; 손한기(주 7), 305쪽; 정동윤/유병현/김경욱(주 7), 818쪽; ***Leo Rosenberg/Karl Heinz Schwab/Peter Gotteald***, Zivilprozessrecht, München 2010, 17. Aufl., § 149 Rdnr. 6.

10) 정동윤/유병현/김경욱(주 7), 818쪽; 정영환(주 7), 1046쪽; 백춘기(주 2), 529쪽; ***Leo Rosenberg/Karl Heinz Schwab/Peter Gotteald*** (Anm. 9), § 149 Rdnr. 8.

하여 심판한다(헌법 제103조, 헌법재판소법 제4조). 따라서 법관은 심판할 때 헌법과 법률에 구속된다(법적 기속의 원리). 이것은 헌법과 법률의 우위에서 비롯하는 당연한 결론이다. 법관이 헌법과 법률에 구속된다는 것이 오로지 헌법과 법률을 비롯한 실정법만으로 재판을 하여야 한다는 것을 뜻하지 않는다. 실정법이 모든 법적 사항을 빠짐없이 규율하는 것은 아니기 때문이다. 그러나 법관은 관련 실정법이 없다는 이유로 재판을 거부할 수 없다. 따라서 관련 실정법이 없을 때 법관은 법관법을 형성하여 재판을 할 수밖에 없다. 이때 법관법 형성은 법관이 입법자의 의사를 추정하여 실정법의 빈틈을 메우는 범위에서만 허용될 수 있다. 그리고 법관법은 법관이 담당하는 구체적인 사건에만 적용된다. 그래서 다른 법관은 물론 법관법을 형성한 법관 자신도 다른 사건에서 이러한 법관법에 구속되지 않고 새로운 법관법을 형성할 수 있다. 입법자도 법관법에 구속받지 않아서 여전히 입법형성의 자유를 제한 없이 누린다. 법관법을 형성할 때도 법관은 헌법과 법률에 여전히 구속된다. 따라서 법관은 헌법과 법률에 어긋나는 법관법을 형성할 수 없다. 여기서 법관법은 보충적 법형성에 머물러야 한다. 법률요건적 효력은 반드시 법률적 근거가 있어야만 발생한다. 따라서 헌법재판소는 법률적 근거 없이 법관법 형성을 통해서 형성력과 마찬가지로 법률요건적 효력을 생기게 할 수 없다. 헌법재판소는 법률요건적 효력을 규정한 법률이 있을 때 해당 결정을 내림으로써 법률요건적 효력 발생에 이바지할 수 있을 뿐이다. 이러한 점에서 형성력과 마찬가지로 법률요건적 효력은 법관법 형성의 한계로 기능한다. 더불어 법률요건적 효력은 헌법재판소 권한 행사의 한계를 설정한다.

Ⅲ. 법률요건적 효력과 다른 효력의 비교

1. 확정력과 비교

일반 사법판결의 중요 효력인 기판력을 포함한 확정력과 법률요건적 효력의 다른 점은 여러 가지이다. 먼저 ① 확정력은 사실심 변론 종결 시점의 권리나 법관계를 확정한다. 하지만 법률요건적 효력은 판결 확정 시점에 발생하고 앞날의 법관계를 변동시킨다. 따라서 확정력과 법률요건적 효력은 효력 발생 시점이 다르다. 다음 ② 기판력을 포함한 확정력의 내용은 구속적이고 지속적인 효력이라서 당연히 후소를 전제한다. 하지만 법률요건적 효력의 내용은 법적 변동을 일으키고 그 변동 순간에만 영향을 미치며 그 자체로 완결적이어서 지속적 효력이 아니다. 따라서 법률요건적 효력은 그 밖의 절차를 전혀 전제하지 않는다. 이러한 점에서 확정력과 법률요건적 효력은 효력 내용에서 차이가 있다. 그리고 ③ 확정력은 소송물이나 심판 대상에 관한 것이다. 하지만 법률요건적 효력은 법률규정에서 명시한 법관계와 관련이 있다. 해당 판결이 선고된다면 소송물이나 심판 대상이 복수이거나 당사자가 여러 명이어도 법률요건적 효력 대상은 하나이다. 또한, ④ 확정력은 소송법상 효력이어서 일반적 명령에 근거를 두고 모든 확정된 종국판결에서 생긴다. 하지만 법률요건적 효력은 실체법상 효력이고, 언제나 특정 법률규정에 따라서 발생하며, 특정한 판결이 있을 때만 생긴다. 따라서 확정력과 법률요건적 효력은 다른 평면의 효력이다. 더하여 ⑤ 확정력은 당사자와 그 승계인 그리고 법원에만 미치는 것이 원칙이다. 즉 확정력은 주로 소송당사자를 대상으로 하는 효력이다. 하지만 법률요건적 효력은 제3자에게 미친다(대세효). 즉 법률요건적 효력은 원래 소송당사자 이외의 '다른 당사자'를 대상으로 한다. 따라서 확정력과 법률요건적 효력은 효력 범위가 다르다.[11] 끝으로 ⑥ 법률요건적 효력은 실정법적 근거가 있을 때만 인정된다. 하지만 확정력은 판결의 일반적 효력으로서 실정법적 근거와 상관없이 판결이 확정되면 당연히 인정된다. 다만, 법률요건적 효력은 확정된 판결이 있어야 비로소 발생한다. 따라서 법률요건적 효력은 언제나 확정력을 전제한다. 이러한 점에서 확정력은 법률요건적 효력이 발생하여도 여전히 판결의 기본적 효력이다.

2. 기속력과 비교

기속력은 확정력이나 기판력의 주관적 확장 혹은 주관적·객관적 확장이다. 이러한 점에서 확정력과 법률요건적 효력의 비교 내용은 대부분 기속력과 법률요건적 효력의 비교 내용과 같다. 다만, 확정력과 기속력의 차이점에서 비롯하는 다른 내용이 있다. 먼저 ① 기속력은 확정력의 주관적 확장으로서 헌법재판소 결정의 효력을 국가기관에도 미치게 한다. 이러한 점에서 기속력도 당사자와 법원 이외의 제3자에게 효력을 확장한다. 하지만 기속력은 오로지 국가기관에만 주관적 측면에서 효력을 확장한다. 따라서 국가기관은 물론 일반 국민에게도 효력을 미치게 하는 법률요건적 효력과는 차이가 있다. 다음 ② 기속력은 판결에서 도출되는 효력이라는 점에서 확정력과 같다. 하지만 확정력은 일반적 효력으로서 실정법 유무와 상관없이 당연히 판결에서 생긴다. 그러나 기속력은 특별한 효력으로서 이것을 인정하는 특별한 규정

11) 이상 **류지태**, 「행정소송의 판결의 효력」, 『고시계』 제38권 제5호(통권 제435호), 국가고시학회, 1993. 5., 91쪽 참조.

이 있을 때만 예외적으로 인정된다. 이러한 점에서 기속력은 법률요건적 효력과 같다. 하지만 법률요건적 효력은 판결이 아닌 법률규정에서 발생하지만, 기속력은 판결 자체에서 생긴다는 점이 다르다.

3. 형성력과 비교

일정한 내용이 있는 유효한 판결 존재가 실정법적 법률요건이고 이러한 판결이 선고되면 법관계 변동이 일어난다는 점에서 형성력과 법률요건적 효력은 같다. 특히 형성력과 법률요건적 효력은 모두 인용판결에서만 생긴다. 다만, 형성력은 형성판결에서만 발생하지만, 법률요건적 효력은 형성판결뿐 아니라 확인판결이나 이행판결에서도 생길 수 있다. 그리고 형성력과 법률요건적 효력은 기판력을 포함한 확정력을 전제하지만, 확정력을 효력 기초로 삼지 아니하고, 효력이 심판 대상이나 소송물과 일치하지 않는다는 점에서도 다르지 않다.[12] 이러한 점에서도 형성력의 본질을 법률요건적 효력으로 보는 것은 타당하다고 볼 수 있다.

그러나 형성력을 본질을 법률요건으로 본다고 하더라도 형성력과 법률요건적 효력이 옹글게(완벽하게) 같은 것은 아니다. 먼저 ① 형성력은 판결의 본래적 효력으로서 판결의 효력이다. 하지만 법률요건적 효력은 판결의 파생적·부수적 효력으로서 법률의 효력, 정확하게는 법률에 따른 효력이다. 따라서 형성력의 내용은 반드시 판결주문에서 선언된다. 하지만 법률요건적 효력의 내용은 판결주문에 언급되지 않는다.[13] 다음 ② 형성력은 그 효력 발생을 명령하는 실정법에 근거하여 그 효력 발생을 목적으로 하는 형성판결이 선고된다. 하지만 법률요건적 효력은 그 발생근거가 되는 실정법이 해당 판결에서 고려되지 아니한다.[14] 그리고 ③ 형성판결은 법관계 형성의 명확성과 안정성을 확보하는 것이 목적이라서 형성력에는 조건이 붙을 수 없다. 하지만 파생적·부수적 효력인 법률요건적 효력은 그 근거가 되는 법률규정(때로는 헌법규정)에 따라서 다양한 목적이 있을 수 있어서 조건이 붙을 수도 있다.[15] 끝으로 ④ 형성력은 형성판결 내용에 포함된 판단 자체에서 발생하므로 판결 존재라는 사실만으로 충분하지 않고 판단 내용이 중요하다. 하지만 법률요건적 효력은 법률요건(때로는 헌법요건)인 판결 자체의 존재가 문제 될 뿐이고, 판결 자체의 내용에는 구속받지 않는다.[16]

12) 이상 **조상혁**, 「형성판결의 효력 서설」, 『재산법연구』 제21권 제2호, 한국재산법학회, 2005, 418쪽.
13) 이상 **조상혁**(주 12), 418~419쪽.
14) 이상 **백춘기**(주 2), 529쪽.
15) 이상 **조상혁**(주 12), 419쪽.
16) 이상 **조상혁**(주 12), 419쪽.

이러한 차이점으로 말미암아 형성력에 관한 내용을 그대로 법률요건적 효력에 원용할 수는 없다. 즉 형성력에 관한 내용을 바탕으로 법률요건적 효력의 독자성을 존중하여 법률요건적 효력에 관한 내용을 살펴보아야 한다. 특히 형성력은 형성판결의 직접적 목적이라서 헌법재판소는 형성력 인정 필요성을 고려하여 형성판결을 내릴 것인지를 결정할 수 있지만(혹은 결정하여야 하지만), 법률요건적 효력은 판결의 직접적 효력이 아니라서 [간접적 고려를 옹글게(완벽하게) 배제할 수는 없지만] 법률요건적 효력 발생을 직접 고려하여 법률요건(때로는 헌법요건)이 되는 결정 선고 여부를 판단할 수는 없다.

Ⅳ. 법률요건적 효력에 속하는 헌법재판소 결정의 효력

1. 법률의 위헌결정에 따른 법률요건적 효력[17)]

(1) 현행 헌법상 규범통제

상위법규범에 하위법규범이 위반되는지를 심사하는 것을 규범통제라고 한다. 규범통제는 그 시기와 계기에 따라 예방적 규범통제 그리고 추상적 규범통제와 구체적 규범통제로 나눈다. 한국 헌법재판에서는 구체적 규범통제만 인정된다. 헌법은 법률에 대한 규범통제는 헌법재판소에, 명령과 규칙에 대한 규범통제는 법원에 맡긴다(헌법 제107조 제1항과 제2항). 현행 헌법이 채택하는 규범통제에는 위헌법률심판(헌법 제107조 제1항, 제111조 제1항 제1호), 헌법재판소법 제68조 제2항에 따른 헌법소원심판(위헌소원심판), 법규범 자체에 대한 헌법소원심판(헌법재판소법 제68조 제1항), 헌법소원심판에서 이루어지는 부수적인 규범통제(헌법재판소법 제75조 제5항), 권한쟁의심판에서 이루어지는 규범통제, 명령·규칙에 대한 법원의 위헌·위법심사(헌법 제107조 제2항)가 있다.

(2) 헌법재판소법 제47조 제2항과 제3항에 따른 효력을 법률적 효력(법규적 효력)으로 보는 다수설과 판례

규범통제에서 헌법재판소가 내리는 인용결정에는 단순위헌결정과 변형결정이 있다. 헌법재판소가 내리는 변형결정에는 한정위헌결정과 한정합헌결정 그리고 헌법불합치결정이 있다. 법률의 위헌결정은 법원과 그 밖의 국가기관 및 지방자치단체를 구속한다. 따라서 법률의 위헌결정에는 기속력이 있다. 그리고 위헌으로 결정된 법률

17) 이에 관해서 자세한 내용은 제6장 위헌결정의 법률요건적 효력 참조.

이나 법률조항은 효력을 상실한다(헌법재판소법 제47조 제2항과 제3항, 제75조 제5항과 제6항). 법률에 대한 위헌결정의 효력과 관련하여 다수설과 판례는 독일 논의를 받아들여 이러한 효력을 법률적 효력(법규적 효력)으로 이해하고 이에 관해서 독일에서 정리된 내용을 거의 그대로 수용한다.

(3) 독일에서 논의되는 법률적 효력(법규적 효력)

독일에서 논의되는 법률적 효력(법규적 효력)은 기속력과 마찬가지로 확정력이나 기판력의 주관적 확장으로 이해한다. 즉 당사자와 법원에 효력이 미치는 확정력이나 기판력의 주관적 효력 범위를 기속력은 국가기관까지 확장하고, 법률적 효력(법규적 효력)은 일반 국민에게도 효력이 미치도록 한다. 법률적 효력(법규적 효력)은 이처럼 확정력이나 기판력의 주관적 효력 범위를 넓히는 효력만 있어서 확정력이나 기판력 및 기속력과 마찬가지로 소송법상 효력에 불과하다. 따라서 법률적 효력(법규적 효력)은 실체법적 효력이 아니다. 게다가 법률적 효력(법규적 효력)은 확정력이나 기판력처럼 판결의 일반적 효력이 아니라 기속력처럼 판결의 특별한 효력이다. 따라서 법률적 효력(법규적 효력)은 반드시 명시적인 실정법적 근거가 있을 때만 인정된다.

(4) 헌법재판소법 제47조 제2항과 제3항에 따른 효력을 법률적 효력(법규적 효력)으로 볼 때 문제점

독일 기본법과 달리 한국 헌법은 헌법재판소 결정에 법률적 효력(법규적 효력)을 부여하지 않는다. 헌법재판소법도 마찬가지이다. 즉 한국 실정법에는 헌법재판소 결정의 법률적 효력(법규적 효력)에 관해서 아무런 규정을 두지 않는다. 이러한 점에서 헌법재판소 결정에 특별한 효력인 법률적 효력(법규적 효력)을 인정하기 어렵다. 그리고 독일 기본법이 규정한 법률적 효력(법규적 효력)은 소송법상 효력에 불과하여 법률의 효력을 상실시키는 실체법적 내용을 포함하지 않는다. 따라서 위헌으로 결정된 법률이나 법률조항의 효력을 상실한다고만 규정한 헌법재판소법 제47조 제2항과 제3항에서 법률적 효력(법규적 효력)을 도출할 수도 없다. 또한, 위헌으로 결정된 법률이나 법률조항의 효력이 상실되는 것은 위헌결정에서 직접 도출되는 것이 아니라 헌법재판소법 제47조 제2항과 제3항에 따라서 발생하는 효력이다. 즉 위헌으로 결정된 법률이나 법률조항의 효력 상실은 정확하게 말하면 헌법재판소 결정의 효력이 아니라 헌법재판소법 제47조 제2항과 제3항의 효력이다. 그러나 법률적 효력(법규적 효력)은 기판력이나 확정력의 주관적 확장이므로 헌법재판소 결정 자체의 효력이다. 이러한 점에 비추어 헌법재판소법 제47조 제2항과 제3항에서 헌법재판소 결정의 법률적 효력(법규적 효력)을 도출할 수 없다고 생각한다. 특히 헌법재판소 결정에 법률적 효력(법규적 효력)을 인정하는 유일한 실익은 대세효인데, 헌법재판소 결정에 대세효를 부여할 수 있는 길은 법률적 효력(법규적 효력) 인정만이 아니다. 다양한 방법을 통해서 헌법재판소 결정에 대세효를 인정할 수 있다. 소송법적 측면에서 대표적인 것이 형성력과 법률요건적 효력이다.

(5) 헌법재판소법 제47조 제2항과 제3항에 따른 효력을 형성력으로 보는 견해의 타당성

헌법재판소법 제47조 제2항과 제3항에 따른 효력을 형성력으로 이해하려는 견해가 있다.[18] 법률의 위헌결정을 형성판결로 분류하는 견해[19]도 같은 견해로 볼 수 있다. 형성판결에서만 형성력이 도출되기 때문이다. 그러나 헌법재판소법 제47조 제2항과 제3항에 따른 효력을 형성력으로 보려면 법률의 위헌결정을 형성판결로 볼 수 있어야 한다. 그러나 먼저 법률의 위헌결정은 법률이 위헌이라고 선언할 뿐이다. 그리고 헌법재판소는 특별한 법원으로서 법률의 위헌성을 확인할 권한이 있을 뿐이다. 따라서 헌법재판소는 법률의 위헌성을 창조할 수 없다. 이러한 점에서 헌법재판소의 위헌결정은 이미 있는 법률의 위헌성을 확인한다고 선언하는 것에 그친다. 이러한 점에서 법률의 위헌결정은 형성판결이 아닌 확인판결에 불과하다. 확인판결에서는 형성력이 생길 수 없으므로 헌법재판소법 제47조 제2항과 제3항에 따른 효력은 형성력으로 볼 수 없다. 특히 형성력의 내용은 반드시 형성판결 주문에 드러나야 한다. 그러나 법률의 위헌결정 주문에는 위헌으로 결정된 법률이나 법률조항의 효력상실에 관한 내용이 전혀 드러나지 않는다. 따라서 헌법재판소법 제47조 제2항과 제3항에 따른 효력을 형성력으로 이해하는 견해는 타당하지 않다고 생각한다.

(6) 헌법재판소법 제47조 제2항과 제3항에 따른 효력을 법률요건적 효력으로 볼 가능성과 그 장점

헌법재판소법 제47조 제2항과 제3항에서 해당 법률이나 법률조항이 효력을 상실하려면 그에 대한 위헌결정이 있어야 한다. 즉 헌법재판소법 제47조 제2항과 제3항은 법률의 위헌결정 존재를 해당 법률이나 법률조항 효력 상실의 요건으로 삼는다. 이것은 법률요건적 효력의 전형적인 모습이다. 헌법재판소는 이미 있는 해당 법

18) **이성환**, 「헌법재판소 결정의 효력에 관한 연구」, 서울대학교 법학박사학위논문, 1994, 124~125쪽; **정종섭**, 『헌법소송법(제8판)』, 박영사, 2014, 190쪽.

19) 자세한 설명 없이 위헌제청과 헌법소원을 실체법상 형성의 소로 분류하는 견해로는 **이시윤**(주 4), 207쪽; **정동윤/유병현/김경욱**(주 7), 70쪽.

률의 위헌성을 확인하는 결정을 내리면, 헌법재판소법 제47조 제2항과 제3항의 요건이 충족되어서 해당 법률은 효력을 상실한다. 따라서 헌법재판소법 제47조 제2항과 제3항에 따른 효력은 법률요건적 효력으로 볼 수 있다.

헌법재판소법 제47조 제2항과 제3항에 따른 효력을 법률효력적 효력으로 보면, 법률적 효력(법규적 효력)의 가장 큰 약점인 실정법적 근거 결여가 옹글게(완벽하게) 해결된다. 헌법재판소법 제47조 제2항과 제3항을 법률요건적 효력의 근거규정으로 삼는데 아무런 문제가 없기 때문이다. 그리고 헌법재판소법 제47조 제2항과 제3항의 규정 내용과 법률적 효력(법규적 효력) 내용이 일치하지 않는 점도 해결된다. 법률요건적 효력의 내용은 해당 규정의 내용이기 때문이다. 또한, 헌법재판소법 제47조 제2항과 제3항의 내용은 실체법적 변동인데 법률적 효력(법규적 효력)은 소송법상 효력이라는 문제도 깔끔히 해결된다. 법률요건적 효력은 소송법상 효력이 아니라 실체법상 효력이기 때문이다.

(7) 법률요건적 효력이 도출되는 위헌결정의 범위

헌법재판소법 제47조 제2항과 제3항은 해당 법률의 효력 상실 요건으로 위헌결정 존재를 규정한다. 그런데 헌법재판소가 내리는 위헌결정에는 정형결정(기본결정)인 단순위헌결정뿐 아니라 변형결정인 한정위헌결정과 한정합헌결정 그리고 헌법불합치결정이 있다.

먼저 단순위헌결정은 오로지 해당 법률이나 법률조항의 위헌성을 확인하는 내용만을 품은 결정으로서 위헌결정에 해당한다는 것에 아무런 의문이 없다. 그리고 한정위헌결정도 위헌대상 범위를 좁힌다는 점을 제외하면 단순위헌결정과 아무런 차이가 없다. 따라서 한정위헌결정도 위헌결정에 속하는 것으로 보는 데 장애가 없다. 한정합헌결정은 외형상으로 합헌결정으로 볼 수 있다. 하지만 한정합헌결정은 해당 법률에 위헌 부분이 있음을 전제한다. 즉 합헌으로 선언하는 부분이 아닌 다른 부분을 합헌이라고 선언하거나 판단을 하지 않은 것이 아니라 위헌 부분이 있다고 선언하는 것이다. 따라서 한정합헌결정이 품은 위헌선언에 관한 내용에서 해당 부분 효력 상실이라는 법률요건적 효력이 발생한다. 이러한 점에서 한정합헌결정은 그 내용 중 일부분에서만 법률요건적 효력이 생긴다. 헌법불합치결정도 해당 법률이 헌법에 합치하지 않는다고 하여 위헌선언을 한다. 따라서 헌법불합치결정도 위헌결정으로 볼 수 있다. 하지만 헌법불합치결정은 해당 법률을 입법자가 개선할 때까지 형식적으로 존속시킨다. 즉 기한이 설정되면 기한까지 그리고 기한이 설정되지 않으면 상당한 기간까지 해당 법률은 효력을 상실하지 않는다. 그리고 입법자가 해당 법률을 개선하면 불합치로 선언된 법률은 개선된 법률로 대체되어 폐지되므로 헌법재판소법 제47조 제2항과 제3항은 적용될 여지가 없다. 그러나 입법자가 기한이 지나도 해당 법률을 개선하지 않으면 해당 법률은 헌법재판소법 제47조 제2항과 제3항에 따라 효력을 상실한다. 이때 해당 법률은 기한이 설정되면 기한의 다음 날부터, 기한이 설정되지 않으면 상당한 기간이 지난 다음 날부터 효력을 상실한다. 이러한 점에서 헌법불합치결정은 입법자가 법률개선의무를 위반하는 예외적인 때만 위헌결정에 속한다. 즉 입법자가 법률개선의무를 계속 이행하지 않을 때, 기한이 설정되면 기한의 다음 날부터, 기한이 설정되지 않으면 상당한 기간이 지난 다음 날부터 유예되었던 해당 법률의 위헌성 확인, 즉 위헌결정이 있게 되어서 헌법재판소법 제47조 제2항과 제3항이 적용된다. 헌법불합치결정 주문에는 기한이 설정되고 그 기한이 지나면 해당 법률이 효력을 상실한다는 내용이 포함되는 때도 있다. 그러나 이러한 내용은 헌법재판소법 제47조 제2항과 제3항의 규정 내용을 확인하는 것에 불과하다.

결론적으로 단순위헌결정과 한정위헌결정뿐 아니라 한정합헌결정과 헌법불합치결정도 헌법재판소법 제47조 제2항과 제3항이 규정한 위헌결정에 속한다. 다만, 한정합헌결정에서는 위헌부분이 있다는 내용만 위헌결정에 속하고, 헌법불합치결정은 입법자가 법률개선의무를 위반하는 예외적인 때만 위헌결정에 속한다.

(8) 법률의 위헌결정에 따른 재심 청구(헌법재판소법 제47조 제4항)

유죄 확정판결의 근거인 법률을 헌법재판소가 위헌으로 결정하여도 확정판결의 기판력에 영향을 미치지 않는다. 유죄판결을 받은 사람이 재심 청구를 통해서 확정된 유죄판결을 다툴 수 있을 뿐이다(헌법재판소법 제47조 제4항). 이것은 헌법재판소가 내린 법률의 위헌결정에 따라서 유죄판결을 받은 사람에게 재심을 청구할 권리가 생기는 것으로 법률의 위헌결정에 따른 법률요건적 효력으로 볼 수 있다. 일단 판결이 확정된 이상 판결 집행 전에는 물론이고 판결 집행 중에도 재심을 청구할 수 있다. 그리고 판결 집행이 종료되고 나서도 재심을 청구할 수 있다. 재심 청구에는 형 집행을 정지하는 효력이 없다. 다만, 관할 법원에 대응하는 검찰청 검사는 재심 청구에 대한 재판이 있을 때까지 형 집행을 정지할 수 있다(형사소송법 제428조). 이때의 재심 청구에는 형사소송법 규정을 준용한다(헌법재판소법 제47조 제5항). 그런데 헌법재판소법 제47조 제4항이 규정하는 재심은 형사소송법 제420조에서 규정하는 재심사유와는 별개로 헌법재판소법이 규정한 절대적 재심사유에 따른 절차이다. 즉 이때의 형사재심은 사실적 사유에 따른 재심이 아니라 원판결의 법률 적용에 변경이 일어나는 법률적 사유에 따른 재심이다. 따라서 형사소송법 규정을 준용하는 때도 형사소송법

제420조, 제421조, 제422조는 준용되지 않는다.[20)]

(9) 헌법재판소법 제68조 제2항에 따른 헌법소원 인용에 따른 재심 청구(헌법재판소법 제75조 제7항)

헌법재판소법 제68조 제2항에 따른 헌법소원이 제기되어도 재판이 정지되지 않는다. 그래서 행정처분의 근거법률에 대한 헌법재판소법 제68조 제2항에 따른 헌법소원이 인용되었을 때 해당 사건에 대한 재판이 확정될 수 있다. 이때 당사자는 이러한 확정판결에 대해서 재심을 청구할 수 있다(헌법재판소법 제75조 제7항). 이것도 인용결정에 따라서 당사자에게 재심을 청구할 권리가 생기는 것이라서 확정판결에 따른 법률요건적 효력에 해당한다. 당사자에게만 재심을 청구할 기회를 주는 것과 관련하여 헌법재판소는 재심은 확정판결에 대한 특별한 불복방법이고, 확정판결에 대한 법적 안정성 요청은 미확정판결에 대한 그것보다 훨씬 크다고 할 것이므로 재심을 청구할 권리가 헌법 제27조에서 규정한 재판을 받을 권리에 당연히 포함된다고 할 수 없고, 심판 대상 법조항에 따른 재심 청구 혜택은 일정한 적법요건 아래 헌법재판소법 제68조 제2항에 따른 헌법소원을 제기하여 인용된 사람에게는 누구에게나 일반적으로 인정되는 것이고, 헌법소원심판 청구 기회가 규범적으로 균등하게 보장되므로, 심판 대상 법조항이 헌법재판소법 제68조 제2항에 따른 헌법소원을 제기하여 인용결정을 받지 않은 사람에게는 재심 기회를 부여하지 않는다고 하여 청구인의 재판청구권이나 평등권, 재산권과 행복추구권을 침해하였다고는 볼 수 없다고 하였다.[21)] 헌법재판소법 제68조 제2항에 따른 헌법소원 계속 중 심판 대상이 된 법률조항이 다른 사건에서 이미 위헌으로 결정되면 헌법재판소는 그 법률조항이 위헌임을 확인하는 결정을 내려서[22)] 당사자에게 재심 청구 기회를 부여한다. 이때의 재심 청구에도 형사소송법 규정을 준용한다(헌법재판소법 제75조 제8항). 그런데 헌법재판소법 제75조 제7항이 규정하는 재심은 형사소송법 제420조에서 규정하는 재심사유와는 별개로 헌법재판소법이 규정한 절대적 재심사유에 따른 절차이다. 즉 이때의 형사재심은 사실적 사유에 따른 재심이 아니라 원판결의 법률 적용에 변경이 일어나는 법률적 사유에 따른 재심이다. 따라서 형사소송법 규정을 준용하는 때도 형사소송법 제420조, 제421조, 제422조는 준용되지 않는다.[23)]

---

20) **정종섭**(주 18), 362쪽; **황우여**, 「위헌결정의 효력」, 『사법논집』 제21집, 법원도서관, 1990, 35쪽.
21) 헌재 2000. 6. 29. 99헌바66, 판례집 12-1, 848, 864-868.
22) 헌재 1999. 6. 24. 96헌바67, 판례집 11-1, 729; 헌재 2012. 7. 26. 2009헌바35등, 판례집 24-2상, 7.
23) **정종섭**(주 18), 362쪽; **황우여**(주 20), 35쪽.

2. 탄핵결정에 따른 법률요건적 효력

탄핵심판 청구가 이유 있으면 헌법재판소는 피청구인을 해당 공직에서 파면하는 결정을 선고한다(헌법재판소법 제53조 제1항). 탄핵결정 주문은 예를 들어 "피청구인을 파면한다." 또는 "피청구인 '공직명' ○○○을(를) 파면한다."라는 형식을 취한다.[24]

(1) 민사상 또는 형사상 책임 불면제

헌법재판소법 제54조 제1항은 탄핵결정은 피청구인의 민사상 또는 형사상 책임을 면제하지 않는다고 규정한다. 이러한 내용은 탄핵심판의 본질이 형사재판이 아니라 징계적 처벌(징계처분)이라는 것에서 비롯하는 당연한 것으로 단순한 확인에 불과하다. 특히 헌법재판소법 제54조 제1항은 "탄핵결정은 공직으로부터 파면함에 그친다. 그러나 이에 의하여 민사상이나 형사상의 책임이 면제되지 아니한다."라고 규정한 헌법 제65조 제4항을 그대로 반복한 것에 불과하다. 그리고 민사상 또는 형사상 책임 불면제는 법관계를 변동시키는 것이 아니라 법관계 변동이 없음을 명확하게 확인하는 것에 그친다. 따라서 탄핵결정에 따른 효력이라고 보기 어렵다.

(2) 공직 취임과 전문직업 보유의 제한

헌법재판소법 제54조 제2항은 "탄핵결정에 의하여 파면된 자는 결정 선고가 있은 날부터 5년이 경과하지 아니하면 공무원이 될 수 없다."라고 하여 일정 기간의 공직 취임을 금지한다. 이에 대해서 동 조항을 국민의 공무담임권을 박탈하는 것이므로 위헌이라고 하는 견해도 있다.[25] 그러나 일정 기간 공직 취임을 금지하지 않는다면, 탄핵결정(이나 징계처분)에 따라 파면된 사람이 즉시 공무원에 재임용될 수 있어서 탄핵결정(이나 징계처분)은 그 실효성을 상실하게 될 것이다. 그리고 "탄핵결정은 공직으로부터 파면함에 그친다."라는 헌법 제65조 제4항 제1문은 탄핵결정을 받은 사람에게 어떤 불이익도 줄 수 없다는 의미는 아니다. 이러한 점에서 동 조항은 합헌이라고 생각한다.[26] 될 수 없는 공무원에는 제한이 없으므로 여기에는 선거직 공무원도 포함된다.[27] 공직 취임 제한 규정은 종전 1980년 헌법 아래의 헌법위원회

24) 대통령(박근혜) 탄핵 사건의 주문은 "피청구인 대통령 박근혜를 파면한다."이었다(헌재 2017. 3. 10. 2016헌나1, 공보 245, 1, 4).

25) **박일경**, 『유신헌법』, 박영사, 1972, 366쪽.

26) **이승우/정만희/음선필**, 『탄핵심판제도에 관한 연구』(헌법재판연구 제12권), 헌법재판소, 2001, 165쪽; **한수웅/정태호/김하열/정문식**(김하열 집필), 『주석 헌법재판소법』, 헌법재판소 헌법재판연구원, 2015, 700쪽.

27) **김하열**, 『헌법소송법(제3판)』, 박영사, 2018, 726쪽; **한수웅/정태호/김하열/정문식**(김하열 집필)(주

법 제31조보다 기간과 범위 면에서 더욱 강화하였다. 취임금지기간은 종전 3년에서 5년으로, 취임할 수 없는 공무원의 범위도 탄핵 대상이 되는 공무원뿐 아니라 모든 공무원으로 확대하였다. 이것은 징계로 파면처분을 받은 때부터 5년이 지나지 않은 사람은 공무원으로 임용될 수 없다고 규정한 국가공무원법 제33조 제7호와 지방공무원법 제31조 제7호와 일치시킨 것이다. 나아가 탄핵결정으로 파면된 사람은 특정 전문직업 보유에서 일정 기간 제한을 받는다[변호사법 제5조(5년), 변리사법 제4조(2년), 세무사법 제4조(3년), 공인회계사법 제4조(5년), 공증인법 제13조(5년)]. 전문직업에 따라 보유 제한 기간이 다른데, 전문직업에 따라 보유 제한 기간을 다르게 할 특별한 사유가 없는 데다가 공직 취임 제한 기간과 균형을 맞출 필요가 있으므로 모두 5년으로 통일하는 것이 타당하다고 생각한다. 이러한 공직 취임과 전문직업 보유의 제한은 탄핵결정 존재를 요건으로 개별 법률규정에 따라서 발생하는 결과이다. 공직 취임과 전문직업 보유의 제한은 당사자의 법적 자격을 일정 기간 박탈하는 것이므로 당사자의 법관계에 변동을 일으킨다. 따라서 이러한 제한은 탄핵결정에 따른 법률요건적 효력이다.

(3) 사면 금지

대통령의 사면권 행사는 탄핵제도를 유명무실하게 할 가능성이 있으므로 (탄핵제도의 본질상) 허용되지 않는다고 한다.[28] 이러한 사면권 행사를 한국 헌법은 명문으로 금지하지 않는다. 그러나 (ⅰ) 국회법 제134조 제2항에서는 국회의 소추의결서가 피소추자에게 송달되면 임명권자는 피소추자의 사직원을 접수하거나 해임할 수 없도록 한다. 이것은 사직원 접수나 해임으로 파면이라는 탄핵결정의 법적 효과를 관

---

26), 700쪽.

28) **권영성**, 『헌법학원론(개정판)』, 법문사, 2010, 920쪽; **김도협**, 『헌법재판개설』, 진원사, 2017, 105쪽; **김하열**(주 27), 727~728쪽; **김철수**, 『학설·판례 헌법학(전정신판)(중)』, 박영사, 2009, 1296쪽; **김학성**, 『헌법학원론(전정판)』, 피앤씨미디어, 2017, 1179쪽; **김현철**, 『판례 헌법소송법(제4판)』, 전남대학교출판부, 2016, 572쪽; **성낙인**, 『헌법학(제18판)』, 법문사, 2018, 912~913쪽; **성낙인/이효원/권건보/정 철/박진우/허진성**, 『헌법소송론』, 박영사, 2012, 364쪽; **신 평**, 『헌법재판법(전면개정판)』, 법문사, 2011, 500쪽; **양 건**, 『헌법강의(제6판)』, 법문사, 2016, 1393쪽; **이승우/정만희/음선필**(주 26), 165~166쪽; **이준일**, 『헌법학강의(제6판)』, 홍문사, 2015, 1136쪽; **장영수**, 『헌법학(제10판)』, 홍문사, 2017, 1281쪽; **정종섭**(주 18), 454쪽; **같은 사람**, 『헌법학원론(제12판)』, 박영사, 2018, 1559쪽; **최희수**, 『헌법소송법 요론(개정판)』, 대명출판사, 2015, 322쪽; **한수웅/정태호/김하열/정문식**(김하열 집필)(주 26), 701쪽; **허 영**, 『헌법이론과 헌법(신8판)』, 박영사, 2017, 1045~1046쪽; **같은 사람**, 『한국헌법론(전정14판)』, 박영사, 2018, 919~920쪽; **같은 사람**, 『헌법소송법론(제13판)』, 박영사, 2018, 285~286쪽. 참고로 미국 연방헌법은 명문으로 탄핵받은 사람에 대한 사면을 부정한다(미국 연방헌법 제2조 제2절 제1항 "… 대통령은 합중국에 대한 범죄에 대해서 탄핵을 당한 때를 제외하고 형의 집행 유예나 사면을 명할 권한이 있다.").

철할 수 없게 되어 헌법상 탄핵제도를 유명무실하게 만드는 것을 방지하려는 것이다. 이렇게 탄핵결정의 실효성을 확보하려고 사직원 접수나 해임을 금지하는 것에 비추어 그에 대한 사면도 불가능하다고 보아야 한다. 그리고 (ii) 헌법재판소법 제54조 제2항에서는 파면공무원의 일정 기간 공직 취임을 금지하는데, 탄핵결정에 따라 파면된 사람을 사면을 통해서 재임용하거나 유임한다면 동 규정 역시 유명무실해질 것이고, 탄핵결정(이나 징계처분)의 실효성도 상실될 것이다. 따라서 탄핵결정을 통해서 파면된 공무원에 대한 사면은 금지된다고 보아야 할 것이다. 탄핵결정으로 파면당한 사람은 사면법이 규정한 사면 대상도 아니다(사면법 제3조). 그러나 대통령의 사면권 행사 금지는 실정법적 근거가 없으므로 법률요건적 효력에 해당하지 않는다.

3. 정당해산결정에 따른 법률요건적 효력

정당해산심판 청구가 이유 있으면 헌법재판소는 피청구정당 해산을 명하는 결정을 선고한다(헌법재판소법 제59조). 해산결정은 예를 들어 "피청구인 ○○정당을 해산한다."라는 형식을 취한다.[29]

(1) 정당법에 따른 법률요건적 효력

정당해산결정에 따른 효력에 관해서 헌법재판소법은 정당해산결정이 선고되면 해당 정당이 해산된다는 것(헌법재판소법 제59조) 이외에는 아무것도 규율하지 않는다. 그러나 정당법은 정당해산결정에 따른 효력에 관해서 몇 가지 규정한다. 먼저 정당이 헌법재판소 결정으로 해산되면 그 정당의 대표자와 간부는 해산된 정당의 강령(기본정책)과 같거나 비슷한 것으로 정당을 창설하지 못한다(정당법 제40조). 대체정당 여부는 강령(기본정책), 대표자·간부 등 인적 조직, 명칭의 동일·유사성 등을 기준으로 전체적으로 파악하여 종합적으로 판정한다.[30] 대체정당으로 인정되면 그 정당은 정당특권이 인정되지 않으므로 행정처분으로 해산할 수 있다. 대체정당 판단에 관한 실정법이 없으므로 실질적으로 대체정당 해당 여부를 판단할 기관이 없어서 또 다시 정부가 위헌정당해산심판을 청구할 수밖에 없다는 견해가 있다.[31] 그러나 정당에 관한 사무는 직무의 독립성이 보장된 국가기관인 선거관리위원회가 처리하는데다가

29) 통합진보당 해산 사건에서 주문은 "1. 피청구인 통합진보당을 해산한다."이었다(헌재 2014. 12. 19. 2013헌다1, 판례집 26-2하, 1, 14).

30) 한수웅/정태호/김하열/정문식(정태호 집필), 『주석 헌법재판소법』, 헌법재판소 헌법재판연구원, 2015, 810쪽.

31) 이성환/정태호/송석윤/성선제, 『정당해산심판제도에 관한 연구』(헌법재판연구 제15권), 헌법재판소, 2004, 262~263쪽.

(헌법 제114조 제1항), 대체정당 창당 금지는 해산결정 효과라서 이것을 관철하는 것은 헌법재판소법 제60조에서 말하는 해산결정 '집행'에 해당한다고 볼 수 있다. 따라서 현행법상 대체정당인지를 판정하고 행정적 조치를 취하는 것은 중앙선거관리위원회 권한으로 보아야 할 것이다. 중앙선거관리위원회는 대체정당이라고 판단하면 정당 등록을 거부하여야 하고, 등록 후에 대체정당임이 판명되면 등록을 취소하여야 할 것이다(헌법재판소법 제60조, 정당법 제40조 참조). 중앙선거관리위원회가 이러한 조치를 취하지 않으면 정부가 대체정당에 대해서 정당해산심판을 청구할 수 있다.[32] 다음 헌법재판소의 결정에 따라서 해산된 정당 명칭과 같은 명칭은 정당 명칭으로 다시 사용하지 못한다(정당법 제41조 제2항). 이때 동일한 명칭인지는 형식적 일치 여부에 따른다. 따라서 해산된 정당 명칭과 옹글게(완벽하게) 같은 명칭만 사용할 수 없고, 비슷한 명칭이나 단어 배열 순서가 다른 명칭은 사용할 수 있다. 끝으로 헌법재판소의 해산결정에 따라서 해산된 정당의 잔여재산은 국고에 귀속된다(정당법 제48조 제2항). 이것은 위헌정당의 물적 기반을 소멸시켜 위헌정당 해산의 실효성을 확보하기 위한 것이다. 이때 잔여재산은 정당 명의의 재산에 국한한다. 따라서 정당재산이 사유재산으로 명의전환되었다면 원칙적으로 몰수 대상이 아니다.[33] 이러한 명의전환을 막기 위한 헌법재판소의 가처분이 필요하다. 이러한 세 가지 효과는 모두 정당해산결정을 요건으로 하는 것이고 정당해산결정을 구성요건으로 하여 정당법상 명문규정에 근거하는 것이므로 정당해산결정에 따른 법률요건적 효력에 해당한다. 따라서 정당해산결정에 따라서 이러한 내용 이외의 제한을 헌법재판소와 법원을 비롯한 모든 국가기관이 할 수 없다.

(2) 소속 국회의원의 의원직 상실?

헌법재판소는 정당해산이 이루어지는 상황에서는 국회의원의 국민대표성이 부득이 희생될 수밖에 없고, 헌법재판소 해산결정으로 해산되는 정당 소속 국회의원의 의원직 상실은 정당해산심판제도의 본질에서 인정되는 기본적 효력이므로, 지역구에서 당선된 국회의원이든 비례대표로 당선된 국회의원이든 모두 명문의 규정 없이도 의원직을 상실시킬 수 있다고 하면서 법률적 근거 없이 위헌정당 소속 국회의원의 의원직 상실을 결정주문에 명시하였다.[34] 이러한 효력은 법률규정이 아니라 결정주문에서 발생하는 것으로 이러한 효력을 법률요건적 효력으로 볼 수는 없고, 형성력으로

32) 김하열(주 27), 759쪽.
33) 전민형, 「정당해산심판 결정의 유형과 법적 효과」, 『안암법학』 제44권, 안암법학회, 2014, 486쪽.
34) 헌재 2014. 12. 19. 2013헌다1, 판례집 26-2하, 1, 113-114.

볼 여지만 있다. 하지만 법률요건적 효력과 마찬가지로 형성력도 명시적인 실정법적 근거가 있어야 할 뿐 아니라 정당해산결정에는 기속력이 없고 위헌정당 소속 국회의원은 정당해산심판의 당사자도 아니다. 이러한 점에 비추어 소송법상 헌법재판소는 위헌정당 소속 국회의원의 의원직 상실을 명할 권한이 없다고 보아야 할 것이다.

4. 권한쟁의심판 결정에 따른 법률요건적 효력?

헌법재판소는 심판 대상이 된 국가기관이나 지방자치단체의 권한의 유무나 범위를 판단하고(헌법재판소법 제66조 제1항), 나아가 권한침해 원인이 된 피청구인의 처분을 취소하거나 그 무효를 확인할 수 있고, 헌법재판소가 부작위에 대한 심판 청구를 인용하는 결정을 하면 피청구인은 결정취지에 따른 처분을 하여야 한다(헌법재판소법 제66조 제2항). 이처럼 권한쟁의심판에서는 2단계의 판단과 그에 따른 결정을 할 수 있다.

헌법재판소법 제67조 제1항은 "헌법재판소의 권한쟁의심판의 결정은 모든 국가기관과 지방자치단체를 기속한다."라고 규정하여 결정에 기속력을 명문으로 부여한다. 헌법소원에서는 인용결정만 다른 국가기관에 대해서 기속력이 있지만(헌법재판소법 제75조 제1항), 권한쟁의심판에서는 모든 결정에 기속력이 있다. 권한에 관한 아무런 실체적 판단이 없는 각하결정에는 별다른 의미가 없다. 권한쟁의심판의 본안결정이 내려지면 그것이 인용결정이든 기각결정이든, 그것이 헌법재판소법 제66조 제1항에 따른 확인결정이든, 같은 조 제2항에 따른 취소결정이든, 다른 국가기관은 이에 관한 헌법재판소 판단에 저촉되는 다른 판단이나 행위를 할 수 없고, 헌법재판소 결정의 내용을 자기 판단과 조치의 기초로 삼아야 한다. 피청구인은 위헌·위법성이 확인된 행위를 반복하여서는 아니 될 뿐 아니라 나아가 자신이 일으킨 기존 위헌·위법상태를 제거하여 합헌·합법적 상태를 회복할 의무를 부담한다. 헌법재판소가 부작위에 대한 심판 청구를 인용하는 결정을 하면 피청구인은 결정취지에 따른 처분을 하여야 한다(헌법재판소법 제66조 제2항).

그러나 헌법재판소는 국회의장의 법률안 가결선포행위가 국회의원들의 법률안 심의·표결권을 침해한 것임을 확인한 권한침해확인결정의 기속력 내용에는 국회의장이 구체적으로 특정한 조치를 취할 작위의무가 포함된다고 볼 수 없다는 것 등의 이유로 권한침해확인결정 이후 국회의장의 부작위가 국회의원들의 법률안 심의·표결권을 침해한다며 제기된 권한쟁의심판 청구를 1(기각) : 4(각하) : 4(인용)로 기각하였다.[35] 인용의견에서는, 헌법재판소가 청구인들의 심의·표결권이 침해되었음을 확

35) 헌재 2010. 11. 25. 2009헌라12, 판례집 22-2하, 320, 325.

인하였는데도 국회가 그 위법성을 바로잡고 침해된 청구인들의 권한을 회복시켜줄 의무를 이행하지 않는 것은 헌법재판소 종전 결정의 기속력을 무시하고 청구인들의 권한 침해상태를 계속 존속시키는 것이므로 그 청구를 받아들여야 한다고 보았다.[36) 권한쟁의심판 결정에 기속력이 부여되는데도 권한침해 결정을 법적 구속력이 없는 권고적 재판과 같이 취급하는 것은 권한쟁의심판을 통한 구제를 유명무실하게 하는 것이라고 비판한 것이다.

부작위에 대한 심판 청구를 인용하는 결정에 따른 피청구인의 처분의무를 법률요건적 효력으로 볼 여지도 있다. 그러나 피청구인이 결정취지에 따른 처분을 하여야 하는 것은 부작위에 대한 심판 청구 인용결정에 따른 법률요건적 효력이 아니라 기속력에 해당한다. 헌법재판소법 제67조 제1항에 따라서 부작위에 대한 심판 청구 인용결정에는 기속력이 부여된다. 이러한 기속력 때문에 모든 국가기관과 지방자치단체는 앞날에 처분을 내릴 때 헌법재판소 결정을 준수하고 존중하여야 한다. 이러한 준수의무는 반복금지의무와 반응의무로 구성된다. 반복금지의무는 준수의무의 소극적 측면이고, 반응의무는 준수의무의 적극적 측면이다. 헌법재판소는 위헌상태를 제거하는 데 필요한 처분을 스스로 할 수 없다. 그래서 헌법재판소 결정을 실현하는 것은 다른 국가기관의 몫이다. 이것은 다른 지시가 없는 한 다른 국가기관이 확인된 위헌상태를 즉시 헌법합치적 상태로 바꾸어야 한다는 것을 뜻한다. 따라서 다른 모든 국가기관은 자신의 권한범위 안에서 개별 사건에서 선고된 구체적 헌법재판소 결정을 관철하는 데 필요한 모든 것을 하여야 한다. 이러한 기속력에 따른 반응의무를 구체화한 것이 헌법재판소법 제66조 제2항에 따른 피청구인의 결정취지에 따른 처분의무이다.

5. 헌법소원 인용결정에 따른 법률요건적 효력?

헌법소원의 인용결정에는 기속력이 부여된다(헌법재판소법 제75조 제1항). 헌법소원이 인용되면, 공권력의 행사나 불행사가 청구인의 기본권을 침해하였음이 확정된다(헌법재판소법 제75조 제2항). 그와 함께 기본권 침해 원인이 된 공권력의 행사가 취소되거나 그 불행사가 위헌임이 확인된다(헌법재판소법 제75조 제3항). 공권력 불행사의 위헌이 확인되면 피청구인은 결정취지에 따라 새로운 처분을 하여야 한다(헌법재판소법 제75조 제4항). 이러한 점은 헌법소원심판에 준용되는 행정소송법에서도 확인된다(헌법재판소법 제40조 제1항 제2문, 행정소송법 제30조). 따라서 국가기관과 지방자치단체는 이전에

36) 헌재 2010. 11. 25. 2009헌라12, 판례집 22-2하, 320, 336.

한 공권력의 행사나 불행사를 반복하지 못하고 헌법재판소 결정 취지에 맞는 새로운 처분을 하여야 한다. 공권력 불행사 위헌 확인결정에 따른 피청구인의 처분의무는 권한쟁의심판에서 부작위에 대한 심판 청구를 인용하는 결정에 따른 피청구인의 처분의무와 마찬가지로 반응의무를 구체화한 것으로서 법률요건적 효력이 아니라 기속력에 해당한다.

V. 법률요건적 효력의 범위

1. 주관적 범위

법률요건적 효력은 법률규정에 근거하여 종래 법관계를 바꾸거나 사라지게 하거나 새로운 법관계를 생기게 한다. 그러므로 법률요건적 효력은 해당 심판의 관계인뿐 아니라 제3자에게도 미친다. 이러한 점은 당사자나 헌법재판소에만 효력이 미치는 기판력을 포함한 확정력이나 국가기관에만 효력이 미치는 기속력과 다르다. 법률요건적 효력에 대세적 효력이 인정되는 이유는 법률의 효력[37]에 기반을 두기 때문이다. (형식적) 법률은 헌법을 제외한 모든 법규범보다 우위에 있는 법규범으로서 국가기관과 국민을 구속한다. 이러한 (형식적) 법률의 규범적 효력이 법률의 효력이다. 법률의 효력은 우위적 효력과 규율우선적 효력으로 구성된다. 우위적 효력은 법률 형식으로 표현된 국가의사가 헌법이 아닌 다른 모든 국가의사보다 법적으로 앞서는 힘이다. 규율우선적 효력은 법률이 헌법 안에서 모든 법적 규율사항을 가장 먼저 규율할 수 있고, 특정한 범위에서는 법률이 반드시 직접 규율하여야 하므로, 법률은 헌법에 어긋나지 않는 범위에서 법적 규율대상을 먼저 규율하는 힘을 가리킨다. 법률요건적 효력은 이러한 법률의 효력이 확정판결 존재를 구성요건으로 삼을 때 발생한다. 따라서 법률요건적 효력은 모든 국가기관과 국민을 구속한다. 이러한 법률요건적 효력의 대세적 효력성은 사인의 권리구제뿐 아니라 객관적 헌법질서 보장을 목적으로 하는 헌법재판의 성격에 들어맞는다. 그리고 헌법재판 대상은 법규범과 국가행위라서 일반적 구속성이 있다는 점과도 법률요건적 효력의 대세적 효력성은 잘 어울린다. 이러한 대세적 효력성은 법률요건적 효력이 명시적인 법률규정을 통해서만 인정되어야 하는 이유 중 하나이다. 실체법관계를 직접 변동시키는 법률요건적

---

37) 이에 관해서 자세한 것은 **허완중**, 「법률과 법률의 효력」, 『공법학연구』 제11권 제1호, 한국비교공법학회, 2010, 187~214쪽 참조.

효력은 법적 안정성을 위협할 수 있기 때문이다.

법률요건적 효력은 실체법적 효력이다. 이러한 점에서 소송법적 효력인 기판력을 포함한 확정력이나 기속력과는 효력 작용의 평면이 다르다. 따라서 법률요건적 효력과 확정력이나 기속력은 헌법재판소 결정이 내려졌을 때 발생한다는 점에서 같지만, 작용하는 모습에 차이가 있다. 그래서 특정한 사람이 확정력이나 기속력에 구속된다고 하여 법률요건적 효력에 구속될 필요가 없는 것이 아니다. 작용 평면이 달라서 서로 겹치지 않기 때문이다. 요컨대 효력 범위 측면에서 법률요건적 효력과 확정력이나 기속력은 서로 아무런 영향을 주고받지 않는다.

2. 객관적 범위

법률요건적 효력의 객관적 범위는 해당 법률규정이 규정한 실체법관계 변동이라는 실질적 내용이 결정한다. 법률요건적 효력은 당사자와 헌법재판소를 넘어 다른 국가기관이나 제3자인 일반 국민에게도 미치므로, 법률요건적 효력은 명확하게 확정되거나 확정될 수 있어야 한다. 따라서 법률요건인 확정판결 존재는 결정주문을 통해서 확인되어야 한다. 여기서 확정판결은 형성력과 달리 형성판결에 국한되지 않는다. 이때 결정주문은 형식이 아니라 내용으로 결정된다. 즉 법률에서 요구하는 확정판결 존재 여부는 특정 형식의 확정판결이 있는지가 아니라 특정 내용을 담은 확정판결이 있는지에 따라 결정된다. 결국, 법률요건에 해당하는 확정판결이 있다는 것은 해당 내용을 담은 헌법재판소 결정이 확정되어야 한다는 것을 말한다. 이것은 법률요건적 효력이 확정력을 전제한다는 것을 뜻한다. 그런데 확정력은 오로지 결정주문에만 귀속된다. 따라서 오로지 결정주문만 법률요건적 효력과 관련된다. 일반적으로 결정주문을 해석할 때 결정이유가 원용될 수 있다. 그러나 법률요건적 효력의 구체적 내용은 법률이 규정하고, 법률요건인 헌법재판소 결정이 확정되는 것으로 충분하다. 따라서 법률요건적 효력과 관련하여 결정이유를 원용할 가능성은 거의 없다.

3. 시간적 범위

법률요건적 효력은 확정된 헌법재판소 결정을 전제한다. 따라서 법률요건으로 규정된 헌법재판소 결정이 확정될 때 법률요건적 효력이 생긴다. 즉 헌법재판소가 해당 결정을 선고하면 선고 시점부터 법률요건적 효력이 발생한다(헌법재판소법 제40조 제1항 전문, 민사소송법 제205조).

그러나 법률이 명시적으로 소급효를 인정하면 예외적으로 법률요건적 효력이 선고 시점 이전까지 미칠 수 있다. 예를 들어 헌법재판소법 제47조 제3항에 따라서 형벌에 관한 법률이나 법률조항은 소급하여 그 효력을 상실하는데, 해당 법률이나 법률조항에 대해서 종전에 합헌으로 결정한 사건이 있으면 그 결정이 있는 날의 다음 날로 소급하여 효력을 상실한다. 그런데 명시적인 소급효 규정이 없는데도 헌법재판소가 결정주문이나 중요이유에서 소급효를 인정하거나 심지어 법률규정 혹은 결정주문이나 중요이유에 소급효에 관한 언급이 없는데도 예외적으로 인정할 수 있는지는 의문이다. 이러한 소급효 인정은 법률규정에 명시적으로 어긋나기 때문이다. 헌법재판소법 제47조 제2항과 제3항의 해석과 관련하여 폐지설(혹은 폐지무효설)을 따르는 학설과 판례[38]는 광범위한 소급효를 인정한다. 그러나 이 견해는 헌법재판소법 제47조 제2항과 제3항에 따른 헌법재판소 결정의 효력을 법률적 효력(법규적 효력)으로 이해한다. 법률적 효력(법규적 효력)은 일반적 효력이 아닌 특별한 효력이라서 이러한 예외적 소급효를 인정하는 데 이론적 장애가 없는 것으로 보인다. 다만, 법률적 효력(법규적 효력)은 법률을 통해서만 인정될 수 있다는 점에서 법률이 규정하지 않은 소급효를 오로지 해석을 통해서만 인정할 수 있는지는 의문이다. 하지만 헌법재판소법 제47조 제2항과 제3항에 따른 헌법재판소 결정의 효력을 법률요건적 효력으로 이해하면, 이러한 예외적 소급효를 인정하기 어렵다. 결국, 이러한 견해는 예외적 소급효

---

38) 헌법재판소는 ① 법원 제청·헌법소원심판 청구 등을 통하여 헌법재판소에 법률의 위헌결정을 위한 계기를 부여한 당해 사건, ② 위헌결정이 있기 전에 이와 동종의 위헌 여부에 관하여 헌법재판소에 위헌제청을 하였거나 법원에 위헌제청 신청을 한 경우의 당해 사건, ③ 따로 위헌제청 신청을 하지 아니하였지만 당해 법률 또는 법률의 조항이 재판의 전제가 되어 법원에 계속 중인 사건, ④ 당사자의 권리구제를 위한 구체적 타당성의 요청이 현저한 반면에 소급효를 인정하여도 법적 안정성을 침해할 우려가 없고 나아가 구법에 의하여 형성된 기득권자의 이득이 침해될 사안이 아닌 경우로서 소급효의 부인이 오히려 정의와 형평 등 헌법적 이념에 심히 배치되는 때 예외적으로 소급효를 인정한다(헌재 1993. 5. 13. 92헌가10등, 판례집 5-1, 226, 250; 헌재 2000. 8. 31. 2000헌바6, 공보 49, 744, 745). 대법원은 ① 헌법재판소의 위헌결정의 효력은 위헌제청을 한 당해 사건, ② 위헌결정이 있기 전에 이와 동종의 위헌여부에 관하여 헌법재판소에 위헌여부심판 제청을 하였거나 법원에 위헌여부심판 제청 신청을 한 경우의 당해 사건과 ③ 따로 위헌제청 신청은 아니하였지만 당해 법률 또는 법률의 조항이 재판의 전제가 되어 법원에 계속 중인 사건뿐 아니라[대법원 1991. 6. 11. 선고 90다5450 판결(집 39-3, 1; 공1991, 1895); 대법원 1991. 6. 28. 선고 90누9346 판결(집39-3, 479; 공1991, 2056); 대법원 1991. 12. 24. 선고 90다8176 판결(공1992, 640); 대법원 1992. 2. 14. 선고 91누1462 판결(공1992, 1065); 대법원 1993. 11. 26. 선고 93다30013 판결(공1994상, 196) 각 참조] ④ 위헌결정 이후에 위와 같은 이유로 제소된 일반사건에도 미친다고 할 것이나[대법원 1993. 1. 15. 선고 92다12377 판결(공1993상, 698); 대법원 1993. 1. 15. 선고 91누5747 판결(공1993상, 735); 대법원 1993. 7. 16. 선고 93다3783 판결(공1993하, 2290) 등], 그 미치는 범위가 무한정일 수는 없고 법원이 위헌으로 결정된 법률 또는 법률의 조항을 적용하지는 않더라도 다른 법리에 의하여 그 소급효를 제한하는 것까지 부정되는 것은 아니라 할 것이며, 법적 안정성의 유지나 당사자의 신뢰보호를 위하여 불가피한 경우에 위헌결정의 소급효를 제한하는 것은 오히려 법치주의의 원칙상 요청되는 것이라고 한다[대법원 1994. 10. 25. 선고 93다42740(공1994하, 3077)].

를 인정하는 것이 아니라 헌법재판소법 제47조 제2항과 제3항의 해석을 통해서 문제를 해결하여야 한다. 헌법재판소가 선고 시점을 스스로 정할 수 있다는 점 및 권력분립원리에 따른 사법권의 한계와 입법권 존중 필요성 그리고 부여받은 권한을 제한적으로 행사하는 것으로 볼 수 있다는 점을 고려할 때 법률요건적 효력을 선고 시점 이후의 특정 시점에 발생하도록 하는 것은 가능하다고 보아야 할 것이다.

헌법재판소법 제36조 제5항에 종국결정은 헌법재판소규칙으로 정하는 바에 따라 관보에 게재하거나 그 밖의 방법으로 공시한다고 규정한다. 헌법재판소 심판 규칙 제49조의2 제1항 제1호와 제2호 그리고 제3호는 법률의 위헌결정, 탄핵심판에 관한 결정, 정당해산심판에 관한 결정은 관보에 게재함으로써 공시한다고 규정한다. 이에 따라 실무에서는 결정문 전문, 즉 결정주문뿐 아니라 결정이유까지도 헌법재판소장 이름으로 관보에 공시한다. 그러나 관보를 통한 공시는 일반 국민에게 헌법재판소 결정을 알리는 공시의 효과만이 있을 뿐이고 헌법재판소 결정의 효력 발생과는 아무런 관계가 없다.

법률요건적 효력은 헌법재판소 결정 선고와 동시에 직접 법관계를 발생·변경·소멸시킨다. 따라서 법률요건적 효력에서 시간적 한계는 문제가 되지 않는다. 즉 법률요건적 효력은 시간상으로 헌법재판소 결정의 선고일에 관련되지 않고, 앞날을 향해서 법관계를 변동시킨다는 점에서 확정력이나 기속력과 구별되고, 형성력과 같다. 따라서 확정력이나 기속력은 헌법재판소 결정 이후 사실관계나 법적 상황이 바뀌면 구속력을 상실하지만, 형성력처럼 법률요건적 효력은 이러한 변화에 상관없이 효력이 유지된다. 오로지 재심을 통해서 해당 헌법재판소 결정이 취소될 때만 법률요건적 효력은 제거될 수 있다.

VI. 소결 : 무시할 수 없는 헌법재판소 결정의 법률요건적 효력

법률요건적 효력은 판결의 일반적 효력이 아니다. 하지만 법률요건적 효력은 법률규정에 따른 효력으로서 판결의 실효성을 확보하는 데 중요한 효력이다. 헌법재판소 결정과 관련하여서도 적지 않은 법률요건적 효력이 발생한다. 법률요건적 효력은 실정법적 근거를 요구하므로 법률요건적 효력의 실체법적 효력을 무분별하게 확대될 위험성을 원천적으로 차단한다. 그리고 이러한 실정법적 근거 필요성은 헌법재판소법 개정과 관련하여 다양한 시사점을 줄 수 있다. 특히 헌법재판소 결정의 실효성 확보방안을 논의하는 과정에서 어떠한 법률요건적 효력을 부여할 것인지는 매우 중요하다. 따라서 법률요건적 효력은 헌법재판소 결정의 중요효력이 아니라 부수적 효력에 불과하다고 하더라도 무시할 수 없다. 법률요건적 효력이 민사소송법에서 중요하게 다루어지지 않는 것은 당사자 사이의 법관계에 집중하는 민사소송에서는 대세효를 부여하는 법률요건적 효력이 큰 의미가 있기 어려울 뿐 아니라 실제로 법률요건적 효력을 부여하는 법률규정도 많지 않기 때문이다. 그러나 주관적 권리 보호는 물론 객관적 질서 보장을 기능으로 삼는 헌법재판에서는 대세효를 부여하는 법률요건적 효력이 민사소송에서보다 훨씬 중요한 역할을 한다. 이러한 점에서 헌법재판소 결정의 법률요건적 효력에 관한 연구는 절실히 요구된다고 생각한다.

Chapter

06

위헌결정의 법률요건적 효력

I. 독일 논의와 비슷한, 위헌결정에 따른 법률 효력 상실의 법적 성격에 관한 논의

헌법재판소법 제47조 제2항은 "위헌으로 결정된 법률 또는 법률의 조항은 그 결정이 있는 날부터 효력을 상실한다."라고, 같은 조 제3항은 "제2항에도 불구하고 형벌에 관한 법률 또는 법률의 조항은 소급하여 그 효력을 상실한다. 다만, 해당 법률 또는 법률의 조항에 대하여 종전에 합헌으로 결정한 사건이 있는 경우에는 그 결정이 있는 날의 다음 날로 소급하여 효력을 상실한다."라고 규정한다. 이것은 위헌결정의 효력에 관한 매우 중요한 조항이다. 이 조항에서 위헌결정이 무엇인지를 비롯하여 효력 상실이 무엇을 의미하는지도 문제가 되지만, 이 조항을 근거로 헌법재판소 결정의 법률적 효력을 인정할 수 있는지가 다투어진다. 지금까지 법률적 효력에 관한 논의 대부분은 독일의 관련 논의를 소개하고 나서 이것을 거의 그대로 수용하여 구 헌법재판소법 제47조 제2항을 근거로 헌법재판소 결정의 법률적 효력을 인정하였다. 그러나 법률적 효력에 관한 독일 논의는 그 역사적 수용과정에 관한 검토를 바탕으로 한 독일 기본법 제94조 제2항과 연방헌법재판소법 제31조 제2항에 관한 해석론을 중심으로 이루어진다. 특히 법률적 효력 인정에 관해서 부정적인 견해마저 강력하게 대두한다. 그리고 법률적 효력은 연방헌법재판소 재판에 당연히 부여되는 것이 아니라 오로지 실정법적 근거를 통해서만 인정된다는 것에는 이론이 없다. 이것은 법률적 효력에 관한 논의에서 출발하여서는 아니 되고, 먼저 헌법재판소법 제47조 제2항과 제3항의 충실한 해석에서 출발하여 법률적 효력의 필요성과 인정 가능성을 검토하는 것이 올바른 논의순서임을 보여준다. 게다가 헌법재판소가 특별한 법원이거나 최소한 헌법재판소의 법원형식성을 부정할 수 없다면, 헌법재판소 결정은 사법판결이거나 사법판결적 성격이 있을 수밖에 없어서 헌법재판소 결정의 효력에 관한 논의는 사법판결의 효력에 관한 일반적 논의에서 출발하여야 한다는 점을 무시할 수 없다.

Ⅱ. 기존 논의와 그 문제점

1. 독일의 법률적 효력 논의를 거의 그대로 수용하는 다수설

독일 기본법 제94조 제2항[1]은 연방헌법재판소 재판의 법률적 효력을 연방법률에 위임한다. 연방헌법재판소법 제31조 제2항[2]은 연방헌법재판소가 추상적 규범통제(연방헌법재판소법 제13조 제6호와 제6a호)와 구체적 규범통제(연방헌법재판소법 제13조 제11호), 본안적(연방헌법재판소법 제95조 제3항 제1문) 및 부수적(연방헌법재판소법 제95조 제3항 제2문) 규범통제형 헌법소원(연방헌법재판소법 제13조 제8a호), 국제법규의 규범성 검증(연방헌법재판소법 제13조 제12호)과 구법의 연방법률성 확인(연방헌법재판소법 제13조 제14호)에 관한 절차에서 내린 재판은 법률적 효력이 있다고 규정한다. 그리고 법률적 효력이 있는 연방헌법재판소 재판의 주문은 연방법무부가 연방법률공보에 공표하여야 한다(연방헌법재판소법 제31조 제2항 제3문). 독일에서 법률적 효력은 대세적으로 구속력이 있는 일반적 구속성으로 이해된다. 따라서 연방헌법재판소 재판의 구속력은 법률적 효력을 통해서 확정력과 기속력이 포섭하지 못하는 일반 국민에게까지 미친다.[3] 독일 연방질서

1) "연방법률은 연방헌법재판소의 조직과 절차를 규정하고, 어떠한 때에 그 재판이 법률적 효력이 있는지를 결정한다. 연방법률은 헌법소원에 대해서 권리구제절차를 사전에 모두 거칠 것을 요건으로 할 수 있고, 특별한 수리절차를 규정할 수도 있다."

2) "제13조 제6호, 제6a호, 제11호, 제12호 그리고 제14호의 사건에서 연방헌법재판소 재판은 법률적 효력이 있다. 연방헌법재판소가 법률이 독일 기본법에 합치 혹은 불합치하거나 무효라고 선언하는 때는 제13조 제8a호의 사건에서도 위와 같다. 법률이 독일 기본법이나 그 밖의 연방법에 합치 혹은 불합치하거나 무효라고 선언하는 때는 연방법무부가 연방법률공보를 통해서 재판주문을 공고하여야 한다. 제13조 제12호와 제14호 사건의 재판주문도 마찬가지이다."

3) ***Ernst Benda/Eckart Klein/Oliver Klein***, Verfassungsprozeßrecht, 3. Aufl., Heidelberg 2012, § 40 Rdnr. 1439; ***Herbert Bethge***, Verbindlichkeit der Entscheidung, in: Theodor Maunz/Bruno Schmit-Bleibtreu/Franz Klein/Gerhard Ulsamer/Herbert Bethge/Karin Grasshof/Rudolf Mellinghoff/Jochen Rozek, Bundesverfassungsgerichtsgesetz - Kommentar, Bd. 1, München 2017 (Stand: Januar 2017), § 31 Rdnr. 123; ***Brun-Otto Bryde***, Verfassungsentwicklung, Baden-Baden 1982, S. 406; ***Hans-Joachim Cremer***, Die Wirkungen verfassungsgerichtlicher Entscheidungen, in: Jochen Abr. Frowein/Thilo Marauhn (Hrsg.), Grundfragen der Verfassungsgerichtsbarkeit in Mittel- und Osteuropa, Berlin/Heidelberg 1998, S. 290; ***Christoph Gusy***, Parlamentarischer Gesetzgeber und Bundesverfassungsgericht, Berlin 1985, S. 250; ***Andreas Heusch***, Bindungswirkung und Gesetzeskraft der Entscheidungen, in: Christian Burkiczak/Franz-Wilhelm Dollinger/Frank Schorkopf (Hrsg.), Bundesverfassungsgerichtsgesetz – Heidelberger Kommentar, Heidelberg 2015, § 31 Rdnr. 73; ***Stefan Korioth***, Staatsrecht Ⅰ, 4. Aufl., Stuttgart 2018, Rdnr. 798; ***Klaus Lange***, Rechtskraft, Bindungswirkung und Gesetzeskraft der Entscheidungen des Bundesverfassungsgerichts, in: JuS 1978, S. 6; ***Christian Pestalozza***, Verfassungsprozeßrecht, 3. Aufl., München 1991, S. 334 f.; ***Hans Schäfer***, Gesetzeskraft und bindende Wirkung der Entscheidungen des

와 19세기 입헌주의가 법률적 효력의 역사적 근원으로 논의된다.4) 한국 헌법이나 헌법재판소법에는 헌법재판소 결정의 법률적 효력에 관한 규정이 없다. 그러나 구 헌법재판소법 제47조 제2항(과 헌법재판소법 제75조 제6항)을 직접적 또는 간접적 근거로 삼아서 헌법재판소 결정의 법률적 효력을 인정하는 것이 다수설이다. 다수설은 독일의 법률적 효력을 거의 그대로 수용하여 헌법재판소 결정의 법률적 효력을 설명한다. 이에 대해서 소수설은 독일의 법률적 효력 논의 수용 없이 구 헌법재판소법 제47조 제2항을 사법판결의 일반적 효력 중 하나인 형성력으로 설명하려고 한다.

2. 법률적 효력설

(1) 내용

헌법재판소 결정에 법률적 효력을 인정하는 견해를 따르면, 법률적 효력은 법규범에 대한 헌법재판소 결정이 일반적 구속력이 있고 일반 국민에게도 효력이 미친다는 것을 뜻한다.5) 따라서 헌법재판소 결정은 당사자를 수범자로 하는 기판력의 주관적 범위뿐 아니라 국가기관을 수범자로 하는 기속력의 주관적 범위를 넘어서 일반 사인에게도 그 효력이 미치는 일반적 구속성이 있다고 한다(대세적 효력).6) 그러

Bundesverfassungsgerichts, in: NJW 1954, S. 1468; ***Klaus Schlaich/Stefan Korioth***, Das Bundesverfassungsgericht – Stellung, Verfahren, Entscheidungen, 11. Aufl., München 2018, Rdnr. 496; ***Klaus Stern***, in: Rudolf Dolzer/Klaus Vogel/Karin Graßhof (Hrsg.), BK, München 2007 (Stand: Juni 2007), Art. 94 Rdnr. 128; ***Klaus Vogel***, Rechtskraft und Gesetzeskraft der Entscheidungen des Bundesverfassungsgerichts, in: Christian Starck (Hrsg.), Bundesverfassungsgericht und Grundgesetz: Festgabe aus Anlaß des 25jährigen Bestehens des Bundesverfassungsgerichts, Bd. I, Verfassungsgerichtsbarkeit, Tübingen 1976, S. 614; ***Andreas Voßkuhle***, in: Hermann von Mangoldt/Friedrich Klein/Christian Starck (Hrsg.), Kommentar zum Grundgesetz, Bd. 3, 7. Aufl., München 2018, Art. 94 Rdnr. 36.

4) ***Klaus Schlaich/Stefan Korioth*** (Anm. 3), Rdnrn 498 ff.; ***Helmuth Schulze-Fielitz***, Wirkung und Befolgung verfassungsrechtlicher Entscheidungen, in: Peter Badura/Horst Dreier (Hrsg.), Festschrift 50 Jahre Bundesverfassungsgericht: Verfassungsgerichtsbarkeit - Verfassungsprozeß, Bd. I, Tübingen 2001, S. 395; ***Andreas Voßkuhle*** (Anm. 3), Art. 94 Rdnr. 35.

5) **신 평**, 『헌법재판법(전면개정판)』, 법문사, 2011, 295쪽; **전정환**, 「헌법재판소 결정의 효력에 관한 일반적 고찰」, 문광삼/남복현/전정환, 『헌법재판소결정의 효력에 관한 연구』(헌법재판연구 제7권), 헌법재판소, 1996, 79쪽; **최희수**, 「법률의 위헌결정의 효력에 관한 연구 - 소송법적 효력을 중심으로 -」, 고려대학교 법학박사학위논문, 2001, 123～124쪽; **같은 사람**, 『헌법소송법 요론(개정판)』, 대명출판사, 2015, 60쪽.

6) **남복현**, 「법률의 관한 위헌여부 결정의 법규적 효력」, 『공법연구』 제21집, 한국공법학회, 1993, 322쪽; **같은 사람**, 「법률의 위헌결정의 효력에 관한 연구」, 한양대학교 법학박사학위논문, 1994, 64～65쪽; **전정환**(주 5), 81쪽; **같은 사람**, 「헌법재판소결정의 법규적 효력」, 『고시계』 제48권 제9호(통권 제559호), 고시계사, 2003. 9., 7~8쪽.

나 헌법재판소 결정은 일반구속적인 법규성을 발생시키거나 포함하는 행위가 아니라, 오히려 현행법을 수정하지 않고 단지 현행법을 합헌이나 위헌으로 선언하는 것이라고 한다. 따라서 헌법재판소 결정은 형식적·실질적 의미의 법률이 아니고 단지 재판에 불과하다고 한다. 헌법재판소 결정은 법률유사성이 있을 뿐이라고 한다.[7] 법률적 효력을 통해서 헌법재판소 결정은 헌법적 등급이 있는 것이 아니라 심판된 규범과 같은 등급이 있다고 한다. 즉 법률을 심판 대상으로 한 결정은 법률에 해당하는 등급을, 명령·규칙을 대상으로 한 결정은 그와 같은 등급을 부여받는다고 한다.[8] 법률적 효력은 기판력의 주관적 확장으로서[9] 헌법재판소 결정의 구속범위를 확대하기는 하지만, 구속 정도를 강화하는 것은 아니라고 한다.[10] 헌법재판소는 원래 위헌결정 효과에는 법률폐지의 법률적 효력이 따르는 것이라고 하였고,[11] 구 헌법재판소법 제47조 제2항과 헌법재판소법 제75조 제6항을 법률적 효력의 근거로 제시하였다.[12]

헌법재판소 결정의 법률적 효력을 명문으로 직접 언급한 헌법 규정이나 헌법재판소법 규정은 없다. 그러나 구 헌법재판소법 제47조 제2항 본문(현행 헌법재판소법 제47조 제2항)은 "위헌으로 결정된 법률 또는 법률의 조항은 그 결정이 있는 날부터 효력을 상실한다."라고 규정하고, 헌법재판소법 제75조 제6항은 같은 조 제5항(헌법재판소법 제68조 제1항에 따라 통상의 일반적인 헌법소원을 인용하면서 부수적으로 공권력의 행사 또는 불행사의 근거 법률이나 법률조항이 위헌임을 선고하는 때)과 헌법재판소법 제68조 제2항의 헌법소원심판절차에서 법률이나 법률조항이 위헌이라는 인용결정을 하는 때는 제47조 제2항을 준용하도록 규정한다(헌법재판소법 제68조 제1항에 따른 법률에 대한 헌법소원을 인용하는 때도 마찬가지로 준용될 것이다). 헌법재판소 결정에 법률적 효력을 인정하는 견해는 이들 조항의 내용이 법률적 효력과 내용상으로 어긋나지

---

7) **남복현**(주 6, 법률의 관한 위헌여부 결정의 법규적 효력), 315~316쪽; **같은 사람**(주 6, 법률의 위헌결정의 효력에 관한 연구), 64쪽; **전정환**(주 5), 77쪽; **같은 사람**(주 6), 5~6쪽; **최희수**(주 5, 법률의 위헌결정의 효력에 관한 연구), 124쪽; **황우여**, 「위헌결정의 효력」, 『헌법재판의 이론과 실제』(금랑 김철수교수 화갑기념 논문집), 박영사, 1993, 313쪽.

8) **남복현**(주 6, 법률의 관한 위헌여부 결정의 법규적 효력), 318~319쪽; **전정환**(주 5), 78쪽.

9) **전정환**(주 5), 80쪽.

10) **남복현**(주 6, 법률의 관한 위헌여부 결정의 법규적 효력), 317쪽.

11) 헌재 1993. 5. 13. 92헌가10등, 판례집 5-1, 226, 244.

12) 헌재 2012. 12. 27. 2012헌바60, 판례집 24-2하, 529, 535: "헌법재판소법은 위헌으로 결정된 법률 또는 법률조항은 원칙적으로 그 결정이 있는 날로부터 효력을 상실하도록 규정하고 있다(제47조 제2항, 제75조 제6항). 이에 따라 법률 또는 법률조항에 대한 위헌 결정은 일반적 기속력과 대세적·법규적 효력을 가진다." 구 헌법재판소법 제47조 제2항을 근거로 법률적 효력을 인정하는 소수의견으로는 헌재 1992. 12. 24. 92헌가8, 판례집 4, 853, 887-888 재판관 한병채, 재판관 이시윤, 재판관 김문희의 보충의견.

않으므로 법률적 효력의 직접적 또는 간접적 근거로 볼 수 있다고 한다.[13)]

(2) 문제점[14)]

① 용어의 문제

법률적 효력은 독일어 Gesetzeskraft를 번역한 것이다. 독일어 자체의 의미나 그 역사적 근원에 비추어 보면, 이 용어의 의미는 법률이 아닌 헌법재판소 결정에 법률의 규범서열이나 법률의 효력을 부여한다는 것으로 이해할 수 있다. 그러나 먼저 헌법재판소의 위헌결정에 법률과 같은 규범서열이나 효력을 부여하면 기속력으로 말미암아 위헌결정에 구속되는 입법자는 이러한 위헌결정에 어긋나는 법률을 제정할 수 없게 될 것이다. 이것은 헌법에만 구속되는 입법자를 위헌결정에 일반적으로 구속하여서, 위헌결정에 법률이 아니라 헌법에 준하거나 유사한 효력을 부여하게 되는 결과를 초래할 수 있다. 그리고 법률적 효력은 법률과 관련된 헌법재판소 결정뿐 아니라 명령이나 규칙, 조례와 같은 하위법규범과 관련된 헌법재판소 결정에서도 문제가 된다고 한다. 이것은 법률적 효력을 인정하는 견해가 실정법적 근거로 삼는 구 헌법재판소법 제47조 제2항(현행 헌법재판소법 제47조 제2항과 제3항)의 명문에 어긋난다. 그리고 법률의 효력을 상실시키는 헌법재판소 결정은 법률과 같은 효력을 가져야 한다는 그 인정취지에 비추어 보면 하위법규범의 효력을 상실시키는 헌법재판소 결정은 하위법규범과 같은 효력을 가져야 할 것이다. 이렇게 해석하는 것이 한국은 물론 독일에서도 일반적 견해이고, 다수 견해는 이러한 이유로 '법률적 효력' 대신에 '법규적 효력'이라는 용어를 사용한다. '법률적 효력'이라는 용어는 하위법규범도 문제 삼는 한 용어의 적합성에 문제가 있을 수밖에 없다. '법규적 효력'이라는 용어를 대신 사용하여도 '법규'가 무엇을 뜻하는 것인지가 명확하지 않다.[15)] 그러므로 '법규적 효력'의 의미를 먼저 명확하게 확정하여야 한다. 또한, 법률적 효력은 헌법재판소 결정이 사법판결이라는 본질을 건드리지 않고, 오로지 일반 국민에게도 헌법재판소 결정

13) **김현철**, 『판례 헌법소송법(제4판)』, 전남대학교출판부, 2016, 139쪽; **전정환**(주 5), 79～80쪽; **같은 사람**(주 6), 7쪽; **최희수**(주 5, 법률의 위헌결정의 효력에 관한 연구), 124쪽; **허 영**, 『헌법소송법론(제13판)』, 박영사, 2018, 178~179쪽.

14) **허완중**, 「헌법재판에서 필요성이 의심되는 법률적 효력과 형성력에 의한 그 대체 가능성」, 『안암법학』 제28호, 안암법학회, 2009, 48~53쪽.

15) '법규명령'이나 '법규사항'이라는 용어에서 '법규'는 국민의 권리와 의무와 관련된 법규범을 뜻한다. 그러나 법규적 효력이 국민의 자유와 권리와 관련된 법규범에 국한되는 것이 아님은 분명한 것으로 보인다. '법규'를 '법규범'으로 이해하여도 '법규적 효력'의 내용을 '법규범의 효력'으로 이해하기는 어렵다.

의 구속력이 미친다는 일반적 구속성만을 뜻한다고 한다. 이러한 내용적 측면에 주목한다면, 법률적 효력은 '법률'의 효력도 '법률유사적' 효력도 아닌 것으로 보인다. 결국, 독일에서도 주장되듯이 '법률적 효력'의 내용은 이 용어의 개념적 의미나 그 역사적 근원과 관련 지울 수 없게 된다. '법규적 효력'이라는 용어를 대신 사용하여도 '법규'가 일반구속성을 뜻하는 것이 아니라는 점에서 이러한 문제점은 여전히 제거되지 않는다. 결론적으로 '법률적 효력'은 물론 그를 대신하여 사용하는 '법규적 효력'도 이와 관련하여 논의하는 문제를 뚜렷하게 표현하거나 지적하지 못하는 한계를 드러낸다. 즉 용어가 관련되는 문제를 명확하게 표시하거나 포섭하지 못하는 문제가 있다.

② 실정법적 근거 부재

헌법재판소는 (특별한) 법원이므로,[16] 헌법재판소 결정은 법규범이 아니라 사법판결이다. 법원으로서 헌법재판소는 제소된 사건과 관련하여 결정을 내리고, 사법판결로서 헌법재판소 결정은 법치국가원리를 따라 원칙적으로 소송참가자, 즉 청구인, 피청구인 그리고 참가인(보조참가인 제외)에게 해당 사건과 관련하여서만 효력을 미친다(헌법재판소법 제40조 제1항 전문, 민사소송법 제218조 제1항). 이러한 원칙에서 벗어나려면 헌법이나 법률이 이러한 예외를 명확하게 규정하여야 한다. 법률적 효력은 일반적 구속성을 의미하는 것으로서 헌법재판소 결정에 규범적 효력을 부여하는 것이 아니라 헌법재판소 결정의 구속력을 주관적으로 확장하는 것에 불과하다. 이러한 일반국민에 대한 구속력의 주관적 확장은 헌법재판소 결정의 확정력이나 기판력을 주관적 측면에서 예외적으로 확장하는 것을 뜻한다.[17] 이것은 사법판결의 일반적 효력에서 벗어난다. 따라서 이러한 효력이 인정되려면 독일 기본법 제94조 제2항과 연방헌법재판소법 제31조 제2항처럼 헌법이나 법률에 명문의 근거가 있어야 한다. 그러나 현행법 어디에도 이러한 예외를 인정하는 규정을 찾을 수 없다. 구 헌법재판소법 제47조 제2항(현행 헌법재판소법 제47조 제2항과 제3항)은 헌법재판소의 위헌결정에 따라서 위헌인 법률이나 법률조항이 효력을 상실한다고 규정할 뿐이고, 일반적 구속성을 의미하는 법률적 효력에 관한 어떠한 내용도 담지 않는다. 물론 법률의 효력 상실에서 일반적 구속성이라는 결과를 도출할 수 있다. 그러나 일반적 구속성이라는 결과는 법률 자체의 효력이나 형성력 혹은 법률요건적 효력과 같은 다른 효력에서도 도출

16) 이에 관해서 자세한 검토는 **허완중**, 「헌법재판소의 지위와 민주적 정당성」, 『고려법학』 제55호, 고려대학교 법학연구원, 2009, 1~25쪽 참조.

17) 기속력은 확정력을 질적으로 바꾸는 것이 아니라 확정력의 주관적 범위를 확장하는 의미가 있을 뿐이다. 따라서 기속력의 본질도 확정력이다. 이러한 의미에서 법률적 효력을 기속력의 주관적 확장이라고 보는 것보다는 확정력의 주관적 확장이라고 보는 것이 정확하다고 생각한다.

될 수 있다. 그러므로 이러한 결과만으로는 바로 법률적 효력이 인정된다고 보기 어렵다. 예를 들어 행정소송법 제29조는 형성의 소인 취소소송에서 취소판결이 제3자에 대해서도 효력이 미친다고 규정하는데, 행정법학계에서 이러한 효력은 형성력으로 논의된다.[18] 따라서 구 헌법재판소법 제47조 제2항(현행 헌법재판소법 제47조 제2항과 제3항)만으로는 법률적 효력을 실정법적으로 근거 지울 수 없다. 독일의 법률적 효력 논의에서도 법률적 효력의 내용으로 법규범의 무효를 거론하지 않는다. 이것은 법규범의 무효나 효력 상실에서 당연히 혹은 논리적 결과로서 법률적 효력이 도출되는 것이 아님을 추론하게 한다. 그리고 법률적 효력은 소송법적 효력이어서 법률의 효력 상실이라는 실체법적 효력과 구별된다. 따라서 실체법적 법관계 변경을 규정한 구 헌법재판소법 제47조 제2항(현행 헌법재판소법 제47조 제2항과 제3항)에서 소송법적 효력인 법률적 효력을 바로 도출할 수 없을 것이다. 결국, 현행법에서 헌법재판소 결정의 법률적 효력은 그 근거를 찾을 수 없어서 인정되기 어렵다.

③ 해당 사건 관련성이 일으키는 문제점

한국은 물론 독일에서도 법률적 효력은 확정력이나 기판력에 기반을 둔 효력으로 이해한다. 즉 법률적 효력을 확정력이나 기판력의 주관적 확장으로 이해한다. 그래서 해당 사건에 국한하여 미치는 확정력이나 기판력과 마찬가지로 법률적 효력도 해당 사건과 관련하여 구속력을 가질 수밖에 없다. 만약 법률적 효력이 해당 사건에 국한하지 않는, 즉 구체적 사건과 무관한 효력이라면, (법규범에 구속되는 것과 마찬가지로, 특히 헌법재판소 자신도 구속되므로) 이와 관련된 이후의 어떠한 사건도 이미 선고된 헌법재판소 결정에 구속될 수밖에 없다. 따라서 헌법재판소 결정이 그에 관한 영속적인 종국결정으로 작용할 수밖에 없을 것이다. 결국, 헌법재판소 결정이 헌법해석을 고착화하는 결과를 낳는다. 이것은 헌법의 개방성과 헌법재판소가 헌법해석을 독점하지 않는다는 점 그리고 헌법재판소가 구체적 사건과 관련하여 결정을 내리는 (특별한) 법원이라는 점에 들어맞지 않아서 인정하기 어려운 결과이다. 그래서

18) **김남진/김연태**, 『행정법 I (제22판)』, 법문사, 2018, 906~908쪽; **김성수**, 『일반행정법(제8판)』, 홍문사, 2018, 932~933쪽; **김학세**, 『행정소송의 체계(증보개정판)』, 일조각, 1998, 323~326쪽; **류지태/박종수**, 『행정법신론(제16판)』, 박영사, 2016, 776쪽; **박균성**, 『행정법론(상)(제17판)』, 박영사, 2018, 1420~1425쪽; **석호철**, 「제29조(취소판결등의 효력)」, 김철용/최광률 편집대표, 『주석 행정소송법』, 박영사, 2004, 926~938쪽; **안철상**, 「행정소송의 판결」, 조해현 편집대표, 『행정소송(I) - 재판실무연구(4)』, 한국사법행정학회, 2008, 318~320쪽; **정하중**, 『행정법총론(제12판)』, 법문사, 2018, 825~826쪽; **홍정선**, 『행정법원론(상)(제26판)』, 박영사, 2018, 1159~1161쪽; **홍준형**, 『행정법(제2판)』, 법문사, 2017, 1005쪽. 이러한 규정이 없던 구 행정소송법 아래에서도 이러한 효력은 일반적으로 인정되었다.

헌법재판소 결정도 해당 사건 관련성이 있을 수밖에 없다. 해당 사건 관련성이 인정되면, 법률적 효력이 인정되어 일반 국민에게 헌법재판소 결정의 효력이 미치더라도, 다른 사건에서는 여전히 일반 국민이 헌법재판소 결정과 다른 주장을 할 수 있다는 결론이 도출된다. 그런데 이때 일반 국민을 구속하는 법률적 효력의 실익을 찾기가 쉽지 않다. 그리고 해당 사건 관련성이 인정될 때 사정변경이 생기면 당연히 법률적 효력이 미치지 않는다는 결론이 도출될 것이다. 이것은 위헌결정으로 말미암아 효력이 상실된 법률이 다시 효력을 회복하거나 그것이 효력이 있다는 주장을 할 수 있다는 것을 뜻할 수도 있다. 그러나 이러한 결론은 법적 안정성과 법적 확실성을 중대하게 위협하므로 인정하기 곤란하다. 그 밖에 확정력이나 기판력에 기반을 둔 법률적 효력으로 말미암아 헌법재판소 결정에 일반적 구속력이 있다면, 확정력과 특히 헌법재판소법 제47조 제1항이 기속력을 별도로 인정하는 실익을 찾기 쉽지 않다. 법률적 효력의 일반적 구속력으로 말미암아 일반 국민은 물론 당사자와 헌법재판소 그리고 모든 국가기관도 헌법재판소 결정에 구속될 것이기 때문이다. 따라서 법률적 효력을 인정하려면 (법률적 효력을 확정력이나 기판력과 무관한 것으로 이해하지 않는다면) 이러한 해당 사건 관련성과 관련된 문제에 관한 명확한 해명이 있어야 한다. 특히 확정력이나 기판력에 기반을 둔 법률적 효력이 해당 사건을 벗어나 일반적으로 효력이 미치는 것에 관한 충분한 법리적 해명이 필요하다. 그런데 법률적 효력을 인정하는 견해에서 이러한 해명을 찾을 수 없는 것으로 보인다.

④ 다른 효력을 통한 일반적 구속력 인정 가능성

법률의 위헌결정은 법원과 그 밖의 국가기관 및 지방자치단체를 기속한다(헌법재판소법 제47조 제1항, 제75조 제6항: 기속력). 따라서 법원과 그 밖의 국가기관 및 지방자치단체는 위헌으로 결정된 법률이나 법률조항을 적용할 수 없다. 일반 국민은 최종적으로 자기주장을 법원을 통한 사법적 구제를 통해서 관철할 수 있다. 그러나 법원을 포함한 모든 국가기관은 법률에 대한 헌법재판소의 위헌결정에 구속된다. 따라서 일반 국민이 법원을 포함한 모든 국가기관에 대해서 헌법재판소가 위헌으로 결정한 법률이나 법률조항의 유효성을 주장하여도 모든 국가기관은 이러한 주장을 배척할 수밖에 없다. 결국, 일반 국민도 헌법재판소의 법률에 대한 위헌결정에 일치하는 주장을 할 수밖에 없고, 결과적으로 헌법재판소의 법률에 대한 위헌결정에 구속된다. 즉 모든 국가기관이 헌법재판소의 법률에 대한 위헌결정에 구속되는 것에서 일반 국민이 법률에 대한 헌법재판소의 위헌결정에 구속되는 결과가 발생한다. 이러한 점에서 기속력을 통해서도 법률적 효력이 의도하는 일반적 구속력은 간접적으로 발생한다. 그러나 이러한 구속력은 해당 사건과 관련된 범위에서만 제한적으로 인정된다. 그리고 사법판결의 효력 중에서 형성력이나 법률요건적 효력에 따른 법관계 변동은 누구나 인정하여야 하므로, 그러한 의미에서 형성력이나 법률요건적 효력은 당사자만이 아니라 일반 제3자에게도 미친다. 위헌법률심판이나 헌법소원심판에서는 법률의 위헌성을 확인하는 헌법재판소 결정을 통해서 법전에서 법률을 삭제하거나 법률 폐지를 공포하는 것 등의 다른 별도 행위를 기다릴 것 없이 바로 법률이나 법률조항의 효력이 상실된다(헌법재판소법 제47조 제2항, 제75조 제6항). 법률을 기초로 형성되는 법관계는 법률이나 법률조항의 효력이 상실되면 변동될 수밖에 없다. 따라서 법률이나 법률조항의 효력을 상실시키는 효력은 형성력이나 법률요건적 효력으로도 볼 수 있고, 이것을 통해서 헌법재판소 결정은 일반적 구속력이 있을 수 있다. 또한, 헌법재판소가 합헌결정을 내리면 기존 법률은 아무런 변화가 없다. 즉 헌법재판소의 합헌결정은 기존 법률에 어떠한 것도 추가하거나 제거하지 않는다. 합헌성이 확인된 법률은 아무런 변화 없이 자신의 일반적 구속력에 따라 전과 다름없이 계속 일반적으로 적용된다. 헌법재판소가 확인한 법률의 합헌성은 법률 자체의 효력 때문에 일반적 구속력이 있는 것과 같은 결과를 낳는다.[19)]

3. 형성력설

(1) 내용

헌법재판에서 법률적 효력은 필요성이 의심되므로, 독일의 법률적 효력 논의를 수용하는 대신에 사법판결의 일반적 효력 중 하나인 형성력을 통해서 헌법재판소법 제47조 제2항을 설명하자는 견해가 있다.[20)] 이 견해를 따르면 헌법재판소 결정의 기속력에 관한 논의와 마찬가지로 헌법재판소 결정의 법률적 효력에 관한 논의는 헌법재판소 결정이 사법판결이라는 점에 관한 진지한 고민이 빠진 듯한 모습이라고 한다. 그러나 헌법재판소는 (특별한) 법원이므로 헌법재판소 결정도 당연히 사법판결 그 이상도 그 이하도 아니라고 한다. 법률적 효력에 관한 한국이나 독일의 논의도 법률적 효력이 사법판결인 헌법재판소 결정의 본질을 바꾸지 않는다고 한다. 물론 헌법재판소 결정이 다른 사법판결과 구별되는 특수성은 헌법재판소 결정의 효력을 살필 때 반드시 고려되고 반영되어야 한다고 한다. 사법판결인 헌법재판소 결정은

19) 합헌결정에는 기속력이 인정되지 않고, 당사자 이외의 제3자에게는 확정력이 미치지 않으므로, 당사자 이외의 제3자는 합헌으로 결정된 법률에 대해서 다시 헌법재판을 청구할 수 있다.

20) **허완중**(주 14), 33~72쪽.

사법판결에 귀속되는 일반적 효력이 있다고 한다. 일반 소송법이론을 따르면, 이러한 일반적인 효력과 다른 효력을 헌법재판소 결정에 부여하려면 헌법이나 법률에 명문 규정이 있어야 한다고 한다. 따라서 헌법재판소 결정의 구속력을 일반 국민까지 주관적으로 확장하는 법률적 효력은 명문 규정이 있는 독일법과는 달리 한국법에서는 (헌법과 법률에서 도출될 수 있다는 충분한 논증을 하지 못하는 한) 헌법재판의 특수성만을 근거로 인정되기 어렵다고 한다. 그리고 법률적 효력을 인정하는 실익 중 일반적 구속성은 기속력과 형성력 그리고 법률 자체의 효력을 통해서 인정될 수 있다고 한다. 또한, 법률적 효력을 인정함으로써 헌법재판의 특수성을 강조하려는 측면은 (물론 법률적 효력을 인정하는 것에는 미치지 못하겠지만) 특별한 조건 아래에서만 예외적으로 인정되는 형성력을 강조함으로써 어느 정도 달성될 수 있다고 한다. 이러한 점에서 법률적 효력에 대한 노력은 이제 그동안 방치되었던 형성력에 대한 고찰로 전환되는 것이 훨씬 실천적이고 법이론적 타당성이 있는 것으로 볼 수도 있다고 한다.

그리고 법률적 효력은 법률적 성질을 뜻하는 것이 아니므로 실정법에 아무런 근거가 없을 뿐 아니라 혼란을 일으키면서도 법이론적으로 타당하지 않은 법률적 효력이나 법규적 효력이라는 용어를 사용하지 말고 일반 소송법이론에 따라 형성력이라는 용어를 사용하자는 견해가 있다.[21] 이 견해는 ㉠ 헌법재판소 결정 그 자체는 규범통제나 헌법소원의 심판 대상이 아니고 결정이 확정되고 나서 어떤 절차로도 다시 심판되지 않고, ㉡ 헌법재판소는 제소가 있어야만 절차를 개시할 수 있으므로 위헌결정은 물론 합헌결정도 스스로 폐지할 수 없다고 한다. 그리고 ㉢ 입법권자는 법률을 개폐하는 방법으로 헌법재판소 결정을 폐지할 수 없고, 대통령도 헌법재판소 결정에 대해서 거부권을 행사할 수 없다고 한다.

헌법재판소가 위헌법률심판에서 한 위헌결정이나 다른 심판절차에서 한 법률에 대한 위헌결정으로 말미암아 심판 대상인 법률이 그 효력을 상실하게 되는 효력은 소송법적으로 보면 형성적 효력으로 이해되고, 대세적 효력이 있다는 견해도 있다.[22] 이 견해는 해당 재판에 관여한 바 없는 국가기관이나 일반 국민에 대해서도 위헌으로 결정된 법률이 더는 적용되지 않는 것 등의 효력이 미치게 된다고 한다.

---

21) **이성환**, 「헌법재판소 결정의 효력에 관한 연구」, 서울대학교 법학박사학위논문, 1994, 124쪽.

22) **정종섭**, 『헌법소송법(제8판)』, 박영사, 2014, 190쪽; **같은 사람**, 『헌법학원론(제12판)』, 박영사, 2018, 1537쪽. 그러나 2010년에 발행된 『헌법소송법』의 제6판 187쪽에서는 개별 심판절차의 특성상 특별히 헌법재판소의 결정에 인정되는 효력의 하나로 위헌결정에 귀속되는 일반적 효력(=법률적 효력=법규적 효력 Gesetzeskraft)을 거론하면서, 엄격하게 말하면 일반적 효력은 위헌으로 결정된 법률이 가지는 효력이므로 종국결정의 효력이라고 하기는 어려워서, 기판력이나 기속력과 아무런 관계가 없다고 하였다.

(2) 문제점

일반 소송법이론을 따르면 형성력은 형성판결이 확정되었을 때 재판 내용대로 새로운 법관계가 생기거나 종래 법관계가 바뀌거나 사라지는 효력을 말한다. 형성력은 모든 사법판결에 인정되는 것이 아니라 특정한 사법판결에만 귀속되는 특별한 효력이다. 즉 형성력은 형성의 소를 인용하는 판결(형성판결)에만 발생하고 기각판결에는 인정되지 아니한다.[23] 따라서 구 헌법재판소법 제47조 제2항(현행 헌법재판소법 제47조 제2항과 제3항)을 따라서 위헌으로 결정된 법률이나 법률조항의 효력이 상실되는 것을 형성력으로 보려면, 위헌결정은 반드시 형성판결이어야 한다. 위헌결정이 형성판결이라는 것은 위헌결정 주문에 위헌으로 결정된 법률이나 법률조항의 효력이 상실된다는 것이 직접 표시되어야 함을 뜻한다. 그러나 위헌결정에서는 법률의 효력에 관한 언급 없이 오로지 위헌 여부가 문제가 된 법률이나 법률조항에 위헌성이 있다는 것만 확인될 뿐이다. 그러므로 위헌결정을 형성판결로 볼 수 없다. 위헌으로 결정된 법률이나 법률조항의 효력을 상실시키는 것은 헌법재판소의 위헌결정이 아니라 구 헌법재판소법 제47조 제2항(현행 헌법재판소법 제47조 제2항과 제3항)이다. 이러한 점에서 형성력설은 위헌결정이 형성판결이라는 점을 합리적으로 논증하는 데 성공하지 못하는 한 타당성을 인정받을 수 없다.

Ⅲ. 법률요건적 효력으로 볼 수 있는 위헌결정에 따른 법률의 효력

1. 법률

헌법재판소법 제47조 제2항과 제3항은 효력이 상실되는 대상으로 법률이나 법률조항을 규정한다. 법률의 위헌심사는 법단계설을 전제한다. 즉 규범적 효력을 기준으로 상위법규범인 헌법과 하위법규범인 법률이 나눌 수 있을 때만 법률의 위헌심사를 할 수 있다. 이러한 점에서 헌법재판소법 제47조 제2항과 제3항의 법률은 효력을 기준으로 파악되어야 한다. 따라서 법률은 '법률의 효력이 있는 법규범'으로 이

---

23) **강승준**, 「제4절 재판」, 민일영/김능환 편집대표, 『주석 민사소송법(Ⅲ)(제7판)』, 한국사법행정학회, 2012, 378쪽; **강현중**, 『민사소송법 강의』, 박영사, 2013, 185, 426쪽; **같은 사람**, 『민사소송법(제7판)』, 박영사, 2018, 336쪽; **김홍엽**, 『민사소송법(제7판)』, 박영사, 2018, 204~241, 876쪽; **백춘기**, 「판결의 효력」, 『사법논집』 제36집, 법원도서관, 2003, 526쪽; **이시윤**, 『신민사소송법(제12판)』, 박영사, 2018, 210, 672쪽; **정동윤/유병현/김경욱**, 『민사소송법(제6판)』, 법문사, 2017, 75, 815쪽; **호문혁**, 『민사소송법(제13판)』, 법문사, 2016, 82, 746쪽; **홍기문**, 『민사소송법(제7판)』, 대명출판사, 2016, 193, 591쪽.

해하여야 할 것이다.

성문법의 규범적 효력은 법규범의 내용이 아니라 법규범의 형식에 따라서 결정된다. 즉 내용과 상관없이 성문법률은 법률의 효력이 있다. 성문법률, 즉 형식적 법률은 국회가 헌법과 법률이 정한 절차를 따라 법률의 형식으로 제정한 법규범을 말한다(헌법 제40조, 제52조, 제53조). 헌법은 형식적 법률이 아닌 법규범에 법률의 효력을 부여하기도 한다. 형식적 법률 이외에 법률의 효력이 있는 법규범을 통틀어 실질적 법률이라고 한다. 법률대위명령(헌법 제76조: 긴급재정경제명령과 긴급명령), 국회 동의가 필요한 조약(헌법 제6조 제1항, 제60조 제1항), 법률의 효력이 있는 일반적으로 승인된 국제법규(헌법 제6조 제1항)가 형식적 법률에 속한다.[24]

불문법에는 관습법과 판례법이 있는데, 대륙법에서는 판례법을 인정하지 않는다. 그러므로 대륙법계에 속하는 한국에서는 관습법만이 불문법에 해당한다. 관습법은 수범자인 국민 스스로 만든 법규범으로서 법공동체 안에서 일반적으로 계속 반복된 사실적 관행이 법적 확신을 얻음으로써 성립하는 불문법이다. 관습법은 모든 법영역에서 발생할 수 있어서 이론적으로 모든 법단계에서 관습법이 있을 수 있다. 그러나 국회는 헌법에 어긋나지 않는 한 모든 사항을 규율할 수 있다. 국회가 법률로서 규율하지 않고 하위법규범이 보충하지도 않은 사항이 있으면, 이러한 법률의 빈틈을 메우기 위해서 국회에 입법권을 위임한 국민이 예외적으로 직접 입법권을 행사하는 것이 관습법이다. 이러한 점을 고려하면 관습법 형성은 국회의 법률제정행위에 갈음하는 행위로서 관습법은 원칙적으로 법률과 같은 법단계에 있다고 볼 수 있다. 즉 법률은 국민의 대표자인 국회가 확인한 국민의 (추정적) 의사이므로, 관습법을 법규범으로 인정한다면 관습법으로 표현된 국민 자신의 (실질적) 의사에도 법률과 같거나 비슷한 규범서열이 인정되어야 할 것이다. 이것은 법률이 관습법을 대체하는 것이었다는 법사학적 사실에도 들어맞는다. 다만, 지방자치단체의 주민에 의해서 성립되고, 적용범위가 지방자치단체의 관할영역에 국한되는 지역적 관습법은 그 성립 주체와 효력범위에 비추어 조례와 같은 법단계에 있다고 보아야 할 것이다.[25] 그러나 관습법은 법률에 대해서 보충적 효력만 있어서 법률을 개폐할 수 없으므로, 법률우위 측면에서 옹근(완벽한) 법률과 같은 효력이 없다. 그리고 성문법이 이미 규율한 사항을 내용으로 삼을 수 없고, 기본권을 제한하는 내용을 담을 수도 없으므로(헌법 제37조 제2항), 법률유보 측면에서도 옹근 법률과 같은 효력이 없다. 따라서 법률의 규

24) 이에 관해서 자세한 것은 **허완중**, 「법률과 법률의 효력」, 『공법학연구』 제11권 제1호, 한국비교공법학회, 2010, 190~194쪽 참조.

25) **허완중**, 「관습법과 규범통제」, 『공법학연구』 제10권 제1호, 한국비교공법학회, 2009, 167~168쪽.

범서열이 있는 관습법에는 옹근 법률의 효력이 귀속되지 않는다.[26] 그러나 민법 제1조와 상법 제1조에 비추어 관습법은 최소한 법률 아래의 하위법규범에 대해서는 우위의 규범적 효력이 있고, 관습법은 모든 사항에 관해서는 아니지만, 하위법규범이 규율할 수 없는 법률유보사항도 (적어도 부분적으로는) 규율할 수 있는데, 이러한 관습법은 법률하위법규범이 개폐할 수 없다. 따라서 법률의 규범서열이 있는 관습법은 법률 우위 측면에서나 법률유보 측면에서 옹근 법률과 같은 효력은 아니지만, 그에 근접하는 법률유사적 효력이 있다고 보아야 할 것이다. 그리고 이러한 법률유사적 효력은 최소한 명령과 규칙보다는 상위에 있는 규범적 효력이다. 이러한 점에서 법률의 규범서열이 있는 관습법을 '준법률'로 볼 수 있다.[27]

요컨대 헌법재판소법 제47조 제2항과 제3항의 법률은 법률적 효력이 있는 법규범으로서 형식적 법률 이외에 법률대위명령, 국회 동의가 필요한 조약, 법률의 효력이 있는 일반적으로 승인된 국제법규를 아우르는 실질적 법률 그리고 법률의 규범서열이 있는 관습법을 포함한다.

2. 위헌결정

지금까지 헌법재판소가 내린 결정들은 단순위헌결정과 단순합헌결정, 한정위헌결정, 한정합헌결정, 헌법불합치결정으로 구분된다. 헌법재판소법 제47조 제2항과 제3항은 법률의 효력 상실은 법률의 위헌결정이 있을 때 발생한다고 한다. 헌법재판소법 제47조 제2항과 제3항은 어떠한 요건이나 조건을 달지 않았고 다른 규정에서도 이와 관련된 내용을 찾을 수 없으므로, 여기서 법률의 위헌결정은 법률의 위헌성을 확인하는 헌법재판소결정을 말한다. 헌법재판소는 법률의 위헌결정을 위헌법률심판(헌법재판소법 제47조 제2항과 제3항), 위헌소원심판(헌법재판소법 제75조 제6항, 제47조 제2항과 제3항) 그리고 부수적 규범통제심판(헌법재판소법 제75조 제5항, 제6항, 제47조 제2항과 제3항)에서 내린다.

단순위헌결정은 심판 대상인 법률이나 법률조항의 위헌성을 확인하는 '확정'결정이다. 그리고 단순합헌결정은 헌법재판소가 심판 대상인 법률이나 법률조항의 위헌성을 확인하지 못할 때 내리는 결정이다. 단순위헌결정이 헌법재판소법 제47조 제2항과 제3항의 위헌결정에 포함되고, 단순합헌결정이 이러한 위헌결정에 포함되지 않는다는 점에 관해서는 이론이 없다.

26) 이에 관해서 자세한 검토는 **허완중**(주 25), 168~170쪽 참조.
27) 이에 관해서 자세한 검토는 **허완중**(주 25), 170~171쪽 참조. 헌법재판소는 관습법은 형식적 법률은 아니지만, 실질적으로는 법률과 같은 효력이 있다고 한다고 하면서 헌법소원심판의 대상이 된다고 한다(헌재 2013. 2. 28. 2009헌바129, 공보 197, 357, 359).

한정위헌결정은 규범통제의 심판 대상이 된 법률이나 법률조항의 일부 해석 가능성이나 적용 가능성의 위헌성을 확인하는 헌법재판소의 종국결정이다. 단순위헌결정의 효력을 위헌법률의 무효 확인이나 폐지로 보지 않고 헌법재판소법 제47조 제2항과 제3항의 문언대로 효력 상실로 본다면, 단순위헌결정과 한정위헌결정 사이에 형식적 외관 차이는 없다.[28] 단순위헌결정과 한정위헌결정은 오로지 효력이 상실되는 범위만 다를 뿐이다. 즉 단순위헌결정과 한정위헌결정은 법률이나 법률조항에서 위헌성을 확인하고, 위헌으로 확인된 부분의 효력을 상실시킨다는 점에서는 같다. 다만, 단순위헌결정은 법률이나 법률조항 자체 혹은 그 양적 일부의 효력을 상실시키지만, 한정위헌결정은 법률이나 법률조항의 질적 일부, 즉 해석 가능성이나 적용 가능성 일부의 효력을 상실시킨다는 점에서만 구별된다. 이러한 점에서 양적 일부위헌결정을 단순위헌결정에 포함하는 것처럼 질적 일부위헌결정인 한정위헌결정을 단순위헌결정에 속하는 것으로 볼 수 있다.[29] 그러나 단순위헌결정의 효력을 위헌법률의 무효 확인이나 폐지로 본다면, 한정위헌결정은 해당 법률이나 법률조항의 외관을 존속시킨다는 점에서 단순위헌결정과 구별되어서 변형결정에 해당한다. 하지만 한정위헌결정이 법률이나 법률조항의 질적 일부, 즉 해석 가능성이나 적용 가능성 일부의 위헌성을 확인한다는 점에는 변함이 없다. 따라서 어느 견해를 취하든 한정위헌결정도 헌법재판소법 제47조 제2항과 제3항의 위헌결정에 포함된다는 결론에 이른다.

한정합헌결정은 심판 대상이 된 법률이나 법률조항의 다양한 해석 가능성 중 일부의 합헌성을 확인하는 헌법재판소의 종국결정이다. 한정합헌결정은 심판 대상이 된 법률이나 법률조항의 다양한 해석 가능성 중에서 위헌인 해석 가능성을 배제하고 헌법과 조화를 이룰 수 있는 방향으로 축소·제한 해석하여 그 법률이나 법률조항의 효력을 유지하는 결정유형이다. 한정합헌결정은 한정하지 않고 법률조항을 해석하면 헌법에 어긋나는 결과가 도출된다는 것을 전제한다. 즉 해당 법률조항에 위헌인 해석 가능성이 있을 때 비로소 헌법재판소는 한정합헌결정을 내릴 수 있다. 물론 해당 법률조항의 해석 가능성에는 위헌인 것만 있어서는 아니 되고 반드시 헌법적으로 허용되는, 즉 합헌인 해석 가능성도 있어야 한다. 이때 합헌인 해석 가능성과 위헌인 해석 가능성은 양적으로 분리될 수 없고 오로지 질적으로만 분리될 수 있어야 한다. 양적으로 분리될 수 있다면 헌법재판소는 질적 일부위헌결정을 포함한 한

28) 이에 관해서 자세한 검토는 **허완중**, 「한정위헌결정은 변형결정인가?」, 『헌법학연구』 제16권 제3호, 한국헌법학회, 2010, 716~721쪽 참조.

29) **허완중**, 「헌법재판소의 결정유형 선택기준」, 『헌법학연구』 제17권 제1호, 한국헌법학회, 2011, 419쪽.

정합헌결정이 아니라 양적 일부위헌결정을 내려야 하기 때문이다. 한정합헌결정은 위헌인 해석 가능성을 제거하기 위해서 합헌인 해석 가능성을 확인하는 것이다. 따라서 한정합헌결정도 법률이나 법률조항의 해석 가능성 일부의 위헌성을 확인하므로 헌법재판소법 제47조 제2항과 제3항의 위헌결정에 포함된다.

헌법불합치결정은 심판 대상이 된 법률이나 법률조항의 위헌성을 확인하지만, 입법자의 입법형성권을 존중하거나 법적 공백과 혼란을 방지하기 위해서 그 법률이나 법률조항에 대해서 단순위헌결정을 선고하지 아니하고 헌법에 합치하지 아니하다고 선언하여 헌법재판소법 제47조 제2항과 제3항의 적용을 배제하는 결정유형이다. 그러나 헌법불합치결정은 헌법재판소법 제47조 제2항과 제3항의 적용을 완벽하게 배제하는 것은 아니다. 즉 헌법불합치결정은 위헌으로 결정된 법률이나 법률조항의 효력 상실 시점에 관해서만 헌법재판소법 제47조 제2항과 제3항의 적용을 배제한다. 헌법불합치결정에서 헌법재판소는 심판 대상인 법률이나 법률조항의 위헌성을 확인하는 것에 그치고 그 제거는 입법자에게 의무를 지워 맡긴다. 그러나 헌법불합치결정도 법률이나 법률조항의 위헌성을 확인하므로, 단순위헌결정과 마찬가지로 본질은 위헌결정이다.[30] 따라서 헌법불합치결정도 헌법재판소법 제47조 제2항과 제3항의 위헌결정에 포함된다.

3. 위헌결정의 법적 성격

형성력이 귀속되는 결정은 형성의 소를 인용하는 판결, 즉 형성판결에 한한다. 형성판결은 새로운 법관계가 생기게 하거나 종래 법관계를 바꾸거나 사라지게 하는 판결을 말한다. 그래서 형성력을 부여하는 헌법재판소결정의 유형으로는 위헌법률심판에서 내리는 법률의 위헌결정(헌법재판소법 제47조 제2항), 탄핵심판에서 내리는 탄핵결정(헌법재판소법 제53조 제1항), 정당해산심판에서 내리는 정당해산결정(헌법재판소법 제59조), 위헌소원심판의 인용결정(헌법재판소법 제75조 제6항, 제47조 제2항), 권한쟁의심판에서 내리는 처분의 취소나 무효 확인 결정(헌법재판소법 제66조 제2항), 헌법소원심판에서 내리는 공권력 행사의 취소결정(헌법재판소법 제75조 제3항) 그리고 부수적 규범통제심판에서 내리는 법률의 위헌결정(헌법재판소법 제75조 제5항, 제6항, 제47조 제2항)이 제시된다. 그런데 위헌법률심판과 위헌소원심판 그리고 부수적 규범통제심판에서 내리는 법률의 위헌결정은 다른 결정과 차이가 있다. 탄핵결정(헌법재판소법 제53조 제1항)에서는 피

30) 헌재 1989. 9. 8. 88헌가6, 판례집 1, 199, 261; 헌재 1994. 7. 29. 92헌바49등, 판례집 6-2, 64, 118; 헌재 2004. 5. 27. 2003헌가1등, 판례집 16-1, 670, 696-697; 헌재 2006. 6. 29. 2005헌마44, 판례집 18-1하, 319, 328 참조.

청구인이 해당 공직에서 파면한다는 내용이, 정당해산결정(헌법재판소법 제59조)에서는 정당의 해산을 명하는 내용이, 공권력 행사의 취소 및 무효 확인 결정(헌법재판소법 제66조 제2항)에서는 권한침해의 원인이 된 피청구인의 처분을 취소하거나 그 무효를 확인하는 내용이, 공권력 행사의 취소결정(헌법재판소법 제75조 제3항)에서는 기본권 침해의 원인이 된 공권력 행사를 취소한다는 내용이 주문에 명확하게 표현된다. 즉 이들 결정의 주문에서는 법관계 변경이 직접 드러난다. 그러나 법률의 위헌결정에서는 법률이나 법률조항의 위헌성만 확인되고, 해당 법률이나 법률조항의 효력이 상실된다는 내용은 주문에 전혀 표현되지 않는다. 오로지 헌법재판소법 제47조 제2항과 제3항(그리고 제75조 제6항)이 그러한 내용을 규정할 뿐이다. 이러한 점에서 법률의 위헌결정은 형성판결로 보기 어렵다.[31)]

법률의 제·개정권은 국회입법권의 본질적 내용이므로, 헌법재판소가 법률을 개정하거나 폐지하는 권한을 가지는 것은 헌법이 규정한 권력분립을 수정하는 것이다. 따라서 헌법재판소가 법률을 개정하거나 폐지하려면 또는 위헌결정에 법률의 효력[32)]을 부여하려면 실질적 법률처럼 헌법적 근거가 필요하다. 그러나 헌법은 헌법재판소가 법률이 헌법에 위반되는지만을 결정한다고 규정할 뿐이다(헌법 제107조 제1항). 따라서 헌법재판소는 법률이 헌법에 위반되는지만을 심사할 수 있다. 법률의 위헌성은 법률이 헌법에 어긋나는 상태를 말한다. 따라서 법률의 위헌성은 헌법재판소 결정을 통해서 비로소 발생하는 것이 아니라 헌법과 법률이 충돌하는 시점부터 이미 있다. 결국, 헌법재판소는 선재하는 법률의 위헌성을 확인할 수 있을 뿐이다. 따라서 헌법재판소의 위헌결정은 심판 대상인 법률이나 법률조항의 위헌성을 확인하는 결정에 불과하다. 헌법재판소는 법률이나 법률조항의 위헌성을 결코 창조할 수 없다. 이러한 점에서 법률의 위헌결정에는 해당 법률이나 법률조항의 위헌성 확인 이외에 아무런 내용이 없다. 법원이나 헌법소원청구인이 헌법재판소에 묻는 것도 법률의 위헌 여부이고(헌법 제107조 제1항, 제111조 제1항 제1호, 헌법재판소법 제41조 제1항, 제43조 제3호와 제4호, 제71조 제2항, 제75조 제5항), 헌법재판소는 제청된 법률이나 법률조항의 위헌 여부만을 결정할 수 있을 뿐이다(헌법재판소법 제45조 본문, 제75조 제6항). 이러한 점들을 고려하면 법률의 위헌결정은 확인판결에 불과하다.

31) 그러나 효력 상실의 의미와 관련하여 폐지무효설을 따르면 위헌결정은 형성판결이라는 견해가 있다(**이부하**, 「법률조항에 대한 헌법재판소의 위헌결정의 소급효에 대한 고찰」, 『공법학연구』 제14권 제2호, 한국비교공법학회, 2013, 385~387쪽).

32) 법률의 효력은 법률적 효력과 구별된다.

4. '위헌으로 선언된 법률이나 법률조항의 효력 상실'의 법적 성격

사법판결의 효력에는 불가변력, 불가쟁력, 기판력, 집행력, 형성력, 법률요건적 효력, 반사적 효력 등이 있다. 이 중에서 법관계 변경을 일으키는 효력, 특히 실체법과 관련이 있는 효력은 형성력과 법률요건적 효력 그리고 반사적 효력이다. 그런데 형성력은 형성판결에만 부여되는 효력이다. 따라서 확인판결에 불과한 법률의 위헌결정에서는 형성력이 발생할 수 없다. 그리고 반사적 효력은 법해석을 통해서 실체법적 의존관계가 있을 때 인정되는 효력으로서 명문으로 규정되지 않은 효력이라는 점[33)]에서 헌법재판소법 제47조 제2항과 제3항에 따른 법률이나 법률조항의 효력 상실과 거리가 있다.

법률요건적 효력은 확정판결 존재를 법률요건으로 한다. 헌법재판소법 제47조 제2항과 제3항은 법률의 위헌결정이라는 헌법재판소의 종국결정을 효력 상실의 전제요건으로 삼는다. 헌법재판소에서 이루어지는 헌법재판은 단심제를 채택하여 헌법재판소가 결정을 내리면 바로 확정된다. 따라서 법률의 위헌결정은 당연히 확정판결이다. 그리고 헌법재판소법 제47조 제2항과 제3항을 따라서 헌법재판소가 법률의 위헌결정을 내리면 바로 해당 법률이나 법률조항의 효력이 상실되는 실체법적 법률효과가 발생한다. 이러한 점을 고려하면 법률의 위헌결정에 따르는 해당 법률이나 법률조항의 효력 상실은 법률요건적 효력으로 볼 수 있다.

위헌결정의 법률요건적 효력은 법률의 위헌결정 존재를 법률요건으로 하여 해당 법률이나 법률조항의 효력을 상실시키는 효력이라고 개념 정의할 수 있다. 위헌결정의 법률요건적 효력은 위헌결정 존재를 법률요건으로 하므로, 재심이 허용되어 위헌결정이 폐기되지 않는 한 존속한다. 객관소송인 헌법재판의 성격과 법률의 규범적 성격 그리고 법률이나 법률조항의 효력 상실이 일으키는 규범적 파급효에 비추어 위헌결정의 법률요건적 효력에는 변론주의가 적용될 수 없다. 따라서 헌법재판소가 위헌결정을 내리면 당연히 해당 법률이나 법률조항의 효력은 상실되고, 법원은 당사자의 주장 여부와 상관없이 언제나 위헌결정의 존재 여부를 확인하여야 한다. 위헌결정의 법률요건적 효력은 해당 법률이나 법률조항의 효력 상실에 그치고, 국회에 어떠한 입법의무도 부과하지 않는다. 다만, 법률요건적 효력이 선고 시점에 해당 법률이나 법률조항의 효력을 상실시키므로, 최소한 해당 법률이나 법률조항을 선고 시점에는 적용하지 않으려는 것이 헌법재판소법 제47조 제2항과 제3항에 표현된 입

33) **남동현**, 「판결의 제3자적 효력의 본질과 그밖의 판결의 효력에 관한 검토」, 『비교사법』 제16권 제2호, 한국비교사법학회, 2008, 341쪽.

법자의 의사라고 보아야 할 것이다. 이러한 점에서 법률요건적 효력은 동일규범반복제정금지와 간접적 관련성은 있다고 볼 수 있다.

5. 위헌결정의 법률요건적 효력이 미치는 범위

(1) 주관적 범위

헌법재판소가 위헌결정을 내리면, 위헌으로 결정된 법률이나 법률조항은 효력을 상실한다. 이로 말미암아 법률이나 법률조항의 법률적 효력은 사라지므로, 그 수범자는 해당 법률이나 법률조항의 구속에서 벗어난다. 법률이나 법률조항의 수범자는 모든 국가기관과 국민이다. 따라서 헌법재판소를 포함한 모든 국가기관과 청구인을 포함한 모든 국민에게는 법률이나 법률조항의 효력이 더는 미치지 않는다. 그래서 국가기관은 위헌으로 결정된 법률이나 법률조항을 적용할 수 없고, 모든 국민은 위헌으로 결정된 법률이나 법률조항을 원용할 수 없다. 이러한 점은 당사자에게만 효력이 미치는 확정력이나 국가기관에만 효력이 미치는 기속력과 구별된다. 위헌결정에 법률요건적 효력이 인정되는 이유는 헌법재판이 사인의 권리구제만을 목적으로 하는 것이 아니라 객관적 헌법질서 보호도 목적으로 하기 때문이다(헌법재판의 2중적 성격). 그리고 헌법재판은 공법적 효과나 공법관계를 대상으로 하는데, 이것은 획일적으로 규율되어야 하며, 특정인에게는 효력이 존속하고 다른 특정인에게는 효력이 미치지 않는 결과가 발생하면 특정되지 않은 많은 사람(불특정 다수인)을 대상으로 통일적으로 규율하여야 할 헌법관계 안정이라는 요청에 들어맞지 않기 때문이다.

(2) 객관적 범위

법률요건적 효력은 위헌결정 존재를 전제한다. 위헌결정은 결정주문에서 법률이나 법률조항의 위헌성을 확인하는 헌법재판소 결정이다. 따라서 법률요건적 효력이 발생하려면 결정주문에 법률이나 법률조항의 위헌성이 드러나야 한다. 헌법재판소가 합헌결정을 내리면서 결정이유에서 법률이나 법률조항을 적시하더라도 법률요건적 효력이 발생하지 않는다. 예를 들어 결정주문 내용은 단순합헌결정이고 결정이유에서 헌법합치적 해석이 표현되면 법률요건적 효력이 문제 되지 않는다. 결정주문에서 위헌결정 해당 여부가 결정되므로, 결정이유가 결정주문 해석을 위해서 원용될 가능성은 크지 않다. 그러나 위헌 범위를 확정하기 위해서 결정이유가 원용될 수는 있다. 법률요건적 효력은 위헌으로 결정된 법률이나 법률조항에 국한하므로 해당 법률이나 법률조항이 아닌 (해당 법률이나 법률조항과 같거나 비슷한 내용을 담은) 유사규범에는 미치지 않는다.

(3) 시간적 범위

법률요건적 효력은 원칙적으로 헌법재판소 결정의 선고일에 앞날을 향해서 발생한다(헌법재판소법 제47조 제2항 본문). 법률요건적 효력은 그 선고일에 발생하는 것이지 송달일이나 나중에 별도로 발생하는 것은 아니다. 법률의 위헌결정, 탄핵심판에 관한 결정, 정당해산심판에 관한 결정, 권한쟁의심판에 관한 본안결정, 헌법소원의 인용결정, 기타 헌법재판소가 필요하다고 인정한 결정은 관보에, 그 밖의 종국결정은 헌법재판소의 인터넷 홈페이지에 각 게재함으로써 공시한다(헌법재판소법 제36조 제5항, '헌법재판소 심판 규칙' 제49조의2 제1항). 관보에 게재함으로써 공시하는 종국결정은 헌법재판소의 인터넷 홈페이지에도 게재한다('헌법재판소 심판 규칙' 제49조의2 제2항). 이에 따라 실무에서는 결정문 전문, 즉 결정주문뿐 아니라 결정이유도 헌법재판소장 이름으로 관보나 헌법재판소의 인터넷 홈페이지에 공시한다. 그러나 관보나 헌법재판소의 인터넷 홈페이지를 통한 공시는 일반 국민에게 헌법재판소 결정을 알리는 공시 효과만 있을 뿐이다. 따라서 관보나 헌법재판소의 인터넷 홈페이지 공시는 헌법재판소 결정의 효력 발생과 아무런 관계가 없다. 형벌에 관한 법률이나 법률조항에 대한 위헌결정의 법률요건적 효력은 위헌이 발생하는 시점(헌법과 법률이 충돌하는 시점)까지 소급하여 발생한다(헌법재판소법 제47조 제3항). 법률이나 법률조항에 대한 헌법불합치결정에서 법률요건적 효력은 기한을 정하면 기한이 지나고 나서, 기한을 정하지 않으면 상당한 기간이 지나고 나서 발생한다. 하지만 헌법재판소가 입법자에게 법률개선의무를 부과하므로, 입법자는 법률을 개선하여 법률이나 법률조항의 효력이 상실되기 전에 법률이나 법률조항을 개정하거나 폐지하여야 한다. 따라서 헌법불합치결정에 따른 법률이나 법률조항의 효력 상실이 문제 되는 것은 입법자가 법률개선의무를 이행하지 않을 때이다. 법률요건적 효력은 위헌결정과 동시에 직접 위헌으로 결정된 법률이나 법률조항의 효력을 상실시키므로 시간적 한계는 문제 되지 않는다. 즉 법률요건적 효력은 위헌으로 결정된 법률이나 법률조항의 효력을 종국적으로 상실시켜서 선고일에 국한됨 없이 앞날을 향해서 법률관계를 변동시킨다는 점에서 확정력이나 기속력과 구별된다. 따라서 확정력이나 기속력은 헌법재판소 결정 이후 사실관계나 법적 상황이 바뀌면 구속력을 상실하지만, 법률요건적 효력은 이러한 변화에 상관없이 유지된다.

6. '법률이나 법률조항의 효력 상실'을 법률요건적 효력으로 볼 때의 장점

헌법재판소 결정에 법률적 효력이라는 특별한 효력을 인정하여 헌법재판의 특수성을 지나치게 강조하는 것은 헌법재판소의 법원성에서 비롯하는 기능적 한계를 무력하게 만들 위험성이 있다. 헌법재판소가 (특별한) 법원이고 그로 말미암아 헌법재판에 일정한 한계를 그을 수 있다면, 이러한 한계를 넘는 효력 인정은 헌법이나 법률의 명문 규정에 근거하거나 적어도 헌법이나 법률에서 도출될 수 있다는 것을 합리적 논거를 바탕으로 명확하게 증명하여야 한다. 그리고 이렇게 인정된 효력도 헌법재판소의 법원성에 들어맞는 방향으로 해석하여야 할 것이다. 이러한 점에서 실정법적 근거를 찾기 어려운 법률적 효력을 수용하는 것은 사법판결의 일반적 효력을 통해서 더는 설명할 수 없는 때만 가능하다. 특별한 효력은 일반적 효력을 보완하거나 수정하는 것이어서 일반적 효력과 중첩되는 것에 그친다면 특별한 효력의 존재 의미를 찾을 수 없기 때문이다.

법률요건적 효력은 위헌이어서 무효라고 선언하는 독일 연방헌법재판소의 무효선언[34]과 달리 오로지 법률이나 법률조항의 위헌성만을 확인하는 위헌결정의 본질에 들어맞는다. 특히 법률요건적 효력은 법률이나 법률조항의 위헌성을 확인하는 것과 위헌결정 존재를 조건으로 법률이나 법률조항의 효력이 상실되는 것을 명확하게 구별할 수 있게 한다. 그에 반해서 형성판결을 전제로 하는 형성력은 위헌결정의 확인판결성에 들어맞지 않고, 헌법재판소법 제47조 제2항을 문언에 충실하게 해석하는 데 어려움이 있다.

법률요건적 효력은 사법판결에 귀속되는 일반적 효력 중 하나이다. 그러므로 법률요건적 효력은 헌법재판소의 법원성에 잘 들어맞는다. 특히 법률요건적 효력에 따르는 대세효는 헌법재판의 특수성이 요구하는 일반적 구속력이 헌법재판소의 법원성과 문제없이 공존할 가능성을 제공한다. 그리고 헌법재판소법 제47조 제2항을 통해서 인정되는 법률요건적 효력은 헌법재판소 결정의 부수적 효력으로서 확정력 및 기속력과는 무관한 효력이다. 따라서 법률요건적 효력은 해당 사건에 매이지 않는다. 게다가 법률요건적 효력의 구체적 내용은 일반적으로 주어지지 않고 개별 법률 규정을 통해서 확정된다. 이러한 점에서 법률요건적 효력은 헌법재판의 특수성을 충

---

34) 이를 바탕으로 규범을 폐기하는 재판에 특정한 일반 사법판결의 형성력에 상응하는 효력이 귀속되는 것이 자명하므로 연방헌법재판소 재판의 사실적인 대세적 효력은 이미 사물의 본성에 따라서 주어진다는 견해가 있다(***Steffen Detterbeck***, Streitgegenstand und Entscheidungswirkungen im öffentlichen Recht, Tübingen 1995, S. 352). 그리고 무효선언이 형성판결이라면 무효선언은 어차피 대세적으로 효력이 미치므로 법률적 효력은 여기에 어떤 것도 추가하지 못한다는 견해도 있다[***Christian Pestalozza*** (주 3), S. 331]. 또한, 연방헌법재판소가 규범심사를 통해서 규범을 위헌이나 무효로 선언한다면, 이러한 모두에 대해서 효력을 미치는 재판은 확정력 있는 확인 이외에도 일종의 법적 상황 '형성'을 포함한다는 견해도 있다(***Hans Brox***, Zur Zulässigkeit der erneuten Überprüfung einer Norm durch das Bundesverfassungsgerichts, in: Gerhard Leibholz/Hans Joachim Faller/Paul Mikat/Hans Reis (Hrsg.), Menschenwürde und freiheitliche Rechtsordnung: Festschrift für Willi Geiger zum 65. Geburtstag, Tübingen 1974, S. 823).

분히 반영할 수 있고, 위헌결정의 개별적 특성을 합리적으로 수용할 가능성을 제공한다. 특히 독일 연방헌법재판소의 무효선언과 다른 헌법재판소의 위헌결정의 특수성 혹은 독자성을 그대로 살릴 수 있다. 그러면서도 법률요건적 효력은 확정력 및 기속력을 수정하거나 그것과 부딪히지 않는다. 따라서 법률요건적 효력은 헌법재판소 결정의 모든 효력이 무리 없이 조화를 이루면서 공존할 길을 열어줄 수 있다.

Ⅳ. 소결 : 효력 검토의 출발점인 효력의 법적 성격

헌법재판소법 제47조 제2항은 위헌결정의 효력과 관련한 매우 중요한 조항이다. 그런데 이 조항이 규정하는 위헌으로 결정된 법률이나 법률조항 효력 상실의 법적 성격에 관한 진지한 논의가 있었는지에 관해서는 의문이 많다. 독일의 법률요건적 효력 논의를 소개하고 그것의 수용 여부를 살펴보는 것이 일반적인 논의방식이었다. 따라서 법률이나 법률조항의 효력 상실을 사법판결의 일반적 효력으로 설명할 가능성은 거의 검토되지 않았다. 하지만 이러한 논의방식은 법률적 효력이 사법판결인 헌법재판소 결정의 특별한 효력으로서 사법판결의 일반적 효력을 수정하거나 그것과 다른 효력을 부여하기 위해서 인정된다는 점과 법률적 효력이 실정법을 근거로 비로소 인정된다는 점에 어긋나는 것으로 보인다. 그리고 다투어진 법률의 위헌성만을 확인하는 헌법재판소의 위헌결정은 확인판결이지만, 다투어진 법률이 위헌이어서 무효라고 선언하는 독일 연방헌법재판소의 무효선언은 (주문 표현만 보면) 형성판결이다.[35] 이러한 위헌결정과 무효선언의 질적 차이는 깊이 숙고하지 않았다. 그런데 위헌결정의 효력을 제대로 분석하고 이해하기 위해서는 먼저 위헌결정을 엄밀하게 검토하여야 할 것이다. 특히 헌법과 헌법재판소법이 규율하는 위헌결정의 효력이 어떠한 법적 성격이 있는지를 꼼꼼하게 합리적으로 확인할 필요가 있다. 이러한 논의를 바탕으로 하지 않고는 위헌결정의 효력은 정당하게 평가되기는 어렵다. 이러한 측면에서 기존 논의는 동의하기 어려운 많은 전제를 충분한 확인이나 논증 없이 세운 것이 아닌지 매우 의심스럽다. 따라서 기존 논의는 사법판결의 일반적 효력과 헌법재판소법 제47조 제2항에 관한 충실한 해석을 바탕으로 냉정하게 평가되고 비판되어야 할 것이다. 귤이 회수를 건너면 탱자가 되듯이 독일 논의를 한국에 수용하려면 반드시 한국 상황에 맞는 수정이 필수적이다. 그러나 그전에 먼저 그러한 수용논의 필요성에 관한 충실한 검토가 필요하다.

35) 당연무효설을 따르면 확인판결이다. 그러나 국내에서는 폐지설(폐지무효설)이 다수설이다.

Chapter

07

선례적 구속력

I. 헌법재판소법에 숨겨진 헌법재판소 결정의 효력

헌법재판소는 법원이므로 헌법재판소 재판관은 법관이다. 그래서 헌법재판소 재판관도 다른 법관처럼 헌법과 법률에 의하여 그 양심에 따라 독립하여 재판하여야 한다(헌법 제103조, 헌법재판소법 제4조). 따라서 헌법재판소 재판관은 헌법과 법률[1]에만 구속된다. 이것은 헌법재판소 재판관의 활동을 헌법과 법률의 해석이나 구체화에 한정시킨다. 이를 통해서 (최고의 국민의사인 헌법이 직접 헌법재판소에 정당성을 부여하지만[2]) 헌법재판소 재판관 자신은 국민이 직접 선출하는 대통령이나 국회의원보다 인적 민주적 정당성이 부족한데도, 헌법재판소 결정은 헌법재판소 자신의 독자적 의사가 아니라 헌법과 법률을 해석하여 국민의사를 확인하는 것에 불과하므로 실질적 민주적 정당성을 부여받는다.[3] 헌법재판소 재판관을 구속하는 헌법과 법률은 헌법전과 모든 형식적 법률 그리고 실질적 법률[4]에서 도출되는 모든 법규범을 말한다. 헌법과 법률을 보충하는 관습법도 여기에 포함된다.

그런데 헌법과 법률이 아니면서 법관을 구속할 수 있는지가 문제 되는 것이 있다. 선례구속원칙(doctrine of stare decisis)이 그것이다. 이것은 어떤 사건의 판례가 그 후 동종 사건에 어떠한 효력이 있는지와 관련된 문제이다. 선례구속원칙은 상급법원 판례가 상급법원 자신을 포함한 모든 법원을 구속한다는 원칙을 말한다. 선례구속원

1) 헌법재판소 재판관은 법률의 위헌성을 심사할 때 해당 법률에 구속되지 않는다. 그러나 이것이 헌법재판소 재판관이 일반적으로 법률에 구속되지 않는다는 것을 뜻하지는 않는다. 즉 헌법재판소도 국가기관이므로 위헌성이 문제 되지 않는 법률에 헌법재판소와 그 구성원인 재판관은 당연히 구속된다. 예를 들어 헌법재판소 재판관은 헌법재판소법의 위헌성을 심사할 수는 있지만, 위헌성이 문제 되지 않는 헌법재판소법 구속에서 벗어날 수 없다.

2) 이에 관해서 자세한 검토는 **허완중**, 『헌법재판소 결정이 입법자를 구속하는 범위와 한계』, 전남대학교출판문화원, 2017, 63~90쪽 참조.

3) ***Claus Dieter Classen***, Gesetzesvorbehalt und Dritte Gewalt, in: JZ 2003, S. 693, 695; ***Georg Hermes***, Verfassungsrecht und einfaches Recht - Verfassungsgerichtsbarkeit und Fachgerichtsbarkeit, in: VVDStRL 61, Berlin 2002, S. 137; ***Christian Hillgruber***, Richterliche Rechtsfortbildung als Verfassungsproblem, in: JZ 1996, S. 118 참조.

4) 형식적 법률과 실질적 법률은 종래 논의하던 형식적 의미의 법률과 실질적 의미의 법률과 구별된다. 형식적 법률은 국회가 헌법과 법률이 정한 입법절차에 따라 법률의 형식으로 제정한 모든 법규범을 말한다(헌법 제40조, 제52조, 제53조). 그리고 실질적 법률은 형식적 법률은 아니지만, 법률의 효력이 부여되는 법규범을 말한다. 여기서 법률의 효력은 형식적 법률이 법규범으로서 가지는 효력을 말한다. 실질적 법률에는 긴급재정경제명령(헌법 제76조 제1항), 긴급명령(헌법 제76조 제2항), 국회 동의가 필요한 조약(제6조 제1항, 제60조), 법률의 규범서열이 있는 일반적으로 승인된 국제법규(헌법 제6조 제1항)가 속한다.

칙이 지배하여 온 영미법계 국가[5]에서는 판례법(case law)이 법의 바탕을 이룬다. 따라서 선례(선판례: Präjudiz, Vorentscheid)는 후일 같거나 비슷한 사건에서 판결을 내릴 때 구속력이 있다. 그러나 대륙법계 국가에서는 상급법원 판례가 하급법원을 구속한다는 원칙이 인정되지 않고 법관은 헌법과 법률에만 구속되므로, 판례는 사실적 구속력만 있어서 판례의 법원성(法源性)은 부정되는 것이 일반적이다.

그러나 법규범이 모든 법영역과 법적 대상을 규율하지 못하고 규율할 수도 없으므로, 규율되지 않는 법영역이나 법적 대상이 있을 수밖에 없다. 이러한 빈틈 때문에 법규범이 법적 문제를 해결하지 못하는 때가 종종 있다. 그리고 법규범이 불명확하여 법적 문제를 해결하기 위해서 법규범을 구체화하여야 하는 때도 적지 않다. 그래서 법적 문제를 해결하여야 하는 법관이 비록 법규범에 구속될지라도 법관법(Richterrecht)이라고 부르는 법창조활동을 통해서 법규범이 남겨놓은 빈틈을 메우고 불명확한 법규범을 구체화하는 것을 피할 수 없다. 이러한 점에서 법관의 법창조적 활동도 법원의 과제에 속한다.[6] 헌법은 개방성을 특성으로 한다. 따라서 다른 법규범과 비교할 때, 헌법규정 대부분은 일반적이고 추상적이며 불확정적이다. 결국, 이러한 헌법규정을 최종적으로 해석하는 헌법재판소는 다른 법원과 비교하여 더 많은 법창조활동을 할 수밖에 없다. 즉 헌법재판소는 다른 법원보다 더 자주 그리고 더 많이 법관법을 형성한다. 이러한 법관법은 판례, 즉 사법재판에서 법발견에 이바지하였던 일반화할 수 있는 법적 견해로 구성된다.[7] 즉 법관법은 구체적 사건과 관련하여 법발견의 과정에서 형성된 구체적 결정에서 도출된다.

다른 대륙법계 국가와 마찬가지로 한국에서 선례구속원칙은 법원칙으로 인정되지 않는다. 따라서 이러한 법관법, 즉 판례는 법적 구속력이 없고, 단지 사실적 구속력만 있다고 한다. 그러나 헌법재판소법 제23조 제2항 단서 제2호는 종전에 헌법재판소가 판시한 헌법이나 법률의 해석적용에 관한 의견을 변경하려면 헌법재판소 재

5) 영미의 선례구속 이론에 관해서는 **서희원**, 『영미법강의』, 박영사, 2000, 13~32쪽; **홍일표**, 「판례위반을 이유로 한 권리상고와 영미법에 있어서의 선례구속의 원칙」, 『민사판례연구』, 제6권, 박영사, 1993, 229~240쪽 참조.

6) BVerfGE 34, 269 (287); ***Peter Badura***, Die Bedeutung von Präjudizien im öffentlichen Recht, in: Uwe Balurock (Hrsg.), Die Bedeutung von Präjudizien im deutschen und französischen Recht, Frankfurt am Main 1985, S. 55; ***Klaus Stern***, Das Staatsrecht der Bundesrepublik Deutschland, Bd. Ⅱ, München 1980, S. 582. 그러나 법관의 법창조적 활동은 새로운 법규범을 제정하는 것이 아니라 헌법과 법률의 구속 아래 기존 법규범을 구체화하고 보충하는 것에 그친다. 따라서 법관의 법창조적 활동은 입법자의 법규범제정행위와 구별되고, 입법형성의 자유와 같은 수준의 창조성이 없다. 이러한 점에서 법관의 이러한 활동을 입법과 같거나 비슷한 것으로 보기는 어렵다.

7) ***Peter Badura*** (Anm. 6), S. 56.

판관 6명 이상 찬성이 필요하다고 한다. 이에 따르면 헌법재판소는 헌법재판소 재판관 6명 이상 찬성이라는 요건을 충족하지 못하면 종전 의견, 즉 판례를 바꾸지 못한다. 따라서 이 조항은 판례의 구속력을 전제한다. 판례에 구속력이 없다면 헌법재판소는 판례를 그냥 무시할 수 있어서, 굳이 헌법재판소 재판관 6명이라는 엄격한 조건 아래 판례를 바꿀 이유가 없을 것이기 때문이다. 이러한 점에서 헌법재판소 판례에 일반적으로 인정되는 사실적 구속력만 있는 것으로 보는 것은 문제가 있어 보인다.[8] 일반적으로 논의되는 구속력과 같은 성질이나 내용이 있다고 보기는 어려워도 헌법재판소법이 인정하는 특별한 법적 구속력이 헌법재판소 판례에 귀속되는 것으로 볼 수 있다. 여기서 기존에 논의되지 않았던 새로운 헌법재판소 결정의 효력이 발견된다. 이하에서는 헌법재판소법이 헌법재판소 결정에 인정하는 선례로서 가지는 구속력을 헌법재판소 결정의 선례적 구속력으로 명명하고 구체적으로 검토하고자 한다.

Ⅱ. 판례의 의의

1. 판례의 개념

판례는 법원이 이전의 다른 사건에서 현재 판단하여야 하는 것과 같은 법적 문제를 이미 판단하였던 판결을 말한다.[9] 그러나 판례는 구체적 법적 문제에 관한 법원의 재판을 뜻하는 판결과 구별되어야 한다. 판례는 이러한 판결을 통해서 밝혀진 법이론, 법원칙이나 법규범을 뜻하기 때문이다. 판례는 법원이 개개 재판이유 중에 표시한 법적 판단만을 가리킨다. 즉 판례는 법원의 '판단'을 뜻하여서, 판결 그 자체가 판례가 아니라 그중에 나타난 법원의 판단이 판례이다. 이때 법원의 판단은 법정의견만을 가리킨다. 따라서 다수의견과 소수의견이 있을 때 다수의견만 판례가 될 수 있고, 소수의견은 판례가 될 수 없다. 판례는 법원의 판단이기는 하지만, 이것은 다른 사건을 재판할 때도 기준이 될 수 있는 판단이어야 한다. 따라서 법원의 판단이 다른 사건에도 적용될 수 있는 일반성이 있어야 판례가 될 수 있다.[10] 그래서 헌

8) 같은 견해: **김시철**, 「헌법재판소결정의 효력과 넓은 의미의 구체적 규범통제의 법적 성격」, 『헌법논총』 제18집, 헌법재판소, 2007, 47쪽.

9) ***Karl Larenz/Claus-Wilhelm Canaris,*** Methodenlehre der Rechtswissenschaft, 3. Aufl., Berlin/Heidelberg 1995, S. 253 참조.

10) **이광범**, 「『판례』의 의미와 구속력에 관한 소고」, 『판례실무연구』 제6권, 박영사, 2003, 239~241쪽; **홍일표**, 「판결이유와 선례로서의 구속력의 범위」, 『민사판례연구』 제13권, 박영사, 1991, 243~247쪽; **같은 사람**(주 5), 217~220쪽; **같은 사람**, 「판례의 형성과 구속력의 범위」, 『일감법학』

법재판에서 판례는 이후의 헌법재판소 결정에 영향을 미칠 수 있는, 방향지시적 성격이 있는 헌법재판소의 법적 판단으로서 개별 사건 해결에 이바지할 뿐 아니라 앞날의 심판사건에서 결정을 위한 기준을 형성하는, 헌법재판소 결정을 선택하기 위해서 원용하는 법적 견해를 뜻한다. 간단히 말하면 헌법재판에서 판례는 헌법재판소가 선행 심판사건에서 발견한, 일반화할 수 있는 법적 견해를 이른다. 그러나 사실문제에 관한 것은 판례에 포함되지 않는다.

헌법재판소 판례에는 헌법규정을 구체화하는 헌법구체화적 판례와 헌법규정이 규정하지 않은 법영역이나 법적 대상에 관한 규율을 형성하는 헌법보충적 판례가 있다. 판례 형성은 관습법 제정이 아니므로 판례는 유일한 (최초의) 헌법재판소 결정에서 형성되었는지나 일관된 헌법재판소 결정이 뒷받침하는지와는 무관하다. 즉 판례는 판례 대상이 되는 내용을 담은 헌법재판소 결정이 선고됨으로써 형성되고 같은 내용의 헌법재판소 결정이 반복될 필요는 없다.[11)]

2. 선례 구속의 헌법적 필요성

성문법국가에서는 성문법이, 불문법국가에서는 선례구속원칙이 1차적으로 법적 안정성을 보장한다. 하지만 성문법은 일반적·추상적인 내용을 담으므로 해석이 필요하고, 성문법 해석은 해석자, 해석방법, 사실관계와 법적 상황 등에 따라 다양한 결과를 낳을 수 있다. 사법재판이 사건관련적 결정이라는 점은 이러한 가능성을 잘 설명한다. 특히 사건관련적 결정으로서 사법재판은 법적 안정성보다는 실질적 정의를 우선시한다. 이로 말미암아 사법재판이 혼란스럽고 예측할 수 없게 되면, 성문법 제정을 통해서 법적 안정성을 형성하고 유지하는 것이 어려워진다. 그래서 사법재판을 통일하고 그에 대한 예측 가능성을 확보하는 것은 법적 안정성을 형성하고 유지하기 위한 필요조건이 된다.

불문법국가는 물론 성문법국가에서도 법령해석을 통일하기 위해서 최고법원을 둔다. 최고법원을 통해서 국가 안의 법령해석 통일이 이루어질 수 있고, 이렇게 통일된 법령해석이 유지될 수 있다. 한국 법체계에서도 일반 법령해석은 대법원을 통해서, 헌법해석은 헌법재판소를 통해서 통일성이 형성되고 유지된다. 법원조직법 제8

제12호, 건국대학교 법학연구소, 2007, 13~16쪽 참조.

11) **윤일영**, 「판례의 기능」, 『민사판례연구(제2판)』 제1권, 박영사, 1992, 363쪽; **이광범**(주 10), 242쪽; **홍일표**(주 10, 판결이유와 선례로서의 구속력의 범위), 246쪽; **같은 사람**(주 5), 219~243쪽; **같은 사람**(주 10, 판례의 형성과 구속력의 범위), 16쪽; ***Martin Kriele***, Recht und praktische Vernunft, Göttingen 1979, S. 108 (**마르틴 크릴레**, **홍성방** 옮김, 『법과 실천이성』, 유로서적, 2013, 159~160쪽) 참조.

조에 따라서 대법원 판단이 하급심법원의 판단을 기속하므로 일반 법령해석은 해당 사건에서는 명확하게 직접 통일될 수 있다. 소송이 최고법원에 이르지 않고 끝나면 이러한 법령해석 통일은 달성될 수 없다. 그러나 법령해석 통일을 위해서 언제나 최고법원 재판을 요구하는 것은 심급제의 존재 이유를 사라지게 할 것이다. 그리고 최고법원의 법령해석이 개별 사건에 따라 수시로 바뀐다면 신뢰할 수 있는 법령해석을 알 수 없게 되어 법적 안정성은 무너질 수밖에 없다. 따라서 기존의 통일된 법령해석, 즉 판례에 어긋나는 새로운 법령해석이나 하급심 재판은 쉽게 나타나게 하여서는 안 된다. 특히 사법재판에서 드러나는 법령해석은 법규범과는 달리 미리 공고되지 않는다는 점에서 판례에 어긋나는 법령해석이나 하급심 재판을 쉽게 할 수 없도록 할 필요성은 커진다. 최고법원 판례에 대한 구속은 새로운 법령해석이나 하급심 재판을 방지하여 법질서의 통일적 형성과 유지에 이바지할 수 있고, 사법재판을 통한 법적 안정성의 형성과 유지를 가능하게 한다.[12] 즉 법원이 판례에 구속됨으로써 사법재판이 서로 충돌하거나 난립할 가능성은 제거되어 사법재판 사이의 통일성을 형성하고 유지할 수 있으며, 국민은 사법재판을 신뢰할 수 있고 사법재판 내용을 예측할 수 있게 된다.

국가 안의 헌법해석을 통일하기 위해서 설치된 헌법재판소에 대해서도 같은 맥락에서 헌법재판소 결정의 선례적 구속성을 인정할 필요성이 있다. 특히 헌법은 개방성이라는 특성이 있어서 심지어 이전 해석과 정반대 해석이 이루어질 수도 있다는 점(예를 들어 헌법변천)에서 이러한 필요성은 더욱 커진다. 일관된 헌법과 법률의 해석적용은 헌법재판의 모든 당사자를 동등하게 대우하는 결과도 가져온다(헌법 제11조 제1항 제1문). 같은 사건에서 같은 결론이 도출되는 것이 평등원칙에 들어맞는다.[13] 그리고 헌법재판소는 헌법의 수호자로서 주관적 권리 보호라는 과제 이외에 객관적 질서 보호라는 과제도 있다. 따라서 헌법재판의 기능은 개별적 기본권 보호에 그치는 것이 아니라 객관적 헌법을 보호하고 그 해석과 계속형성에 이바지하는 것도 포함한다(2중적 기능). 그래서 헌법재판소 결정은 해당 사건과 당사자를 넘어 효력을 미칠 필요성이 있다.

그러나 사법재판은 법규범과 달리 일반적 기준을 형성하는 것이 아니라 일반적

12) 헌재 2002. 6. 27. 2002헌마18, 공보 70, 594, 598; **윤일영**(주 11), 360쪽; ***Martin Kriele***, Theorie der Rechtsgewinnung, 2. Aufl., Berlin 1976, S. 259 f. (**마르틴 크릴레**, **홍성방** 옮김, 『법발견의 이론』, 유로서적, 2013, 362쪽); ***Karl Larenz/Claus-Wilhelm Canaris*** (Anm. 9), S. 253 참조.

13) **이재승**, 「선결례와 법발견」, 『법제』 제479호, 법제처, 1997. 11., 76~77쪽; **홍계정**, 「선례구속 원칙의 한국적 전개」, 중앙대학교 법학석사학위논문, 2008, 14쪽 참조.

기준을 구체화하여 구체적 분쟁을 해결하는 것이므로, 원칙적으로 해당 사건에 국한되는 효력이 있다. 헌법재판에 강한 정치성으로 대표되는 특수성이 있고, 헌법재판소 결정에 일반 사법판결에 인정되지 않는 기속력과 법률요건적 효력[이나 형성력 혹은 법률적 효력(법규적 효력, 일반적 구속력: Gesetzeskraft)]이 인정된다고 하여도 법원형식성에서 비롯하는 해당 사건 관련성은 옹글게(완벽하게) 부정될 수 없다. 그리고 판례는 법규범에 포함되지 않으므로 헌법이나 법률의 규범적 구속력이 없다. 그래서 판례는 법관을 구속하지 못한다(헌법 제103조, 헌법재판소법 제4조). 따라서 평등원칙이나 법적 안정성을 구성요소로 하는 법치국가원리를 통해서도 판례는 구속력이 없고, 판례에서 벗어나는 사법재판은 법치국가원리 위반이 아닌 실질적인 법적 오류 때문에 폐기될 것이고, 단지 이러한 모순이 정당화할 수 없는 차별에 해당할 때만 평등원칙 위반이 고려될 것이다.[14] 결론적으로 선례구속원칙의 전통이 있는 영미법계와 달리 한국 법체계와 같은 대륙법계에서 판례는 [개별 사건을 넘어 적용될 수 있는 사법적(司法的) 보충규범의 창조적 형성에 해당한다고 하여도] 실정법에 특별한 규정이 없는 한 독립적인 법적 구속력이 없다.[15] 따라서 판례에 (사실적 구속력이 아닌) 법적 구속력이 인정되는지는 헌법적으로 그 필요성이 인정된다고 하여도 입법자의 입법재량에 맡겨진 것으로 볼 수 있다.

3. 일반 법원에서 판례의 의미

헌법은 대법원을 유일한 최고법원으로 규정함으로써(제101조 제2항) 모순되는 법원의 해석을 피하고 법령해석 통일을 꾀한다.[16] 이러한 의도는 하급심이 해당 사건에 관하여 상급법원 판단에 기속되는 것(법원조직법 제8조)과 상고법원의 파기환송·이송판결의 기속력(민사소송법 제436조 제2항)에서도 표현된다. 그리고 대법원 각 부는 전원합의체나 다른 부의 법적 견해에서 벗어날 수 없다. 그러한 가능성은 오로지 전원합의체에 유보된다. 즉 대법원이 종전에 대법원에서 판시한 헌법·법률·명령 또는 규칙의 해석적용에 관한 의견을 변경할 필요가 있음을 인정하면 전원합의체에서 재판하여야 한다(법원조직법 제7조 제1항 단서 제3호).[17] 이를 통해서 대법원 각 부 사이에 있을 수 있는 판례 대립을 막고 판례 변경을 신중하게 하도록 하여 법령해석의 통일성과

14) 같은 견해: ***Peter Badura*** (Anm. 6), S. 52.

15) ***Peter Badura*** (Anm. 6), S. 50 참조.

16) 헌재 2002. 6. 27. 2002헌마18, 공보 70, 594, 598 참조.

17) 독일의 판례 변경 절차에 관해서는 **윤진수**, 「독일법상 ≪판례≫의 의미 -우리 법에의 시사-」, 『판례실무연구』 제6권, 박영사, 2003, 216~219쪽 참조.

법적 안정성을 확보할 수 있다.[18] 만약 대법원에서 전원합의체가 아닌 부가 종전 판례를 변경하면, 판결법원 구성의 위법(민사소송법 제451조 제1항 제1호)에 해당하여 재심사유가 된다.[19] 대법원 판례를 위반한 원심판결은 직접적인 법령 위반은 아니지만, 법령해석의 잘못이 있는 것이 되어 결국 법령 위반이 된다.[20] 따라서 이러한 때는 상고이유가 된다(민사소송법 제423조). 그러나 대법원 판례에 저촉되더라도 원심판결의 법령해석이 정당하면 대법원은 상고이유가 없는 것으로 보아 상고를 기각하여야 하고, 다만 법원조직법 제7조에 따라 전원합의체에서 기존 판례를 변경할 필요가 있을 뿐이다.[21] 원심판결이 법률·명령·규칙 또는 처분에 대해서 대법원 판례와 상반되게 해석한 때('상고심절차에 관한 특례법' 제4조 제1항 제3호)나 법률·명령·규칙 또는 처분에 관한 해석에 관하여 대법원 판례가 없거나 대법원 판례를 변경할 필요가 있는 때('상고심절차에 관한 특례법' 제4조 제1항 제4호)에는 심리속행사유에 해당하여 대법원의 재판은 보장된다. 헌법 해석에 관한 대법원 판례가 없는 때도 심리속행사유로 본다. 헌법의 해석에 관한 대법원 판례를 변경할 필요가 있는 때는 헌법을 부당하게 해석한 때('상고심절차에 관한 특례법' 제4조 제1항 제1호)에 해당하여 심리속행사유가 된다.[22]

이러한 법률규정들과 그 해석을 종합하여 보면, 대법원이 헌법·법률·명령 또는 규칙의 해석적용에 관한 의견을 통일시키고, 대법원 자신도 자기 의견에 구속되어 전원합의체 판결을 통해서만 자신의 이전 의견에서 벗어날 수 있다. 이러한 법률규정들은 선례 구속 필요성을 인정하고 나아가 판례의 구속력을 (최소한 부분적으로나마) 인정하는 것이라고 보아야 한다. 즉 법률적 차원에서 판례의 구속력은 인정된다고 보아야 한다.[23] (반드시 법적 구속력일 필요는 없더라도) 이러한 구속력이 대법원 판례에 인정되지 않으면 모순되는 재판을 피하고 법령해석을 통일시키려는 시도는 처음부터 성공하기 어렵다.[24] 그러나 이러한 구속력을 사실적 구속력으로 보는 기존 견해[25]는 이러한 법률규정들을 제대로 설명하기 어렵다. 즉 법규범도 아니고 법적

18) 윤일영(주 11), 359쪽.

19) 대법원 1980. 5. 27. 선고 79사11 판결(집28-2, 민4; 공1980, 12874); 대법원 1982. 9. 28. 선고 81사9 전원합의체 판결(공1982, 1005); 대법원 1995. 4. 25. 선고 94재다260 전원합의체 판결(공1995상, 1858); 대법원 1997. 6. 13. 선고 97재다94 판결(공1997하, 2161); 대법원 2000. 5. 18. 95재다199 전원합의체 판결(집48-1, 165; 공2000하, 1473).

20) 강용현, 「제423조[상고이유]」, 김상원/박우동/이시윤/이재성 편집대표, 『주석 신민사소송법(Ⅵ)』, 2004, 273~274쪽; 이시윤, 『신민사소송법(제12판)』, 박영사, 2018, 895쪽.

21) 강용현(주 20), 274쪽.

22) 정동윤/유병현/김경욱, 『민사소송법(제6판)』, 법문사, 2017, 892쪽.

23) 판례의 직접 구속력을 인정하지는 않지만, 일종의 간접적인 구속력을 인정하는 것이라고 할 수 있다는 견해도 있다[윤일영(주 11), 359쪽].

24) ***Martin Kriele*** (Anm. 12), S. 248 [마르틴 크릴레(주 12), 348쪽] 참조.

구속력도 없는 대법원 판례를 위반한 것이 왜 상소이유와 재심사유가 되는지 그리고 대법원이 왜 반드시 전원합의체에서만 대법원 판례와 다른 재판을 할 수 있는지는 사실적 구속력만으로는 대답하기 쉽지 않다. 이러한 구속력은 법률이 판례에 인정하여서 발생한다. 그러나 법원이 판례에 언제나 구속되는 것이 아니라 때에 따라서는 판례에서 벗어날 수 있다는 점에서, 이러한 구속력은 조건 없는 구속을 의미하는 법규범의 구속력과 구별된다. 따라서 법률이 판례에 구속력을 인정한다는 것에서 판례가 법원(法源)이 된다는 결론을 바로 도출할 수는 없다. 그러나 일반 법원에서, 특히 대법원에서 이러한 판례의 구속력은 큰 의미가 없다. 하급심법원은 대법원에서 파기될 것을 각오한다면 언제든지 대법원 판례에 어긋나는 판결을 선고할 수 있고, 대법원에서는 언제나 다수의견에 따라 재판주문이 결정되며, 다수의견이 판례와 다르더라도 다수의견은 판례를 폐기하거나 바꿀 수 있기 때문이다. 이러한 점에 비추어 보면 일반 법원에서 선례적 구속력은 (대법원 전원합의체에서만 판례를 변경할 수 있다는 점을 제외하면) 일반 법원에 판례를 고려하여야 하는 의무가 부과되는 것 이외에 특별한 의미가 없는 것으로 보인다.

4. 판례의 법원성(法源性) 문제

헌법재판소 판례의 최고규범성과 그에 내재하는 구속력 때문에 그 법원성을 인정할 수 있다는 견해가 있다.[26] 이 견해는 이것이 헌법 판례의 선례구속성과 법원성을 부인하는 '사실적 구속력'과는 다르다고 한다.

이에 대해서 헌법재판소 결정례를 헌법의 법원으로 인정하기에는 취약성이 있다는 지적이 있다.[27] 즉 ① 헌법재판소가 언제나 자신의 결정례를 변경할 수 있어서 개개 결정 자체에 대한 기속력 이외에 선례의 법원성을 강하게 인정하기 힘들고, ② 헌법재판소법 제47조 제1항이 위헌결정에만 구속력을 인정하므로, 동 조항이 개정되지 않는 한 합헌결정을 포함한 모든 결정에 대한 옹근(완벽한) 구속력을 실정법적으로 인정하기 힘들다고 한다. 그리고 ③ 헌법재판은 강한 정치성을 띠므로 그 판례를 절대적인 것으로 보기보다는 시대적 상황 등에 대처할 수 있게 변화 가능성을 주는 의미에서 그 법원성을 너무 강조하지 않는 것이 오히려 바람직하다고 한다. 또한,

---

25) **최병조**, 「제1조(법원)」, 곽윤직 편집대표, 『민법주해[Ⅰ] - 총칙(1)』, 박영사, 2004, 60~62쪽; **한봉희**, 「제1조[법원]」, 박준서 편집대표, 『주석 민법[총칙(1)]』, 한국사법행정학회, 2002, 144쪽 참조.
26) **최경옥**, 「헌법판례의 선례구속성과 법원성」, 『대학원논문집』 제22집, 동아대학교, 1997, 73쪽.
27) **정재황**, 「헌법관습과 헌법판례의 불문헌법법원성 여부」, 『고시계』 제36권 제10호(제416호), 고시계사, 1991. 10., 108쪽.

④ 헌법재판소가 적지 않게 내리는 변형결정은 그 모호성이나 나약한 법적 구속력 때문에 법원성이 더욱 문제 된다고 한다.

사법작용은 (때에 따라 강한 정치성을 띤다고 하더라도) 법해석이지 법형성이 아니다. 그래서 판례는 본질에서 법규범이 아니다. 이것은 법관이 판례에 어긋나는 판결을 내릴 수 있다는 점에서 확인된다. 특히 헌법 제104조는 "법관은 헌법과 법률에 의하여 그 양심에 따라 독립하여 심판한다."라고 규정하므로, 법관은 판례에 따라야 할 의무가 없다. 그리고 (규범유사적 성격을 띨 수도 있지만, 여전히 사법작용의 결과인) 판례는 정치적 의사형성 과정이 아니라 사법절차를 통해서 성립된다. 따라서 판례는 민주적 입법절차에서 성립된 법규범을 대신할 수 없고, 의회가 제정한 법률과 동등한 정도로 민주적 정당성도 없다.[28] 결론적으로 판례는 법원의 판단으로서 사법재판일 뿐이다.

판례가 반복되어 법적 확신을 얻으면 판례는 예외적으로 관습법이 될 수도 있다. 그러나 관습법은 법규범에 속하므로 양자는 구별되어야 한다. 먼저 ① 판례와 관습법은 의무부과력이 다르다. 관습법은 (절대적으로) 구속적이지만, 판례는 단지 추정적으로만 구속적이다.[29] 그리고 ② 관습법은 지속적이고 반복적인 관행을 전제로 성립한다. 그러나 법적 문제에 관한 최초의 사법재판도 판례로서 기능할 수 있다. 또한, ③ 관습법은 국민의 확신을 통해서 효력을 갖지만, 판례는 이러한 법적 확신과는 무관하고 그 존재를 확인하는 것만으로 충분하다.[30] 특히 판례는 인식행위이지만 관습법은 의지행위라는 점에서 명확하게 차이가 있다.

Ⅲ. 선례적 구속력의 의미와 내용

1. 선례적 구속력의 의의

헌법재판소 결정은 사법판결이므로 사법판결에 일반적으로 귀속되는 효력이 헌법재판소 결정에서도 발생한다. 이러한 효력에 속하지 않는 것은 헌법이나 법률이 직접 규정하거나 헌법이나 법률에서 도출될 수 있는 때만 헌법재판소 결정에 귀속될 수 있다. 선례적 구속력은 사법판결의 일반적인 (법적) 효력이 아니다. 그러나 헌법재판소

28) ***Konrad Hesse***, Grundzüge des Verfassungsrechts der Bundesrepublik Deutschland, 20. Aufl., Heidelberg 1995, Rdnr. 549 (**콘라드 헷세**, **계희열** 역, 통일독일헌법원론, 박영사, 2001, 549~550쪽).

29) **최병조**(주 25), 64~65쪽; ***Martin Kriele*** (Anm. 12), S. 254 [**마르틴 크릴레**(주 12), 356쪽]; ***ders.*** (Anm. 11), S. 108 [**마르틴 크릴레**(주 11), 159쪽].

30) ***Martin Kriele*** (Anm. 11), S. 108 [**마르틴 크릴레**(주 11), 159쪽].

법 제23조 제2항 단서 제2호는 이러한 효력을 전제한다. 그러므로 헌법재판소 결정은 헌법재판소법에 따라서 선례적 구속력이 있다. 이러한 점에서 선례적 구속력은 헌법재판소법이 인정한, 즉 법률적 근거가 있는 헌법재판소 결정의 효력이다. 다만, 선례적 구속력은 법률적 근거가 없어도 사실적 효력으로 인정된다.

선례적 구속력은 헌법재판소 결정이 구체적 개별 사건을 넘어 일반적인 기준이 되기 위한 조건이다. 즉 선례적 구속력은 헌법재판소 결정을 통한 법적 안정성의 형성과 유지, 당사자에 대한 동등한 대우, 헌법재판소 결정에 대한 예견 가능성의 조건이다.31) 선례적 구속력을 통해서 헌법재판소는 구체적 절차에서 모든 법해석학적 논쟁을 새롭게 전개하여야 하는 부담을 면한다. 즉 구체적 개별 사건 해결을 위해서 일정한 법적 견해가 형성되면 이러한 법적 견해는 이후 법적 결정의 근거가 되고, 이것은 새로운 반대논거를 통해서만 수정되거나 폐기되어 발전하게 된다. 따라서 선례적 구속력은 이것이 없으면 헌법재판소가 부담하여야 할 논증책임을 면제시켜준다.32) 이것을 통해서 법관은 시간과 노력을 절약할 수 있게 되어 새롭게 내리는 결정에 집중할 수 있게 된다. 그에 따라 법관은 새롭게 내리는 결정을 더욱더 신중하고 객관적으로 숙고할 수 있게 되어서 법발전에 충실하게 이바지할 수 있게 된다.33) 그리고 헌법재판소는 선례적 구속력 때문에 자기 결정이 앞날에 선례로서 기능한다는 점을 고려하여야 한다. 특히 새로운 법문제에 관해서 처음 결정을 내릴 때 더욱 그러하다. 이것은 헌법재판소가 구체적 법적용자일 뿐 아니라 규범유사적 기준 형성에도 참여한다는 것을 말한다.34) 이것은 헌법재판의 특수성에 들어맞는다. 그러나 선례적 구속력은 판례 고착화와 비판 불수용을 뜻하지는 않는다. 선례적 구속력은 추정적 구속력(präsumtive Verbindlichkeit)으로서 헌법재판소는 언제나 새로운 인식이나 상황을 고려할 수 있고 자기 판례를 바꿀 수 있기 때문이다.35) 하지만 이러한 판례 변경은 충분한 근거가 있을 때만 가능하므로, 의심스러울 때 헌법재판소는 판례 지속에 무게를 두게 된다.36)

---

31) 최경옥(주 26), 65쪽; ***Martin Kriele*** (Anm. 12), S. 259 f. [마르틴 크릴레(주 12), 360~361쪽]; ***ders.*** (Anm. 11), S. 96 [마르틴 크릴레(주 11), 144쪽]; ***ders.***, Grundrechte und demokratischer Gestaltungsspielraum, in: Josef Isensee/Paul Kirchhof (Hrsg.), Handbuch des Staatsrechts der Bundesrepublik Deutschland, Bd. V, Heidelberg 2000, § 110 Rdnr. 30.

32) 이재승(주 13), 77~78쪽; ***Martin Kriele*** (Anm. 12), S. 262 [마르틴 크릴레(주 12), 365~366쪽]; ***ders.*** (Anm. 11), S. 97 [마르틴 크릴레(주 11), 145쪽].

33) 최경옥(주 26), 65쪽; ***Martin Kriele*** (Anm. 12), S. 267 f. [마르틴 크릴레(주 12), 373쪽]; ***ders.*** (Anm. 11), 98 f. [마르틴 크릴레(주 11), 146~147쪽].

34) ***Martin Kriele*** (Anm. 31), § 110 Rdnr. 31.

35) 권영성, 「헌법판례의 체계적 연구」, 『논문집』 제3집, 한국방송통신대학, 1984, 217쪽 참조.

2. 선례적 구속력의 내용

헌법재판소 결정이 선고되면 이후에 헌법재판소는 이전 결정에서 판시한 헌법이나 법률의 해석적용에 관한 의견에 일단 구속된다. 그러나 헌법재판소 결정의 선례적 구속력은 추정적 구속력에 그친다. 즉 선례적 구속력은 절대적 구속력이 아니라 상대적 구속력에 불과하다.[37] 헌법재판소는 판례가 옳지 않거나 더는 헌법현실에 맞지 않는다고 생각하면 혹은 더 좋은 의견을 발견하면 헌법재판소 재판관 6명 이상 찬성을 조건으로 선례적 구속력에서 벗어날 수 있다(헌법재판소법 제23조 제2항 단서 제2호).

헌법재판소 결정의 선례적 구속력은 헌법재판소의 특별한 심판정족수 때문에 일반 사법판결의 선례적 구속력과는 다른 중요한 의미가 있다. 먼저 청구요건 해석과 관련하여 판례를 따르면 각하되어야 할 때 판례와 다른 해석을 하는 헌법재판소 재판관이 5명이라서 다수일지라도 6명 이상 찬성을 얻지 못하여 판례를 바꾸지 못하면 헌법재판소는 각하결정을 할 수밖에 없다.[38] 반대로 판례를 따르면 적법한 청구일 때 각하하여야 한다는 헌법재판소 재판관이 5명일지라도 헌법재판소는 판례를 따라 본안판단에 들어가야 한다. 그리고 법률의 위헌결정, 탄핵결정, 정당해산결정이나 헌법소원의 인용결정을 내리려면 헌법재판소 재판관 6명 이상 찬성이 있어야 한다(헌법 제113조 제1항, 헌법재판소법 제23조 제2항 단서 제1호). 그러나 종전에 헌법재판소가 판시한 헌법이나 법률의 해석적용에 관한 의견을 변경하기 위해서도 헌법재판소 재판관 6명 이상 찬성이 있어야 한다(헌법재판소법 제23조 제2항 단서 제2호). 따라서 어떤 헌법이나 법률의 해석적용에 관한 의견이 헌법재판소 재판관 5명 찬성이 있어 다수의견일지라도 이에 어긋나는 종전 의견, 즉 판례가 있으면 헌법재판소는 판례를 따라 결정주문을 작성하여야 한다. 이때 종전 의견이 법률의 위헌결정, 탄핵결정, 정당해

---

36) ***Martin Kriele*** (Anm. 31), § 110 Rdnr. 32.

37) 판례의 법원성을 인정하면서 판례법의 구속력은 상대적이라고 하는 견해도 있다[**윤일영**(주 11), 363쪽]. 그리고 영미법에서 선례구속성의 원칙이 실정법적 근거 없이 인정되는 것과 마찬가지로, '사법제도에 내재하는 전문직업적 통제력에서 유래하는 선례의 구속력'은 한국 법제도에서도 그대로 승인될 수 있고, 그 근거는 바로 '공평·평등의 요청'이라고 하면서, 다만 그 구속력 정도는 제정법에 비교해서 약한 것이라는 견해도 있다[**이광범**(주 10), 255쪽].

38) 법령에 영업의 자유를 제한하는 규정을 신설하고 경과조치로서 유예기간을 두면 헌법소원 청구기간 기산점과 관련하여 법령시행일부터 기산하여야 한다는 판례(헌재 1996. 3. 28. 93헌마198, 판례집 8-1, 241, 251; 헌재 1996. 10. 4. 94헌마68등, 공보 18, 590, 592; 헌재 1996. 11. 28. 95헌마67, 공보 19, 90, 92-93; 헌재 1996. 12. 26. 95헌마383, 공보 19, 178, 180-181; 헌재 1997. 2. 20. 95헌마389, 판례집 9-1, 186, 191; 헌재 1999. 7. 22. 98헌마480, 공보 37, 715, 718-719; 헌재 2002. 4. 25. 2001헌마614, 판례집 14-1, 410, 422; 헌재 2002. 8. 13. 2002헌마499)에 반대하여 헌법소원 청구기간을 유예기간이 종료한 다음부터 기산하여야 한다는 재판관이 5명이었으나 헌법재판소는 판례를 따라 각하결정을 하였다(헌재 2003. 1. 30. 2002헌마516, 판례집 15-1, 161).

산결정이나 헌법소원의 인용결정을 하기 위한 결정적 근거로서 작용하면, 결과적으로 헌법재판소 재판관 6명 이상 찬성을 얻지 못하더라도 헌법재판소는 이러한 결정을 내릴 수 있게 된다.[39] 즉 선례적 구속력 때문에 소수의 의견[40]에 따라 법률의 위헌결정, 탄핵결정, 정당해산결정이나 헌법소원의 인용결정이 선고될 수 있다. 또한, 권한쟁의심판에 대한 결정을 내리려면 헌법재판소 재판관 과반수 찬성이 필요하다(헌법재판소법 제23조 제2항 본문). 그러나 선례적 구속력 때문에 심판정족수가 달라질 수 있다. 판례가 없으면 헌법재판소 재판관 과반수 찬성으로 권한쟁의심판에 대한 결정이 내려진다. 그러나 판례가 있으면 헌법재판소 재판관 과반수로도 권한쟁의심판에 대한 결정을 내리지 못할 수 있다. 즉 판례가 있을 때 판례에 반대하는 헌법재판소 재판관이 6명 미만이면 판례에 따라 권한쟁의심판에 대한 결정을 내려야 한다. 판례

---

39) 헌재 1998. 7. 16. 95헌바19, 판례집 10-2, 89, 112-114 재판관 조승형의 주문 제1항의 주문표시에 관한 별개의견 참조. 이때 헌법재판소법 제23조 제2항 단서 제1호와 제2호가 충돌하는 것으로 보고, 헌법재판소법 제23조 제2항 단서 제1호가 우선하는 것으로 해석하여 합헌결정을 내려야 한다는 견해가 있다(**공진성**, 「반복입법금지에 관한 소고」, 『헌법학연구』 제16권 제4호, 한국헌법학회, 2010, 382~385쪽; **한수웅/정태호/김하열/정문식**(정태호 집필), 『주석 헌법재판소법』, 헌법재판소 헌법재판연구원, 2015, 292쪽). 그러나 헌법재판소법 제23조 제2항 단서 제1호가 헌법 제113조 제1항을 확인하는 조항이기는 하지만, 법치국가의 양대 이념인 법적 안정성과 실질적 정의는 원칙적으로 서로에게 절대적 우위에 있지 아니하고, 개별 상황에 따라 상대적 우위를 획득하는 것에 그친다. 이러한 상대적 우위는 구체적 상황에 따라 수시로 바뀔 수 있다. 따라서 헌법 제113조 제1항이 법적 안정성을 우위에 두는 결정을 하였더라도, 이것은 헌법적 정당화를 바탕으로 한 예외가 인정될 수 있는 '원칙'으로 보아야 한다. 이것은 헌법 제113조 제1항의 내용이 절대적인 것이 아니라 헌법 전체의 체계 속에서 제한적으로 해석되거나 그에 대한 예외를 인정할 수도 있다는 것이다. 게다가 헌법재판소법 제23조 제2항 단서 제2호도 법적 안정성에 무게를 두는 것으로서 이에 위헌결정이 헌법 제113조 제1항의 취지에 어긋난다고 보기도 어렵다. 특히 재판관 6명이 찬성하지 않는 위헌결정이 내려지는 것은 선례에서 드러난 헌법과 해석의 해석적용에 관한 의견을 바꾸지 못하는 것에 따른 논리적 결론일 뿐이다. 즉 위헌결정 주문에 관한 재판관 6명 찬성이 없는데도 위헌결정을 내리는 것이 아니라 재판관 6명 찬성이 없어서 헌법이나 법률의 해석적용에 관한 선례를 바꾸지 못할 때 그 해석적용에 따른 논리적 결론이 위헌결정인 것이다. 이러한 점에서 보면 이때 헌법재판소법 제23조 제2항 단서 제1호와 제2호가 충돌하는 것은 아니라서 이러한 위헌결정이 헌법 제113조 제1항에 어긋난다고 보기 어렵다. 따라서 주문을 결정하는 해석적용에 관한 의견에 관해서 선례 유지로 결론이 나면 이미 주문은 확정된 것이라서 헌법재판소는 다른 의견 표시 없이 바로 결정을 내리는 것이 이론적으로 타당하다. 그리고 이렇게 하는 것이 실무적 혼란을 일으키지 않는 합리적 선택이다.

40) '소수의견'은 헌법재판소의 법정의견이 아닌 의견을 말한다. '소수의견'은 일반적으로 헌법재판소 재판관의 의견이 다수와 소수로 갈릴 때 소수의 의견을 말한다. 그러나 헌법재판소 재판관 6명 이상 찬성이 필요할 때(헌법재판소법 제23조 제2항 단서) 법률의 위헌의견, 탄핵 결정의견, 정당해산 결정의견이나 헌법소원에 관한 인용결정 또는 종래의 해석적용을 바꾸자는 의견이 5명이고 그에 반대하는 견해가 4명이면 5명의 의견이 소수의견이 된다(헌재 1999. 7. 22. 98헌가3, 판례집 11-2, 1 참조). 여기서는 이러한 '소수의견' 개념을 따르면서, '소수의 의견'을 헌법재판소 재판관의 의견이 대립할 때 숫자상 소수인 의견이라는 의미로 사용하여 '소수의견'과 구별하고자 한다.

에 반대하는 헌법재판소 재판관이 6명 이상이면 비로소 판례에서 벗어나 권한쟁의 심판에 대한 결정을 선고할 수 있다. 즉 헌법재판소 재판관 6명 이상 찬성을 얻지 못하여 헌법이나 법률의 해석적용에 관한 종전 의견을 바꾸지 못하면, 헌법재판소는 소수의 의견에 따라 결정주문을 작성하여야 한다. 결과적으로 헌법재판소 결정의 선례적 구속력 때문에 헌법재판소의 심판정족수가 부분적으로 수정되는 결과가 발생한다. 특히 선례적 구속력 때문에 소수의 의견에 따라 헌법재판소 결정의 주문이 작성될 수도 있다.

3. 선례적 구속력과 다른 효력의 구별

헌법재판소 결정에서는 기본적으로 확정력, 기속력, 법률요건적 효력(이나 형성력 혹은 법률적 효력)이 발생한다. 현재까지 기존 견해는 이러한 효력을 법적 구속력으로 이해하고 선례적 구속력은 사실적 구속력에 불과한 것으로 보아 서로 다른 평면에 있는 구속력으로 이해하였으므로 양자의 구별을 특별히 논의하지 않았다. 그러나 선례적 구속력도 법률이 인정하는 구속력이라는 것을 부정하기 어려우므로 양자의 구별은 논의되어야 할 것이다.

먼저 확정력은 헌법에서 도출되는 효력이지만, 기속력, 법률요건적 효력(이나 형성력 혹은 법률적 효력), 선례적 구속력은 법률이 인정한 구속력일 뿐이다. 즉 확정력은 법치국가원리의 구성요소인 법적 안정성에서 직접 도출되는 효력이므로 확정력을 규율하는 법률은 헌법을 구체화하는 의미만 있다. 그러나 기속력, 법률요건적 효력(이나 형성력 혹은 법률적 효력), 선례적 구속력은 헌법에서 간접적 근거나 정당성을 찾을 수는 있지만, 직접적 근거는 법률에 있다. 따라서 법률이 이러한 효력을 규정하지 않는 한 인정될 수 없다. 다만, 선례적 구속력은 법률이 규정하지 않더라도 사실적 효력으로서 인정될 수 있다. 그리고 선례적 구속력은 추정적 구속력으로서 상대적으로 구속한다는 점에서 절대적으로 구속하는 확정력, 기속력, 법률요건적 효력(이나 형성력 혹은 법률적 효력)과 차이가 있다.

선례적 구속력과 불가변력은 결정을 선고한 헌법재판소 자신과 맺는 관계에서 논의되는 효력이지만, 불가쟁력은 해당 심판절차에서 당사자와 맺는 관계에서 논의되고, 기판력은 해당 심판절차가 아니라 후행 심판절차에서 당사자와 헌법재판소를 구속한다. 그리고 기속력은 다른 국가기관과 맺는 관계에서 문제가 되며, 법률요건적 효력(이나 형성력 혹은 법률적 효력)은 당사자와 헌법재판소를 포함한 국가기관은 물론 제3자와 맺는 관계에서도 효력이 미친다. 선례적 구속력은 해당 심판절차가 아니라 후행 심판절차에서 헌법재판소를 구속한다는 점에서 해당 심판절차에서 헌법재판소를 구속하는 불가변력과 구별된다. 후행 심판절차에 효력이 미친다는 점에서 선례적 구속력과 기판력은 비슷한 점이 있다. 그러나 선례적 구속력은 헌법재판소 자신만 구속하지만, 기판력은 헌법재판소뿐 아니라 당사자도 구속한다는 점에서 다르다.

그 밖에 선례적 구속력은 결정이유에서 발생하는 효력이지만, 확정력과 기속력, 법률요건적 효력(이나 형성력 혹은 법률적 효력)은 결정주문에서 발생하는 효력이다. 또한, 선례적 구속력과 법률요건적 효력 그리고 형성력은 사정변경에 영향을 받지 않지만, 확정력과 기속력 그리고 법률적 효력은 사정변경에 영향을 받는다.

Ⅳ. 선례적 구속력의 범위

1. 주관적 범위

사법판결의 효력은 법치국가원리를 따라 원칙적으로 구체적 심판 대상과 관련하여 재판절차에 참여한 당사자와 법원에만 미친다. 스스로 권리주장이나 방어기회를 얻지 못한 제3자에게까지 소송결과를 강요하는 것은 제3자의 절차 보장 관점에서 부당하기 때문이다. 그러나 선례적 구속력은 헌법재판소 결정의 계속성과 통일성을 형성·유지하여 법적 안정성과 결정의 예측 가능성을 확보하기 위한 것이므로, 헌법재판소 결정의 선례적 구속력은 오로지 헌법재판소에만 미친다. 이것은 헌법재판소가 오로지 심판 청구에 따라서만 결정을 내릴 수 있고 언제든지 판례를 바꿀 가능성이 있다는 점에서 비롯한다. 헌법재판은 단심제라서 일반 법원의 선례적 구속력과는 달리 하급심 법원을 구속하는 수직적 구속력은 없고, 자기 자신만을 구속하는 수평적 구속력만 있다. 선례적 구속력이 헌법재판소 이외의 국민과 모든 국가기관에도 미친다면, 헌법재판소 스스로 판례를 바꾸거나 헌법이나 법률의 변경이 없는 한 심판 청구를 할 수 없게 될 것이다. 그런데 국민이나 다른 국가기관이 심판을 청구하지 않는다면, 헌법재판소는 판례를 변경할 기회를 얻지 못한다. 따라서 헌법재판소가 한 헌법해석이나 법률해석은 화석화할 것이다. 이러한 위험을 제거하려면 일반 국민이나 다른 국가기관을 선례적 구속력의 수범자에서 제외하여야 한다. 그리고 헌법해석이나 법률해석이 헌법재판소의 전유물이 아니라는 점에서 헌법재판소의 헌법해석이나 법률해석을 구체적 사건을 넘어서 일반 국민이나 다른 국가기관에 강요할 수도 없다. 다만, 이러한 헌법해석이나 법률해석과 관련하여 다툼이 있으면 결국 헌법재판소가 최종적으로 결정하므로, 헌법재판소 이외의 일반 국민과 다른 국가기관에 판례의 사실적 구속력이 미친다는 것은 부정할 수 없다. 단지 사실적 구속력만 미치므로 일반 국민과 다른 국가기관은 여전히 판례에 어긋나는 주장을 할 수는 있지만, 헌법재판소가 그러한 주장을 받아들이지 않을 위험은 감수하여야 한다. 이러한 사실적 구속력을 통해서 판례에 따른 헌법해석과 법률해석의 통일은 일반 국민과 다른 국가기관 사이에서도 간접적으로 달성될 수 있다.

헌법재판소 재판관 개개인은 판례에 구속되지 않는다. 헌법재판소 재판관 6명 이상 찬성이 필요하다는 것은 헌법재판소 재판관이 다른 의견을 제시할 수 있음을 뜻하기 때문이다. 특히 심판에 참여한 헌법재판소 재판관은 결정서에 의견을 표시하여야 한다(헌법재판소법 제36조 제3항). 그리고 이러한 전제 아래에서만 헌법재판소가 판례를 변경할 가능성이 열린다. 따라서 헌법재판소 재판관은 언제나 판례에 구속되지 않고 자기 의견을 제시할 수 있다. 판례가 헌법이나 법률이 아니라는 점에서, 이것은 헌법재판소 재판관이 헌법과 법률에만 구속된다는 점에서도 확인된다(헌법 제103조, 헌법재판소법 제4조).

2. 객관적 범위

선례적 구속력은 결정주문이 아닌 결정이유에 귀속된다.[41) 42)] 결정주문은 심판대상에 관한 구체적 결정이므로 다른 사건에 적용할 수 있는 일반적·추상적 성격이

41) 같은 견해: **김시철**, 「헌법해석에 관한 결정이유와 선례구속의 원칙」, 『헌법논총』 제17집, 2006, 67~68쪽. **강일신**, 『헌법재판소 선례변경에 관한 연구』, 헌법재판소 헌법재판연구원, 2017, 11~13쪽; **권영성**(주 35), 227쪽; **김대휘**, 「법원론에 관한 연구」, 서울대학교 법학박사학위논문, 1992, 240쪽 참조.

42) 헌재 1997. 1. 16. 92헌바6, 판례집 9-1, 1, 126 참조: "다만, 위에서 본 우리 재판소 결정들의 주문은 모두 "국가보안법 제7조 제1항 및 제5항(1980. 12. 31. 법률 제3318호)은 각 그 소정행위가 국가의 존립·안전을 위태롭게 하거나 자유민주적 기본질서에 위해를 줄 경우에 적용된다고 할 것이므로 이러한 해석하에 헌법에 위반되지 아니한다"고 표시하고 있으나, 그 결정의 이유를 보면 "국가보안법 제7조 제1항 및 제5항은 각 그 소정행위가 국가의 존립·안전을 위태롭게 하거나 자유민주적 기본질서에 위해를 줄 명백한 위험성이 있는 경우에 적용된다고 할 것이므로 이와 같은 해석하에서는 헌법에 위반되지 아니한다고 할 것이다"(1990. 4. 2. 선고, 89헌가113 결정의 이유 중 "결론"부분 참조)라고 설시하고 있는 점, "위해를 줄 명백한 위험성이 있는 경우"라는 표현은 "위해(危害)"라는 용어와 유사성이 있는 "위험"이라는 용어가 겹쳐 있어 그리 적절하지는 않다고 보여지는 점 등을 고려하여 결정이유의 설시내용에 보다 더 부합하도록 "구법 제7조 제1항·제3항 및 제5항은, 각 그 소정의 행위가 국가의 존립·안전이나 자유민주적 기본질서에 해악을 끼칠 명백한 위험이 있는 경우에 적용된다고 할 것이므로, 그러한 해석하에 헌법에 위반되지 아니한다"고 설시하고자 한다. 이러한 표현은 앞서 본 우리 재판소의 종전 결정들의 주문내용과는 약간의 차이가 있으나, 그 기본적 견해에 변경이 있는 것은 아니므로 종전의 판례를 변경하는 것은 아니다."

없기 때문이다. 특히 결정주문에는 확정력, 기속력, 법률요건적 효력(이나 형성력 혹은 법률적 효력) 등이 귀속되므로 별도로 선례적 구속력을 인정할 실익을 찾기도 어렵다. 한정합헌결정이나 한정위헌결정에서는 판례 대상이 되는 내용(해석)이 결정주문에 표현된다.[43] 그러나 이러한 해석은 결정이유에서 더욱 명확하고 구체적으로 표현될 뿐 아니라 이것은 이러한 해석에 확정력과 기속력, 법률요건적 효력(이나 형성력 혹은 법률적 효력)을 부여하기 위한 것일 뿐이고, 이러한 해석의 선례적 구속력에 어떠한 새로운 의미를 부여하는 것은 아니다. 법률적 효력이 있는 결정주문만 연방법률공보에 게재되는 독일 연방헌법재판소 재판(연방헌법재판소법 제31조 제2항)과 달리 헌법재판소 결정의 주문뿐 아니라 이유까지 관보나 헌법재판소의 인터넷 홈페이지에 게재하는 것(헌법재판소법 제36조 제5항, '헌법재판소 심판 규칙' 제49조의2 제1항과 제2항)은 이러한 판례의 객관적 범위를 고려하면 중요한 의미가 있다. 즉 선례적 구속력이 발생하는 결정이유를 공시함으로써 일반 국민이나 다른 국가기관이 헌법재판소 결정을 가늠할 기회를 부여한다.

헌법재판소법 제23조 제2항 단서 제2호에는 헌법재판소 결정유형에 관한 어떠한 제한도 없으므로, 그 심판사건의 종류가 무엇인지를 불문하고 모든 심판유형의 결정이유가 선례적 구속력을 가질 수 있다. 따라서 심판절차에 관계없이 선례적 구속력이 미친다. 실체결정은 물론 형식결정의 결정이유도 선례적 구속력을 가질 수 있다. 헌법소원심판에서 지정재판부 결정도 종국결정이고 전원재판부 결정과 같은 효력이 있으므로, 지정재판부결정의 이유에서도 선례적 구속력이 발생한다. 규범통제결정에서 위헌결정과 합헌결정은 물론 변형결정도 선례적 구속력을 가질 수 있다. 그러나 중간결정은 아직 확정된 것이 아니므로 선례적 구속력이 귀속되지 않는다.

모든 결정이유에 선례적 구속력이 미치는 것은 아니다. 결정이유는 결정주문을 근거 지울 수 있을 때 비로소 의미가 있으므로, 결정주문을 직접 근거 지우는 결정이유(중요이유)에만 선례적 구속력이 귀속된다. 따라서 방론[44]과 소수의견[45]에는 선례적 구속력이 인정되지 않는다. 방론에도 선례적 구속력이 인정되는 것은 법원의 소극적 성격에 어긋나고, 소수의견은 법원의 공식적 견해가 아니기 때문이다. 판결

43) 헌재 1997. 1. 16. 92헌바6등, 판례집 9-1, 1, 26 참조.
44) 같은 견해: **윤일영**(주 11), 364~366쪽; **최병조**(주 25), 59~60쪽. 상고심절차에 관한 특례법 제4조 제3항 제2호도 비슷한 취지이다. 헌법재판소의 방론에 관해서는 **이기철**, 「헌법재판소의 부수적 의견과 그 문제점」, 『21세기 한양법학에의 낙수』(석하 김기수교수 정년기념논문집), 언약, 1997, 1148~1169쪽; **같은 사람**, 「헌법재판소의 방론은 바람직한가?」, 『공법학연구』 제7권 제1호, 한국비교공법학회, 2006, 319~363쪽 참조.
45) 같은 견해: **홍일표**(주 10, 판례의 형성과 구속력의 범위), 14쪽.

의 요지는 헌법재판소 재판관이 작성하는 것이 아니어서 판결의 '이유'를 구성하지 않으므로 선례적 구속력이 없다.[46]

선례적 구속력은 헌법이나 법률의 해석적용에 관한 의견에만 발생한다(헌법재판소법 제23조 제2항 단서 제2호). 즉 해당 사건을 해결하기 위해서 직접적이고 필요한 범위에서 이루어진 헌법해석이나 법률해석만 판례로서 구속력을 가질 수 있다. 여기서 청구인의 주장은 심판 대상을 확정하기 위한 기본적인 기준으로 기능하기는 하지만, 헌법재판소가 청구인의 주장을 기준으로 심판 대상을 직권으로 확정하므로 절대적 기준이 되지는 못한다. 심판 대상에 직접 관련되는 것은 물론 심판 대상의 선결문제와 관련된 것이라도 결정주문을 직접 근거 지우는 것이라면 선례적 구속력이 있다. 법률해석에는 형식적 법률은 물론 실질적 법률[47]과 (헌법과 법률을 보충하는) 법률의 규범서열이 있는 관습법에 관한 해석도 포함된다. 법률의 해석과 적용은 헌법의 권한분배에 따라 원칙적으로 일반 법원이 관장하므로, 모든 법률해석에서 선례적 구속력이 발생하는 것이 아니라 법률해석이 헌법해석과 밀접한 관련이 있는 때만 선례적 구속력이 귀속된다. 즉 그러한 법률해석이 헌법에 따라서 주어지거나 헌법의 구체적 실현에 직접 이바지하는 때만 선례적 구속력이 부여된다. 헌법에 따라서 주어진 법률해석은 헌법에서 법률해석의 내용이 도출되는 때를 말한다. 헌법의 구체적 실현에 직접 이바지하는 법률해석은 헌법을 구체화하거나 헌법실현을 위해서 법률적 보충이 필요한 때를 뜻한다. 다만, 탄핵심판과 권한쟁의심판에서는 헌법뿐 아니라 법률도 심사기준이 되므로 여기서 심사기준인 법률에 관한 해석에는 당연히 선례적 구속력이 생긴다.

3. 시간적 범위

헌법재판소 결정은 선고된 때부터 선례적 구속력이 발생한다. 변경된 판례는 (판례 변경 전의 행위가 문제가 된 때를 포함한) 그 후의 모든 사건(정확하게는 해당 결정을 내리고 나서 헌법재판소가 다루는 모든 사건)에 적용된다.[48] 법률의 위헌결정, 탄핵심판에 관한 결정, 정당해산심판에 관한 결정, 권한쟁의심판에 관한 본안결정, 헌법소원

---

46) 같은 견해: **이광범**(주 10), 242쪽; **홍일표**(주 10, 판결이유와 선례로서의 구속력의 범위), 245~246쪽; **같은 사람**(주 10, 판례의 형성과 구속력의 범위), 16쪽.

47) 형식적 법률 이외에 법률의 효력이 있는 법규범을 통틀어 실질적 법률이라고 한다. 이에 관해서는 **허완중**, 「법률과 법률의 효력」, 『공법학연구』 제11권 제1호, 한국비교공법학회, 2010, 190~194쪽 참조.

48) **윤일영**(주 11), 367쪽.

의 인용결정, 기타 헌법재판소가 필요하다고 인정한 결정은 관보에, 그 밖의 종국결정은 헌법재판소의 인터넷 홈페이지에 각 게재함으로써 공시한다(헌법재판소법 제36조 제5항, '헌법재판소 심판 규칙' 제49조의2 제1항). 관보에 게재함으로써 공시하는 종국결정은 헌법재판소의 인터넷 홈페이지에도 게재한다('헌법재판소 심판 규칙' 제49조의2 제2항). 이에 따라 실무에서는 결정문 전문, 즉 결정주문 뿐 아니라 결정이유까지도 헌법재판소장 이름으로 관보나 헌법재판소의 인터넷 홈페이지에 공시한다. 그러나 관보나 헌법재판소의 인터넷 홈페이지에 헌법재판소 결정을 게재하는 것은 일반 국민에게 헌법재판소 결정을 알리는 공시 효과만 있을 뿐이고, 헌법재판소 결정의 효력 발생과는 아무런 관계가 없다. 위헌결정이 선고되면 비형벌법규에 대한 위헌결정의 법률요건적 효력(이나 형성력 혹은 법률적 효력)이 선고일부터 발생하지만, 형벌에 관한 법률이나 법률의 조항에 대한 위헌결정의 법률요건적 효력(이나 형성력 혹은 법률적 효력)은 소급하여 발생한다(헌법재판소법 제47조 제2항과 제3항). 그리고 법률에 대한 헌법불합치결정에서 법률의 적용금지 및 (계류)절차중지 그리고 임시규율 형성의 기속력은 선고일부터 발생하지만, 위헌법률 효력 상실의 법률요건적 효력(이나 형성력 혹은 법률적 효력)은 기한이 있으면 기한이 지나고 나서 그리고 기한이 없으면 상당한 기간이 지나고 나서 발생한다. 그러나 다른 효력의 이런 다양한 효력 발생 시점은 선례적 구속력의 효력 발생 시점에 아무런 영향을 주지 못한다. 즉 다른 효력의 효력 발생 시점이 선고 시점이 아니어도 선례적 구속력의 효력 발생 시점은 여전히 선고 시점일 뿐이다.

헌법재판소 판례는 일반적·추상적 성격이 있어서 구체적 사건과 분리되므로 확정력이나 기속력과는 달리 사정변경에 따라서 영향을 받지 않는다. 따라서 판례 변경 없이 사정변경을 이유로 판례에서 벗어날 수는 없다. 사정변경은 판례를 폐기하거나 변경할 수 있는 근거로 기능할 수 있을 뿐이다. 유일한 판례에 대한 재심에서는 재심 대상인 헌법재판소 결정 자체가 판례가 될 수 없다. 따라서 이때는 판례가 없는 때와 마찬가지로 선례적 구속력이 문제 되지 않는다. 판례 변경에는 소급효가 없다. 따라서 판례 변경은 재심의 사유가 되지 않는다.

V. 선례적 구속력의 한계

헌법재판소 결정의 선례적 구속력은 절대적 구속력이 아니라 상대적 구속력이다. 즉 헌법재판소 판례는 헌법재판소 자신을 추정적으로만 구속한다. 따라서 헌법재판소는 언제든지 6명 이상의 헌법재판소 재판관이 찬성하면 판례를 폐기하거나 바꿀 수 있다(헌법재판소법 제23조 제2항 단서 제2호).[49] 이때 헌법재판소는 판례 전부를 폐기하거나 변경할 수 있는 것은 물론 일부만을 폐기하거나 변경[50]할 수도 있다. 판례는 법규범이 아니므로 판례를 변경하는 것이 법관의 헌법과 법률에 대한 구속(헌법 제103조, 헌법재판소법 제4조)을 침해하지 않는다.[51] 헌법재판소가 판례를 변경하면 선례적 구속력이 옹글게(완벽하게) 배제되는 것은 아니다. 이때 선례적 구속력은 논증책임을 헌법재판소에 부담시키는 모습으로 나타난다.[52] 따라서 헌법재판소가 판례와 다른 의견을 표명할 때는 이에 관한 충분한 근거를 제시하여야 한다. 판례 변경이 예견될 수 없으면 판례를 신뢰한 사람에게 불이익을 일으킬 수 있다.[53] 따라서 판례 존속에 관한 신뢰는 신뢰보호원칙에 따라 보호되어야 한다.[54] 다만, 헌법재판소 결정이 해당 사건과 관련된 결정이고 판례는 변경될 수 있다는 점에서 그 보호범위는 매우 좁을 수밖에 없을 것이다.

헌법재판소가 판례를 바꿀 때는 원칙적으로 대상판례를 명시하여 그러한 판례가 폐기되었거나 바뀌었다는 것을 분명히 밝혀야 한다.[55] 그러나 판례에 대한 언급 없이 판례와 다른 의견을 제시하는 때도 헌법재판소가 판례를 묵시적으로 폐기하거나 바꾼 것으로 보아야 할 것이다.[56] 즉 대립하는 판례가 있으면 최근 판례가 이전 판례를 폐기하거나 바꾼 것으로 보아 최근 판례만 선례적 구속력이 있는 것으로 보아야 한다. 다수의견이 판례를 고려하지 않고 명백히 종래 판례 취지를 축소하거나

49) BVerfGE 38, 386 (396); 84, 212 (227) 참조.

50) 예를 들어 헌재 2006. 7. 27. 2003헌마758, 판례집 18-2, 190 결정은 헌재 2003. 9. 25. 2003헌마106, 판례집 15-2상, 516 결정을 부분적으로 변경하였다.

51) BVerfGE 84, 212 (227) 참조.

52) ***Martin Kriele*** (Anm. 12), S. 260 [**마르틴 크릴레**(주 12), 363쪽]. ***Karl Larenz/Claus-Wilhelm Canaris*** (Anm. 9), S. 256 f. 참조.

53) BVerfGE 74, 129 (155 ff.) 참조.

54) 미국의 판례 불소급적 변경 제도를 소개하면서 이러한 제도를 앞으로 채용할 가치가 있다는 견해도 있다[**윤일영**(주 11), 368~369쪽].

55) 헌재 1996. 3. 28. 93헌마198, 판례집 8-1, 241, 250-251; 헌재 2002. 8. 29. 2001헌마788등, 판례집 14-2, 219, 229; 헌재 2006. 7. 27. 2003헌마758, 판례집 18-2, 190, 199; 헌재 2007. 3. 29. 2005헌바33, 판례집 19-1, 211, 227-228 참조.

56) 예를 들어 헌법재판소는 처음에 헌법재판소법 제62조를 한정적 열거규정으로 보고 국회 구성원으로서도 국회의원에게 당사자능력을 인정하지 않았으나(헌재 1995. 2. 23. 90헌라1, 판례집 7-1, 140, 147-150), 그 후 판례를 변경하여 같은 조를 예시규정으로 보고, 국회의원과 국회의장의 당사자능력(청구인능력)을 인정하였다(헌재 1997. 7. 16. 96헌라2, 판례집 9-2, 154, 162-165). 이때 소수의견에서 선행 결정을 언급하기는 하지만(헌재 1997. 7. 16. 96헌라2, 판례집 9-2, 154, 167), 후행 헌법재판소 결정에서 선행 결정의 직접적인 언급이 없었다. 그러나 이후에 후행 결정이 판례로 기능하였다(헌재 1998. 7. 14. 98헌라3, 판례집 10-2, 74, 80).

변경한다고 비판하는 헌법재판소 소수의견이 있다.[57] 그러나 이 헌법재판소 결정에서 7명의 재판관이 다수의견에 찬성하므로 판례는 이미 바뀌었다고 보아야 한다. 따라서 이러한 지적은 아무런 법적 의미가 없는 것으로 보인다. 그러나 6명 이상 재판관이 찬성하지 않았는데도 판례에 어긋나는 결정을 내리면 중대한 문제가 발생한다. 예를 들어 헌법재판소가 판례에 어긋나는 결정을 하였는데, 단지 5명의 재판관이 이러한 결정에 찬성하면 판례가 변경되지 않는다. 따라서 이때 헌법재판소는 판례를 따라 결정주문을 작성하는 것이 옳다. 판례에 어긋나는 헌법재판소 결정은 잘못된 결정이다. 이러한 헌법재판소 결정은 헌법재판소 결정으로서 외관은 갖추어 그 존재는 인정되지만, 절차적으로 중대한 잘못이 있어 무효이므로, 이러한 결정에는 기판력, 기속력, 법률요건적 효력(이나 형성력 혹은 법률적 효력)이 발생하지 않는다고 볼 수도 있다(헌법재판소 결정의 무효). 그러나 헌법재판은 객관소송으로서 당사자의 권리구제는 물론 객관적 질서 보호도 그 기능으로 한다. 그리고 헌법재판은 다른 사법재판보다 훨씬 강한 정치성이 있고, 헌법재판소 결정에는 다른 사법판결에는 없는 기속력과 법률요건적 효력(이나 형성력 혹은 법률적 효력) 같은 특별한 효력이 인정된다. 따라서 헌법재판소 결정에는 그 의미와 효력에 비추어 법적 안정성이 강하게 요구된다. 게다가 판례의 내용과 범위가 무엇인지는 언제나 명확한 것이 아니므로 판례에 어긋나는 헌법재판소 결정인지가 언제나 다툼이 없는 것은 아니다. 그 밖에 대법원 판례의 변경절차를 위반하면 무효에 이르지 않고 재심사유가 되는 것에 그친다는 점을 고려할 필요가 있다. 따라서 판례와 모순되면서 판례 변경의 심판정족수를 충족하지 못한 헌법재판소 결정은 무효가 아니라 재심 대상이 된다고 보는 것이 타당할 것이다.

판례는 헌법이나 법률에 관한 해석적용에 대한 의견이므로 헌법이나 법률에 절대적으로 의존한다. 즉 판례는 헌법이나 법률에 대해서 언제나 열위에 있고, 헌법이나 법률은 판례의 전제이다. 판례 대상이 되는 헌법이나 법률이 폐지되거나 개정되면 이에 의존하는 판례도 당연히 그 선례적 구속력을 상실한다. 헌법이나 법률의 개정내용이 판례와 모순되는 때도 판례는 선례적 구속력을 잃는다. 이때 부분적으로 어긋나면 그 범위에서만 판례는 선례적 구속력을 잃는다. 헌법이나 법률의 개정내용이 판례 내용을 담은 때도 마찬가지로 판례는 선례적 구속력을 잃는다. 이때는 판례가 아니라 헌법이나 법률이 직접 구속력을 갖기 때문이다. 그러나 판례가 이러한 개정내용을 구체화하는 내용을 담으면 판례는 여전히 선례적 구속력을 유지한다.

57) 헌재 2002. 4. 25. 98헌마425, 판례집 14-1, 351, 372-372.

Ⅵ. 결론: 정당한 자리매김이 필요한 헌법재판소 결정의 선례적 구속력

헌법재판소 결정의 선례적 구속력은 그동안 사실적 구속력이라는 이름으로 스치듯 언급되었다. 그러나 헌법재판소법 제23조 제2항 단서 제2호는 명백히 이러한 선례적 구속력을 전제하고, 판례 변경에 엄격한 심판정족수를 요구한다. 따라서 헌법재판소 결정의 선례적 구속력은 헌법재판소법이 인정한 효력이고, 엄격한 심판정족수 때문에 일반 사법재판의 선례적 구속력과는 다른 특별한 의미가 있다. 이러한 특별한 의미는 단편적이긴 하지만, 헌법재판소실무 여기저기서 발견된다. 선례적 구속력은 다른 효력과는 달리 추정적 구속력에 그치지만, 헌법재판소 결정에 다른 효력에 못지않은 영향력을 법적으로 미칠 수 있다. 이러한 점에서 선례적 구속력도 확정력, 기속력 그리고 법률요건적 효력(이나 형성력 혹은 법률적 효력)처럼 헌법재판소 결정의 효력 중 하나로서 정당한 자리매김이 필요하다. 그와 더불어 그 내용과 범위, 한계도 진지하게 검토될 필요가 있다. 이러한 검토는 헌법재판소 결정의 통일성과 신뢰성을 확보하고 유지하는 데 이바지하여 헌법재판의 신속한 진행을 꾀할 수 있게 하고, 심판청구인의 예측 가능성을 높여 무분별한 남소를 방지할 수 있다. 나아가 헌법질서의 확립과 안정적인 헌법발전에도 도움을 줄 것이다.

Chapter

08

위헌으로 결정된 법률의 효력 상실 시기

I. 헌법재판소법 제47조 제2항과 제3항의 기존 해석에 대한 반성적 고찰 필요성

헌법재판소법 제47조 제2항과 제3항을 해석할 때 일반적으로 독일과 오스트리아는 물론 미국과 그 밖의 나라의 입법례와 학설 그리고 판례가 먼저 검토된다.[1] 한국 헌법학이 계수헌법학이라는 한계에서 크게 벗어나지 못하는 것이 현실이고, 이 조항을 만들 때 외국의 입법례와 이론 그리고 학설을 참고한 것이 사실이므로 이러한 것이 불가피한 측면이 있다는 것은 부정하기 어렵다. 학설 대부분과 헌법재판소 및 대법원의 판례[2]는 이러한 검토에서 다루어지는 당연무효설(무효설: Nichtigkeitslehre)과 폐지설(폐지무효설, 취소설: Vernichtbarkeitslehre)[3] 중 하나를 토대로 헌법재판소법 제47

1) **계희열**, 「법률에 대한 위헌판결의 효력」, 『법률의 위헌결정과 헌법소원의 대상』(헌법재판연구 제1권), 헌법재판소, 1989, 182~230쪽; **김운용**, 『위헌심사론』, 삼지원, 1998, 539~558쪽; **남복현**, 「법률의 위헌결정의 효력에 관한 연구」, 한양대학교 법학박사학위논문, 1994, 107~208쪽; **박일환**, 「위헌판결의 효력(상)」, 『대한변호사협회지』 제151호, 대한변호사협회, 1989. 3., 9~19쪽; **같은 사람**, 「위헌판결의 효력(하)」, 『인권과 정의』 제152호, 대한변호사협회, 1989. 4., 39~41쪽; **같은 사람**, 「법률의 시적 효력범위」, 『법조』 제38권 제11호(통권 제398호), 법조협회, 1989. 11., 43~49쪽; **손용근**, 「위헌결정의 소급효가 미치는 범위에 관한 비판적 고찰」, 『사법논집』 제24집, 법원도서관, 1993, 21~37쪽; **같은 사람**, 「위헌결정의 소급효에 관한 재검토」, 『헌법문제와 재판(중)』(재판자료 제76집), 법원도서관, 1997, 30~44쪽; **윤진수**, 「위헌법률의 효력」, 『헌법논총』 제1집, 헌법재판소, 1990, 287~306쪽; **같은 사람**, 「헌법재판소 위헌결정의 소급효」, 『헌법문제와 재판(상)』(재판자료 제75집), 법원도서관, 1996, 651~664쪽; **이강국**, 「위헌법률의 효력」, 『공법학의 현대적 지평』(심천 계희열 박사 화갑기념논문집), 박영사, 1995, 372~375쪽; **이기철**, 「헌법재판소의 결정은 당연무효인가 폐지무효인가?」, 『강의중교수정년기념논문집』, 교학사, 2002, 22~23, 26~35쪽; **이상훈**, 「위헌결정과 헌법불합치결정의 효력 및 그 재판실무상 적용」, 『사법논집』 제38집, 법원도서관, 2004, 11~13쪽; **장윤기**, 「헌법재판소에서 위헌으로 결정된 법률의 효력」, 『사법행정』 제34권 제6호(통권 제390호), 사법행정학회, 1993. 6., 50~56쪽; **조배숙**, 「위헌결정의 소급효」, 『취봉 김용철선생 고희기념 법학논집』, 박영사, 1993, 207~216쪽 참조.

2) 학설과 판례에 관해서는 **김운용**(주 1), 558~566쪽; **남복현**(주 1), 209~227쪽; **같은 사람**, 「위헌결정의 효력에 있어 폐지무효설의 이론적 전개」, 『공법학의 현대적 지평』(심천 계희열 박사 화갑기념논문집), 박영사, 1995, 391~409쪽; **같은 사람**, 「헌법재판소 결정의 효력에 관한 쟁점 및 해결방안」, 『헌법재판소의 효력에 관한 연구』(헌법재판연구 제7권), 헌법재판소, 1996, 230~257쪽 참조.

3) 양설에 관해서는 **계희열**(주 1), 182~230쪽; **남복현**(주 1), 210~219쪽; **같은 사람**(주 2, 위헌결정의 효력에 있어 폐지무효설의 이론적 전개), 383~386쪽; **같은 사람**(주 2, 헌법재판소 결정의 효력에 관한 쟁점 및 해결방안), 224~228쪽; **방승주**, 「독일연방헌법재판소에 의한 경과규정의 허용성」, 『안암법학』 제4집, 안암법학회, 1996, 191~205쪽; **윤진수**(주 1, 위헌법률의 효력), 293~297쪽; **전광석**, 「헌법재판에 있어서의 결정주문의 유형과 효력」, 『헌법재판 및 제도의 활성화에 관한 연구』(헌법재판연구 제2권), 헌법재판소, 1991, 122~129쪽; **정종섭**, 『헌법소송법(제8판)』, 박영사, 2014, 347~348쪽; **최희수**, 「법률의 위헌결정의 효력에 관한 연구 - 소송법적 효력을 중심으로 -」, 고려대학교 법학박사학

조 제2항과 제3항을 해석한다. 그러나 이러한 경향에는 많은 의문이 제기된다. 먼저 헌법을 해석할 때 선이해가 개입하는 것을 피할 수 없을지라도, 아니 선이해가 헌법해석의 중요한 요소임을 부인할 수 없다고 할지라도, 헌법해석의 객관성을 담보하려면 먼저 헌법의 문리적 해석에서 출발하여야 할 것이다. 물론 선이해가 문리적 해석과정에 (적어도 부분적으로라도) 개입한다는 것을 부정하기 어렵지만, 적어도 선이해가 헌법해석의 결과를 미리 확정하여서는 안 될 것이다. 따라서 특정한 이론을 미리 전제하고 해석을 시작하는 것은 바람직하지 않다. 최소한 그러한 이론이 헌법적으로 논증될 수 있음을 미리 밝혀야 할 것이다. 이러한 점에서 당연무효설이나 폐지(무효)설 중의 하나를 전제하고 헌법재판소법 제47조 제2항과 제3항을 해석하는 것은 해석의 객관성을 훼손하고 특정한 결론으로 해석을 몰아갈 수도 있다. 그리고 위헌법률의 효력에 관한 학설은 당연무효설과 폐지(무효)설에 국한되어야 할 이론적 필연성도 없다. 이러한 이론은 독일과 오스트리아에서 제기된 이론일 뿐이고 같이 많이 검토되는 미국 판례와 잘 들어맞지 않는 것으로 보인다. 그리고 한국의 법조항은 독일과 오스트리아의 법조항과 비슷한 점이 있기는 하지만 다른 점도 많다. 이것은 헌법재판소법 제47조 제2항과 제3항은 물론 그 근거인 한국 헌법도 마찬가지이다. 따라서 독일과 오스트리아의 법현실을 바탕으로 제기된 이러한 이론을 한국법에 그대로 적용하는 것은 처음부터 불가능한 것으로 보인다. 그리고 양설이 헌법재판소법 제47조 제2항과 제3항을 해석하는 틀로서 기능하는 것에는 본질적인 문제점이 발견된다.

Ⅱ. 헌법재판소법 제47조 제2항과 제3항의 해석틀로서 부적합한 당연무효설과 폐지(무효)설

1. 당연무효설의 문제점

당연무효설에 따르면 헌법에 어긋나는 법률은 처음부터, 별도의 조치 없이도 당연히 효력이 없다. 이러한 당연무효설은 먼저 헌법재판소법 제47조 제2항과 제3항의 문언과 충돌한다. 헌법재판소법 제47조 제2항과 제3항은 "효력을 상실한다."라는 문언을 사용한다. 이것은 상실되는 효력이 이미 있다는 것을 전제한다. 즉 효력이 발생

위논문, 2001, 134~153쪽; ***Klaus Schlaich/Stefan Korioth***, Das Bundesverfassungsgericht – Stellung, Verfahren, Entscheidungen, 11. Aufl., München 2018, Rdnr. 379 ff. 참조.

하여야 그 효력이 상실될 수 있다. 그러나 당연무효설에 따르면 위헌법률은 처음부터 무효라서 효력이 발생할 수 없다. 그리고 헌법재판소법 제47조 제3항은 '소급'이라는 용어를 사용한다. 그러나 당연무효설은 처음부터 당연히 무효이므로 '소급'이라는 용어와 어울릴 수 없다. 또한, 처음부터 당연히 무효인 법률은 논리필연적으로 적용할 대상이 사라져 적용 문제는 발생하지 않으므로, 적용을 배제하는 규정이 아니라 법적 안정성과 관련하여 독일 연방헌법재판소법 제79조처럼 위헌 발생 시점부터 위헌 확인 시점까지 위헌법률을 바탕으로 형성된 법적 관계를 규율하는 규정이 필요하다. 그러나 한국 헌법과 헌법재판소법에서 이러한 규정을 찾아 볼 수 없다. 결국 당연무효설은 헌법재판소법 제47조 제2항과 제3항의 문언 자체에 이미 합치하지 않는 것으로 보인다. 게다가 위헌인 행정행위는 원칙적으로 취소할 수 있을 뿐이고, 위헌인 사법판결도 상소나 재심의 대상이 되는 것에 불과한데, 왜 유독 입법행위의 결과물인 법률만 무효이어야 하는지 이해하기 어렵다.[4] 특히 같은 법규범인 명령과 규칙도 위헌이면 법원이 해당 사건에 적용하는 것을 거부할 수 있을 뿐인 것과 비교하여도 당연무효설의 근거로서 주장되는 충돌모델(Kollisionsmodell: 법질서의 통일성과 헌법 우위)과 법효력모델(Rechtsgeltungsmodell)은 충분한 설득력이 없는 것으로 보인다. 특히 헌법 우위는 당연무효설뿐 아니라 폐지(무효)설이나 해당 사건에 대한 위헌법률 적용 배제만으로도 보장될 수 있다.[5] 따라서 당연무효설은 헌법재판소법 제47조 제2항과 제3항의 해석틀로서 적합하지 않은 것으로 보인다.

2. 폐지(무효)설의 문제점

폐지(무효)설은 헌법에 어긋나는 법률도 특별한 취소행위로 폐지할 때까지 유효하다고 한다. 폐지(무효)설을 따르는 견해는 헌법재판소법 제47조 제2항과 제3항의 '효력 상실'을 '폐지'로 이해한다. 그러나 폐지의 결과로서 효력이 상실되는 것은 당연하지만, 효력 상실이 폐지로 당연히 이어지지는 않는다. 효력 상실의 핵심내용인 법률의 적용 배제는 명령이나 규칙의 규범통제에서 볼 수 있듯이 법률이 폐지되지 않아도 가능하다. 특히 헌법재판소가 결정유형의 하나로 사용하고 그 허용성에 의문을 제기하는 견해가 거의 없는 헌법불합치결정은 법률이 형식적으로 존재하면서도 적용되지 않을 수 있음을 명확하게 보여준다. 위헌법률이 무효라는 것이 법논리적으로 당연히 도출되지 않는 것처럼[6] 위헌법률의 효력 상실이 위헌법률 폐지라는 결과

4) 비슷한 취지: **윤진수**(주 1, 위헌법률의 효력), 309쪽.
5) 같은 견해: **윤진수**(주 1, 위헌법률의 효력), 309쪽.
6) ***Klaus Schlaich/Stefan Korioth*** (Anm. 3), Rdnr. 379 참조.

를 초래하는 것도 당연한 것으로 보기 어렵다. 따라서 폐지(무효)설의 출발점인 위헌법률이 폐지된다는 전제 자체에 의문이 제기된다. 그리고 한국 입법례에서 효력 상실이 폐지의 뜻으로 사용되는 경우를 찾을 수도 없다. 또한, 헌법재판소법 제47조 제2항의 근거조항인 헌법 제107조 제1항이 명백히 요구하는, 해당 사건에서 위헌법률 적용이 배제되는 것은 폐지(무효)설에 따른 해석에서 끌어낼 수 없다. 이러한 불합리를 폐지(무효)설을 따르는 견해는 헌법 제107조 제1항을 근거로 예외적으로 해당 사건에는 위헌결정의 소급효를 인정하거나 헌법재판소법 제47조 제2항과 상관없이 당연히 인정되거나 전제되는 것으로 봄으로써 해결하려고 한다.[7] 심지어 헌법재판소

7) **박일환**[주 1, 위헌판결의 효력(하)], 41~42쪽; **같은 사람**, 「위헌법률의 효력상실시점」, 『인권과 정의』 제165호, 대한변호사협회, 1990. 5., 104~105쪽; **윤진수**(주 1, 위헌법률의 효력), 276~287쪽; **같은 사람**(주 1, 헌법재판소 위헌결정의 소급효), 631~651쪽; **이상훈**(주 1), 14~23쪽; **손용근**(주 1, 위헌결정의 소급효가 미치는 범위에 관한 비판적 고찰), 37~91쪽; **같은 사람**(주 1, 위헌결정의 소급효에 관한 재검토), 44~93쪽; **손철우**, 「위헌결정의 소급효에 관한 소고」, 『법조』 제49권 제10호(통권 제529호), 법조협회, 2000. 10., 147~170쪽; **정태호**, 「법률에 대한 위헌결정의 소급효문제에 대한 비판적 고찰」, 『법률행정논집』 제19집, 전남대학교 법률행정연구소, 2000, 201~211쪽; **조배숙**(주 1), 216~228쪽; **한병채**, 『헌법재판론』, 고시계, 1994, 633~644쪽 참조. 헌법재판소는 ① 법원의 제청·헌법소원의 청구 등을 통하여 헌법재판소에 법률의 위헌결정을 위한 계기를 부여한 당해 사건, ② 위헌결정이 있기 전에 이와 동종의 위헌 여부에 관하여 헌법재판소에 위헌제청을 하였거나 법원에 위헌제청 신청을 한 경우의 당해 사건, ③ 따로 위헌제청 신청을 하지 아니하였지만 당해 법률 또는 법률의 조항이 재판의 전제가 되어 법원에 계속 중인 사건, ④ 당사자의 권리구제를 위한 구체적 타당성의 요청이 현저한 반면에 소급효를 인정하여도 법적 안정성을 침해할 우려가 없고 나아가 구법에 의하여 형성된 기득권자의 이득이 침해될 사안이 아닌 경우로서 소급효의 부인이 오히려 정의와 형평 등 헌법적 이념에 심히 배치될 때 예외적으로 소급효를 인정한다(헌재 1993. 5. 13. 92헌가10등, 판례집 5-1, 226, 250; 헌재 2000. 8. 31. 2000헌바6, 공보 49, 744, 745). 대법원은 ① 헌법재판소의 위헌결정의 효력은 위헌제청을 한 당해 사건, ② 위헌결정이 있기 전에 이와 동종의 위헌 여부에 관하여 헌법재판소에 위헌여부심판 제청을 하였거나 법원에 위헌여부심판 제청 신청을 한 경우의 당해 사건과 ③ 따로 위헌제청 신청은 아니하였지만 당해 법률 또는 법률의 조항이 재판의 전제가 되어 법원에 계속 중인 사건 뿐 아니라[대법원 1991. 6. 11. 선고 90다5450 판결(집 39-3, 1; 공1991,1895); 대법원 1991. 6. 28. 선고 90누9346 판결(집39-3, 479; 공1991, 2056); 대법원 1991. 12. 24. 선고 90다8176 판결(공1992, 640); 대법원 1992. 2. 14. 선고 91누1462 판결(공1992, 1065); 대법원 1993. 11. 26. 선고 93다30013 판결(공1994상, 196) 각 참조] ④ 위헌결정 이후에 위와 같은 이유로 제소된 일반사건에도 미친다고 할 것이나[대법원 1993. 1. 15. 선고 92다12377 판결(공1993상, 698); 대법원 1993. 1. 15. 선고 91누5747 판결(공1993상, 735); 대법원 1993. 7. 16. 선고 93다3783 판결(공1993하, 2290) 등], 그 미치는 범위가 무한정일 수는 없고 법원이 위헌으로 결정된 법률 또는 법률의 조항을 적용하지는 않더라도 다른 법리에 의하여 그 소급효를 제한하는 것까지 부정되는 것은 아니라 할 것이며, 법적 안정성의 유지나 당사자의 신뢰보호를 위하여 불가피한 경우에 위헌결정의 소급효를 제한하는 것은 오히려 법치주의의 원칙상 요청되는 것이라고 한다[대법원 1994. 10. 25. 선고 93다42740(공1994하, 3077)]. 법적 안정성이나 당사자의 신뢰보호를 이유로 소급효를 제한하는 헌법재판소와 대법원의 판례에 대해서는 어떤 경우에 법적 안정성의 유지나 당사자의 신뢰보호를 위해서 불가피한 경우인지가 명확하지 않고, 이러한 개념을 도입하면 오히려 법적 안정성을 해칠 우려가 있다는 비판이 있다[**이상훈**(주 1), 38쪽].

법 제47조 제2항을 위헌이라고 주장하는 견해[8]도 있다. 예외를 인정하는 견해는 당연히 포함되어야 할 사항이 왜 예외가 되어야 하는지를 설명하지 않는다. 당연히 인정되거나 전제된다고 보는 견해는 그러한 내용을 헌법재판소법 자체에서 찾기 어렵고 헌법과 헌법을 구체화하는 헌법재판소법의 관계를 제대로 규명하지 못하는 한계가 있다. 그리고 이 견해는 너무 넓은 예외나 전제를 인정함으로써 헌법재판소법 제47조 제2항의 원칙성을 훼손한다.[9] 위헌으로 보는 견해는 헌법에서 도출된 내용을 바탕으로 헌법재판소법을 해석하여야 하는데, 거꾸로 헌법과 무관하게 헌법재판소법의 내용을 확정하고 나서 그러한 내용이 헌법에 어긋난다고 주장한다는 점에서 방법론적 잘못이 있는 것으로 보인다. 따라서 폐지(무효)설도 헌법재판소법 제47조 제2항과 제3항에 대한 적절한 해석틀로서 기능하지 못하는 것으로 보인다.

---

8) ① 위헌결정에 원칙적으로 소급효가 없다면 법관으로서는 위헌결정 이후에도 그 이전에 성립한 법률관계에는 여전히 위헌인 법률을 적용하여야 하는데, 이것은 헌법 제103조와 정면으로 모순되고, ② 헌법 제27조 제1항에서 말하는 '법률에 의한 재판'은 재판절차가 법률에 따라야 한다는 것뿐 아니라 그 재판의 내용도 법률에 따라야 하고 이러한 법률은 합헌적인 법률만을 뜻하므로, 위헌결정의 소급효를 부정하여 위헌인 법률을 적용하는 것은 재판청구권을 부인하는 것이며, ③ 법률이 기본권을 침해하여 위헌이면 위헌결정의 소급효를 제한하여 위헌법률의 계속 적용을 인정하는 것은 국가의 기본권보장의무(헌법 제10조 후단)에 정면으로 어긋나고, ④ 위헌으로 결정된 조항이 해당 사건에만 적용이 배제되고 그 이외의 위헌결정 이전 사건에 그대로 적용된다면 이는 헌법의 평등원칙과 어긋나며, ⑤ 위헌결정의 소급효가 부정되어 위헌법률이 다른 사건에 적용되더라도 다른 사건을 다루는 법원이 다시 그 법률에 대하여 위헌제청을 하여 위헌결정을 받아 그 법률의 적용을 배제할 수 있고 그와 같이 하여야 하므로, 헌법재판소법 제47조 제2항이 위헌이라는 견해가 있다[**윤진수**(주 1, 위헌법률의 효력), 306~320쪽]. 이 견해의 관점에서 보면 헌법재판소법 제47조 제2항은 정당한 재판을 받을 권리인 헌법의 재판청구권을 침해하는 법률이 틀림없어 재판청구권의 제한 정도가 헌법 제37조 제2항에 비추어 합리적인지가 문제 된다는 견해가 있다(**이승우**, 「위헌법률의 효력에 관하여」, 『법률신문』 제2197호, 1993. 3. 1., 15쪽). 이 견해는 헌법 제37조 제2항은 위헌법률심판을 제청한 해당 사건에도 소급효가 인정되지 않아 권리구제가 불가능할 정도로 제한하여서 결코 기본권제한입법 한계 안에서 제한이 이루어지고 있지 않다고 한다.

9) 대법원 판결[대법원 1993. 1. 15. 선고 92다12377 판결(공1993상, 698)]은 소급효의 예외 범위를 위헌제청을 하였던 해당 사건에 한정에 한정하지 않고 모든 사건까지 확대함으로써 장래효원칙을 무의미하게 만듦으로써 헌법재판소법 제47조 제2항을 사문화시키는 결과를 초래한다는 비판이 있다[**이승우**(주 8), 15, 9쪽].

Ⅲ. 법률에 대해서 효력적 우위가 있는 헌법

1. 헌법 우위

헌법은 국가법질서 안에서 최상위의 법규범으로서 다른 법규범의 제정근거이자 효력근거이다. 이러한 헌법 우위는 헌법이 모든 국가권력을 조직·구성·제한하고, 그 임무와 절차, 권한을 규율한다는 점에서 도출된다. 헌법은 다른 모든 법규범에 대해서 효력적 우위가 있고, 법률을 포함한 모든 법규범이 헌법을 폐지하거나 개정할 수 없다. 모든 법규범과 국가기관의 행위는 헌법에 근거하거나 헌법 안에서만 효력이 있다. 이러한 헌법 우위를 통해서 국가법질서는 통일성을 형성하고 유지할 수 있다. 그리고 모든 국가권력 행사에서 그 담당자의 주관적 자의는 배제될 수 있다. 헌법 우위는 규범서열적 그리고 효력적 우위를 뜻하기는 하지만, 적용 우위를 포함하지는 않는다. 오히려 구체적 사안에서 하위법규범이 먼저 적용된다. 하위법규범이 규율하지 않거나 하위법규범의 합헌성이 의심받을 때, 비로소 헌법 적용이 문제 된다.[10) 11)]

대한민국은 민주공화국이고(헌법 제1조 제1항), 대한민국의 주권은 국민에게 있으며, 모든 권력은 국민에게서 나온다(헌법 제1조 제2항). 국민은 헌법을 제정함으로써 국가권력과 권력담당기관을 창설하고 조직한다. 따라서 모든 국가권력과 권력담당기관은 자신의 존립·지위·권한의 근거인 헌법에 표현된 국민의사에 구속된다. 헌법 제10조 제2문은 "국가는 개인이 가지는 불가침의 기본적 인권을 확인하고 이를 보장할 의무를 진다."라고 규정함으로써 헌법이 모든 국가권력을 구속한다는 것을 확인한다. 헌법의 목적은 기본권 보호에 있기 때문이다.[12)] 이처럼 헌법이 모든 국가권력을 구속한다는 것은 실체법적으로 확정된다. 명령·규칙이나 처분이 헌법에 위반되는지가 재판의 전제가 되면 대법원이 최종적으로 이를 심사하고(헌법 제107조 제2항), 법관은 헌법에 따라 심판한다는(헌법 제103조) 점에서 집행권과 사법권은 헌법에 구속되고 이러한 구속성은 절차적으로 통제된다. 그리고 집행권과 사법권의 활동기준이 되는 법률도 그것이 헌법에 위반되는지가 재판의 전제가 되면 법원의 제청에 따라 헌법재판소가 이를 심판하므로(헌법 제107조 제1항, 제111조 제1항 제1호) 역시 헌법에 구속되

10) 강태수, 「헌법의 우위와 헌법유보」, 『법학논집』 제18집, 청주대학교 법학연구소, 2002, 8~9쪽.
11) 이상 허완중, 『헌법재판소 결정이 입법자를 구속하는 범위와 한계』, 전남대학교출판문화원, 2017, 365~367쪽.
12) 헌재 1996. 2. 29. 93헌마186, 판례집 8-1, 111, 116: "이른바 통치행위를 포함하여 모든 국가작용은 국민의 기본권적 가치를 실현하기 위한 수단이라는 한계를 반드시 지켜야 하는 것이고…"

며 이러한 구속성은 규범통제를 통해서 절차적으로 보장된다. 또한, 헌법 개정은 법률 개정보다 더 까다로운 요건 아래에서만 가능하다(헌법 제128조~제130조). 따라서 헌법 우위는 실체법적으로는 물론 절차법적으로도 헌법에서 보장된다.[13]

2. 위헌법률의 운명

법률이 헌법과 충돌할 때, 즉 법률과 헌법 사이에 내용적 모순이 발생할 때, 이러한 법률을 위헌법률이라고 한다. 위헌법률 자체가 폐지되거나 최소한 그 효력이나 적용이 배제되지 않는다면 헌법 우위는 실질적으로 관철될 수 없다. 각국 입법례를 보면, 위헌법률은 처음부터 당연히 무효이거나 특정한 절차를 거쳐서 폐지될 수도 있고, 해당 사건에서 법원이 적용을 거부할 수도 있다. 이러한 입법례 검토를 통해서 위헌법률의 운명에 관한 확정된 결론은 없고 헌법적 선택이나 입법정책만 있을 뿐임을 확인할 수 있다.[14] 즉 헌법 우위가 위헌법률의 운명을 확정하지 않는다. 헌법 우위는 단지 헌법규범이 침해되었을 때 그러한 침해를 가능한 한 빨리 최적의 방법으로 제거할 것만을 요구한다.[15] 따라서 위헌법률의 운명은 이론적·논리적 결론이 아닌 헌법해석이나 헌법정책의 문제이다.

그러나 한국 헌법은 위헌법률의 운명에 관해서 직접적인 언급이 없다. 헌법이 법률을 형식적으로만 개념 지으므로 법률의 내용은 성립요건이 아니라 효력요건에 불과하다. 그리고 위헌인 행정행위를 행정소송을 통해서 취소하거나 무효 확인하고, 위헌인 재판을 상소나 재심을 통해서 파기하는 것처럼, 법률이 헌법에 위반되는지가 재판의 전제가 되면 법원의 제청에 따라서 헌법재판소가 이를 심판한다는 점(헌법 제107조 제1항, 제111조 제1항 제1호)에서 다른 국가행위와 다를 바 없다. 특히 법규범인 명령이나 규칙은 법원의 규범통제를 통해서 해당 사건에서 적용이 배제될 뿐이다. 따라서 법률의 형식적 요건을 갖추면 위헌법률도 일단 효력이 발생하는 것으로 보아야

---

13) 이상 **김선택**, 「국가기능체계에 있어서 헌법재판소의 역할과 한계」, 『공법연구』 제33집 제4호, 한국공법학회, 2005, 181쪽 참조. 헌법재판소도 헌법의 최고규범성을 명시적으로 인정한다(헌재 1989. 7. 21. 89헌마38, 판례집 1, 131, 145).

14) 헌재 1993. 5. 13. 92헌가10, 판례집 5-1, 226, 249; 헌재 2008. 9. 25. 2006헌바108, 공보 144, 1273, 1274: "헌법재판소에 의하여 위헌으로 선고된 법률 또는 법률의 조항이 제정 당시로 소급하여 효력을 상실하는가 아니면 장래에 향하여 효력을 상실하는가의 문제는 특단의 사정이 없는 한 헌법적합성의 문제라기보다는 입법자가 법적 안정성과 개인의 권리구제 등 제반이익을 비교 형량하여 가면서 결정할 입법정책의 문제인 것으로 보인다."

15) 같은 견해: **윤진수**(주 1, 위헌법률의 효력), 294쪽; **같은 사람**(주 1, 헌법재판소 위헌결정의 소급효), 669쪽; **정태호**(주 7), 215~216쪽. 같은 취지로는 ***Ernst Benda/Eckart Klein/Oliver Klein***, Verfassungsprozessrecht, 3. Aufl., Heidelberg/München/Landsberg/Frechen/Hamburg 2012, § 39 Rdnr. 1371.

할 것이다. 이러한 점은 한국 헌법 제107조 제1항이 독일 기본법 제100조 제1항과 달리 유효 여부가 아닌 위헌 여부만을 심판한다는 점에서도 간접적으로 확인된다. 즉 한국 헌법은 유효한 법률과 무효인 법률의 구분을 전제하지 않는다. 결국, 법률이 위헌이라는 사실만으로는 법률의 성립이나 효력에 직접 영향을 미치지 못한다. 즉 법률의 위헌성이 법률의 (당연 또는 폐지)무효라는 결과를 당연히 발생시키지 않는다.

그러나 이것이 위헌법률의 종국적 유효성을 인정하는 것은 물론 아니다. 위헌이란 헌법과 법률이 어긋나는 상태를 뜻하므로 법적 확인이나 인정 여부와 상관없이 이러한 상태가 발생하면 언제나 존재한다. 따라서 위헌법률이 법률로서 효력이 발생하여 적용되어도 위헌성은 그대로 존속한다. 그러나 헌법재판소가 법률이 위헌이라는 것을 확인하였을 때 법률의 위헌성은 위헌법률의 효력에 영향을 미친다. 즉 법원은 법률의 위헌성에 대한 헌법재판소의 심판에 따라 재판을 하여야 하므로(헌법 제107조 제1항), 최소한 법원이 위헌법률을 재판의 근거로 삼을 수 없다. 즉 해당 사건에 헌법재판소가 위헌으로 결정한 법률 적용은 당연히 배제된다. 그러나 헌법재판소의 위헌 확인이 해당 사건에 대한 위헌법률 적용 배제에 그치는지 아니면 그 이상의 의미가 있는지에 관해서 헌법은 침묵한다.

이러한 결론은 법관이 헌법과 법률에 따라서 심판하여야 한다는 점(헌법 제103조)에서도 도출된다. 여기서 헌법과 법률이 나란히 있지만 헌법 우위 때문에 양자가 충돌하면 헌법은 법률 적용을 배제한다. 따라서 법관은 위헌법률을 적용할 수 없다. 그러나 헌법 우위는 적용 우위를 뜻하지 않으므로 먼저 법률이 적용되고 법률이 규율하지 않거나 법률이 헌법에 어긋날 때 비로소 헌법이 적용된다. 법률이 헌법에 어긋나는지는 오로지 헌법재판소만이 최종적으로 확인할 수 있다(헌법 제107조 제1항, 헌법 제111조 제1항 제1호). 따라서 법관이 적용할 수 없는 법률은 헌법재판소가 위헌으로 확인한 법률에 국한된다. 국가는 개인의 기본적 인권을 확인하고 보장하여야 할 의무를 지므로(헌법 제10조 제2문), 법원과 법관도 당연히 이러한 의무를 진다. 따라서 법원은 위헌법률(정확하게는 위헌으로 의심되는 법률)의 위헌여부심판을 제청할 의무를 진다. 그리고 재판에 적용할 법을 발견하는 것은 법원의 의무이다. 그러므로 헌법재판소가 어떤 법률이나 법률조항을 위헌으로 선언하면, 법원은 헌법재판소의 위헌결정이 일반적 효력이 있으면 당연히 모든 사건에 이러한 법률이나 법률조항을 적용하지 않아야 하고, 헌법재판소의 위헌결정이 단지 개별적 효력만 있다면 나중에 동 법률이나 법률조항의 위헌 여부가 재판의 전제성이 있을 때 헌법재판소에 위헌여부심판을 제청하여 위헌결정을 구하여야 한다. 결국, 헌법 제103조에서 법원이 헌법재판소가 위헌으로 결정한 법률을 해당 사건에 적용할 수 없다는 것이 도출된다. 그러나 그 이상의 내용에 관해서는 말하지 않는다.

헌법이 법률에 우선한다면 당연히 법관은 헌법에 위반되는 법률을 적용하여서는 아니 되고, 위헌결정에 소급효가 없다면 법관은 위헌결정 선고 이후에도 그 이전에 성립한 사건에 여전히 위헌인 법률을 적용하여야 하는데, 이는 헌법 제103조와 모순된다는 견해가 있다.[16] 그리고 이 견해는 법률이 기본권을 침해하여 위헌이면 위헌결정의 소급효를 제한하여 위헌인 법률의 계속 적용을 인정하는 것은 국가의 기본권보장의무(헌법 제10조 후문)에 정면으로 어긋난다고 한다.[17] 또한, 이 견해는 위헌결정의 소급효 부정이 재판청구권을 부인하는 결과가 된다고 한다.[18] 그러나 이 견해는 위헌결정에 소급효가 없으면 위헌으로 결정된 법률이 해당 사건에 적용된다는 전제에서만 성립될 수 있는 것으로 보인다. 즉 위헌으로 결정된 법률이 위헌결정의 소급효와 상관없이 해당 사건에 적용되지 않는다면 타당성을 인정받기 어렵다. 먼저 헌법재판소의 위헌결정을 통해서 법원이 해당 사건에 위헌으로 결정된 법률을 적용하지 않을 수 있다면, 위헌결정에 소급효가 없더라도 법관은 언제나 위헌여부심판 제청을 통해서 위헌법률의 구속에서 벗어날 수 있다. 따라서 위헌결정의 소급효 부정을 헌법 제103조 위반으로 볼 수 없다. 그리고 헌법재판소가 법률을 위헌으로 결정할 때 법원이 해당 사건에 위헌법률을 적용할 수 없다면, 위헌결정의 소급효가 제한되어 위헌으로 결정된 법률이 계속 적용된다고 하여도 위헌법률심판 제청 신청이나 헌법소원심판 청구를 통해서 이러한 법률의 효력을 다툴 길은 열려 있다. 그러므로 위헌결정의 소급효를 제한하더라도 국가가 기본권보장의무를 직접 위반한다고 보기 어렵다. 또한, 모든 국민은 헌법과 법률이 정한 법관에 의하여 법률에 의한 재판을 받을 권리가 있고(헌법 제27조 제1항), 법원의 위헌법률심판 제청에 아무런 제한이 없다(헌법 제107조 제1항, 헌법재판소법 제41조 제1항). 따라서 모든 국민은 법원을 통한 권리구제를 받을 수 있고, 그것이 허용되는 한 위헌법률심판 제청 신청이나 위헌소원심판 청구를 통해서 위헌법률의 구속에서 벗어날 수 있다. 즉 위헌결정의 소급효가 부정되더라도 국민은 여전히 재판청구권을 행사할 수 있고, 그에 따라 개시된 재판에서 위헌으로 결정된 법률의 위헌성에 관한 의심은 명백하므로 법원은 위헌여부심판 제청을 하여야 한다. 이때 헌법재판소는 사정변경이 없는 한 위헌결정을 내려야 한

16) **윤진수**(주 1, 위헌법률의 효력), 312~313쪽; **같은 사람**(주 1, 헌법재판소 위헌결정의 소급효), 674쪽.

17) **윤진수**(주 1, 위헌법률의 효력), 314쪽; **같은 사람**(주 1, 헌법재판소 위헌결정의 소급효), 674쪽.

18) **윤진수**(주 1, 위헌법률의 효력), 313~314쪽; **같은 사람**(주 1, 헌법재판소 위헌결정의 소급효), 674쪽.

다(헌법재판소법 제23조 제2항 단서 제2호 참조). 따라서 재판청구권 침해는 발생하지 않는다. 결국 위헌결정에 소급효를 인정하는 것이 해당 사건에 위헌으로 결정된 법률의 적용을 배제하는 유일한 길이라는 것이 논증되지 않는다면, 이 견해는 적절하다고 볼 수 없다.

끝으로 모든 국민은 법 앞에 평등하다(헌법 제11조 제1항 제1문). 이때의 평등은 법적용의 평등과 법내용의 평등을 모두 포함한다. 따라서 헌법재판소가 법률의 위헌성을 확인하여 법원이 해당 사건에서 그 법률을 적용할 수 없다면 다른 사건에서도 합리적 근거가 없는 한 법원은 그 법률을 적용할 수 없어야 한다. 그러나 이러한 위헌법률 적용 배제는 위헌결정의 효력을 해당 사건을 넘어 다른 사건에 미치게 함으로써 인정될 수도 있지만, 문제가 되는 사건마다 법원이 위헌여부심판을 제청하고 이에 따라 헌법재판소가 위헌결정을 내리는 것으로도 보장될 수 있다. 따라서 헌법재판소의 위헌결정이 해당 사건에서 위헌법률 적용을 배제하는 것에 그친다고 하여도 평등원칙 위반이라고 보기 어렵다. 다만, 평등원칙 때문에 이미 위헌으로 결정된 법률을 법원이 적용할 때 이미 위헌결정이 내려졌다는 이유로 위헌여부심판 제청을 허용하지 않는다면, 이것은 우연한 사정을 근거로 한 차별이고 각 개별 사건은 독자적인 특수성이 있을 수 있어서 평등원칙에 어긋난다.

결론적으로 헌법은 헌법재판소가 위헌으로 결정한 법률을 해당 사건에 법원이 적용하지 못한다는 것 이외에 위헌법률의 효력에 관해서 어떠한 것도 말하지 않는다. 결국 그 밖의 위헌결정 효력은 입법자에게 맡겨져 있다고 보아야 할 것이다.

Ⅳ. 위헌결정의 성질

헌법재판소는 (특별한) 법원이다.[19] 따라서 헌법재판소의 규범통제도 입법작용이 아니라 사법작용, 즉 구체적 사안에서 당사자의 청구에 따라 법을 해석하여 무엇이 법인지를 선언하는 작용이다. 그래서 위헌결정은 사법판결이다. 법원인 헌법재판소는 입법자처럼 법률을 개정하거나 폐지하지 못하고, 위헌결정도 헌법은 물론 법률도 아니다. 법률의 제·개정권은 국회입법권의 본질적 내용이므로, 헌법재판소가 법률을 개정하거나 폐지하는 권한을 가지는 것은 헌법이 규정한 권력분립을 수정하는 것이다. 따라서 헌법재판소가 법률을 개정하거나 폐지하려면 또는 위헌결정에 법률의 효

19) 이에 관해서 자세한 검토는 **허완중**(주 11), 35~58쪽 참조.

력을 부여하려면 헌법적 근거가 필요하다. 그러나 헌법은 헌법재판소가 법률이 헌법에 위반되는지만을 결정한다고 규정할 뿐이다(헌법 제107조 제1항). 따라서 헌법재판소는 법률이 헌법에 위반되는지만을 심사할 수 있다. 법률의 위헌성은 법률이 헌법에 어긋나는 상태를 말한다. 따라서 법률의 위헌성은 헌법재판소 결정을 통해서 비로소 발생하는 것이 아니라 헌법과 법률이 충돌하는 시점부터 이미 존재한다. 결국, 헌법재판소는 선재하는 법률의 위헌성을 확인할 수 있을 뿐이다. 그러한 점에서 위헌결정은 본질에서 확인판결에 지나지 않는다.

그러나 헌법은 헌법재판소가 법률의 위헌성을 확인한 때만 법원이 해당 사건에서 그러한 법률 적용을 배제할 수 있다고 규정한다(헌법 제107조 제1항). 즉 헌법재판소의 위헌결정은 단순한 확정판결에 그치는 것이 아니라 최소한 법원이 위헌으로 결정된 법률을 재판의 근거로 삼는 것, 즉 위헌으로 결정된 법률 적용을 배제한다. 그러나 헌법은 위헌으로 결정된 법률의 구체적인 효력에 관해서는 침묵한다. 따라서 이에 관한 구체적 형성은 입법자의 몫이다. 헌법재판소법 제47조 제1항은 위헌으로 결정된 법률은 효력을 상실한다고 구체화한다. 헌법재판소가 위헌으로 결정한 법률이 대세적으로 효력을 상실하는 것은 헌법재판소가 법률을 개폐할 수 있는 권한이 있기 때문이 아니라 헌법재판소가 지니는 사법적(司法的) 최종헌법해석권 때문이다. 즉 헌법재판소가 법률의 위헌성을 최종적으로 확인하여 확정할 수 있고, 헌법재판소법이 이러한 확인에 법률의 효력 상실이라는 효력을 부여한다.

법률이 위헌인 때는 법률 제정 당시부터 헌법에 어긋나는 원시적 위헌뿐 아니라 법률 제정 당시에는 헌법에 합치하였던 법률이 이후에 발생한 사정변경 때문에 헌법에 어긋나게 되는 후발적 위헌도 있다.[20] 때에 따라서는 법률 제정 당시에 헌법에 어긋났던 법률이 이후 발생한 사정변경 때문에 합헌이 될 수도 있다. 헌법재판소는 법원이므로 구체적 사건과 관련하여 결정 선고 당시의 사실관계와 법적 상황을 바탕으로 법률의 위헌성을 판단한다. 따라서 결정 선고 시점을 기준으로 원시적 위헌이나 후발적 위헌에 관해서는 법률의 위헌성을 확인할 수 있으나 후발적으로 위헌성이 치유되거나 아직 후발적 위헌상태로 진행되지 않거나 진행 중인 법률의 위헌성을 확인할 수는 없다. 이러한 점에서 위헌결정은 일반적·추상적 결정이 아니라 개별적·구체적 결정에 불과한 것으로 볼 수 있다.

20) 헌재 1993. 5. 13. 92헌가10등, 판례집 5-1, 226, 242-243 참조.

V. 헌법재판소법 제47조 제2항의 구체적 해석

1. 위헌으로 결정된 법률이나 법률조항의 효력 규율

헌법재판소 결정도 사법판결이므로 선고 시점부터 효력이 생기고(헌법재판소법 제40조 제1항 전문, 민사소송법 제205조), 사법판결에 일반적으로 귀속되는 효력이 헌법재판소 결정에 부여된다. 그러나 헌법재판소법 제47조 제2항은 위헌으로 결정된 법률의 효력 상실이라는 창설적 효력을 규정한다. 즉 이 조항은 헌법재판소 결정의 효력이 아닌 위헌으로 결정된 법률이나 법률조항의 효력을 규율한다. 이러한 점에서 위헌으로 결정된 법률의 효력 상실이라는 효력은 법률요건적 효력(이나 형성력 혹은 법률적 효력)으로서 일반적인 사법판결의 효력인 확정력이나 확정력 또는 기판력의 주관적 확장으로서 헌법재판소 결정에 특별히 인정되는 기속력과는 다른 성질이 있다. 특히 확정력과 기속력은 해당 사건과 관련되는 범위 안에서만 효력이 미치므로, 이러한 범위에 국한되지 않고 대세적으로 효력이 미치는 법률요건적 효력이나 형성력과는 구별된다. 따라서 기속력을 근거로 소급효를 인정하는 견해[21]는 잘못된 이해에서 출발한 것으로 보인다. 이러한 점에서 확정력이나 기속력에 관한 논의는 원칙적으로 헌법재판소법 제47조 제2항에 전용될 수 없다.

2. 법률의 범위

헌법재판소법 제47조 제2항은 '법률'의 효력 상실을 규정한다. 상위법규범과 충돌하는 하위법규범을 법질서에서 제거하거나 그 적용을 배제하는 것을 목적으로 하는 규범통제에서 법규범이 상실하는 효력은 법규범을 법규범으로서 있게 하는 규범적 효력일 수밖에 없다. 따라서 위헌법률심판에서 법률이나 법률조항이 상실하는 효력은 법률의 효력이다. '법률'이라는 용어가 언제나 '형식적 법률'을 뜻하는 것도 아니고, 법률의 효력이 형식적 법률의 전유물도 아니며, 위헌법률심판의 1차적 기능은 당사자의 권리구제라는 점에서 그 존재의미를 국회 통제에 국한할 수 없다. 그러므로 법률의 효력이 있는 모든 법규범은 위헌법률심판 대상이 된다고 보아야 할 것이다. 이러한 점에서 헌법재판소법 제47조 제2항의 '법률'에는 형식적 법률뿐 아니라 법률의 효력이 있는 실질적 법률[22]도 포함된다고 보아야 할 것이다. 실질적 법률에

21) 장윤기(주 1), 58~59쪽; 허 영, 『헌법소송법론(제13판)』, 박영사, 2018, 248쪽.
22) 형식적 법률 이외에 법률의 효력이 있는 법규범을 통틀어 실질적 법률이라고 한다.

는 긴급재정경제명령과 긴급명령을 아우르는 법률대위명령(헌법 제76조)과 국회 동의가 필요한 조약(헌법 제6조 제1항, 제60조 제1항) 그리고 법률의 효력이 있는 일반적으로 승인된 국제법규(헌법 제6조 제1항)가 포함된다.[23]

법률의 폐기권한을 연방헌법재판소에 독점시키는 규정만 두는 독일 기본법과 달리 한국 헌법은 규범통제를 2원적으로 규정한다. 즉 법률의 위헌여부심판은 헌법재판소에 맡기지만(헌법 제107조 제1항, 제111조 제1항 제1호), 재판의 전제가 될 때 명령과 규칙의 위헌성이나 위법성을 심사할 권한은 일반 법원에 부여한다(헌법 제107조 제2항). 핵심영역 보호로 축소된 권력분립원리를 따르면, 헌법 제101조 제1항은 헌법에 다른 규정이 없는 한 법원이 사법권을 독점하는 것이 아니라, 법원이 사법작용에서 중심적인 역할을 하고, 핵심적인 사법권만은 반드시 법원이 행사하여야 한다는 뜻으로 새겨야 한다. 이때 법원이 '반드시 행사하여야 하는 핵심적인' 사법권은 헌법 제107조 제2항이 '처분'을 언급하여 행정재판권을 별도로 규정하는 것으로 보아 민사재판권과 형사재판권에 국한하는 것으로 보아야 할 것이다.[24] 헌법 제107조 제3항을 근거로 행정재판권이 법원의 사법권에 당연히 속한다고 해석될 수도 있다. 그러나 헌법 제107조의 체계에 비추어 이 조항은 헌법 제107조 제2항을 전제한 것으로 보아야 할 것이다. 즉 헌법 제107조 제2항을 따라서 법원에 행정재판권이 부여되고, 헌법 제107조 제3항은 이러한 행정재판의 전심절차인 행정심판을 규율하는 것으로 볼 수 있다. 따라서 헌법 제107조 제3항을 근거로 행정재판권이 헌법 제101조 제1항의 사법권에 당연히 포함되는 것으로 보기는 어렵다. 결론적으로 제101조 제1항은 민사재판권과 형사재판권은 반드시 법관으로 구성된 법원이 행사하여야 하는 것으로 해석될 수 있다. 따라서 민사재판권과 형사재판권 이외의 사법권은 헌법에 다른 규정이 없는 한 법률에 따라서 다른 국가기관이 행사할 수도 있다. 이러한 점에 비추어 헌법 제107조 제2항은 반드시 법원에 전속되어야 할 필요가 없는 명령과 규칙에 대한 규범통제권한을 법원에 분배한다. 그래서 헌법 제101조 제1항을 따라서 당연히 법관으로 구성된 법원에 법규범에 대한 규범통제권이 있다고 해석할 수는 없다. 일반 법원은 헌법 제107조 제2항이 규정한 범위 안에서만 규범통제권한이 있을 뿐이다. 헌법 제107조 제2항은 법원에 당연히 부여되지 않는 권한을 법원에 부여하는 규정으로서 엄격한 해석이 요구된다. 즉 일반 법원은 원칙적으로 명령과 규칙 이외의 다른

---

23) 헌재 1995. 12. 28. 95헌바3, 판례집 7-2, 841, 846(조약); 헌재 1996. 2. 29. 93헌마186, 판례집 8-1, 111, 116(긴급재정경제명령) 참조.

24) 그러나 헌법 제107조 제2항을 따라서 행정재판권 중 최종재판권은 반드시 대법원에 귀속되어야 한다. 유진오, 『신고 헌법해의』, 일조각, 1957, 247~248쪽 참조.

법규범에 대한 규범통제권한이 없다고 보아야 한다. 이러한 점에서 명령이라는 규범서열은 일반 법원 위헌심사권의 한계로서 기능한다고 볼 수 있다. 따라서 명령보다 상위에 있는 법률유사적 효력이 있는 법률의 규범서열이 있는 관습법은 법원의 규범통제대상이 아니라 헌법재판소의 규범통제대상으로 보아야 할 것이다. 헌법재판소도 관습법을 위헌법률심판의 대상으로 본다.[25] 그러나 대법원은 스스로 관습법의 위헌 여부를 심사한다.[26] 이러한 점에 비추어 법률의 규범서열이 있는 관습법도 형식적 법률이나 실질적 법률은 아니지만, '준법률'로서 헌법재판소법 제47조 제2항의 '법률'에 포함된다고 볼 수 있다.

원칙적으로 법률이 현재 유효할 때만 법률은 효력을 상실할 수 있다. 따라서 원칙적으로 현재 유효한 법률만 헌법재판소법 제47조 제2항의 '법률'에 포함된다. 그러나 헌법 제107조 제1항은 법률이 헌법에 위반되는지가 재판의 전제가 될 때 규범통제가 필요함을 규정한다. 재판의 전제가 된다는 것은 해당 사건에 적용된다는 것을 뜻한다. 이미 폐지되거나 위헌으로 결정된 법률이라도 해당 사건에 아직도 적용된다면 당연히 헌법재판소의 규범통제대상이 되어야 할 것이다. 따라서 여기의 '법률'을 '현재 유효한 법률'이 아니라 '해당 사건에 적용되는 법률'로 보는 것이 정확할 것이다. 헌법재판소도 해당 사건에 적용되는 한 폐지된 법률도 위헌법률심판의 심판 대상으로 인정한다.[27]

3. 위헌결정의 범위

법률이나 법률조항의 효력을 상실시키는 헌법재판소 결정은 위헌결정이다. 위헌결정은 법률의 위헌성을 최종적으로 확인하는 결정이다. 법률뿐 아니라 법률조항의 위헌성도 확인할 수 있다는 점에서 역시 법률 일부인 법률의 해석 가능성 중 일부의 위헌성을 확인하는 결정도 위헌결정에 포함된다. 즉 단순위헌결정뿐 아니라 한정위헌결정과 한정합헌결정도 위헌결정에 포함된다. 특히 단순위헌결정도 해당 법률이나 법률조항을 폐지하는 것이 아니라 효력을 상실시키는 것에 그치므로 위헌으로 결정된 법률이나 법률조항이 법전에서 제거되지 않는다는 점에서 단순위헌결정과 한정위헌결정이나 한정합헌결정 사이의 형식적 차이는 없다. 그러나 헌법불합치결정은 헌법재판소법 제47조 제2항의 규율에서 벗어나는 것을 목적으로 하는 헌법재

25) 헌재 2013. 2. 28. 2009헌바129, 판례집 25-1, 15, 18-19.
26) 대법원 2003. 7. 24. 선고 2001다48781 전원합의체 판결(집51-2, 156; 공2003하, 1785); 대법원 2005. 7. 21. 선고 2002다1178 전원합의체 판결(집53, 87; 공2005하, 1326).
27) 헌재 1989. 7. 14. 89헌가5등, 판례집 1, 69, 80; 헌재1989. 12. 18. 89헌마32등, 판례집 1, 343, 347.

판소 결정이다. 다만, 헌법불합치결정은 헌법재판소법 제47조 제2항과 제3항 적용을 옹글게(완벽하게) 배제하지 않는다. 즉 헌법불합치결정은 위헌으로 결정된 법률의 효력 상실 시점에 관해서만 헌법재판소법 제47조 제2항과 제3항 적용을 배제한다. 그래서 입법자가 기한 안에 법률개선의무를 이행하지 않으면, 헌법재판소법 제47조 제2항과 제3항을 따라서 해당 법률은 효력을 상실한다. 이러한 헌법불합치결정 자체의 본질적 특성 때문에 헌법재판소법 제47조 제2항과 제3항의 위헌결정에서 부분적으로 배제된다고 보아야 할 것이다.

4. 효력 상실

헌법재판소법 제47조 제2항은 "효력을 상실한다."라고만 규정한다. 효력이 상실되려면 상실 대상이 있어야 한다. 그래서 효력 상실은 위헌법률의 효력이 발생하여 적용된다는 것을 전제한다. 따라서 이 조항이 위헌법률의 당연무효를 인정한다고 보기는 어렵다. 그리고 법률이 폐지되면 당연히 법률의 효력도 상실되지만, 법률의 효력이 상실된다는 것에서 법률이 폐지된다는 결과를 당연히 도출할 수는 없다. 헌법은 입법자인 국회만 법률을 폐지할 수 있다고 규정할 뿐이고 헌법재판소에 법률을 폐지할 권한을 부여하지 않는다. 즉 법률의 제·개정과 폐지는 입법권의 핵심적인 내용으로서 국회의 전속적 권한이다(헌법 제40조). 따라서 헌법에 별도 규정이 없는 한 헌법재판소는 법률을 폐지할 수 없다. 헌법재판소가 법원이고 위헌결정이 사법판결이라는 점에서도 헌법과 법률에 명문 규정이 없는 한 사법판결이 법률을 폐지한다고 볼 수도 없다. 그리고 일반 법원의 명령이나 규칙에 대한 규범통제에서 위헌이나 위법으로 결정된 명령이나 규칙이 무효가 되거나 폐지되는 것이 아니라 적용만 배제된다는 점을 고려하면 위헌인 법규범의 무효나 폐지는 필연적이거나 논리적인 결론으로 볼 수 없다. 따라서 위헌으로 결정된 법률이나 법률조항은 무효이거나 폐지된다고 볼 수 없고 조항의 문언대로 단지 그 효력을 상실하며 법전에서 제거되지 않는다. 즉 법률의 껍데기, 즉 형식적 외관은 여전히 존재하고 단지 법률의 알맹이인 효력만 사라진다.[28] 이러한 형식적 외관을 제거할 수 있는 것은 입법자인 국회뿐이다. 현재 실무에서도 위헌으로 결정된 법률은 법전에서 제거되지 않는다.[29]

---

28) 그러나 위헌으로 결정된 법률이나 법률조항이 효력을 상실한다는 것은 그것이 법령집에서 제거된다는 것을 의미한다는 견해가 있다[**장윤기**(주 1), 57쪽].

29) 위헌결정 선고로 소극적인 공포의 효력이 발생하므로, 위헌결정이 있은 날에 법률이 폐지된 것과 같이 취급되어 위헌으로 결정된 법률을 법령집에서 삭제하고 헌법재판소 결정이 있었음을 삭제 부분에 표시한다는 견해(**황우여**, 「위헌결정의 효력」, 『사법논집』 제21집, 법원행정처, 1990, 24쪽)가 있으나 현재 실무는 그렇지 않다.

이러한 점에서 행위시법과 재판시법의 논의는 헌법재판소법 제47조 제2항에서 문제가 되지 않는다. 형식적인 면에서 법률 변화가 없고, 법률 적용 배제를 일으키는 위헌성은 이미 위헌 발생 시점부터 있었기 때문이다. 위헌(의심을 받는)법률은 위헌결정이 없음을 조건으로 잠정적으로 적용될 뿐이다. 행위시법과 재판시법이 다르다는 논리는 오로지 법률의 효력 상실을 법률 폐지로 이해하였을 때만 성립할 수 있다.[30] 위헌으로 결정된 법률의 형식적 외관이 사라진 것이 아니므로 입법자의 형식적 외관 제거가 필수적이라는 주장이 있을 수 있다. 그러나 유효한 법률을 정확하게 인식하려면 위헌으로 결정된 법률을 법전에서 제거하는 것이 바람직하다. 하지만 위헌으로 결정된 법률의 효력이 종국적으로 사라진다는 점에서 반드시 입법자가 그러한 외형을 제거하여야 하는 것은 아니다. 따라서 법률 외형 제거는 입법자의 재량에 달렸다. 때에 따라서 효력 상실되었던 법률이 사정변경 때문에 그 효력을 회복할 수 있다고 주장될 수도 있다. 그러나 헌법재판소의 위헌결정은 종국적인 위헌확정이라는 점에서 이러한 주장은 타당하지 않다. 즉 위헌으로 결정된 법률의 효력은 더는 회복될 수 없고 오직 (동일규범반복제정금지에 어긋나지 않는 범위에서) 입법자의 재입법이 가능할 뿐이다.

이러한 효력상실설에 대해서 기본적으로 영미법계의 사법심사제에서 나타난 선례구속원칙을 위헌결정에 대해서 배제한 형태로 이론을 전개한 듯하지만, 대륙법계에서는 일반적 추상적 규율인 법규범이 상위법에 어긋나면 위법무효만 인정된다고 하면서, 효력상실설은 대륙법계에 기반한 한국법체계에 근본적으로 배치된다는 비판이 있다.[31] 그러나 효력상실설은 헌법재판소법 제47조 제2항을 문언 그대로 일반적 법리에 맞게 해석하자는 것에 불과하고, 특정한 법이론이나 법적 전제에 기초하지 않는다. 오히려 당연무효설이나 폐지설이 특정한 법이론이나 법적 전제에 근거한다. 특히 대륙법계에서 상위법에 어긋나는 법규범은 당연히 위헌무효라는 주장은 잘못이다. 대륙법계에서 법규범이 상위법에 어긋나면 어떻게 되는지에 관해서는 결정된 것이 없기 때문이다.[32] 따라서 효력상실설이 대륙법계에 배치되거나 영미법계에

30) 같은 견해: **남복현**(주 1), 227, 231쪽; **같은 사람**(주 2, 위헌결정의 효력에 있어 폐지무효설의 이론적 전개), 389쪽; **같은 사람**, 「헌재법 제47조 제2항의 해석과 적용에 관한 비판적 고찰」, 『법학논총』 제12집, 한양대학교 법학연구소, 1995, 384, 387쪽; **같은 사람**(주 2, 헌법재판소 결정의 효력에 관한 쟁점 및 해결방안), 238, 243~244쪽.

31) **남복현**, 「헌법재판소의 법률에 대한 위헌여부 결정과 국회의 입법과의 관계」, 『헌법학연구』 제18권 제3호, 한국헌법학회, 2012, 165~166쪽.

32) **슈테판 코리오트**, **허완중** 옮김, 「주문 선택의 기술」, 『헌법판례연구』 제11권, 박영사, 2010, 226~228쪽 참조.

기반한다는 비판은 틀린 것이다. 그리고 효력상실설을 따르면, 위헌결정이 내려진 법률은 효력이 '종국적으로' 상실되어 껍데기만 남아서 적용되지 않는 것으로 확정된다. 즉 유효하게 존속하는 것이 아니라 효력이 없는 채로 형식적으로만 존속한다. 따라서 위헌으로 결정되어 효력이 상실된 법률은 효력 상실을 목적으로 하는 규범통제 대상이 되지 않아서, 헌법재판소가 이에 대해서 나중에 합헌결정을 내릴 가능성이 없다.[33] 이러한 점에서 효력상실설을 따르면 효력 상실은 법률의 시적 존재영역 종료, 즉 폐지가 아니라서, 헌법재판소의 위헌결정에 따라 심판 대상인 법률의 효력이 상실되었더라도 외관은 존재하고 나중에 헌법재판소가 달리 결정하면 재생할 수도 있게 되므로 국회의 법률 개정이나 폐지작업은 필수적이라는 설명[34]은 옳지 못하다. 효력상실설을 따를 때도 법률의 효력은 종국적으로 상실되어서, 헌법재판소가 자기 결정을 번복할 수도 없고, 국회의 추가적 행위도 필요 없다(물론 위헌으로 결정된 법률이나 법률조항을 국회가 폐지하거나 개정하여 법전을 정리하는 것이 바람직하다). 오히려 당연무효설과 폐지설은 현재 실무가 자기 설명과 다른 점(위헌결정이 내려져도 위헌법률이 법전에서 제거되지 않는 점)에 관한 해명이나 최소한 현재 실무에 관한 비판이 있어야 할 것이다.

5. 결정이 있는 날

헌법재판소법 제47조 제2항은 위헌으로 결정된 법률이 '결정이 있는 날부터' 효력을 상실한다고 규정한다. 여기서 '결정이 있는 날부터'의 해석과 관련하여 위헌결정일 0시부터 위헌으로 결정된 법률의 효력이 상실된다는 견해(위헌결정일 0시설), 실제로 위헌결정이 선고된 때부터 위헌으로 결정된 법률의 효력이 상실된다는 견해(실제선고시설) 그리고 위헌결정이 관보에 게재된 날부터 위헌으로 결정된 법률의 효력이 상실된다는 견해(관보게재일설)가 있을 수 있다. 먼저 관보게재일설은 헌법재판소법 제36조 제5항과 '헌법재판소 심판 규칙' 제49조의2 제1항을 근거로 하는 것으로 볼 수 있으나, 헌법재판소 결정을 관보에 게재하는 것은 위헌결정의 효력 발생 요건이 아니라 단순한 법정공시절차에 지나지 않으므로 채택할 수 없다.[35] 그리고 헌법재판소법 제47조 제2항이 명시적으로 위헌으로 결정된 법률의 효력 상실 시점을 선

---

33) **허완중**, 「한국헌법에 따른 헌법재판소법 제47조 제2항의 해석」, 『공법연구』 제37집 제4호, 한국공법학회, 2009, 245~246쪽.

34) **남복현**(주 31), 167쪽.

35) 같은 견해: **사봉관**, 「위헌결정의 효력발생시기」, 『헌법논총』 제18집, 헌법재판소, 2007, 209~210쪽; **황우여**(주 29), 24쪽.

고 시점을 피해서 '그 결정이 있는 날'로 규정하였으므로 선고 시점은 효력 상실 시점이 될 수 없다. 법률요건적 효력(이나 형성력 혹은 법률적 효력)은 확정력이나 기속력과는 다른 성질의 효력으로서 일반적인 사법판결의 효력이 아니라는 점에서도 효력 상실 시점이 선고 시점이어야 할 필요는 없다. 따라서 '결정이 있는 날부터'는 문리해석대로 위헌결정일 0시부터로 해석하여야 할 것이다.[36] 즉 위헌으로 결정된 법률은 위헌결정일 0시부터 효력을 상실한다. 위헌결정일 0시부터 위헌으로 결정된 법률의 효력이 상실되는 것은 법적 안정성과 법적 명확성을 보장하기 위한 것이다. 이것은 효력 상실의 효력이 법률요건적 효력(이나 형성력 혹은 법률적 효력)으로서 대세적인 효력이 있다는 점에서 비롯한다. '법령 등 공포에 관한 법률' 제12조의 유추해석을 통해서 위헌결정일 0시부터라는 결론을 얻는 견해가 있다.[37] 그러나 이 견해는 위헌결정은 입법행위가 아닌 사법행위이고 법률이 폐지되는 것이 아니라 효력이 상실될 뿐이라는 점에서 설득력이 있다고 보기 어렵다. 오히려 일반법인 민법 제157조 단서를 근거로 하여야 할 것이다.[38] 선고일보다 뒤에 효력이 상실되는 것은 개인의 권리 보호라는 측면에서 인정되기 어렵기 때문이다.

6. 상실되는 효력

법률이나 법률조항에서 상실되는 효력은 법률이 법규범으로서 가지는 효력, 즉 법률의 효력일 수밖에 없다. 법률의 효력은 형식적 법률이 법규범으로서 가지는 규범적 효력을 말한다. 법률의 효력은 우위적 효력과 규율우선적 효력으로 구성된다.[39] 우위적 효력은 법률 형식으로 표현된 국가의사는 헌법을 제외한 다른 모든 국가의사에 법적으로 앞서는 힘을 말한다. 우위적 효력으로 말미암아 법률은 적극적

---

36) 같은 견해: 대법원 1990. 3. 2.자 89그26 결정(공1990, 1224); **김하열**, 『헌법소송법(제3판)』, 박영사, 2018, 331쪽; **사봉관**(주 35), 218~219쪽; **장윤기**(주 1), 57쪽. 2005년 11월 24일에 헌법재판소는 도로교통법 제78조 제1항 제5호(2001. 12. 31. 법률 제6565호로 일부 개정되고 2005. 5. 31. 법률 7545호로 전문 개정되기 전의 것)가 헌법에 위반된다고 위헌결정을 내리고(헌재 2005. 11. 24. 2004헌가28, 판례집 17-2, 378), 대법원은 그 조항을 구체적인 사건에 그대로 적용해 판결을 확정하는(대법원 2005. 11. 24. 선고 2005두8061 판결) 사건이 발생하였다. 이때 헌법재판소의 위헌결정은 선고일 0시부터 효력이 발생하고, 대법원판결은 선고 시점부터 효력이 발생하므로, 대법원판결은 위헌으로 결정된 법률조항을 사건에 적용한 것이 된다. 따라서 헌법재판소 판례(헌재 1997. 12. 24. 96헌마172등, 판례집 9-2, 842, 859-862)를 따르면 이 대법원 판결은 예외적으로 재판소원 대상이 될 수 있다.

37) **황우여**(주 29), 24쪽.

38) 대법원 1989. 3. 10. 선고 88수85 판결(집37-1, 392; 공1989, 552) 참조.

39) 법률의 효력에 관해서는 **허완중**, 「법률과 법률의 효력」, 『공법학연구』 제11권 제1호, 한국비교공법학회, 2010, 194~207쪽 참조.

측면에서 모든 하위법규범을 구속하고, 소극적 측면에서 법률에 어긋나는 모든 하위법규범의 효력을 제거할 수 있다. 그리고 모든 국가행위는 법률에 구속되어 모든 집행과 재판은 법률에 근거를 두어야 한다. 규율우선적 효력은 법률이 헌법의 범위 안에서 모든 법적 규율사항을 가장 먼저 규율할 수 있고, 특정한 범위에서는 법률이 반드시 직접 규율하여야 하므로, 법률은 헌법에 어긋나지 않는 한 법적 규율대상을 먼저 규율하는 힘이 있다는 것을 말한다. 규율우선적 효력 측면에서 법률은 법률유보사항을 포함한 모든 법영역과 법적 규율사항을 헌법에 어긋나지 않는 범위에서 규율할 수 있다. 그리고 모든 국가기관은 법률의 효력이 있는 법규범 적용을 거부할 수 없다. 국회도 법률을 제정할 권한이 있지만, 그가 입법절차를 통해서 법률을 폐지하거나 개정하지 않는 한 법률 구속에서 벗어날 수 없다. 따라서 위헌결정이 내려져 법률이나 법률조항이 법률의 효력을 상실하면 법률이나 법률조항의 구속에서 모든 국민과 국가기관은 벗어난다. 즉 법률이 법률의 효력을 상실하면 법률의 일반적 구속력이 사라져서 해당 법률이나 법률조항은 더는 적용될 수 없고, 국가기관이나 국민은 해당 법률이나 법률조항을 원용할 수 없다. 법률의 효력이 상실됨으로써 같은 법률이나 법률조항에 대한 불필요한 심판 반복을 피할 수 있고 국가질서 통일성을 확보할 수 있으며 법적용 평등을 실현할 수 있다.

구체적 규범통제는 이미 발생한 위헌상태를 사후적으로 구제하는 것이다. 따라서 필연적으로 언제 위헌상태가 발생하였는지나 위헌법률과 관련된 사건이 언제 발생하였는지가 중요한 것이 아니라 현재 그것이 다투어질 수 있는지가 중요하다. 그리고 위헌이 의심되는 법률은 헌법재판소의 위헌결정이 없다는 것을 조건으로 '잠정적으로' 적용될 뿐이다. 따라서 위헌법률 구속에서 벗어나는 국가행위는 그 행위가 언제 이루어졌는지에 관계없이 선고일 당시 사법적 구제가 허용되는 것은 모두 포함된다. 즉 법률요건 완성시기가 아니라 재판 청구 가능성이 법률 적용을 배제하는 기준이 된다. 결정일 이전에 법률요건이 완성된 국가행위도 법원에 계류 중이거나 재판 청구가 가능하다면, 위헌결정의 효력이 미쳐 위헌으로 결정된 법률 구속에서 벗어난다. 법률이 헌법과 어긋난다는 성질은 헌법과 법률이 충돌하는 시점부터 발생하고 위헌결정이 법률의 위헌성을 확인하는 결정에 불과하다는 점에서 선고일 이전에 이루어진 국가행위에 효력 상실이 소급하여 적용되는 것이 아니라 '잠정적으로' 적용되던 위헌법률의 효력이 위헌결정의 선고일을 기준으로 확정적으로 상실되는 것에 불과하다. 그러나 이미 국가행위에 대한 법원의 재판이 확정되거나 기간 경과로 국가행위에 대한 재판 청구가 허용되지 않으면 이러한 국가행위는 위헌법률 구속에서 벗어나지 못한다. 즉 위헌으로 결정된 법률의 효력 상실은 사법판결의 기판력과 행정행위의 확정력을 깨뜨리지 못한다.[40] 이때는 재판의 전제가 될 가능성이 없기 때문이다. 이러한 점에서 폐지(무효)설이 예외적으로 소급효가 미치는 것으로 인정하는 사건은 헌법재판소법 제47조 제2항의 적용범위에 포섭될 수 있다. 따라서 해석을 통해서 소급효를 예외적으로 인정할 필요는 없다고 생각한다.

Ⅵ. 헌법재판소법 제47조 제3항의 구체적 해석

1. 헌법재판소법 제47조 제3항 본문 해석

(1) 법적 안정성을 우선하는 헌법재판소법 제47조 제2항과 실질적 정의를 우선하는 헌법재판소법 제47조 제3항 본문

법치국가원리의 양대 이념은 법적 안정성과 실질적 정의이다. 따라서 법치국가는 법적 안정성과 실질적 정의의 조화로운 실현을 주요한 과제로 삼는다. 한국 헌법은 법적 안정성과 실질적 정의를 어떻게 조화시킬 것인지에 관해서 (몇몇 영역에서 결정한 것을 제외하고는) 아무런 일반적 결정을 하지 않을 뿐 아니라 일반적인 해결기준을 제시하지도 않는다. 따라서 먼저 헌법의 1차적 해석자인 입법자가 구체적 상황에 맞게 법적 안정성과 실질적 정의를 조화시킬 법률을 제정할 권한과 의무가 있다.

입법자는 위헌성이 확인된 법률이나 법률조항의 효력 문제와 관련하여, 헌법재판소법 제47조 제2항은 법적 안정성을 우선하는 해결방법을, 같은 조 제3항 본문은 실질적 정의를 중시하는 해결방법[41]을 각각 선택하였다. 즉 입법자는 위헌으로 결정된 법률이나 법률조항의 효력과 관련하여 형벌법규를 제외하고는 법적 안정성을 더

---

40) 참고로 대법원은 확정판결이 내려진 사건[대법원 1993. 4. 27. 선고 92누9777 판결(공1993하, 1609); 대법원 1995. 1. 24. 선고 94다28017 판결(공1995상, 1128); 대법원 2003. 7. 11. 선고 2003다19572(공2003하, 1720)]과 확정된 행정처분[대법원 1994. 10. 28. 선고 92누9463 판결(공1994하, 3139); 대법원 1994. 10. 28. 선고 93다41860 판결(공1994하, 3109); 대법원 2000. 6. 9. 선고 2000다16329 판결(공2000, 1641); 대법원 2002. 11. 8. 선고 2001두3181(공2003상, 75)]에는 위헌결정의 소급효가 미치지 않는다고 하였다.

41) 헌재 1997. 1. 16. 90헌마110, 판례집 9-1, 90, 107-108 참조: "법 제47조 제2항 단서의 규정 취지는 형벌에 관한 법률조항에 있어서는 이를 소급적으로 실효시킴으로써 당해 법률조항이 적용되는 유죄판결을 제거 내지 방지함으로써 실질적 정의를 실현하는 것이 법치국가의 원리의 또 다른 이념인 법적 안정성의 요청보다 중요하며, 형사판결에 있어서의 실질적 정의는 위헌적인 법률을 적용한 확정된 유죄판결에까지도 그 법률에 대한 위헌결정의 효력을 미치게 할 때에 실현될 수 있다는 데 있다."

높이 평가한다.[42] 이러한 입법은 위헌법률을 토대로 형성된 기존 상태를 용인함으로써 법적 안정성을 흔들지 않으면서 합헌상태를 회복하는 것을 원칙으로 삼되 구체적 타당성을 심각하게 훼손하는, 위헌성이 확인된 형벌법규는 예외적으로 소급효를 인정하려는 것이다.[43]

이처럼 헌법재판소법 제47조 제3항 본문이 즉시효원칙의 예외로서 소급효를 규정한 것은 형벌법규의 특성 때문이라고 생각한다. 형벌법규는 다른 어떤 법률보다 당사자의 기본권을, 그것도 가장 기본적인 생명권, 신체의 자유 그리고 재산권을 직접 그리고 가장 강력하게 제한한다. 그래서 형벌로 말미암은 피해를 당사자에게 수인하도록 요구하거나 기대할 수 없다. 이러한 점에서 형벌은 공동생활의 질서유지를 위해서 불가피할 때만 필요성이 인정된다. 즉 국가공동체의 중대한 기본가치를 침해하는 일정한 행위를 민법의 손해배상이나 행정법의 행정벌로써 통제할 수 없을 때 비로소 형벌로 그 행위를 금지하여 통제할 수 있다. 그리고 형벌로 말미암은 피해는 원상회복을 하거나 그 피해를 적절하게 보상하거나 배상하는 것이 어렵다. 또한, 법사학적 관점에서 형벌법규를 통해서 행사되는 국가형벌권은 다른 어느 것보다도 오·남용되었고 언제든지 오·남용될 수 있는 국가권력이다. 그래서 죄형법정원칙을 통해서 국가형벌권을 신중하게 행사하도록 통제하고자 한다. 헌법 제13조 제1항도 이러한 의사를 명확하게 밝힌다. 죄형법정원칙 중 적정성원칙은 형벌법규의 내용이 적정할 것을, 특히 형벌법규의 내용이 헌법에 합치할 것을 요구한다. 그리고 죄형법정원칙 중 소급효금지원칙은 당사자에게 불리할 때만 적용된다. 따라서 당사자에게 유리하면 형벌법규가 소급하는 데 아무런 장애가 없다. 이러한 점에 비추어 위헌으로 결정된 형벌법규를 소급하여 효력을 상실시키는 것은 죄형법정원칙과 충돌하지 않을 뿐 아니라 국가형벌권을 제한하여 국민의 기본권을 충실히 보장하려는 죄형법정원칙과 법치국가원리에 충실한 것으로 볼 수 있다.

(2) 헌법재판소법 제47조 제3항의 규율대상

① '법률'의 범위

헌법재판소법 제47조 제3항은 '형벌에 관한' 법률이나 법률조항만을 대상으로 한다. '형벌에 관한' 법률이나 법률조항과 관련하여서는 죄형법정원칙이 적용된다. 죄형법정원칙의 내용 중에는 (성문)법률주의 혹은 관습형법금지원칙이 있다. 이것은

42) 헌재 1993. 5. 13. 92헌가10등, 판례집 5-1, 226, 250 참조.
43) 같은 견해: **정태호**(주 7), 231쪽.

범죄와 형벌은 국회에서 제정한 성문의 법률에 따라서 정하여야 하고, 법공동체 안에서 오랫동안 법으로 인정되어온 관행으로 범죄를 인정하고 형벌을 부과하여서는 아니 된다는 것이다. 따라서 헌법재판소법 제47조 제3항의 '법률'에는 관습법이 포함되지 않는다. 즉 형식적 법률과 실질적 법률에만 헌법재판소법 제47조 제3항이 적용된다.

② '형벌에 관한' 법률이나 법률조항의 범위

헌법재판소법 제47조 제3항 본문은 '형벌에 관한' 법률이나 법률조항은 소급하여 그 효력을 상실한다고 규정한다. 죄형법정원칙 중 소급효금지원칙 때문에 위헌으로 결정된 형벌에 관한 법률이나 법률조항은 해당 법률 적용을 받는 자에게 유리할 때만 소급하고, 형사상 불이익한 결과를 가져올 때는 소급되지 않는다.[44] 소급하여 효력이 상실되는 것은 '형벌'이라는 문언 표현에 비추어 범죄의 구성요건과 형벌 부과에 관한 형사실체법에 국한되고 형사절차법은 포함되지 않는다.[45] 그래서 형사절차법은 헌법재판소법 제47조 제3항 본문을 따라서 예외적으로 소급하여 적용되지 않는다. 헌법재판소는 '국민의 형사재판 참여에 관한 법률' 제5조 제1항에서 '아동·청소년의 성보호에 관한 법률' 제7조 제1항을 포함하지 않음에 따라 일반 형사절차를 걸쳐 유죄확정판결을 받은 사람은 이러한 법률규정에 대해 위헌결정을 받더라도 법원에 재심을 청구할 수 없다고 하였는데,[46] 이것은 그 법률규정을 형사소송절차에

44) 헌재 1997. 1. 16. 90헌마110등, 판례집 9-1, 90, 107-108: "위 법 제47조 제2항 단서의 규정취지는 형벌에 관한 법률조항에 있어서는 이를 소급적으로 실효시킴으로써 당해 법률조항이 적용되는 유죄판결을 제거 내지 방지함으로써 실질적 정의를 실현하는 것이 법치국가의 원리의 또 다른 이념인 법적 안정성의 요청보다 중요하며, 형사판결에 있어서의 실질적 정의는 위헌적인 법률을 적용한 확정된 유죄판결에까지도 그 법률에 대한 위헌결정의 효력을 미치게 할 때에 실현될 수 있다는 데 있다. 그런데 이 사건 법률조항인 특례법 제4조 제1항은 비록 형벌에 관한 것이기는 하지만 불처벌의 특례를 규정한 것이어서 위 법률조항에 대한 위헌결정의 소급효를 인정할 경우 오히려 그 조항에 의거하여 형사처벌을 받지 않았던 자들에게 형사상의 불이익이 미치게 되므로 이와 같은 경우까지 헌법재판소법 제47조 제2항 단서의 적용범위에 포함시키는 것은 그 규정취지에 반한다."
헌재 2009. 2. 26. 2005헌마764등, 판례집 21-1상, 156, 171: "헌법재판소법 제47조 제2항은 "위헌으로 결정된 법률 또는 법률조항은 그 결정이 있는 날로부터 효력을 상실한다. 다만, 형벌에 관한 법률 또는 법률의 조항은 소급하여 그 효력을 상실한다."라고 규정하고 있다. 그런데 이 사건 법률조항은 비록 형벌에 관한 것이기는 하지만 불처벌의 특례를 규정한 것이어서 위헌결정의 소급효를 인정할 경우 오히려 그 조항에 의거하여 형사처벌을 받지 않았던 자들에게 형사상의 불이익이 미치게 되므로 이와 같은 경우까지 헌법재판소법 제47조 제2항 단서의 적용범위에 포함시키는 것은 법적 안정성과 이미 면책받은 가해자의 신뢰보호의 이익을 크게 해치게 되므로 그 규정취지에 반한다."

45) 헌재 1992. 12. 14. 92헌가8, 판례집 4, 853, 887-888(재판관 한병채, 이시윤, 김문희의 보충의견); 대법원 1999. 8. 9.자 98모143 결정(공1999하, 2260); BVerGE 11, 263 (265); 12, 338 (340).

관한 것이어서 위헌결정의 소급효가 미치지 않는다고 본 것으로 보인다.[47] 보안처분도 형벌과 다름없는 결과를 낳으므로 보안처분에 관한 법률도 이러한 형사실체법에 속한다고 보아야 할 것이다.[48] 결국, 헌법재판소법 제47조 제3항 본문이 적용되는 것은 당사자에게 형사상 불이익한 결과를 가져오는 형사실체법에 국한한다.

③ '위헌결정'의 범위

법률이나 법률조항의 효력을 상실시키는 헌법재판소 결정은 위헌결정이다. 위헌결정은 법률의 위헌성을 최종적으로 확인하는 결정이다. 법률뿐 아니라 법률조항의 위헌성도 확인할 수 있다는 점에서 역시 법률 일부인 법률의 해석 가능성이나 적용 가능성 중 일부의 위헌성을 확인하는 결정도 위헌결정에 포함된다고 보아야 할 것이다. 즉 단순위헌결정뿐 아니라 한정위헌결정과 한정합헌결정도 위헌결정에 포함된다고 볼 수 있다. 특히 단순위헌결정도 해당 법률이나 법률조항을 폐지하는 것이 아니라 효력을 상실시키는 것에 그치므로 위헌으로 결정된 법률이나 법률조항이 법전에서 제거되지 않는다는 점에서 단순위헌결정과 한정위헌결정이나 한정합헌결정 사이의 형식적 차이는 없다. 그러나 당연무효설이나 폐지(무효)설에 기반을 두어 효력 상실을 당연무효나 폐지로 이해하면 단순위헌결정과 한정위헌결정이나 한정합헌결정 사이에는 형식적 차이가 발생한다. 즉 단순위헌결정이 내려지면 해당 법률이나 법률조항이 법전에서 제거되지만, 한정위헌결정이나 한정합헌결정이 내려지면 해당 법률이나 법률조항이 법전에서 제거되지 않는다.

헌법불합치결정은 심판 대상이 된 법률이나 법률조항의 위헌성을 확인하지만, 입법자의 입법형성권을 존중하거나 법적 공백과 혼란을 방지하기 위해서 그 법률이나 법률조항에 대해서 단순위헌결정을 선고하지 아니하고 헌법에 합치하지 아니하다고 선언하여 헌법재판소법 제47조 제2항과 제3항 적용을 배제하는 결정유형이다. 그러나 헌법불합치결정은 헌법재판소법 제47조 제2항과 제3항의 적용을 옹글게(완벽하게) 배제하지 않는다. 즉 헌법불합치결정은 위헌으로 결정된 법률이나 법률조항의 효력 상실 시점에 관해서만 헌법재판소법 제47조 제2항과 제3항의 적용을 배제한다. 그래서 입법자가 기한 안에 법률개선의무를 이행하지 않으면, 헌법재판소법 제47조 제2항과 제3항을 따라서 해당 법률이나 법률조항은 효력을 상실한다. 결국,

46) 헌재 2012. 11. 29. 2012헌마53, 공보 194, 1904.

47) **김하열**(주 36), 340쪽; **한수웅/정태호/김하열/정문식**(김하열 집필), 『주석 헌법재판소법』, 헌법재판소 헌법재판연구원, 2015, 627쪽.

48) 대법원 1991. 7. 26. 91재감도58(공1991, 2280).

헌법불합치결정은 헌법재판소법 제47조 제2항과 제3항의 규율에서 부분적으로 벗어나는 것을 목적으로 하는 변형결정이다. 이러한 헌법불합치결정 자체의 본질적 특성 때문에 헌법재판소법 제47조 제2항과 제3항의 위헌결정에서 부분적으로 배제된다고 보아야 할 것이다.

물론 이러한 논의는 헌법재판소가 형벌법규에 대한 헌법불합치결정을 내릴 수 있다는 것을 전제한다.[49] 헌법재판소는 학교정화구역 안에서 극장시설 및 영업을 금하고 이 금지에 위반하는 사람을 형사처벌하는 학교보건법 규정에 대해서 헌법불합치결정을 내려서 형벌법규에 대해서 헌법불합치결정을 내릴 가능성을 열어 놓았다.[50] 그러나 대법원은 헌법재판소의 헌법불합치결정은 위헌결정에 해당하고, 형벌에 관한 법률조항에 관한 법률조항에 대해서 위헌결정이 선고되면 그 법률조항의 효력이 소급하여 상실되고, 해당 사건뿐 아니라 위헌으로 선언된 형벌조항에 근거한 기존의 모든 유죄확정판결에 대해서까지 전면적으로 재심이 허용된다는 구 헌법재판소법 제47조 제2항 단서와 제3항에 비추어 보면, 헌법불합치결정의 전면적인 소급효가 미치는 형사사건에서 법원은 헌법에 합치되지 않는다고 선언된 법률조항을 피고인에 대한 처벌법규로 적용할 수 없고, 헌법불합치결정 이후 개정된 형벌규정을 소급적용하는 것은 형벌불소급원칙에 위반된다고 하여[51] 사실상 형벌법규에 대한 헌법불합치결정 가능성을 부정하였다.

(3) 효력 상실에 따른 효과

형벌에 관한 법률이나 법률조항에 대해서 헌법재판소가 위헌결정을 내렸을 때, 수사단계에서는 위헌으로 결정된 법률이나 법률조항이 아닌 다른 규정을 적용할 수 있으면 이에 따라 사건을 처리하고, 달리 적용할 규정이 없으면 수사를 종결하여야 한다. 기소되었다면 검사는 다른 공소사실로 공소장을 변경할 수 있고, 이러한 공소장변경을 할 수 없으면 공소취소를 하여야 한다. 검사의 공소취소가 없으면 법원은 면소판결이 아니라 무죄를 선고하여야 한다(형사소송법 제325조). 위헌결정으로 말미암아 형벌에 관한 법률이나 법률조항이 소급하여 그 효력을 상실하면 해당 법률이나 법률조항을 적용하여 기소한 사건이 범죄 후의 법령개폐로 형이 폐지되거나 공소장에 기재된 사실이 진실하다고 하더라도 범죄가 될 만한 사실이 포함되지 아니한 것

49) 이에 관해서 자세한 검토는 **허완중**, 「형벌에 관한 법률(조항)에 대한 헌법재판소의 헌법불합치결정」, 『공법연구』 제38집 제4호, 한국공법학회, 2010, 133~157쪽 참조.

50) 헌재 2004. 5. 27. 2003헌가1, 판례집 16-1, 670, 696-698.

51) 대법원 2009. 1. 15. 선고 2004도7111 판결(공2009상, 174).

이 아니라 범죄로 되지 아니한 때에 해당하기 때문이다.[52] 이것은 형벌에 관한 법률이나 법률조항의 위헌성은 이미 행위 시에 있었고, 헌법재판소가 위헌결정을 통해서 이것을 선고 시점에 확인한 것에 불과하다는 것에 따른 당연한 결과이다. 법원의 판결 후 확정되기 이전에 헌법재판소가 위헌결정을 내리면 판결에 미친 헌법이나 법률의 위반이 있는 때에 해당하여 항소와 상고의 이유가 된다(형사소송법 제361조의5 제1호, 제383조 제1호). 위헌으로 결정된 법률이나 법률조항이 헌법에 어긋나는 시점 전에 범한 공소사실은 사건이 법원에 계속 중인 때는 법률 변경으로 말미암아 그 행위가 범죄를 구성하지 아니하는 때에 해당하여 면소가 선고되어야 한다(형사소송법 제326조 제4항). 폐지(무효)설을 따르면 당연히 범죄 후에 법률이 폐지되어 형이 폐지된 때에 해당한다. 그리고 효력상실설을 따르더라도 범죄 당시에 합헌이었던 법률이 이후 그 위헌성이 확인되어 그 효력을 상실함으로써 더는 적용될 수 없어 법적 상황 변경에 따라 형이 폐지되는 것과 같은 결과가 발생하여 형이 폐지된 때와 다름없기 때문이다.

그러나 소급효가 인정된다고 하여도 법원이 이미 선고한 유죄판결 자체를 무효로 만들거나[53] 유죄확정판결의 집행을 정지시키거나[54] 진행 중인 형의 집행을 금지하는 것이 아니다. 즉 유죄 확정판결의 근거인 법률을 헌법재판소가 위헌으로 결정하여도 확정판결의 기판력에 영향을 미치지 않는다. 유죄판결을 받은 사람이 재심청구를 통해서 확정된 유죄판결을 다툴 수 있을 뿐이다(헌법재판소법 제47조 제4항). 일단 판결이 확정된 이상 판결 집행 전에는 물론이고 판결 집행 중에도 재심을 청구할 수 있다. 그리고 판결 집행이 종료되고 나서도 재심을 청구할 수 있다. 재심 청구에는 형집행을 정지하는 효력이 없다. 다만, 관할법원에 대응하는 검찰청검사는 재심 청구에 대한 재판이 있을 때까지 형 집행을 정지할 수 있다(형사소송법 제428조). 이때의 재심 청구에 대해서는 형사소송법 규정을 준용한다(헌법재판소법 제47조 제5항, 제75조 제8항). 그런데 헌법재판소법 제47조 제4항과 제75조 제7항이 규정하는 재심은 형사소송

---

52) 대법원 1992. 5. 8 선고 91도2825 판결(공1992, 1918); 대법원 1999. 12. 24. 선고 99도3003 판결(공2000상, 353); 대법원 2003. 6. 27. 선고 2002도7403 판결; 대법원 2005. 3. 10. 선고 2001도3495 판결; 대법원 2005. 4. 15. 선고 2004도9037 판결; 대법원 2006. 6. 9. 선고 2006도1955 판결; 대법원 2010. 12. 16. 선고 2010도5986 전원합의체 판결(공2011상, 259); 대법원 2011. 5. 13. 선고 2009도9949 판결; 대법원 2011. 6. 23. 선고 2008도7562 전원합의체 판결(공2011하, 1487); 대법원 2011. 9. 29. 선고 2009도12515 판결.

53) 헌재 1993. 7. 29. 92헌바34등, 판례집 5-2, 56, 63.

54) 그러나 형법 제1조 제3항의 유추적용을 통해서 유죄판결이 확정되면 그 집행이 정지된다는 견해가 있다[**장윤기**(주 1), 60쪽]. 그리고 재심 청구가 가능한 사건이라면 형법 제1조 제3항을 따라서 형 집행이 면제된다는 견해도 있다[**김하열**(주 36), 346~347쪽; **한수웅/정태호/김하열/정문식**(김하열 집필)(주 47), 632쪽].

법 제420조에서 규정하는 재심사유와는 별개로 헌법재판소법이 규정한 절대적 재심사유에 따른 절차이다. 즉 이때의 형사 재심은 사실적 사유에 따른 재심이 아니라 원판결의 법률적용에 변경이 일어나는 법률적 사유에 따른 재심이다. 따라서 형사소송법 규정을 준용하는 때도 형사소송법 제420조, 제421조, 제422조는 준용되지 않는다.[55]

구 헌법재판소법 제47조 제2항 단서와 같은 조 제3항(현행 헌법재판소법 제47조 제3항 본문과 같은 조 제4항)이 형벌에 관한 법률이나 법률조항에 대해서 소급하여 그 효력을 상실하게 하고 그에 근거한 유죄의 확정판결에 대해서 재심을 청구할 수 있도록 규정한 것이 부당하다는 견해가 있다.[56] 이 견해를 따르면, ① 형법 제1조 제3항은 유죄판결이 확정되고 나서 법률 변경으로 말미암아 그 행위가 범죄를 구성하지 아니하면 형 집행을 면제하도록 규정하고, 이 조항은 같은 법 제8조에 따라서 다른 법령에 따른 죄에 원칙적으로 적용되므로 재심을 인정할 실제적 필요성이 크지 않다고 한다. 그리고 ② 재심이 인정됨으로써 초래될 수 있는 법원의 업무폭주와 과중한 재정부담 때문에 오히려 헌법재판소가 위헌결정을 내리는 것 자체를 주저하게 만들 수 있다고 한다. 그러나 ① 위헌성은 헌법과 법률이 충돌하는 시점에 이미 있고 위헌결정은 이미 있는 법률의 위헌성을 확인하는 것에 불과하므로 법률 변경으로 말미암아 범죄를 구성하지 아니하는 때에 해당하지 않는다. 그리고 ② 위헌법률을 제정한 근본적 책임이 국가에 있는 한 법원의 업무폭주나 과중한 재정부담은 당사자의 권리구제를 제한할 합리적 근거가 되기 어렵다. 따라서 이러한 견해는 타당하지 않다고 생각한다.

(4) 위헌으로 결정된 형벌법규의 효력이 상실되는 소급 시점

① 소급 시점을 규정하지 않은 헌법재판소법 제47조 제3항 본문

위헌으로 결정된 형벌법규의 효력을 소급하여 상실시킬 것인지 아니면 앞날을 향하여 상실시킬 것인지는 헌법이 정하지 않은 이상 입법자가 법적 안정성과 개인의 권리구제 등 제반이익을 비교형량하여 결정할 입법정책 문제로 볼 수 있다.[57] 그러나 헌법재판소법 제47조 제3항 본문은 단지 소급한다고만 규정할 뿐이지 소급 시점에 관해서는 침묵한다. 따라서 헌법재판소법 제47조 제3항 본문의 문리적 해석을

---

55) **정종섭**(주 3), 362쪽; **황우여**(주 29), 35쪽.

56) **장윤기**(주 1), 60쪽 각주 56. 같은 견해: **박일환**, 「헌법재판실무자료(3)」, 『법조』 제39권 제7호(통권 제406호), 법조협회, 1990. 7., 184~185쪽.

57) 헌재 1993. 5. 13. 92헌가10등, 판례집 5-1, 226, 249-250.

통해서 형벌에 관한 법률이나 법률조항에 대한 위헌결정이 제정 시점이나 개정 시점까지 소급한다는 것이 당연히 도출된다고 보기는 어렵다. 그래서 헌법과 헌법재판소법의 합리적 해석을 통해서 논증하지 못한다면, 위헌으로 결정된 형벌에 관한 법률이나 법률조항이 제정 시점이나 개정 시점까지 소급한다고 볼 수는 없다. 이러한 점에서 형벌에 관한 법률이나 법률조항에 대한 위헌결정의 소급효를 제한할 수 있는지보다 형벌에 관한 법률이나 법률조항에 대한 위헌결정의 소급 시점이 언제인지를 먼저 밝혀야 한다. 즉 형벌에 관한 법률이나 법률조항에 대한 위헌결정의 소급 시점이 확정되지 않고서는 형벌에 관한 법률이나 법률조항에 대한 위헌결정의 소급효 제한을 논할 수 없다. 형벌에 관한 법률이나 법률조항에 대한 위헌결정이 언제까지 소급하는지를 알지 못하고서는 소급효가 일으키는 문제나 소급효 제한 필요성을 정확하게 혹은 명확하게 확인할 수 없기 때문이다.

소송법의 기본법 역할을 하는 민사소송법(제60조, 제81조)은 소급 시점을 명시한다. 실체법의 기본법 역할을 하는 민법(제133조, 제167조, 제247조 제1항, 제386조, 제457조, 제860조, 제1015조, 제1042조, 제1074조 제2항)도 소급효를 규정할 때마다 늘 소급 시점을 명확하게 밝힌다. 이러한 점에 비추어 소급효를 규정할 때 소급 시점을 명시하는 것을 원칙으로 볼 수 있다. 그러나 헌법재판소법 제47조 제3항 본문은 소급 시점을 명시하지 않는다. 이것은 두 가지로 해석할 수 있다. 먼저 소급 시점이 헌법재판소법 자체나 헌법 혹은 그 밖의 법률 해석이나 법원리 등을 통하여 명확하게 확정될 수 있어서 별도로 규정하지 않았다고 볼 수 있다. 즉 소급 시점이 명확하여 별도로 규정할 필요성이 없을 수 있다. 다음 입법자가 소급 시점을 헌법재판소 결정에 맡긴 것으로 해석할 수도 있다.[58] 그러나 헌법재판소 결정에 맡긴 것이라는 해석은 소급 시점이 실정법 해석을 통해서 확정될 수 없다는 것이 최종적으로 밝혀졌을 때만 가능하다. 헌법재판소도 헌법과 법률에 구속될(헌법 제103조, 헌법재판소법 제4조) 뿐 아니라 이미 소급 시점이 확정되었다면 입법자의 입법형성권은 인정될 수 없어서 입법자가 소급 시점을 헌법재판소 결정에 맡기는 내용을 담은 법률을 만들 수 없기 때문이다. 입법자에게 맡긴다는 의미는 소급 시점이 확정되지 않아서 입법자가 이것을 확정하도록

58) 헌재 1993. 5. 13. 92헌가10등, 판례집 5-1, 226, 245-251: "어떤 사안이 후자와 같은 테두리에 들어가는가에 관하여는 다른 나라의 입법례에서 보듯이 본래적으로 규범통제를 담당하는 헌법재판소가 위헌선언을 하면서 직접 그 결정주문에서 밝혀야 할 것이나, 직접 밝힌 바 없으면 그와 같은 경우에 해당하는가의 여부는 일반 법원이 구체적 사건에서 해당 법률의 연혁·성질·보호법익 등을 검토하고 제반이익을 형량해서 합리적·합목적적으로 정하여 대처할 수밖에 없을 것으로 본다. 생각건대, 일률적인 소급효의 인정이 부당한 결과를 발생시키듯이 일률적인 소급효의 완전부인도 부당한 결과를 발생할 수 있다고 할 것이다."

하였다는 뜻으로 새기는 것 이외에 소급 시점을 헌법에 간결하게 규정하기 어려워서 입법자에게 법률로 구체화하도록 의무 지운 것으로 이해할 수도 있다. 이러한 때도 실정법, 특히 실정헌법 해석을 바탕으로 한 소급 시점 확정이 선행되어야 할 것이다. 소급 시점을 제정 시점이나 개정 시점으로 당연히 전제하는 태도는 소급 시점이 명확하다는 해석을 따른 것으로 볼 수 있다. 다만, 이러한 해석은 그 명확함에 관한 합리적 논증이 충분히 이루어져야 비로소 가능하다.

② 위헌결정의 본질과 소급 시점

헌법재판소가 위헌결정을 내리면, 법률이나 법률조항의 위헌성은 종국적으로 확정된다. 그에 따라 해당 법률이나 법률조항은 원칙적으로 선고 시점부터 그 효력을 상실한다. 다만, 형벌에 관한 법률이나 법률조항은 소급하여 그 효력을 상실한다(헌법재판소법 제47조 제2항과 제3항 본문, 제75조 제6항). 이때 법률이나 법률조항이 효력을 상실하는 근거는 오로지 헌법재판소가 그 위헌성을 확인하였다는 것뿐이다. 그러므로 효력이 상실되는 범위는 헌법재판소가 법률이나 법률조항의 위헌성을 확인한 범위에 국한된다. 합헌인 법률이나 법률조항에 대해서는 헌법재판소가 위헌결정을 내릴 수도 없을 뿐 아니라 헌법재판소가 위헌성을 확인하지 않은 부분에는 위헌결정의 효력이 미칠 근거가 없기 때문이다. 따라서 형벌에 관한 법률이나 법률조항에 대한 위헌결정의 효력은 해당 법률이나 법률조항에 위헌성이 발생한 시점까지만 소급할 수 있다.[59] 즉 원시적 위헌이면 법률 제정 시점이나 법률 개정 시점(정확하게 말하자면 법률이 제정되거나 개정되어 효력이 발생한 시점)[60], 후발적 위헌이면 사정변경이 일어난 시점까지만 위헌결정의 효력이 소급할 수 있다.[61] 여기서 법률 제정 시점이

59) 독일에서는 당연무효설을 따라서 연방헌법재판소가 무효선언을 하면 해당 법률은 '헌법과 법률이 충돌하는 시점(통상적으로 제정 시점)'으로 소급하여 무효가 된다고 한다[***Ernst Benda/Eckart Klein/Oliver Klein*** (Anm. 15), § 39 Rdnr. 1375; ***Herbert Bethge***, Verbindlichkeit der Entscheidung, in: Theodor Maunz/Bruno Schmit-Bleibtreu/Franz Klein/Gerhard Ulsamer/Herbert Bethge/Karin Grasshof/Rudolf Mellinghoff/Jochen Rozek, Bundesverfassungsgerichtsgesetz - Kommentar, Bd. 1, München 2017 (Stand: Januar 2017), § 31 Rdnr. 152 f.; ***Andreas Heusch***, Bindungswirkung und Gesetzeskraft der Entscheidungen, in: Christian Burkiczak/Franz-Wilhelm Dollinger/Frank Schorkopf (Hrsg.), Bundesverfassungsgerichtsgesetz – Heidelberger Kommentar, Heidelberg 2015, § 31 Rdnr. 80; ***Christian Hillgruber/Christoph Goos***, Verfassungsprozessrecht, 4. Aufl., Heidelberg 2015, Rdnr. 548; ***Christian Pestalozza***, Verfassungsprozeßrecht, 3. Aufl., München 1991, S. 352].

60) 심사기준인 헌법의 효력이 먼저 발생하고 법률의 효력이 나중에 발생하였다면 법률의 효력이 발생한 시점을, 법률의 효력이 먼저 발생하고 심사기준인 헌법의 효력이 나중에 발생하였다면 헌법의 효력이 발생한 시점을 뜻한다.

61) **허완중**(주 33), 248쪽. 비슷한 견해로는 **황우여**, 「위헌결정의 효력」, 『헌법재판의 이론과 실제』(금

나 법률 개정 시점은 명확하게 확정할 수 있으나, 사정변경이 일어난 시점은 확정하기 어렵다. 법적 안정성이나 법적 명확성을 보장하여야 하므로 그리고 형벌에 관한 법률이나 법률조항에 대한 위헌결정은 해당 법률 적용을 받는 사람에게 유리할 때만 소급하고, 형사상 불이익한 결과를 가져올 때는 소급하지 않으므로, 사정변경이 일어난 시점을 확정할 수 없다면 당사자에게 유리하게 법률 제정 시점이나 법률 개정 시점까지 소급한다고 볼 수밖에 없다. 이러한 점에서 소급 시점을 확정하기 어렵다는 것이 소급 시점을 확정할 수 없다는 것을 뜻하지 않는다. 그리고 사정변경이 일어난 시점이 문제 된다는 점은 사정변경이 있다는 점을 전제한다는 점을 잊지 말아야 한다. 사정변경이 있다는 점이 증명되어야 비로소 사정변경이 언제 있었는지를 문제 삼을 수 있기 때문이다. 그런데 사정변경이 있다는 점이 증명되었다는 것은 정확하게 어느 시점에 사정변경이 있었는지를 알 수 없더라도 적어도 어느 시점을 기준으로 사정변경이 있었거나 없음을 확인할 수 있다는 것을 뜻한다. 어느 시점에서도 사정변경이 있었거나 없음을 모른다는 것은 결국 사정변경이 있다는 것을 증명하는 데 실패하였다는 것이고, 이것은 사정변경을 주장하지 못함을 뜻한다. 따라서 사정변경이 일어난 시점이 명확하지 않다는 점은 후발적 위헌 자체를 부정하거나 후발적 위헌의 소급 시점을 원시적 위헌과 같이 보아야 한다는 논거가 될 수 없다.

③ 해석을 통한 구 헌법재판소법 제47조 제2항 단서에 규정된 소급효 제한 가능성

(i) 구 헌법재판소법 제47조 제2항 단서와 관련한 소급효 제한 가능성 논의의 유용성

헌법재판소법 제47조 제3항 본문과 똑같은 구 헌법재판소법 제47조 제2항 단서와 관련하여 위헌으로 결정된 형벌법규의 소급효를 제한할 수 있는지가 다투어졌다. 헌법재판소법 제47조 제3항 단서가 추가된 상황에서 과거의 논의가 헌법재판소법 제47조 제3항 본문 해석에 그대로 전용될 수 있는지는 조심스러운 면이 있다. 그러나 최소한 헌법재판소법 제47조 제3항 본문 해석에 이러한 논의를 참고할 수 있다. 즉 이러한 논의가 헌법재판소법 제47조 제3항 본문 해석에 중요한 시사점을 제공할

랑 김철수교수 화갑기념), 박영사, 1993, 330쪽. 결정의 법적 효과를 논할 때 기산점인 규범충돌 시점은 사정변경 때는 사정변경이 일어난 시점, 시원적인 위헌이면 심판 대상인 법률을 제정한 시점 그리고 개헌으로 말미암은 때는 개헌한 시점이라는 견해[**남복현**(주 2, 헌법재판소 결정의 효력에 관한 쟁점 및 해결방안), 294쪽; **같은 사람**, 「헌법불합치결정을 둘러싼 법적 쟁점의 검토 - 실체적 형벌법규를 중심으로 -」, 『헌법실무연구』 제10권, 박영사, 2009, 493쪽]가 있다. 헌법 개정, 헌법에 대한 일반적 해석 변화, 헌법변천도 사정변경에 해당하므로, 헌법이 개정되거나 헌법에 대한 일반적 해석이 바뀌거나 헌법이 변천하여 법률이 위헌이 되면 그 시점까지 위헌결정의 소급효가 미친다고 보아야 한다.

수 있다.

(ii) 소급효 제한 필요성

헌법재판소법 제47조 제3항 본문과 같은 구 헌법재판소법 제47조 제2항 단서에는 형법에 관한 법률이나 법률조항의 효력 상실이 어느 시점까지 소급하는지에 관해서 명확하게 특정하지 않았다. 이로 말미암아 헌법재판소가 합헌결정을 내렸다가 다시 위헌결정을 내리면 위헌결정의 소급효를 인정하더라도 어느 시점까지 인정할지 분명하지 않게 된다. 그리고 구 헌법재판소법 제47조 제2항과 관련하여 예외적으로 소급효를 인정하는 판례 및 학설과 관련하여, 실질적 정의 관점에서 위헌으로 결정된 형벌에 관한 법률이나 법률조항의 효력 상실에 대해서 소급효를 인정하면, 반대로 법적 안정성 관점에서 소급효를 제한할 수 있는지도 문제가 된다.[62] 또한, 형벌에 관한 법률이나 법률조항에 처음부터 위헌성이 있을 때뿐 아니라 제정되거나 개정되고 나서 사정변경으로 말미암아 위헌성이 드러날 때까지 일률적으로 제정 시점이나 개정 시점까지 소급효가 미치는 것으로 보면 오히려 사법적 정의에 어긋나거나 엄청난 법적 불안정성을 일으키는 결과를 초래할 수도 있다.[63] 나아가 소급효가 지나치게 넓게 인정되면 이로 말미암아 헌법재판소가 형벌에 관한 법률이나 법률조항에 대해서 위헌결정을 내리는 것에 부담을 느껴 회피할 수도 있다는 문제 제기도 있었다. 이러한 형벌에 관한 법률이나 법률조항의 효력 상실에 대한 소급효 범위는 다른 한편 헌법재판소법 제47조 제4항에 따라 재심을 청구할 수 있는 사람의 범위와 관련하여 중요한 의미가 있다. 따라서 구 헌법재판소법 제47조 제2항 단서에 규정된 소급효를 그 시간적 범위와 관련하여 제한할 수 있는지가 문제 되었다.

(iii) 해석을 통한 소급효 제한 가능성

ⓐ 긍정설

해석을 통한 소급효 제한을 긍정하는 견해는 먼저 해석론적 측면에서 위헌결정의 효력을 어떻게 정할 것인지는 헌법적 원칙 문제가 아니고 비형벌법규에 대한 위헌결정의 소급효 제한 기준인 ‘구체적 타당성 및 정의와 형평 등 헌법적 이념과 배치’ 여부라는 관점에서도 형벌법규에 대한 위헌결정의 소급효는 인정할 수 있다고 한다.[64] 다음 합목적성 측면에서 제정(개정) 당시에는 합헌이었으나 후발적인 사정변

62) **김하열**(주 36), 341쪽 참조.

63) **김하열**(주 36), 341쪽; **신현범**, 「형벌조항에 대한 위헌결정의 소급효 제한 가능성」, 『대법원판례해설』 제88호(2011 상반기), 법원도서관, 2011, 897쪽 참조.

64) **남복현**, 「형벌법규에 대한 위헌결정의 효력을 둘러싼 쟁점」, 『공법연구』 제43집 제1호, 한국공법

경으로 말미암아 위헌이 된 형벌법규에 대한 위헌결정도 제정(개정) 시점까지 소급효가 미치는 것으로 보는 것은 사법적 정의에 현저히 배치된다고 한다. 특히 이미 그에 대한 합헌결정이 있었던 형벌법규에 대해서는 그 소급효를 제한할 필요성이 현저히 크고, 그렇게 해석하지 않으면 헌법재판소 결정과 그를 토대로 한 법원 판결에 대한 신뢰와 법적 안정성을 심각하게 침해하게 될 것이라고 한다. 입법자의 의도도 이러한 사정을 고려하면 원시적 위헌법률에 한하여 위헌결정의 소급효를 인정하려는 것이었다고 보기 어렵고, 후발적 위헌법률에는 그 사정변경 이전의 위반행위를 보호하고 구제할 구체적 타당성이 없다고 한다.[65] 끝으로 정책적 측면에서 형벌법규에 대한 위헌결정의 소급효를 제한하는 해석을 통해서 형벌법규에 대한 위헌결정을 견제할 필요가 있다고 한다. 특히 위헌결정이 많은 한국에서는 어차피 이를 저지할 다른 방법이 없는 이상 그 소급효를 제한하는 해석론을 통해서 이미 합헌결정이 내려졌던 형벌법규에 근거한 기존 판결의 효력을 확보할 수 있다고 한다. 이때 새로운 위헌결정이 추구하는 목적, 법집행기관과 국민이 종전 합헌결정에 가졌던 신뢰 정도, 위헌결정의 소급적용이 사법 운용에 미칠 영향 등을 종합적으로 따져보고 그 경중 정도를 형량하게 될 것이고, 그 과정에서 법원이 주도하는 사법적 정의 구현이 쉽게 될 것이라고 한다.[66]

그리고 형벌법규가 제정되고 나서 헌법재판소가 최초로 위헌결정을 내린 때와 형벌법규 제정 이후 헌법재판소가 1회나 수회 이상 합헌결정을 선고하고 나서 판례를 변경하여 위헌결정을 선고한 때를 구분하여 전자는 형벌법규의 제정 시점까지 소급하여 효력을 상실하지만, 후자는 법률 제정 당시가 아니라 위헌결정의 바로 직전 합헌결정을 내린 시점까지 소급하여 효력을 상실하는 것으로 소급효의 효력 범위를 제한하는 것이 타당하다는 견해도 있다.[67] 이렇게 구별하여야 하는 이유는 형벌법규 제정 이후 선례 없이 처음으로 헌법재판소가 위헌결정을 선고한 때는 해당 조항에 내포된 위헌성을 헌법재판소가 처음 확인한 것이지만, 형벌법규 제정 이후 헌법재판소가 해당 조항에 관해서 합헌결정을 최소한 1회라도 선고하였다면 그 조항에 대해서는 비록 앞날에 위헌결정이 선고될지언정 헌법에 부합하는 합헌적 법률로 유권적 확인을 받아 국가법질서에서 유효하게 적용되었기 때문이라고 한다. 이를

학회, 2014, 246쪽; **신현범**(주 63), 906쪽.

65) **남복현**(주 64), 246쪽; **신현범**(주 63), 906~907쪽.

66) **남복현**(주 64), 246~247쪽; **신현범**(주 63), 907쪽.

67) **박진우**, 「형벌조항에 관한 위헌결정의 소급효에 대한 비판적 고찰」, 『세계헌법연구』 제17권 제2호, 국제헌법학회 한국학회, 2011, 419~422쪽.

바탕으로 형벌법규 제정 이후 헌법재판소가 합헌결정을 하고 나서 위헌으로 판례변경을 하면 위헌결정의 소급효를 형벌법규 제정 당시가 아니라 특정한 시점으로 제한할 필요성이 있다고 한다. 이 견해는 (ㄱ) 입법자가 제정한 형벌법규에 대해서 헌법재판소가 1회라도 합헌결정을 하였다면 형벌법규 제정 시점부터 합헌결정을 한 시점까지는 입법자가 제정한 법률 내용이 적정성을 갖추어 실질적 법치국가원리에 들어맞는 것이 유권적으로 확인된 것이어서, 형벌법규에 위헌결정의 효력이 종래 헌법재판소가 합헌결정을 한 시점을 뛰어넘어 형벌법규 제정 당시까지로 소급하는 것은 사법적 정의 관념과 부합하지 아니하고, (ㄴ) 대의민주주의원리상 의회는 국민의 대표기관으로 간주하므로 의회가 실질적 범죄개념에 따라 사회적 유해성이 있는 행위를 법률을 통해서 범죄로 규정하였다면 이에 대한 국민적 합의가 성립한 것이고, 이러한 법률에 대해서 헌법재판소가 합헌결정을 선고하였다면 최소한 그 시점에는 형식적·실체적 정당성이 있다고 볼 수 있으며, (ㄷ) 구체적 정의 실현이 법적 안정성보다 월등히 우월한 법익으로서 우선되어야 하는지는 회의적이므로, 합헌결정을 한 시점에 실체적·형식적 정당성을 갖추고 법치국가원리에도 합치하는 형벌법규를 이후에 현실적 여건이나 사회적인 조건 등의 변화를 원인으로 위헌결정이 선고되어도 종전 합헌결정을 내린 시점을 뛰어넘어서 해당 조항의 제정 당시까지 소급하여 효력을 상실시키는 것은 구체적 정의 실현이라는 점을 고려하여도 타당하지 못하다고 한다. 또한, 이 견해는 위헌결정을 통해서 위헌인 법률상태를 합헌상태로 이행할 때 입법자가 채택하는 법리는 형벌법규에 대한 위헌결정의 효력범위 해석에서도 마찬가지로 적용되어야 하므로, 형벌법규에 대한 위헌결정의 효력과 관련하여 일률적·획일적으로 해당 형벌법규 제정 당시로 위헌결정의 효력이 소급한다고 구 헌법재판소법 제47조 제2항 단서(현행 헌법재판소법 제47조 제3항 본문)를 해석할 것은 아니라고 할 것이고, 구체적 정의 요청, 일반 국민의 법감정, 형벌조항의 취지와 기능 등을 고려하여 개개 사안에 따라 달리 해석·적용하여야 한다고 한다.[68)]

또한, 해석을 통한 소급효 제한 가능성을 구태여 부인할 여지는 없다는 견해도 있다.[69)] 이 견해는 위헌성은 법률 제정(개정)이나 헌법 개정만으로 발생하는 것이 아니고 사정변경으로 말미암은 때도 있고, 이러한 점은 형벌법규만이 아니고 비형벌법규에서도 나타나는 현상이며, 게다가 독일도 사정변경 사유로 말미암은 위헌결정도 인정하는 형편[70)]이라고 한다.

---

68) **박진우**(주 67), 419쪽.
69) **남복현**(주 64), 247쪽.
70) BVerfGE 17, 1 (20 f.); 39, 169 (169 ff.) 참조.

그 밖에 구 헌법재판소법 제47조 제2항 단서(현행 헌법재판소법 제47조 제3항 본문)는 소급하여 그 효력을 상실한다고 규정하지만, 다양한 사실관계를 획일적인 기준으로 적용하기는 어려우므로, 사건별 유형화를 통해서 소급효 시점 제한도 다양하게 적용하여야 한다는 견해도 있다.[71] 이 견해는 형벌법규에 대한 헌법재판소 위헌결정의 소급 시점 제한과 관련하여, 헌법재판소의 유권해석으로 구체적 정의, 법적 안정성, 평등원칙, 형벌조항의 취지와 기능, 국민의 신뢰와 기득권 등을 종합적으로 고려하여 소급효 시점 제한을 적용하여야 한다고 한다.

소급효를 제한하는 시점과 관련하여서는 먼저 사정변경이 일어난 시점으로 하는 방안과 관련하여 사정변경 사유가 발생하면 종래 의견을 변경함은 당연한데, 그 시점을 특정하기 어렵다는 한계가 있고, 전소 합헌결정을 내린 시점으로 하는 것은 전소 결정의 효력을 인정함을 전제로 하여서, 헌법재판소가 결정을 통해서 유권적으로 확인한 시점임을 전제한 것이나 전소 합헌결정과 후소 위헌결정 사이에 시간적 간격이 크지 않으면 이 방안이 적절치 않다는 점을 고려하여야 하므로, 합헌결정을 내린 시점을 전제로 헌법재판소가 정하는 시점을 소급효 제한의 기준 시점으로 하는 것이 좋다는 견해가 있다.[72]

그리고 형벌법규에 대한 위헌결정의 소급효를 제한한다면 합헌결정이 있었던 시점을 기준으로 하는 것이 가장 타당하다는 견해가 있다.[73] 이 견해는 (ㄱ) 사정변경이 일어난 시점 기준은 이론상 가장 타당하고 형벌법규 위헌결정의 소급효에 관한 법률 규정은 원시적 위헌조항을 예상한 것이라는 측면에서 보더라도 설득력이 있으나, 어느 시점에 사정변경이 있었는지 특정하기 곤란하고, 후발적 사유에 따른 위헌결정과 법률 제정(개정) 당시부터 원시적 사유에 따른 위헌결정을 구분하기 어려우며, 위헌결정 이유가 사정변경으로 한정되지 않는 때가 일반적이라는 점을 고려하면 채택하기 곤란하고, (ㄴ) (헌법재판소가 정하는) 일정한 시점 기준은 현행법상 헌법재판소가 형벌법규를 위헌선언하면서 소급효 범위를 정할 근거가 없어 이러한 방식은 허용될 수 없고, 실제로 헌법재판소가 위헌결정을 하면서 효력이 상실한 시점을 정한 예도 없으며, (ㄷ) 해당 사건·병행사건·동종 사건 기준을 따르면 이미 확정된 유죄판결에 대한 재심을 허락하지 않을 수밖에 없게 되어 확정된 유죄판결에 대해서 재심을 허용하는 구 헌법재판소법 제47조 제3항(현행 헌법재판소법 제47조 제4항)에 정

71) 이부하, 「법률조항에 대한 헌법재판소의 위헌결정의 소급효에 대한 고찰」, 『공법학연구』 제14권 제2호, 한국비교공법학회, 2013, 397쪽.

72) 남복현(주 64), 247~248쪽.

73) 신현범(주 63), 908~911쪽.

면으로 어긋나고, 사정변경과 무관한 기준으로서 후발적인 사정변경으로 말미암아 위헌이 된 형벌법규에 대한 위헌결정의 소급효를 제한하자는 논의 전제에서 벗어난 기준이며, (ㄹ) 합헌결정이 있었던 시점 기준은 종전 합헌결정을 존중하여 소급효 제한의 기준 시점으로 삼음으로써 다른 기준보다 합리적이고, 법적 안정성과 예측 가능성을 도모할 수 있다고 한다. 그러나 합헌결정이 있었던 시점 기준도 (ㄱ) 종전에 헌법재판소가 합헌으로 결정한 법률조항을 재판관 6명 이상의 의견으로 위헌으로 결정하면서 종전 합헌결정을 바꿨다면 종전 합헌결정은 더는 의미가 있다고 보기 어려운데도 위헌결정의 소급효 시점을 합헌결정 이후로만 하는 것은 사실상 합헌결정은 문제가 없다는 것이 되어서 논리적으로 상충하고, (ㄴ) 합헌결정 이후 상당한 기간이 지나고 나서 사정변경이 발생하는 때가 있는데도 굳이 합헌결정을 내린 시점을 기준으로 하는 것은 근거가 없으며, (ㄷ) 합헌결정이 여러 건이 있었다면 어느 합헌결정을 내린 시점을 기준으로 할지 확정하기도 어려우며, (ㄹ) 기속력이 없고 극히 제한적인 기판력만 있는 합헌결정이 있었던 시점을 소급효 제한 시점으로 삼을 이유가 없다는 문제점이 있다고 한다. 그러나 이에 대해서는 (ㄱ) 합헌결정 이후 해당 조항에 대한 헌법재판소 견해가 달라진 것일 뿐이지 합헌결정 자체가 없어지는 것은 아니므로 합헌결정을 내린 시점을 소급효 제한 기준으로 삼는 것이 논리적으로 모순이 아니고, (ㄴ) 사정변경이 일어난 시점을 단정하기 어려우므로 부득이 종전 합헌결정을 내린 시점을 기준으로 삼는 것이며, (ㄷ) 가장 최근에 선고된 합헌결정을 내린 시점을 기준으로 하면 되고, (ㄹ) 합헌결정에 기속력이 인정되는지와 소급효를 제한하는 기준 시점을 합헌결정을 내린 시점으로 할 것인지가 직접적인 관련이 없다는 반론이 가능하다고 한다.

ⓑ 부정설

해석을 통한 소급효 제한은 곤란하지만, 입법을 통한 소급효 제한은 가능하다는 견해가 있다.[74] 이 견해는 (ㄱ) 헌법재판소법이 형벌법규에 대한 위헌결정에 따른 소급효 제한을 예정하지 않고 그러한 명문규정이 없는데도 해석을 통해서 마음대로 제한할 수 있는지 의문이라고 한다.[75] 그리고 (ㄴ) 소급효가 제한되는 법률과 그렇지 않은 법률을 구별하는 기준이 마련되지 않아서 이를 구분하여 규율하는 것은 타당하지 않다고 한다. 위헌결정에 사정변경에 관한 내용이 있을 수 있으나, 헌법재판소

74) 서규영/류태경/이재형/김재방/박지용, 『헌법재판소법 제47조 제2항 단서의 개정에 관한 연구용역 보고서』, 법무부 법무실 국가송무과, 2011, 31~32쪽.

75) 서규영/류태경/이재형/김재방/박지용(주 74), 30~31쪽.

결정의 기판력과 기속력은 주문에 대해서만 미치고 이유에는 미치지 않는다고 한다. 따라서 헌법재판소 결정 이유를 근거로 위헌결정 주문의 소급효 범위를 제한하는 것은 법리적으로 가능하지 않다고 한다. 다만, 과거 합헌결정이 있었는데 이후 헌법재판소 판례 변경이 있었던 때는 구별기준이 비교적 분명하게 될 것이라고 한다.

마찬가지로 형벌법규에 대한 위헌결정의 소급효를 제한하지 못함으로 말미암은 불합리는 입법으로 해결할 수밖에 없다는 견해도 있다.[76] 이 견해는 헌법재판소법이 명문으로 인정하는 소급효를 해석론으로 제한하려면 소급효를 제한하는 것이 당사자의 권리구제를 위한 구체적 타당성에 어긋나고 정의와 형평 등 헌법적 이념에 심히 배치되어야 하는데, 소급효를 법률을 제정(개정)한 시점까지 인정하는 것이 그렇다고 보기 어렵다고 한다. 오히려 명문 근거 없이 피고인의 재심청구권을 제한하는 소급효 제한 이론이 당사자의 권리구제와 형평에 배치된다고 할 수 있다고 한다. 입법자는 다소 법적 혼란이 있더라도 형벌법규에 대해서 위헌이 선언되면 일률적인 소급효를 인정하고 재심을 허용하는 취지였다고 보는 것이 타당하고, 이러한 입법적 선택을 피고인에게 불리한 내용으로 수정 해석하는 것은 설득력을 얻기 어렵다고 한다. 그리고 형벌법규에 대한 위헌결정의 소급효를 제한하려면 그 기준 시점을 설정하여야 하는데, 언제부터 사정변경이 있었는지 특정하기 어렵고, 후발적 사유에 따른 위헌결정과 원시적 사유에 따른 위헌결정을 분리하는 것이나 사실관계 변화와 법적 견해 변경을 구별하는 것도 곤란하다고 한다.[77]

그리고 구 헌법재판소법 제47조 제2항(현행 헌법재판소법 제47조 제2항과 제3항 본문)은 즉시효를 원칙으로 하고 예외적으로 형벌법규에 대해서만 소급효를 채택하므로 예외규정은 엄격하게 해석되어야 하는데, 구 헌법재판소법 제47조 제2항 단서(현행 헌법재판소법 제47조 제3항 본문)는 명시적으로 형벌법규에 대한 위헌결정의 소급효를 인정하고, 위헌법률 적용을 받았던 확정판결 피고인들에게는 구 헌법재판소법 제47조 제3항(현행 헌법재판소법 제47조 제4항)에서 전면적인 재심청구권을 보장하여서 헌법재판소 결정으로 명문 근거 없이 개인의 권리구제를 제한하는 방향으로 해석하여 소급효를 제한하기 어렵다는 견해도 있다.[78] 이 견해는 헌법재판소가 일률적으로 소급효 제한 기준을 설정하여야 하는데, 그 시기와 기준을 설정하기 쉽지 않고, 구체적 사건에서 소급효 제한 시기를 특정하는 이유에 관한 논증이 어렵다고 한다. 그리고 기존 합헌

76) **신현범**(주 63), 907~908쪽.

77) **신현범**(주 63), 907~908쪽.

78) **황치연**, 「위헌결정의 시간적 효력」, 『헌법재판의 새로운 지평』(이강국 헌법재판소장 퇴임기념논문집), 박영사, 2013, 540쪽.

결정이 있더라도 소급효가 실정법상 인정되는 한, 위헌결정은 헌법재판소법 제23조 제2항을 따라서 기존 합헌결정을 파기하는 효과가 있고, 실질적 정의를 구현한다는 소급효를 인정하는 근본취지에 역행하여 마지막 합헌결정을 내린 시점까지 소급효를 한정할 근거를 찾을 수 없고, 최종적으로 위헌결정을 내린 시점에 비로소 헌법위반이라는 규범충돌에 관한 사정변경이 일어난 시점을 확정할 수 있어서 그 이전에 단순히 관념상 있는 특정 시점을 확정하여 사정변경이 일어난 시점이나 후발적 위헌사유가 발생한 시점을 확정할 수 없다고 한다. 설령 소급효를 제한하는 시점을 특정하더라도 나아가 특정사건 즉, 해당 사건, 병행사건이나 위헌결정 후에 재판할 일반사건에 소급효 범위를 한정하더라도 근본적으로 소급효 수혜에서 배제되는 집단의 평등권을 침해하는 위헌적 결과를 낳을 수밖에 없다고 한다.

또한, 헌법재판소법 명문규정에 어긋나게 헌법재판소가 판례로써 소급효를 제한할 수 없다는 견해도 있다.[79] 이 견해는 (ㄱ) 형벌법규의 의미나 중요성, 기본권 침해효과 등을 고려하여 법적 안정성보다 실질적 정의를 우선시하여 형벌법규에 대한 위헌결정의 소급효를 규정한 것이고, (ㄴ) 형법 영역에서 법적 안정성이 전혀 고려되지 않는 것은 아니지만, 상대적으로 실질적 정의보다 뒷순위로 밀리며, (ㄷ) 판례로 사안마다 소급효를 제한할 수 있게 한다면 이것은 결국 입법자(국회)가 만든 법률이 아니라 헌법재판소(법원)의 판례로 형벌대상을 정하는 것일 뿐 아니라 동시에 사안마다 다르게 될 것이므로 소급 시점을 정하는 분명한 기준도 없는데, 이러한 불분명한 상태로 열어두는 것은 죄형법정원칙에 어긋나므로 소급효를 제한하여야 한다면 입법적 방법만 가능하다고 한다.

그 밖에 형벌법규에 대해서 전면적 소급효를 인정함으로써 법적 안정성이 과도하게 침해될 때뿐 아니라 때에 따라서는 구체적 정의 요청에도 어긋날 때가 있을 수 있고, 이러한 때는 소급효를 부분적으로 제한하는 것이 필요할지도 모르고, 비형벌법규에 대한 위헌결정의 즉시효규정[구 헌법재판소법 제47조 제2항 본문(현행 헌법재판소법 제47조 제2항)]을 헌법재판소와 법원이 해석을 통해서 제한함으로써 일정하게 소급효를 인정하는 것처럼 형벌법규에 대한 위헌결정의 소급효규정[구 헌법재판소법 제47조 제2항 단서(현행 헌법재판소법 제47조 제3항 본문)]도 헌법재판소와 법원이 해석을 통해서 일정한 범위로 제한할 수 있다고 볼 수도 있으나, 형사정의나 실체적 가벌성에 관한 규율은 민주적 대표성이 있는 법률을 통해서 결정되어야 한다는 점에서 구 헌법재판소법 제47조 제2항 단서와 제3항(현행 헌법재판소법 제47조 제3항 본문과 제4항)이

79) **박승호**, 「형벌규정에 대한 헌법불합치결정」, 『아주법학』 제8권 제4호, 아주대학교 법학연구소, 2015, 155쪽.

별다른 제약 없이 소급효를 인정하고 재심청구권을 인정하는 이상, 사법기관의 해석을 통해서 이를 제한하는 것은 바람직하지 않다는 견해도 있다.[80] 이 견해는 더 근본적으로는 법적 안정성을 이유로 형벌조항에 대한 위헌결정의 소급효를 제한하는 것이 헌법원리적으로 정당화할 수 있는지에 관한 신중한 검토가 필요하고, 후발적 사정변경이나 헌법재판소 판례 변경이 소급효 제한의 정당한 사유가 되는지도 검토할 필요가 있다고 한다.

대법원도 "헌법재판소법 제47조 제2항은 "위헌으로 결정된 법률 또는 법률의 조항은 그 결정이 있는 날로부터 효력을 상실한다. 다만, 형벌에 관한 법률 또는 법률의 조항은 소급하여 그 효력을 상실한다."고 규정하고, 동조 제3항은 "제2항 단서의 경우에 위헌으로 결정된 법률 또는 법률의 조항에 근거한 유죄의 확정판결에 대하여는 재심을 청구할 수 있다."고 규정하고 있다. 위헌결정에 소급효를 인정하는 것은 개별 사건에 있어서의 정의 내지 평등의 원칙을 구현하는 측면이 있는 반면, 법적 안정성 내지 신뢰보호의 원칙에는 배치되는 측면도 있어 그 중 어느 원칙을 보다 중시할 것인지는 원칙적으로 입법적 선택의 문제라 할 수 있고, 우리 헌법재판소법이 형벌조항에 대한 위헌결정과 비형벌조항에 대한 위헌결정의 소급효를 명문으로 달리 규정한 것도 그 때문이다. 그런데 이러한 입법적 결단에도 불구하고 그 효력이 다양할 수밖에 없는 위헌결정의 특수성 때문에 예외적으로 부분적인 소급효의 인정 또는 소급효의 제한 가능성을 부정할 수는 없다. 따라서 당사자의 소급적 권리구제를 위한 구체적 타당성의 요청, 소급효 인정에 따른 법적 안정성 또는 신뢰보호의 침해 우려, 구법에 의하여 형성된 법적 질서 혹은 기득권과 위헌결정에 따른 새로운 법적 질서의 조화 등 제반 이익을 종합적으로 고려하여 맹목적인 소급효의 인정이나 부인이 오히려 정의와 형평 등 헌법적 이념에 심히 배치되는 것으로 인정될 때는, 법문의 규정에도 불구하고 그 소급효의 범위를 달리 정할 필요성이 인정된다고 할 것이다. 이미 대법원과 헌법재판소는 비형벌조항에 대한 위헌결정의 소급효와 관련하여 이와 같은 법리를 명시적으로 채택하고 있다(대법원 2003. 7. 24. 선고 2001다48781 전원합의체 판결, 대법원 2009. 5. 14. 선고 2007두16202 판결, 헌법재판소 2008. 9. 25. 선고 2006헌바108 전원재판부 결정 등 참조). 형벌조항의 경우에도 그 제정이나 개정 이후의 시대적·사회적 상황의 변화로 말미암아 비로소 위헌적인 것으로 평가받는 경우에는 그 조항의 효력 발생 시점까지 위헌결정의 전면적인 소급효를 인정하는 것이 오히려 사법적 정의에 현저히 반하는 결과를 초래할 수 있으므로, 헌법재판소법 제47조 제2항

80) 김하열(주 36), 286쪽.

단서의 규정에도 불구하고 그 소급효를 제한할 필요성이 있음은 비형벌조항의 경우와 크게 다르지 않다 할 것이다. 특히 동일한 형벌조항에 대하여 과거 헌법재판소의 결정에 의하여 그 조항의 합헌성이 선언된 바 있음에도 그 후의 사정변경 때문에 새로 위헌으로 결정된 경우에는 더욱 그러할 것이다. 그럼에도 형벌조항에 대한 위헌결정의 경우, 죄형법정주의 등 헌법과 형사법하에서 형벌이 가지는 특수성에 비추어 위헌결정의 소급효와 그에 따른 재심청구권을 명시적으로 규정한 법률의 문언에 반하여 해석으로 그 소급효 및 피고인의 재심에 관한 권리를 제한하는 것은 허용되기 어렵다 할 것이고, 그에 따른 현저한 불합리는 결국 입법에 의하여 해결할 수밖에 없을 것이다."[81]라고 한다.

ⓒ 사견

해석을 통해서 형벌법규에 대한 위헌결정의 소급효를 제한할 수 없다는 견해의 근거는 (ㄱ) 헌법재판소법이 형벌법규에 대한 위헌결정에 따른 소급효 제한을 예정하지 않고, (ㄴ) 소급효가 제한되는 법률과 그렇지 않은 법률을 구별하는 기준이 없으며, (ㄷ) 사정변경이 일어난 시점을 확정하기 어렵고, (ㄹ) 헌법재판소 결정이유에 사정변경에 관한 내용이 있더라도 헌법재판소 결정의 효력은 주문에만 미치고 이유에는 미치지 않으며, (ㅁ) 소급효를 법률을 제정(개정)한 시점까지 인정하는 것이 당사자의 권리구제를 위한 구체적 타당성에 어긋나고 정의와 형평 등 헌법적 이념에 심히 배치된다고 보기 어렵고, 오히려 명문 근거 없이 피고인의 재심청구권을 제한하는 소급효 제한 이론이 당사자의 권리구제와 형평에 배치된다는 것으로 정리할 수 있다.

그러나 먼저 (ㄱ) 헌법재판소법이 형벌법규에 대한 위헌결정에 따른 소급효 제한을 예정하지 않았지만, 반대로 형벌법규에 대한 위헌결정에 따른 절대적 소급효를 규정한 것도 아닐 뿐 아니라 명문으로 소급 시점을 규정하지도 않았다. 따라서 헌법재판소법이 형벌법규에 대한 위헌결정에 따른 소급효 제한을 금지하였다고 볼 수 없고, 나아가 소급 시점을 형벌법규를 제정하거나 개정한 시점으로 보지 않아도 이를 바로 소급효 제한으로 보아야 하는 것이 아니라 소급 시점을 확정하는 것으로 볼 수도 있다. 다음 (ㄴ) 구별하기 어렵다는 것이 구별할 수 없음을 뜻하는 것이 아니고, 일부라도 구별할 수 있다면 그 의미를 작다고 볼 수 없으며, 이미 여러 기준이 제시되어 있고, 그 기준이 완벽하게 무용한다는 논증은 아직 없는 것으로 보인다. 그리고 (ㄷ) 사정변경이 일어난 시점을 확정하기 어렵지만, 사정변경이 문제 되는 것은 사정

81) 대법원 2011. 4. 14. 선고 2010도5605 판결(공2001상, 956).

변경이 있다는 것이 증명된 때이고, 특히 소급 시점과 관련하여서는 사정변경과 관련한 시점까지 증명되어야 비로소 그것이 의미 있다는 점에서 사정변경이 일어난 시점을 확정할 수 없는 때는 적어도 이미 소급 시점과 관련하여 사정변경이 문제 되지 않는 때로 보아야 할 것이다. 또한, (ㄹ) 헌법재판소 결정주문에서만 효력이 발생한다고 보더라도 결정주문은 요약된 결론에 불과하여 그 대부분이 그 뜻을 밝히는 해석이 필요하고, 그러한 해석에서 결정이유는 가장 중요한 해석 도우미로 기능하므로 결정이유는 결정주문 해석을 통해서 최소한 간접적으로 효력이 있을 수밖에 없다. 이러한 점에서 헌법재판소 결정에서는 승소 여부에 집중하여 결과가 기재된 주문에만 주목하는 다른 사법재판과 달리 중요이유가 특별한 의미가 있다. 따라서 결정이유에 있는 사정변경에 관한 내용을 그냥 무시할 수는 없다. 끝으로 (ㅁ) 법치국가에서 재심청구권은 기본권인 재판을 받을 권리에 당연히 포함되는 것이 아니고, 법적 안정성과 실질적 정의의 형량을 통해서 재심청구권 인정 여부가 결정되어야 한다.[82] 따라서 재심청구권을 인정하는 법률이 있더라도 그 인정 범위는 구체적 해석을 통해서 확정되어야 한다. 이러한 점을 종합하여 보면, 형벌법규에 대한 위헌결정의 소급효를 해석을 통해서 제한할 수 있다고 보는 것이 타당하다고 생각한다. 다만, 여기서 해석은 사법기관에 재량을 부여한다는 의미가 아니라 객관적 기준을 통해서 소급 시점을 확정할 수 있다는 것이다. 이러한 점에서 소급효 제한이라는 용어 자체는 적절하지 않은 면이 있다. 특히 소급효 제한은 확정된 소급 시점을 전제로 한다는 점에서 소급효 제한 문제는 언제나 소급 시점을 확정하고 나서 비로소 제기된다. 결국, 지금까지 소급효 제한 문제로 논의되는 것은 소급 시점 확정 문제에 국한되거나 그것을 포함하는 것이 아닌지가 면밀하게 검토되어야 할 것이다. 그리고 해석을 통해서 형벌법규에 대한 위헌결정의 소급 시점을 다양하게 확정하는 것이 헌법재판소에 과도한 권한을 부여한다는 비판도 적절하지 않다고 생각한다. 헌법재판소가 최종적 헌법해석자로서 헌법을 토대로 헌법재판소법을 해석하는 것은 헌법재판소의 당연하면서 본질적인 권한이다. 즉 헌법재판소가 결정을 내리면서 헌법재판소법을 해석하는 것은 헌법적 한계를 지키는 한 헌법재판소의 정당한 권한 행사이다. 따라서 이러한 헌법재판소법 해석이 부당하거나 문제가 있다는 비판은 할 수 있지만, 심지어 헌법재판소의 해석 자체가 위헌이라는 주장을 할 수 있지만, 이로 말미암아 헌법재판소가 헌법재판소법 해석 자체를 할 수 없다거나 이러한 해석 권한 부여 자체가 과도하다는 것은 헌법이 헌법재판소에 최종적 헌법해석권을 부여한 취

82) 헌재 1996. 3. 28. 93헌바27, 판례집 8-1, 179, 187; 헌재 2000. 6. 29. 99헌바66등, 판례집 12-1, 848, 867; 헌재 2007. 11. 29. 2005헌바12, 판례집 19-2, 559, 570.

지를 무시하는 것과 다름없다. 특히 그러한 해석의 기준이 객관적이라면, 나아가 그것이 헌법과 법률의 해석이나 일반적 법리를 통해서 도출될 수 있다면 그러한 비판은 설 자리를 잃을 것이다. 결국, 그러한 해석을 할 수 없다거나 그러한 해석 권한이 과도하다고 비판하기 전에 그러한 해석이 타당하지 않거나 헌법재판소 권한 밖에 있음을 먼저 밝혀야 할 것이다. 물론 이것이 헌법재판소가 해석을 통해서 입법자의 의사를 무시하거나 왜곡할 수 있다는 것은 아니다. 헌법재판소법 자체의 의미를 밝히는 것이 헌법재판소 해석의 첫 번째 목적이다.

2. 헌법재판소법 제47조 제3항 단서 해석

(1) 헌법재판소법 제47조 제3항 단서의 입법목적

① 입법과정에서 주장된 입법목적

구 헌법재판소법 제47조 제2항은 "위헌으로 결정된 법률 또는 법률의 조항은 그 결정이 있는 날로부터 효력을 상실한다. 다만 형벌에 관한 법률 또는 법률의 조항은 소급하여 그 효력을 상실한다."라고 규정하여 형벌법규에 대한 위헌결정의 소급효를 인정하였다. 이렇게 위헌인 형벌법규에 대해서 일률적으로 해당 조항을 제정한 시점까지 소급효를 인정하면, 헌법재판소가 기존에 합헌결정을 내렸다가 시대 상황, 국민 법감정 등 사정변경으로 말미암아 위헌결정을 내린 때[83]도 종전 합헌결정과 관계없이 해당 조항을 제정한 시점까지 소급하여 효력이 상실하는 문제가 있다고 지적되었다. 이에 헌법재판소가 형벌법규에 대하여 위헌결정을 내린 때에 소급하여 그 효력이 상실하는 현행 규정을 유지하면서, 헌법재판소가 이미 합헌으로 결정하였던 때는 그 합헌결정 이후에 한하여 소급효가 미치도록 하여 종래 합헌결정의 이전 확정판결에 대한 무분별한 재심청구를 방지하고 합헌결정에 실린 당대의 법감정과 시대 상황에 대한 고려를 존중하고자 헌법재판소법 제47조 제3항 단서가 제안되었다.[84] 요컨대 위헌으로 결정된 형벌법규는 제정 시점으로 소급하여 그 효력을 상실한다는 것을 전제로 합헌결정 이후에 사정변경을 이유로 위헌결정을 내린 때도 제정 시점까지 소급하는 문제점을 제거하고자 헌법재판소법 제47조 제3항 단서가 제안되었다.

83) 헌법재판소는 형법 제304조(혼인빙자간음) 위헌소원(헌재 2009. 11. 26. 2008헌바58등) 사건에서 결혼과 성에 관한 국민의 법의식에 많은 변화가 생겨나 여성의 착오에 의한 혼전 성관계를 형사법률이 적극적으로 보호하여야 할 필요성은 이미 미미해졌고, 사생활에 대한 비범죄화 경향이 현대 형법 추세라는 점 등을 고려하여 헌법에 위반된다고 판시함으로써 형법 제304조는 헌법에 위반되지 아니한다고 판시한 헌재 2002. 10. 31. 99헌바40, 2002헌바50등 결정을 변경한 바 있다.

84) 관보 제18268호, 2014. 5. 20., 42쪽.

② 입법과정에서 주장된 입법목적의 잘못된 전제

입법과정에서 주장된 입법목적에서 위헌으로 결정된 형벌법규는 제정 시점이나 개정 시점까지 소급하는 것으로 전제한다. 그러나 구 헌법재판소법 제47조 제2항 단서는 물론 현행 헌법재판소법 제47조 제3항 본문도 위헌으로 결정된 형벌법규의 정확한 소급 시점을 규정하지 않는다. 따라서 위헌으로 결정된 형벌법규의 정확한 소급 시점은 해석 문제로 보아야 할 것이다. 그런데 이론적으로 형벌법규가 위헌이 되는 시점은 제정 시점이나 개정 시점이 아니라 헌법과 형벌법규가 충돌하는 시점이다. 형벌법규가 처음부터 위헌이었던 원시적 위헌인 때는 제정 시점이나 개정 시점이 형벌법규가 위헌이 되는 시점이라는 것에 관해서는 의문이 없다. 그러나 형벌법규가 위헌인 때는 원시적 위헌뿐 아니라 후발적 위헌도 있다. 즉 형벌법규의 제정 시점이나 개정 시점에는 합헌이었으나 사정변경으로 말미암아 위헌이 될 수도 있다. 이러한 점에서 형벌법규가 위헌이 되는 시점을 무조건 제정 시점이나 개정 시점으로 보는 것은 원시적 위헌만 고려하고 후발적 위헌을 무시하는 것으로 볼 수 있다. 하지만 이렇게 해석할 근거는 헌법과 헌법재판소법을 비롯한 실정법 어디에서도 찾을 수 없는 것으로 보이고, 이론적 근거도 찾기 어렵다. 이러한 점에서 형벌법규가 위헌이 되는 시점을 헌법과 형벌법규가 충돌하는 시점으로 보는 것이 타당하다고 생각한다. 이렇게 이해하여야 비로소 원시적 위헌뿐 아니라 후발적 위헌도 아우를 수 있다. 결국, 헌법재판소법 제47조 제3항 단서의 입법목적은 위헌으로 결정된 형벌법규의 소급 시점을 형벌법규의 제정 시점이나 개정 시점으로 단정한다는 점에서 문제가 있다. 위헌인 형벌법규가 언제나 이 시점에 위헌이 되는 것은 아니기 때문이다. 결과적으로 이러한 입법목적은 헌법재판소법 제47조 제2항을 묵시적으로 개정하는 효과를 낳는다. 그러나 이러한 묵시적 개정은 정당한 근거가 없는 것으로 타당하다고 보기 어렵다.

만약 헌법재판소법 제47조 제3항 본문에 따른 소급 시점을 제정 시점이나 개정 시점으로 본다면, 이것은 헌법재판소법 제47조 제3항 본문이 원시적 위헌만 규율하는 것으로 볼 여지가 있다. 헌법재판소법 제47조 제3항 본문이 후발적 위헌까지 규율한다고 보면서 소급 시점을 제정 시점이나 개정 시점으로 고정하는 것은 후발적 위헌과 관련하여 제정 시점이나 개정 시점과 사정변경 시점 사이의 위헌성을 창조하는 것으로서 기존 위헌성을 확인하는 권한만 있는 헌법재판소의 권한을 벗어나는 것이기 때문이다. 심지어 이러한 해석은 사법권의 한계를 벗어난 것으로서 권력분립 원리 위반으로 위헌으로 볼 수도 있다. 그런데 헌법재판소법 제47조 제3항 단서를 도입한 근거로 사정변경을 제시한다는 것은 후발적 위헌을 염두에 둔 것이다. 헌법재판소법 제47조 제3항의 구조상 본문과 단서는 원칙과 예외의 관계인데, 본문은 원시적 위헌을 규율하고 단서는 후발적 위헌을 근거한다면 양자는 서로 부딪히지 않는다. 헌법재판소법 제47조 제3항의 본문과 단서는 서로 규율 대상이 달라지기 때문이다. 결국, 헌법재판소법 제47조 제3항 본문과 단서의 관계를 원칙과 예외로 보려면 헌법재판소법 제47조 제3항 본문이 원시적 위헌뿐 아니라 후발적 위헌도 규율하여야 하고, 그렇다면 그에 따른 소급 시점은 제정 시점이나 개정 시점이 아니라 형벌법규와 헌법이 충돌하는 시점이 되어야 한다. 만약 헌법재판소법 제47조 제3항 본문이 원시적 위헌만 규율하고, 그에 따른 소급 시점이 제정 시점이나 개정 시점이라는 것을 고수하려면 헌법재판소법 제47조 제3항 단서는 별개 조항으로 독립하여야 할 것이다. 이러한 점에서 헌법재판소법 제47조 제3항 단서를 해석할 때는 원시적 위헌뿐 아니라 후발적 위헌을 함께 고려하여야 하고, 소급 시점이 다양할 수 있다는 점을 염두에 두어야 한다.

그리고 입법목적에서는 합헌결정 이후에 사정변경에 따라 위헌결정을 내리게 되는 때도 소급 시점을 제정 시점으로 하는 것이 불합리하여 이때는 합헌결정을 내리는 시점을 소급 시점으로 보아야 한다고 한다. 그런데 헌법재판소가 합헌결정 이후에 견해를 바꾸어 위헌결정을 내리게 되는 이유는 사정변경만이 아니다. 이전 합헌결정이 잘못되었다는 헌법재판소 자신의 반성일 수도 있고, 재판부 구성 변화에 따른 견해 변경일 수도 있다. 그러나 헌법재판소법 제47조 제3항 단서는 합헌결정 이후에 위헌결정이 내려지면 그 사유에 관계없이 적용된다. 이러한 점에서 입법목적 자체에 모순이 있는 것으로 보인다.

③ 합리적인 입법목적

헌법재판소법 제47조 제3항 단서는 같은 항 본문에 따라서 소급 시점이 고정된다는 것이 아니라 소급 시점이 다양할 수 있다는 점에서 출발한다고 보아야 할 것이다. 따라서 위헌으로 결정된 형벌법규는 제정 시점이나 개정 시점이 아니라 형벌법규가 헌법과 충돌하는 시점으로 소급하여 그 효력이 상실한다는 것을 전제하여야 한다. 이것은 헌법재판소법 제47조 제3항 본문이 원시적 위헌은 물론 후발적 위헌도 규율하는 규정이기 때문이다. 그런데 형벌법규가 원시적 위헌이면 위헌으로 결정된 형벌법규가 제정 시점이나 개정 시점까지 소급하여 그 효력을 상실하므로 소급 시점을 명확하게 확정할 수 있다. 그러나 형벌법규가 후발적 위헌이면 위헌으로 결정된 형벌법규가 사정변경으로 말미암아 위헌이 된 시점까지 그 효력을 상실한다. 그런데 그 소급 시점을 확정하기는 쉽지 않다. 이러한 어려움과 관련하여 헌법재판소가 해당 형벌법규에 대해서 합헌결정을 내리고 나서 나중에 견해를 바꾸어 위헌결정을 내렸을 때 그 소급 시점을 제정 시점이나 개정 시점으로 볼 수 없다는 문제점이 제기되었다. 이러한 소급 시점 논란을 불식시키기 위해서 헌법재판소법 제47조 제3항 단서는 위헌으로 결정된 형벌법규의 효력이 상실되는 소급 시점으로 종전에 합헌으로 결정한 사건이 있으면 그 결정이 있는 날의 다음 날을 규정한 것이다. 다만, 이때 헌법재판소가 견해를 바꾼 이유를 규정하지 않으므로 견해변경 사유가 사정변경에 국한되는 것은 아니다. 즉 반성적 고려에 따른 견해변경도 헌법재판소법 제47조 제3항 단서의 규율대상이다. 요컨대 헌법재판소법 제47조 제3항 단서의 입법목적은 같은 항 본문이 원시적 위헌뿐 아니라 후발적 위헌까지 규율하여 소급 시점이 고정되지 않는다는 것을 전제로 견해변경에 따른 소급 시점을 확정하기 위한 것으로 볼 수 있다.

(2) 헌법재판소법 제47조 제3항 단서의 타당성

① 의심되는 헌법재판소법 제47조 제3항 단서의 타당성

(ⅰ) 부정적인 견해

헌법재판소법 제47조 제3항 단서가 도입되기 전에 이미 같은 개정안이 제출된 적이 있었다. 2011년 4월 8일에 헌법재판소법 제47조 제2항 단서를 "다만, 형벌에 관한 법률 또는 법률의 조항은 소급하여 그 효력을 상실하되, 헌법재판소가 이미 합헌으로 결정하였던 경우에는 그 합헌결정 이후에 한하여 소급한다."라고 개정하자는 헌법재판소법 일부개정안(의안번호 1811462)을 박선영 의원 외 13명이 발의하였다. 그러나 이 개정안은 임기만료로 폐기되었다. 이러한 합헌결정 이후 위헌결정의 소급효만을 제한하는 방안, 즉 형벌법규에 대한 헌법재판소 위헌결정 이전에 헌법재판소가 먼저 합헌결정을 내렸던 때만 형벌법규에 대한 위헌결정의 소급효를 합헌결정 시점으로 제한하는 방안은 수용되기 이전부터 여러 비판이 있었다.

먼저 위헌결정이 사정변경에 따른 것인지 아니면 기존 판례에 대한 반성적 고려에 따른 법적 견해 변경인지를 구분하지 않고 무조건 소급효를 제한하는 것은 타당한 것인지 의문이 드는데도 과거에 합헌결정이 내려진 적이 있다는 이유만으로 일률적으로 소급효를 제한한다면 오히려 정의에 어긋나는 결과를 낳을 수 있다는 비판이 있었다.[85)]

다음 합헌결정 이후 위헌결정의 소급효만을 제한하는 방안은 형벌법규에 대한 헌법재판소 위헌결정의 소급효가 제한되는 때와 소급 시점을 분명히 밝히고 이를 통해서 헌법재판소의 자의를 배제할 수 있으나, 논리적으로 보면 원시적 위헌에서는 제정 시점부터 위헌으로 보아야 하고, 후발적 위헌이나 사후적 위헌에서는 해당 법률이 헌법에 모순·저촉될 때 비로소 위헌이 되므로 이때 위헌법률이 되어 효력을 상실되는 것으로 이해하는 것이 타당하다는 주장이 있다.[86] 이 견해는 ⓐ 이러한 점에서 헌법재판소가 같은 형벌법규에 대해서 먼저 합헌결정을 하고 나서 위헌결정을 내리면 합헌결정이 선고된 날부터 위헌법률로서 효력을 상실한다는 것은 합헌결정이 선고된 날에 사정변경이 발생한 것으로서 의제하여 해당 법률이나 법률조항에 위헌성이 있는 것으로 보는 것인데, 이것은 매우 부자연스럽고 구체적 타당성 측면에서 문제가 있다고 한다. 그리고 ⓑ 시대 변화에 따른 국민 법감정 변화로 말미암아 위헌성이 있게 된 법률이나 법률조항이라도 과거 헌법소원심판이나 위헌법률심판이 청구된 바가 없을 수도 있는데, 과거에 합헌결정을 내렸다는 우연한 사정으로 말미암아 위헌결정의 소급효가 미치는 범위가 달라진다는 것은 구체적 타당성과 형평의 측면에서 문제가 있다고 한다. 또한, ⓒ 합헌결정 이후에 위헌결정을 내린 이유가 시대적·사회적 상황 변화로 말미암은 국민 법감정이나 국민 법인식 변화에 따른 것인지 아니면 종전 판례에 대한 법적 견해 변경에 불과한 것인지를 구분하지 않고 무조건 소급효를 종전 합헌결정 시점으로 제한하면 불합리한 결과를 일으킨다는 문제점이 있다고 한다. 더하여 ⓓ 헌법재판소 위헌결정의 소급효를 제한하는 사유와 소급 시점을 이 방안에 따라 한정하면 때에 따라서는 형벌조항이 장기간 적용되어 형사처벌 근거로 사용되었으나 국민 법관념 변화 등으로 이제는 합헌성이 없게 된 때도 위헌결정의 소급효가 발생시키는 재심 청구로 말미암아 법원 부담 증가나 형사보상금 지급 부담 등을 회피하기 위해서 또는 과거에 이루어진 형사사법행위의 정당성을 인정하고 재심을 제한하기 위해서 헌법재판소는 위헌이라고 판단하여도 일단 먼저 합헌이라고 판단하고 나서 다음에 문제가 되는 사건에서 위헌이라고 결정하는 불합리가 발생할 수 있다고 한다. 그 밖에 ⓔ 헌법소송법적으로 보면 구 헌법재판소법 제47조 제2항(현행 헌법재판소법 제47조 제2항과 제3항 본문)에서는 위헌법률심판절차에서 위헌결정에만 법률요건적 효력 혹은 형성력이나 법률적 효력(법규적 효력)이나 대세적 효력을 인정하지만, 합헌결정에는 법률요건적 효력 혹은 형성력이나

85) 서규영/류태경/이재형/김재방/박지용(주 74), 34~35쪽.

86) 김현철/박경철/박진영/홍영기, 『형벌규정에 대한 위헌결정의 시적효력에 관한 연구』(헌법재판연구 제24권), 헌법재판소, 2013, 317~320쪽.

법률적 효력(법규적 효력)을 인정하지 않는데, 이러한 방안으로 형벌법규에 대한 합헌결정은 사실상 법률요건적 효력 혹은 형성력이나 법률적 효력(법규적 효력)이 있지만, 비형벌법규에 대한 합헌결정은 법률요건적 효력 혹은 형성력이나 법률적 효력(법규적 효력)이 없는 불합리가 발생할 수 있다고 한다. 끝으로 ⓕ 이 방안은 기존 합헌결정이 있었더라도 그 이후의 헌법재판소 위헌결정은 헌법재판소법 제23조 제2항에 따라서 기존 합헌결정을 폐기하는 효과가 있음을 간과한다고 한다.

현행 헌법재판소법 제47조 제3항 단서의 내용이 부당하다는 견해도 있다.[87] 이 견해는 먼저 ⓐ 합헌결정과 위헌결정의 시간적 간격이 좁을 때 소급효를 제한하는 것은 매우 불합리한 차별을 발생시킨다고 한다. 다음 ⓑ 판례 변경 이유가 사정변경, 특히 법감정 변화라면 어떻게 종전 합헌결정 다음 날로 특정할 수 있는지와 법감정 변화가 과연 소급효 제한 근거가 될 수 있는지가 의문이라고 한다. 그리고 ⓒ 그동안 재정상황을 보면 국가 재정이 파탄 날 정도의 예외가 아니라면 재정문제는 합헌결정 이후 위헌결정의 소급효만을 제한하는 방안을 정당화하는 사유가 될 수 없고, 소송폭주에 따른 법원 부담도 국가 잘못으로 말미암아 발생하는 것으로 마땅히 감수하여야 할 대가라고 한다. 또한, ⓓ 입법자가 정당하고 분명한 소급효 제한 시점을 제시할 수 없다면 소급효를 제한하여서는 아니 된다고 한다. 덧붙여 ⓔ 사정변경은 그 시점을 명확하게 제시하는 것이 거의 불가능하고 심지어 과거 (우연히 발생하였던) 합헌결정이 있었던 시점으로 명시하는 것도 부당하다고 한다. 더욱이 ⓕ 여러 번 합헌결정이 있었을 때 최종 합헌결정 다음 날까지만 소급을 인정한다면 그 최종 합헌결정 직전 합헌결정 이후 처벌받았던 사람은 헌법이 허용하지 않는 불합리한 차별을 받은 것이고, 이것은 그 이전 합헌결정도 마찬가지로서 이것은 평등원칙에 어긋나 위헌이라고 한다. 끝으로 ⓖ 종전 합헌결정 시점까지만 소급효를 인정하면, 헌법재판소가 최초의 심판 청구에서 위헌결정을 내리기 부담스러우면 일단 합헌결정을 내리고, 다음에 제2, 제3의 심판 청구가 있을 때 위헌결정을 내리는 편법을 사용할 가능성을 제공하는 부작용도 있다고 한다.

(ii) 긍정적인 견해

형벌법규 제정 이후 1차례 이상 헌법재판소의 합헌결정이 있고 나서 판례 변경을 통해서 헌법재판소가 위헌결정을 내리면 소급효를 최종적인 합헌결정 시점까지로 소급효 범위를 제한하는 것이 타당하고, 구 헌법재판소법 제47조 제3항(현행 헌법재판소법

87) 박승호(주 79), 156~158쪽.

제47조 제4항)에 따른 재심청구권은 최종 합헌결정 시점부터 위헌결정 시점까지 사이에서 유죄확정판결을 받은 자의 구제를 위해서만 인정되고 최종 합헌결정 이전에 유죄확정판결을 받은 자에게는 인정하지 않아도 불합리하거나 불공정하지 않다는 견해가 있다.[88] 이 견해는 ⓐ 재심청구권은 헌법 제27조의 '재판을 받을 권리'에 당연히 포함되지 않고 입법자가 여러 요소를 고려하여 인정하는 입법정책 문제에 불과하므로, 제한해석을 통해서 재심청구권을 제한하여도 법률에 따르지 않고 기본권을 제한하는 것이 아니고, ⓑ 구 헌법재판소법 제47조 제3항(현행 헌법재판소법 제47조 제4항)에서 재심청구권을 규정한 것은 구 헌법재판소법 제47조 제2항 단서(현행 헌법재판소법 제47조 제3항 본문)에 따라서 위헌결정이 소급효가 있을 때 이미 해당 형벌법규를 근거로 유죄확정판결을 받은 사람을 실효적으로 구제하기 위한 법률적 수단을 마련하는 것에 불과하여 모든 유죄확정판결을 받은 사람의 이익을 위해서 재심청구권을 보장하는 취지는 절대 아니며, ⓒ 형사소송법은 재심제도를 규율할 때 재심사유로서 유죄확정판결의 사실오인을 바로잡을 증거에 관한 것만 규정하여서 법률적 오인을 바로잡을 사유는 재심대상이 되지 않는데, 구 헌법재판소법 제47조 제4항(현행 헌법재판소법 제47조 제5항)은 이러한 형사소송법상 재심제도에 대한 예외조항이므로 가능한 한 좁게 제한적으로 해석하여야 하므로 최종 합헌결정 시점까지만 소급하여 최종 합헌결정 당시부터 위헌결정 시점까지 유죄확정판결을 받은 사람에게만 제한적으로 재심청구권을 인정하는 것이 필요하고 이러한 해석이 형사재심제도와 최소한의 조화를 이룬다고 한다.

(iii) 사견

헌법재판소법 제47조 제3항 단서의 정당성을 부정하는 논거를 정리하면, ⓐ 재정문제와 소송폭주에 따른 법원 부담 증가는 적절한 근거가 아니고, ⓑ 정당한 소급효 제한 시점을 명확하게 제시할 수 없으면 소급효를 제한하지 말아야 하며, ⓒ 판례 변경 사유를 따지지 않고 무조건 종전 합헌결정 시점으로 소급효를 제한하는 것은 타당하지 않고, ⓓ 전에 합헌결정이 있었을 때 사정변경이 있었던 것으로 의제하는 것은 적절하지 않으며, ⓔ 합헌결정이 있었다는 우연한 사정으로 말미암아 위헌결정의 소급효가 미치는 범위가 달라지고, ⓕ 합헌결정과 위헌결정의 시간적 간격이 좁을 때 매우 불합리한 차별이 발생하여 평등원칙에 어긋나며, ⓖ 여러 번 합헌결정이 있었을 때 불합리한 차별이 발생하고, ⓗ 사실적 측면에서 형벌법규에 대한 합헌결정에는 법률요건적 효력 혹은 형성력이나 법률적 효력(법규적 효력)을 인정하고 비형벌법규에 대한 합헌결정에는 인정하지 않는 불합리가 발생하고, ⓘ 위헌결정이 헌법재판소법

88) 박진우(주 67), 422~423쪽.

제23조 제2항 단서 제2호에 따라서 기존 합헌결정을 폐기하는 효과가 있음을 간과하며, ⓙ 소급효를 제한하기 위해서 먼저 합헌결정을 내릴 위험성이 있다는 것이다.

먼저 ⓐ 국가의 잘못으로 말미암은 권리구제 및 보상과 관련하여 재정을 근거로 제한하려는 것은 국가책임을 회피하려는 시도이고, 특히 법원 부담 증가는 권리구제의 본질에 명백하게 어긋나므로 재정문제와 소송폭주에 따른 법원 부담 증가는 헌법재판소법 제47조 제3항 단서를 정당화하는 근거로 삼을 수 없다고 생각한다. 하지만 ⓑ 소급효를 제한하는 시점을 정확하게 확정할 수 없더라도 소급할 수 없거나 소급하기에 적절하지 않은 명확한 시점을 확정할 수 있다면 오히려 그러한 시점을 넘어 위헌결정의 소급효를 인정하는 것이 실질적 정의에 어긋난다고 볼 수 있다. 소급시점 확정에서 소급 시점을 명확하게 확정하는 것이 바람직하지만, 그렇지 않더라도 소급 시점 확정에 도움이 될 수 있는 합리적이고 타당한 시점을 확정하는 것만으로 충분한 때도 있다. 그리고 ⓒ 헌법재판소법 제47조 제2항 해석과 관련하여 예외적 소급효를 인정하는 것이 헌법재판소와 대법원의 판례[89]인 것에서 볼 수 있듯이 헌법재판소법 제47조 제3항 단서는 종전 합헌결정 시점으로 소급을 예외 없이 강제하는 것이 아니라서 합리적인 근거가 있으면 다른 시점이 소급 시점이 될 수도 있다.

89) 헌법재판소는 ① 법원의 제청·헌법소원의 청구 등을 통하여 헌법재판소에 법률의 위헌결정을 위한 계기를 부여한 당해 사건, ② 위헌결정이 있기 전에 이와 동종의 위헌 여부에 관하여 헌법재판소에 위헌제청을 하였거나 법원에 위헌제청 신청을 한 경우의 당해 사건, ③ 따로 위헌제청 신청을 하지 아니하였지만 당해 법률 또는 법률의 조항이 재판의 전제가 되어 법원에 계속 중인 사건, ④ 당사자의 권리구제를 위한 구체적 타당성의 요청이 현저하지만 소급효를 인정하여도 법적 안정성을 침해할 우려가 없고 나아가 구법에 의하여 형성된 기득권자의 이득이 침해될 사안이 아닌 경우로서 소급효의 부인이 오히려 정의와 형평 등 헌법적 이념에 심히 배치되는 때 예외적으로 소급효를 인정한다(헌재 1993. 5. 13. 92헌가10등, 판례집 5-1, 226, 250; 헌재 2000. 8. 31. 2000헌바6, 공보 49, 744, 745). 대법원은 ① 헌법재판소 위헌결정의 효력은 위헌제청을 한 당해 사건, ② 위헌결정이 있기 전에 이와 동종의 위헌 여부에 관하여 헌법재판소에 위헌여부심판 제청을 하였거나 법원에 위헌여부심판 제청 신청을 한 경우의 당해 사건과 ③ 따로 위헌제청 신청은 아니 하였지만 당해 법률 또는 법률의 조항이 재판의 전제가 되어 법원에 계속 중인 사건뿐 아니라[대법원 1991. 6. 11. 선고 90다5450 판결(집 39-3, 1; 공1991,1895); 대법원 1991. 6. 28. 선고 90누9346 판결(집39-3, 479; 공1991, 2056); 대법원 1991. 12. 24. 선고 90다8176 판결(공1992, 640); 대법원 1992. 2. 14. 선고 91누1462 판결(공1992, 1065); 대법원 1993. 11. 26. 선고 93다30013 판결(공1994상, 196) 각 참조] ④ 위헌결정 이후에 위와 같은 이유로 제소된 일반사건에도 미친다고 할 것이나[대법원 1993. 1. 15. 선고 92다12377 판결(공1993상, 698); 대법원 1993. 1. 15. 선고 91누5747 판결(공1993상, 735); 대법원 1993. 7. 16. 선고 93다3783 판결(공1993하, 2290) 등], 그 미치는 범위가 무한정일 수는 없고 법원이 위헌으로 결정된 법률 또는 법률의 조항을 적용하지는 않더라도 다른 법리에 의하여 그 소급효를 제한하는 것까지 부정되는 것은 아니라 할 것이며, 법적 안정성의 유지나 당사자의 신뢰보호를 위하여 불가피한 경우에 위헌결정의 소급효를 제한하는 것은 오히려 법치주의의 원칙상 요청되는 것이라고 한다[대법원 1994. 10. 25. 선고 93다42740(공1994하, 3077)].

즉 헌법재판소법 제47조 제3항 단서는 절대규정이 아니라 원칙규정에 불과하다. 따라서 판례 변경 사유에 따라 소급 시점이 달라질 수 있다. 또한, ⓓ 합헌결정이 있었던 시점에 사정변경이 있었다는 것을 의제하는 것이 아니라 헌법재판소가 합헌결정을 내렸다는 법적 사실을 존중하는 것이다. 즉 해당 법률의 합헌성에 관해서 최종적 판단권이 있는 헌법재판소가 해당 법률이 합헌이라는 유권적 해석을 내렸다는 점에 법적 의미를 부여하는 것이다. ⓔ 헌법재판소의 합헌결정이 있었다는 것은 우연한 사정이 아니라 최종적 헌법해석기관인 헌법재판소의 판단이 있었다는 것으로서 매우 중요한 헌법적 사건이다. 따라서 이에 법적 효과를 부여할 수 없는 것이 아니다. ⓕ 합헌결정과 위헌결정의 시간적 간격이 좁은지 넓은지가 중요한 것이 아니라 헌법재판소 결정이 달라졌다는 점이 중요하다. 이러한 점은 사법기관에 구체적 사건과 관련한 최종적 판단권을 부여하면서도 판례 변경을 허용할 수밖에 없는 사법제도의 본질에서 비롯하는 불가피한 결과이다. 즉 판례 변경이 이루어지면 판례 변경이 미치는 범위에 따라 차별이 발생하는 것은 피할 수 없다. 오히려 시간적 간격이 좁다는 사실이 우연한 사실이라서 법적 의미가 없는 것으로 보아야 할 것이다. ⓖ 여러 번 합헌결정이 있었다는 것은 헌법재판소의 견해가 오랫동안 바뀌지 않았다는 명백한 증거로 볼 수 있다. 이에 따른 차별은 헌법재판소에 최종적 헌법해석을 맡긴 것에서 비롯하는 당연한 결과로 보아야 할 것이다. ⓗ 형벌법규에 대한 합헌결정에 사실적 측면에서 법률요건적 효력 혹은 형성력이나 법률적 효력(법규적 효력)이 부여되는 것이 아니라 최종적 헌법해석권을 헌법재판소에 부여한 것에서 비롯하는 합헌결정의 최종성에 따른 결과일 뿐이다. 즉 합헌결정을 내린 시점에 해당 형벌법규가 합헌이라는 최종적 판단이 내려져서 (비록 해당 사건과 관련하여서지만) 해당 형벌법규에 대한 위헌성 심사는 종료된 것이다. ⓘ 헌법재판소법 제23조 제2항 단서 제2호에 따라서 기존 합헌결정이 폐기되는 것이 아니라 기존 합헌결정은 그대로 있으면서 헌법재판소의 헌법이나 법률의 해석과 적용에 관한 의견이 바뀔 뿐이다. 즉 판례 변경과 결정 폐기는 명백하게 다르다. 따라서 양자는 반드시 구별하여야 한다. 끝으로 ⓙ 헌법재판소법 제47조 제3항 단서를 절대조항으로 해석하지 않는 한 소급효를 제한하기 위해서 합헌결정을 내릴 위험성은 없다. 즉 소급 시점이 다양할 수 있다는 점을 부정하지 않으면 이러한 합헌결정을 내릴 필요는 없다. 이러한 점에 비추어 헌법재판소법 제47조 제3항 단서의 정당성을 부정할 합리적 근거는 없는 것으로 보인다.

다만, 헌법재판소법 제47조 제3항 본문에 따른 소급 시점을 제정 시점이나 개정 시점으로 보는 견해와 소급 시점이 제정 시점이나 개정 시점에 국한하지 않는 견해는 헌법재판소법 제47조 제3항 단서가 갖는 의미를 달리 본다. 즉 소급 시점을 제정 시점이나 개정 시점으로 보는 견해는 헌법재판소법 제47조 제3항 단서를 소급효를 제한하는 규정으로 보고, 소급효가 제한되는 근거가 창설적으로 마련된 것으로 본다. 그에 비해서 소급 시점이 다양할 수 있다고 보는 견해는 헌법재판소법 제47조 제3항 단서를 소급 시점을 확정하는 기준을 제시하는 것으로 본다. 그에 따라서 제정 시점이나 개정 시점으로 보는 견해는 헌법재판소법 제47조 제3항 단서는 강제규정으로서 그와 달리 소급 시점을 확정하는 것이 금지된다고 볼 수 있지만, 소급 시점이 다양할 수 있다고 보는 견해는 헌법재판소법 제47조 제3항 단서는 원칙규정으로서 합리적인 근거가 있으면 그와 달리 소급 시점이 확정될 수도 있다고 본다.

② 헌법재판소법 제47조 제3항 단서의 타당성 근거

합리적인 입법목적을 따르면 헌법재판소법 제47조 제3항 단서의 타당성 근거는 헌법재판소법 제47조 제3항이 원시적 위헌뿐 아니라 후발적 위헌도 규율하므로 위헌으로 결정된 형벌법규는 헌법과 형벌법규가 충돌하는 시점까지 소급하여 그 효력을 상실한다는 것을 전제로 헌법재판소가 합헌결정을 내리고 나서 견해를 바꾸어 위헌결정을 내렸다는 것은 형벌법규의 위헌 여부에 관한 최종적 판단이 달라졌다는 것이므로 위헌으로 결정된 형벌법규의 효력은 최소한 이전 합헌결정을 내린 시점을 넘어 소급할 수 없다는 것이다. 그러나 입법과정에서 주장된 입법목적을 따르면 소급 시점이 제정 시점이나 개정 시점이라는 것을 헌법재판소가 형벌법규에 대해서 합헌결정을 내리고 나서 사정변경을 이유로 견해를 바꾸어 같은 형벌법규에 대해서 위헌결정을 내릴 때도 관철하는 것이 문제가 있다고 하면서 종래 합헌결정의 이전 확정판결에 대한 무분별한 재심 청구를 방지하고 합헌결정에 실린 당대의 법감정과 시대 상황을 고려하려고 헌법재판소법 제47조 제3항 단서를 두었다고 한다. 그러나 왜 전소에서 합헌결정을 내린 시점을 소급효를 제한하는 기준으로 삼아야 하는지는 입법목적은 물론 관련 논의에서도 찾기 어렵다. 즉 전소의 합헌결정이 소급 시점을 확정하는 기준이 되어야 하는 근거에 관해서 구체적으로 밝히거나 제시하는 견해는 없는 것으로 보인다. 여기서는 헌법재판소법 제47조 제3항 단서를 정당화하는 근거로 합헌결정의 최종성에 따른 차단효와 합헌결정의 선례적 구속력을 제시하고자 한다.

(i) 합헌결정의 최종성에 따른 차단효

헌법재판소의 모든 결정은 '사법재판으로서' 선고 시점을 기준으로 최종성이 있다. 이러한 최종성은 재심을 통한 결정 파기 이외에는 침해되지 않는다. 즉 헌법재판소 결정이 내려지면, 재심에 따른 파기 이외에는 이후의 어떠한 헌법재판소 결정도 헌법재판소 결정의 효력(특히 확정력)에 영향을 미칠 수 없다. 헌법재판소는 전소 결정과 충돌하는 어떠한 결정도 내릴 수 없다. 따라서 헌법재판소의 합헌결정을 바탕으로 형성된 법질서는 재심 허용이라는 예외가 없는 한 최소한 선고 시점에는 무너지지 않는다. 이것은 헌법재판소 결정이 잘못이 없는 결정으로서 언제나 옳은 결정이라서가 아니라 헌법재판소 결정은 그 선고 시점을 기준으로 종국결정이기 때문이다. 그래서 신법우선원칙은 있지만 신재판우선원칙은 없다. 재판은 선고 시점을 기준으로 구체적인 법적 분쟁을 종국적으로 해결하는 데 그치고, 확정력을 통해서 재판 사이의 모순을 방지하기 때문이다. 전소 합헌결정을 건드리지 않는 특별법을 통해서 전소 합헌결정의 최종성을 우회적으로 깨뜨릴 수는 있다. 그러나 재심을 통하지 않고 헌법재판소의 다른 결정을 통해서는 전소 합헌결정의 최종성을 무너뜨릴 방법이 헌법국가에서는 없다. 이것은 헌법재판소 결정에서 직접 도출되는 소송법적 효력은 물론 그에 기반을 둔 실체법적 효력에서도 마찬가지이다. 헌법재판소 결정의 최종성이란 헌법재판소 판단이 헌법질서 안에서 더는 다툴 수 없는 유권적 판단이라는 것이기 때문이다. 바로 이러한 점 때문에 합헌결정 이후에 무슨 사유로 위헌결정이 내려졌는지는 문제가 되지 않는다. 합헌결정을 통해서 선고 시점의 헌법적 문제가 최종적으로 해결되었다는 점이 중요하기 때문이다.

만약 형벌에 관한 법률이나 법률조항에 대한 위헌결정의 소급효가 전소 합헌결정의 효력과 충돌한다면, 이것은 헌법재판소 결정의 최종성을 직접 침해하고 헌법재판소 결정에 대해서 재심을 하는 결과를 낳는다.[90] 따라서 이러한 때는 소급 시점이 전소 합헌결정의 선고 시점을 넘어가지 못한다고 보아야 할 것이다. 즉 전소의 합헌결정이 내려진 시점을 기준으로 해당 법률이나 법률조항의 위헌성이 없다는 것이 최종적으로 확인되었으므로, 적어도 그 시점에는 해당 법률이나 법률조항은 합헌임이 확정되어서 그 효력이 상실되지 않는다고 보아야 한다. 따라서 전소에서 합헌결정이 내려지고 나서 후소에서 위헌결정이 내려지면 위헌결정의 소급 시점은 전소 합헌결정의 효력이 발생하는 합헌결정을 선고한 시점(헌법재판소법 제40조 제1항 전문, 민사소송법 제205조)까지 소급하는 것으로 보아야 할 것이다.[91] 물론 후소에서 위헌결정을 내린 날과 전소에서 합헌결정을 내린 날 사이의 특정 시점에 사정변경이 있다는 것을 밝힐 수 있다면, 그 시점까지만 후소 위헌결정의 효력은 소급할 것이다. 그러나 사정변경 시점을 확정하기 어렵다면 당사자에게 유리하게 해석하여야 하므로, 전소

90) 비슷한 견해: **남복현**, 『헌법재판소 결정의 소송법적 효력』, 한국학술정보, 2013, 229쪽.
91) 비슷한 견해: **남복현**(주 61), 493~494쪽.

에서 합헌결정이 내려진 날까지 소급한다고 보아야 할 것이다. 물론 재심을 통해서 전소의 합헌결정을 파기하고 후소에서 위헌결정을 내리면 전소의 합헌결정이 없는 때와 마찬가지로 소급 시점을 확정하게 될 것이다. 전소의 합헌결정에서 심사한 근거가 아닌 다른 근거를 바탕으로 위헌결정을 내린 때도 똑같다. 이때 전소의 합헌결정과 후소의 위헌결정이 서로 모순되지 않기 때문이다.

(ii) 합헌결정의 선례적 구속력(헌법재판소법 제23조 제2항 단서 제2호)

합헌결정은 해당 사건을 넘어서 효력을 미치지 못한다. 그러나 합헌결정에는 헌법재판소법 제23조 제2항 단서 제2호로 말미암아 선례적 구속력이 귀속된다. 이로 말미암아 합헌결정은 비록 추정적인 것에 그치기는 하지만, 해당 사건을 넘어서 다른 사건에 효력을 미친다. 그리고 판례 변경은 오로지 선고 시점 이후에만 가능하다는 점에서 합헌결정의 선례적 구속력은 최소한 선고 시점에는 해당 사건이 아닌 다른 사건에도 합헌결정에서 판시한 헌법이나 법률의 해석과 적용에 관한 의견이 그대로 유지된다는 것을 보장한다. 즉 해당 사건이 아니더라도 같은 헌법이나 법률의 해석과 적용이 문제 되는 사건들에는 헌법재판소가 같은 결정을 내리리라는 것을 담보해준다. 그래서 헌법재판소는 이러한 사건들을 병합하여 결정을 내릴 수 있다. 그리고 선례적 구속력으로 말미암아 합헌결정이 내려지면 그에 따라서 법질서가 형성되고 헌법재판소는 특별한 계기가 없으면 그와 다른 결정을 내리기 어렵다. 이것은 합헌결정의 확정력(기판력)이 선례적 구속력의 도움으로 최소한 선고 시점에 해당 사건을 넘어 다른 사건에까지 미치는 결과를 낳는다. 그에 따라 전소 합헌결정의 확정력과 후소 위헌결정의 법률요건적 효력[혹은 형성력이나 법률적 효력(법규적 효력)]이 충돌하는 범위는 전소의 해당 사건을 넘어 전소와 같은 헌법이나 법률의 해석과 적용이 문제 되는 다른 사건까지 확장하는 것으로 볼 수도 있다.

(3) 헌법재판소법 제47조 제3항 단서의 구체적 의미

① 합헌결정

헌법재판소법 제47조 제3항 단서에서 전소의 결정 중 합헌결정만 문제 삼는다. 따라서 전소에서 위헌결정이 내려졌다면 헌법재판소법 제47조 제3항이 적용되지 않는다. 위헌결정이 내려지면 그에 상응한 효력이 이미 발생하고 그에 따라서 새로운 법질서가 형성되었을 것이기 때문이다.[92] 합헌결정은 형벌법규의 위헌성을 확인하

92) 비슷한 견해: **남복현**(주 64), 239쪽.

지 않는 헌법재판소의 종국결정을 말한다. 합헌결정에 단순합헌결정이 속한다는 것에는 이론이 없다. 그런데 헌법재판소는 단순합헌결정과 단순위헌결정이 아닌 제3의 결정, 즉 변형결정도 내린다. 헌법재판소가 현재까지 내린 변형결정에는 한정위헌결정과 한정합헌결정 그리고 헌법불합치결정이 있다. 한정위헌결정과 헌법불합치결정은 해당 법률이나 법률조항의 위헌성을 확인하는 위헌결정이다. 그런데 한정합헌결정은 위헌을 확인하는 내용뿐 아니라 합헌을 확인하는 내용도 포함한다. 특히 한정합헌결정은 범위를 명시하여 합헌을 확인한다. 따라서 한정합헌결정의 합헌적 내용도 헌법재판소법 제47조 제3항 단서의 합헌결정에 포함된다고 보아야 할 것이다.

헌법재판소가 해당 형벌법규에 대해서 위헌결정을 내리기 전에 오직 한 번 합헌결정을 내릴 수도 있으나, 때에 따라서는 여러 차례 합헌결정을 내리고 나서 비로소 위헌결정을 내릴 수도 있다. 이때는 위헌결정을 내리기 직전에 내린 마지막 합헌결정만 헌법재판소법 제47조 제3항 단서의 합헌결정으로 보아야 할 것이다.[93] 여러 차례의 합헌결정은 헌법재판소가 자기 견해를 계속 유지한다는 증명이기 때문이다.

합헌결정은 본안결정이다. 따라서 절차결정인 각하결정은 합헌결정에 속하지 않는다. 각하결정에서는 본안에 관한 아무런 심사가 이루어지지 않아서 위헌결정과 충돌할 수 없기 때문이다. 다만, 각하결정을 내린 이유가 반복청구와 같이 전소 합헌결정의 확정력(기판력)이라면 이러한 각하결정은 합헌결정에 포함하여야 할 것이다.[94] 이러한 각하결정은 헌법재판소가 이러한 합헌결정을 바꿀만한 사정변경이 없음을 확인한 것이기 때문이다.

헌법재판소법 제68조 제1항에 따른 헌법소원심판에서 법령소원이 이유가 없으면 헌법재판소는 기각결정을 내린다. 이러한 기각결정은 법령의 위헌성을 확인하지 못하였다는 것이므로 합헌결정에 해당한다. 합헌결정도 규범통제심판에서 내리는 기각결정이다. 따라서 이러한 기각결정도 헌법재판소법 제47조 제3항 단서의 합헌결정에 해당한다.[95]

② 합헌으로 결정한 사건

(i) 판단기준

헌법재판소법 제47조 제3항 단서의 합헌으로 결정한 사건이 되려면 반드시 위헌

93) 같은 견해: **남복현**(주 64), 252쪽; **박승호**(주 79), 156쪽; **한수웅/정태호/김하열/정문식**(김하열 집필)(주 47), 630쪽.

94) 같은 견해: **남복현**(주 64), 252쪽 각주 37.

95) 같은 견해: **한수웅/정태호/김하열/정문식**(김하열 집필)(주 47), 630~631쪽.

결정과 심판 대상이 같아야 한다. 즉 헌법재판소가 위헌으로 내린 것과 같은 형벌법규에 대한 합헌결정이어야 한다. 위헌결정의 법률요건적 효력 혹은 형성력이나 법률적 효력으로 말미암아 효력의 주관적 한계는 극복되어 당사자가 달라도 합헌으로 결정한 사건이 될 수 있다. 그러나 효력의 객관적 한계는 여전히 남는다. 따라서 이전에 합헌결정이 있었어도 심사한 구체적 내용이 다르면 헌법재판소법 제47조 제3항 단서의 합헌으로 결정한 사건이 될 수 없다. 하지만 심사한 내용이 전부 같아야 하는 것은 아니다. 심사한 내용이 부분적으로 같아도 헌법재판소법 제47조 제3항 단서의 합헌으로 결정한 사건에 해당할 수 있다. 여기서 중요한 것은 전소와 후소에서 심사한 내용이 (최소한 부분적이라도) 충돌할 수 있는 지이다. 따라서 심사한 내용이 충돌한다면 그 범위는 중요하지 않다.

(ii) 대상범위

종전에 합헌으로 결정한 사건은 헌법재판소가 합헌결정을 내리게 된 계기가 된 사건으로 볼 수 있다. 그러나 종전에 합헌으로 결정한 사건은 소급 시점을 확정하는 기준이고, 효력 상실에 따른 효과는 결국 재심 청구를 허용하는 것이라는 점에서 헌법재판소법 제47조 제3항 단서에서 문제가 되는 사건은 종전 합헌결정을 내린 시점을 기준으로 재심 청구를 허용할 수 있는 사건으로 이해하여야 할 것이다. 따라서 합헌결정을 내린 시점을 기준으로 어느 범위로 잘라야 하는지가 다투어질 수 있다. 즉 엄격하게 해석하면, ㉮ 전소의 합헌결정 이전에 이미 유죄로 확정판결을 받고 집행까지 완료된 사건으로 한정할 수도 있고, ㉯ 전소의 합헌결정 이전에 이미 유죄로 확정판결을 받은 사건으로 이해할 수도 있다. 그리고 ㉰ 헌법재판소법 제47조 제2항에서 예외적으로 소급효를 인정하는 것에 준하여 전소의 합헌결정 당시 이미 유죄의 확정판결을 받은 사건뿐 아니라 합헌결정의 원인을 제공한 해당 사건, 동종사건과 병행사건도 포함할 수도 있다. 또한, ㉱ 전소의 합헌결정을 내린 취지를 존중하여 전소의 합헌결정 당시 이미 유죄 확정판결을 받은 사건과 합헌결정의 원인을 제공한 해당 사건에 국한할 수도 있다.

종전에 합헌으로 결정한 사건에 동종사건과 병행사건까지 포함하는 것은 해당 사건에 국한되는 합헌결정의 확정력에 비추어 타당하지 않다. 그리고 헌법 제107조 제1항으로 말미암아 법원이 합헌결정에 따라서 재판을 하여야 하지만, 이것은 제청한 법원이 제청한 심판에 관한 헌법재판소 결정에 반드시 구속되어야 한다는 것을 뜻하는 것이 아니라 재판할 당시에 확인한 헌법재판소 판단에 따라서 재판을 하여야 한다는 것으로서 판례 변경을 도외시한 것이 아니다. 그러므로 법원이 판결을 확정하기 전에 판례 변경이 있으면, 즉 헌법재판소가 자기 판단을 바꾸면 바뀐 판단에 따라서 재판을 하여야 할 것이다. 이러한 점에서 합헌결정의 원인을 제공한 해당 사건을 종전에 합헌으로 결정한 사건에 포함하기는 곤란하다. 또한, 헌법재판소법 제47조 제4항과 제5항이 재심을 규정함으로써 헌법재판소법 제47조 제3항이 판결의 확정력 제거와 밀접한 관련이 있음을 말한다. 그런데 형 집행 여부는 판결의 확정력과 밀접한 관련이 없고, 헌법재판소의 위헌결정에 따른 효력 상실은 형법 제1조 제3항의 법률 변경이 아니며, 형 집행이 종료되어도 재심을 청구하여야 한다는 점에서 형 집행 중에 헌법재판소의 위헌결정이 형 집행 정지나 종료의 사유라고 볼 수도 없다. 이러한 점에 비추어 종전에 합헌으로 결정한 사건은 전소의 합헌결정 이전에 이미 유죄로 확정판결을 받은 사건으로 보는 것이 타당하다. 입법목적에서도 종래 합헌결정 이전의 확정판결에 대한 무분별한 재심 청구를 방지한다는 목적이 명확하게 제시되었다.

③ 소급 시점을 확정하는 다른 기준

헌법재판소법 제47조 제3항 단서는 헌법재판소가 형벌법규에 대해서 위헌결정을 내려도 해당 형벌법규에 대해서 종전에 합헌으로 결정한 사건이 있으면 그 결정이 있는 날의 다음 날로 소급하여 효력을 상실한다고 규정한다. 그런데 헌법재판소법 제47조 제3항 단서가 이러한 때의 절대적 소급 시점을 규정한 것인지 아니면 원칙적인 소급 시점을 확인하는 것에 그치는 것인지가 문제 된다. 즉 형벌법규에 대한 위헌결정의 소급효가 언제나 합헌결정이 있는 날의 다음 날로 소급하는지가 다투어질 수 있다. 이와 관련하여 입법자가 헌법재판소법 제47조 제3항 단서를 통해서 소급 시점을 확정하는 다른 기준을 허용하지 않는다는 의사를 표현한 것으로 볼 수도 있다. 즉 헌법재판소법 제47조 제3항 단서가 소급 시점 확정을 사법기관에 맡기지 않으려는 입법자의 의사를 명확하게 표현한 것으로 이해할 수도 있다. 그러나 입법과정을 살펴보면, 헌법재판소가 종전에 합헌결정을 내리고 나서 위헌결정을 내렸을 때 제정 시점이나 개정 시점으로 소급하는 것이 부당하다는 문제를 해결하는 것에 논의가 집중되었고, 소급 시점에 관한 문제를 일괄적으로 해결하려는 의도가 있었음을 확인하기 어렵다. 오히려 이론 없이 합의할 수 있거나 명확한 것을 명문으로 규정하자는 의도로 개정이 이루어졌다고 봄이 타당한 것으로 보인다. 게다가 입법자가 명확한 법률을 통해서 해석자의 자의나 재량을 통제할 수는 있지만, 해석자의 해석권 자체를 박탈할 수는 없다. 법률은 입법자의 의사대로만 존재하는 것이 아니라 헌법질서 안에서 객관적 의미로 존재하는 것이기 때문이다. 따라서 헌법재판소법 제47조 제3항 단서가 소급 시점을 확정하는 기준을 제시한 것은 사법기관(특히 헌법재판소)이 마음대로 소급 시점을 확정할 수 없음을 명백히 밝힌 것이지만, 이에 관한 해석권 자체를 사법기관에서 박탈한 것으로는 볼 수 없다. 이러한 점에서 헌법재판소법 제47조 제3항 단서는 소급 시점을 확정하는 명확한 기준을 제시하는 데 그치고, 그 밖의 다른 기준의 인정 여부에 관해서는 아무런 결론을 내리지 않은 것으로 볼 수 있다. 결국, 소급 시점이 합헌결정이 있는 날의 다음 날이 아닌 다른 시점으로 볼 합리적 기준을 제시할 수 있는지에 따라서 헌법재판소법 제47조 제3항 단서의 원칙 규정성 여부가 판가름날 것이다.

(ⅰ) 심판 대상 동일성

위헌결정의 효력은 헌법재판소의 심판 대상에만 미친다. 따라서 헌법재판소의 심판 대상을 넘어서 위헌결정의 효력이 미칠 수 없다. 즉 위헌결정 효력은 같은 심판 대상에 국한한다. 심판 대상이 다르면 위헌결정의 효력도 미칠 수 없다. 사법판결은 사법기관이 판단한 범위에서만 효력이 미치고, 위헌결정의 효력은 해당 법률의 위헌성을 확인한 헌법재판소 판단에 기초한 것이기 때문이다. 심판 대상은 청구취지(와 청구 이유)를 기초로 헌법재판소가 확정한다. 법률은 제정되고 나서 여러 차례 개정될 수도 있다. 그리고 법률이 합쳐지거나 쪼개질 수도 있다. 이때 헌법재판소 심판 대상은 형식적 기준에 따라 결정된다. 즉 내용의 동일성이 아니라 형식의 동일성에 따라서 헌법재판소 심판 대상은 확정된다.[96] 따라서 전소의 합헌결정 이후 후소의 위헌결정 전에 심판 대상인 형벌법규가 개정되면, 전소와 후소의 관계에서 형벌법규의 내용이 실질적으로 같아도 양 심판 대상의 동일성은 부인될 수밖에 없다. 헌법실무적 차원에서 헌법재판소도 모든 결정에서 언제나 형식적 기준에 따라 먼저 심판 대상을 확정한다.[97] 특히 결정주문에는 이에 따라서 대상법률을 특정한다. 예를 들어 헌법재판소 심판 대상은 제정 시점부터 현재까지의 해당 법률 전체일 수도 있지만, 특정 기간의 해당 법률이나 특정 개정 시점부터 현재까지 해당 법률에 국한될 수도 있다. 따라서 헌법재판소가 제정 시점부터 현재까지의 해당 법률 전체를 심판 대상으로 하지 않는다면, 소급 시점은 제정 시점이 될 수 없고, 개정 시점까지만 소급할 수도 있다. 전소의 합헌결정 이후 심판 대상인 형벌법규가 개정되고 나서 헌법

96) 물론 헌법재판소는 내용의 동일성을 이유로 심판 대상을 확장할 수 있다.

97) 그러나 대법원은 심판 대상 동일성을 실질적 기준에 따라 판단하는 것으로 보인다[대법원 2014. 8. 28. 선고 2014도5433 판결(공2014하, 1955) 참조]. 실질적 측면에서 실제로 심판 대상을 심사할 헌법재판소가 아닌 다른 국가기관이 심판 대상을 확정할 수는 없을 것이다. 따라서 대법원을 비롯한 다른 국가기관은 헌법재판소가 확정한 심판 대상을 늘 수용하여야 할 것이다. 이러한 점에서 헌법재판소와 달리 심판 대상을 확정하는 대법원 태도는 문제가 있다고 보아야 할 것이다.

재판소가 변경된 형벌법규에 대해서 위헌결정을 내리면 양 심판 대상의 내용이 같더라도 위헌결정에 따른 효력은 개정 시점을 넘지 못한다.[98)]

그러나 심판 대상 동일성을 실질적 기준에 따라서, 즉 형벌법규의 내용에 따라서 판단하지 않는 한, 헌법재판소법 제47조 제3항 단서와 관련한 소급 시점 확정과 관련하여 심판 대상 동일성은 문제 되지 않는다. 전소와 후소의 심판 대상이 같지 않으면 이미 종전에 합헌으로 결정한 사건은 없기 때문이다. 즉 전소와 후소의 심판 대상이 (최소한 부분적으로라도) 같아야 비로소 헌법재판소법 제47조 제3항 단서가 적용되므로, 헌법재판소법 제47조 제3항 단서는 심판 대상 동일성을 전제한다. 따라서 전소와 후소의 심판 대상이 다르면 헌법재판소법 제47조 제3항 단서가 적용되지 않아서 후소 위헌결정의 소급효가 전소의 합헌결정 시점에 제한되지 않는다. 즉 후소의 위헌결정은 형벌법규가 헌법과 충돌하는 시점까지 소급한다.[99)]

(ii) 사정변경

위헌결정은 형벌법규의 위헌성을 창조하지 않는다. 위헌결정은 이미 선존하는 형벌법규의 위헌성을 확인하는 데 그친다. 따라서 심판 대상이 같더라도 합헌결정 이후에 사정변경으로 말미암아 형벌법규가 위헌이 되면, 위헌결정은 사정변경 시점을 넘어서 소급할 수 없다. 후발적으로 형벌법규가 위헌이 되면 사정변경 시점 이전의 해당 형벌법규는 합헌이기 때문이다. 그리고 합헌결정의 확정력도 사정변경 시점을 넘어서 미치지 못한다. 헌법재판소는 선고 시점의 사실관계와 법적 상황에 근거하여 결정을 내리므로, 이러한 사실관계나 법적 상황이 바뀌면 이에 관해서는 판단하지 않은 것이기 때문이다. 따라서 이러한 변화가 있으면 합헌결정의 확정력이 합헌결정 선고 이후에 비로소 생긴 새로운 사정 원용을 막지 못한다. 결론적으로 헌법재판소가 합헌결정을 내리고 나서 사정변경으로 말미암아 위헌결정을 내리면, 위헌결정의 효력은 합헌결정 선고 시점이 아니라 사정변경 시점까지만 소급한다.[100)]

사정변경 시점을 확정하기 어렵다는 비판이 있다.[101)] 그러나 사정변경이 문제되는 것은 그러한 사정이 있다는 것이 증명되었다는 것을 전제로 한다. 이때 사정변경이 소급 시점과 관련하여 의미가 있으려면, 사정변경이 일어난 정확한 시점을 특정하지는 못할지라도 최소한 특정 시점에 사정변경이 일어나지 않았거나 사정변경이 일어난 상태라는 것도 증명되어야 한다. 사정변경이 일어난 특정 시점이 증명되

98) 같은 견해: **남복현**(주 64), 250쪽.
99) 같은 견해: **남복현**(주 64), 258쪽.
100) 같은 견해: **최희수**, 『헌법소송법 요론(개정판)』, 대명출판사, 2015, 109쪽.
101) **김현철/박경철/박진영/홍영기**(주 86), 257쪽.

면 그 시점까지 소급하게 될 것이고, 사정변경이 일어나지 않은 특정 시점이 증명되면 그 시점에는 해당 법률이 합헌인 것으로 추정되므로 당사자에게 유리하게 그 시점까지 소급하게 될 것이며, 사정변경이 일어난 특정 시점이 증명되면 최소한 그 시점에는 해당 법률이 위헌이므로 그 시점까지 소급하게 될 것이다. 이러한 시점 중 어느 것도 증명하지 못하면 사정변경을 주장할 수 없다. 결국, 이러한 때는 법적으로는 사정변경이 없는 것으로 처리된다. 따라서 헌법재판소가 이유에서 사정변경과 관련한 내용을 근거로 제시하더라도 그와 관련한 특정 시점을 어느 것도 적시하지 않았다면 이것은 소급 시점 확인에 아무런 영향을 미칠 수 없다. 이러한 점에서 사정변경 시점을 확정하기 어렵다는 것은 적절한 비판이 될 수 없다고 생각한다. 다만, 이러한 점이 사정변경이 인정될 범위가 협소할 수밖에 없는 이유는 된다. 그래서 사정변경 시점이 소급 시점으로 인정되는 때는 원칙이 아니라 예외일 수밖에 없다. 소급효는 당사자에게 유리한 때만 허용되는 것이므로, 소급 시점을 늦추는 사유는 상대방, 즉 국가가 증명하여야 한다. 따라서 사정변경이 없음은 추정되어서 사정변경 시점을 포함한 사정변경이 있음을 국가가 증명한 때만 소급 시점 확정에 반영된다.

(iii) 실제로 심사한 내용

변론주의가 적용되면 재판의 효력은 심사한 내용뿐 아니라 심사할 수 있었던 내용에도 미친다. 당사자에게 사실의 주장책임과 증거의 제출책임이 있어서 주장이나 제출을 하지 않음에 따른 불이익을 당사자 스스로 감당하여야 하기 때문이다. 그러나 직권탐지주의를 따르면 헌법재판소에 소송자료를 찾을 권한과 의무가 있어서 소송자료 미제출에 따른 불이익을 청구인이나 제3자에게 지울 수 없다. 따라서 헌법소송에서 결정의 효력은 오로지 헌법재판소가 실제 심사한 내용에만 미친다. 이러한 점에서 전소의 합헌결정과 후소의 위헌결정이 심판 대상이 같더라도 실제 심사한 내용이 다르면 서로 충돌하지 않는다. 예를 들어 전소에서는 위임입법금지원칙 위반 여부를 심사하여 합헌결정을 내렸지만, 후소에서는 위임입법금지원칙 위반 여부를 심사하지 않고 오로지 과잉금지원칙 위반 여부만을 심사하여 위헌결정을 내렸다면, 전소와 후소 사이에 아무런 일치점이 없다. 따라서 후소 위헌결정의 소급효와 관련하여 전소의 합헌결정은 아무런 영향을 미치지 못한다. 결국, 형벌법규에 대한 위헌결정의 소급 시점을 확정할 때는 실제로 심사한 내용이 같은지도 살펴보아야 한다. 이때 실제로 심사한 내용은 주문을 근거 지우는 중요이유를 통해서 확정된다. 따라서 방론이나 소수의견은 실제로 심사한 내용에 해당하지 않는다. 심사한 내용이 옹글게(완벽하게) 같아야 하는 것은 아니고 부분적으로 같아도 상관없다.

(iv) 형벌법규의 시행일

법률이 헌법소원심판 대상이 되려면 원칙적으로 현재 시행 중인 유효한 법률이어야 한다. 그러나 법률이 효력을 발생하기 전이라도 공포되고, 그로 말미암아 사실상 위험성이 이미 발생하면 예외적으로 침해의 현재성을 인정하여 이에 대한 헌법소원을 바로 제기할 수 있다.[102] 따라서 전소의 심판 대상이 된 형벌법규가 헌법재판소가 합헌결정을 내린 시점에도 시행되지 않을 수도 있다. 즉 형벌법규가 전소의 합헌결정 이후에 비로소 시행될 수 있다. 이러한 때는 헌법재판소법 제47조 제3항 단서가 적용될 수 없다. 즉 이때 후소 위헌결정의 소급효는 전소의 합헌결정 이후 해당 형벌법규의 시행일까지만 소급한다.

(4) 헌법재판소법 제47조 제3항 단서의 한계와 문제점

① 합헌결정의 차단효 확인으로서 헌법재판소법 제47조 제3항 단서

헌법재판소법 제47조 제3항 단서의 내용은 새로운 것이 아니라 합헌결정의 최종성에 따른 차단효를 확인한 것으로 볼 수 있다. 즉 구 헌법재판소법 제47조 제2항 단서(현행 헌법재판소법 제47조 제3항 본문)의 해석을 통해서 충분히 도출할 수 있는 내용을 입법적으로 명확하게 확인한 것으로 볼 수 있다. 물론 이와 관련하여 반대하는 견해가 있다는 점에서 이러한 입법적 확인은 논란을 제거하고 합헌결정의 헌법적 의미를 강조한다는 점에서 전혀 의미가 없다고 볼 수는 없다. 그러나 반대로 이러한 입법은 해석을 통해서 합헌결정의 차단효를 도출할 수 없다는 반대해석을 가능하게 할 수도 있다. 하지만 이러한 해석은 헌법재판소법 제47조 제3항 단서 자체의 정당성을 훼손한다. 따라서 이러한 해석을 따르기는 어렵다. 다만, 이처럼 해석을 통해서 도출할 수 있는 내용을 입법적으로 확인한다는 것을 강조함으로써 헌법재판소법 제47조 제3항 단서의 절대성을 주장할 가능성을 차단할 수 있다. 그리고 헌법재판소법 제47조 제3항 단서는 소급 시점 확정과 관련하여 반드시 전소의 합헌결정을 고려하도록 강제함으로써 헌법재판소의 해석재량을 제한하는 의미가 있다. 즉 헌법재판소법 제47조 제3항 단서는 헌법재판소가 소급 시점 확정과 관련하여 다양한 사항을 형량하여 결정할 가능성을 차단하고 실정법이 규정한 합리적 기준에 따라서 그 해당 여부만을 판단하도록 한다. 특히 헌법재판소법 제47조 제3항 단서가 제시한 기준은 반드시 그리고 먼저 고려하도록 하고 다른 기준은 이러한 기준에 따른 소급 시점을 교정

102) 헌재 1994. 12. 29. 94헌마2, 판례집 6-2, 510, 523-524; 헌재 2000. 6. 1. 99헌마553, 판례집 12-1, 686, 703-704; 헌재 2000. 6. 29. 99헌마289, 판례집 12-1, 913, 935.

하거나 이러한 기준을 적용할 수 없는 영역에서만 적용되는 데 그칠 수밖에 없다.

② 원칙으로 이해되는 헌법재판소법 제47조 제3항 단서

헌법재판소법 제47조 제3항 단서로 말미암아 합헌결정이 있는 날의 다음 날로 언제나 형벌법규에 대한 위헌결정의 효력이 소급하는 것은 아니다. 즉 이미 합헌결정이 내려졌던 형벌법규에 대해서 헌법재판소가 위헌결정을 하더라도 그 소급 시점이 언제나 합헌결정이 있는 날의 다음 날인 것은 아니다. 즉 전소와 후소의 심판 대상이 다르거나 전소와 후소의 심판 대상이 같아도 실제로 심사한 내용이 달라서 헌법재판소법 제47조 제3항 단서가 적용되지 않을 수도 있고, 합헌결정 이후에 사정변경이 생겨서 합헌결정 이후의 어느 시점이 소급 시점이 될 수도 있다.[103] 따라서 헌법재판소법 제47조 제3항 단서는 부분적인 해결에 이바지할 뿐이다. 이러한 점에서 헌법재판소 제47조 제3항 단서에 관한 정밀한 해석이 요구되고, 이것을 절대화하려는 시도는 배척되어야 할 것이다. 입법과정에서도 소급 시점과 관련한 모든 문제를 일괄적으로 해결하려는 의사는 찾아보기 어렵다.

③ (이론적) 입법공백

헌법재판소법 제47조 제3항 단서의 정당성을 합헌결정의 확정력과 선례적 구속력에서 찾으면, 헌법재판소법 제47조 제3항 단서에는 입법공백이 있는 것으로 볼 수 있다. 전소 합헌결정의 확정력은 선고 시점에 발생하고(헌법재판소법 제40조 제1항 전문, 민사소송법 제205조), 헌법재판소법 제47조 제3항 단서로 말미암아 위헌결정의 소급효는 합헌결정을 선고한 날의 다음 날에 소급한다. 즉 전소 합헌결정의 확정력은 선고한 날의 어느 특정 시점(실제로 선고한 시각)에 그리고 후소 위헌결정의 소급효는 합헌결정 선고한 날의 다음 날 0시까지 미친다. 따라서 합헌결정 선고한 날의 특정 시점부터 그 다음 날 0시 사이는 입법공백으로 남는다. 합헌결정의 차단효는 선고한 날의 특정 시점에 발생하지 선고한 날의 24시에 발생하는 것이 아니기 때문이다. 이러한 점에서 소급 시점을 합헌결정 선고한 날의 다음 날로 규정한 것은 문제가 있다. 물론 그 입법공백이 크지 않다. 실제로 합헌결정이 있는 날에 그에 따른 재판이 확정

103) 헌법재판소법 제47조 제3항 단서와 같은 과거 헌법재판소법 일부개정법률안에 대해서 소급효 발생 시점을 일률적으로 정하는 한계가 있다는 지적이 있었다(이정념, 「위헌결정 형벌규정의 소급효」, 『형사판례연구』 제20권, 형사판례연구회, 2012, 194쪽). 이 견해는 소급효 발생 시점은 일률적으로 획일화할 수 있는 것이 아니라 해당 형벌법규에 어긋난 행위의 일회성이나 다회성(혹은 연속성), 침해된 법익의 종류 등에 따라 그 시점을 유형화하는 것을 고려할 필요가 있다고 하였다.

되어야 발생할 수 있는 문제이기 때문이다. 그래도 입법공백이 있다는 것은 명백하므로 헌법재판소법 제47조 제3항 단서의 "그 결정이 있는 날의 다음 날로"를 "그 결정을 선고한 시점까지"로 개정하는 것이 바람직하다. 다만, 이러한 입법공백은 이론적 공백에 불과함을 지적하고자 한다. 합헌결정 선고한 날의 특정 시점부터 그 다음 날 0시 사이에서 해당 형벌법규의 위헌성은 확인되지 않은 것이라서 이 기간에 해당 형벌법규의 효력에는 아무런 문제가 없기 때문이다. 즉 이러한 입법공백에도 위헌으로 결정된 형벌법규는 합헌결정 선고한 날의 다음 날 0시까지 소급하여 그 효력을 상실하고, 해당 형벌법규는 그 이전에 아무런 문제 없이 적용된다.

④ 시간적 간격이 좁은 때?

전소의 합헌결정과 후소의 위헌결정의 시간적 간격이 매우 좁을 수 있다. 예를 들어 구 특정경제범죄 가중처벌 등에 관한 법률(1990. 12. 31. 법률 제4292호로 개정된 것) 제5조 제4항 제1호에 대해서 2005년 6월 30일에 합헌결정을 내렸다가[104] 불과 10개월 후인 2006년 4월 27일에 위헌결정을 내렸다.[105] 그러나 시간적 간격이 좁거나 넓은 것은 우연적인 사정에 불과하다. 따라서 이 자체로 문제라고 볼 수는 없다. 판례 변경을 허용함으로써 발생하는 불가피한 결과이기 때문이다. 다만, 이것은 헌법재판소법 제23조 제2항 단서 제2호에 따른 판례 변경이므로, 헌법재판소는 판례를 변경하는 이유를 충분히 명시적으로 밝히는 것이 바람직하다. 그리고 헌법재판소법 제47조 제3항 단서에 비추어 위헌결정을 내릴 때는 물론이고 합헌결정을 내릴 때도 신중하여야 할 것이다.

(5) 구체적 사건에 관한 검토

① 적지 않게 발견되는, 견해를 바꾸어 형벌법규에 대해서 위헌결정을 내린 사건

헌법재판소는 여러 차례 형벌법규에 대해서 위헌결정을 내렸다. 그러한 위헌결정 중에는 과거에 합헌결정을 내렸다가 견해를 바꾸어 위헌결정을 내린 것도 적지 않다. 그러나 견해를 바꾸어 형벌법규에 대해서 위헌결정을 내렸다고 하여서 언제나 헌법재판소법 제47조 제3항 단서가 적용되는 것은 아니다. 즉 이러한 위헌결정들의 소급 시점을 정할 때 반드시 헌법재판소법 제47조 제3항 단서가 적용되지는 않는다. 따라서 이러한 위헌결정의 소급 시점을 확정할 때는 다양한 사항을 꼼꼼히 살펴볼

104) 헌재 2005. 6. 30. 2004헌바4등, 판례집 17-1, 907.
105) 헌재 2006. 4. 27. 2006헌가5, 판례집 18-1상, 491.

필요가 있다. 헌법재판소가 견해를 바꾸어 위헌결정을 내린 사건은 단순합헌결정을 내렸다가 단순위헌결정을 내린 사건과 단순합헌결정을 내렸다가 한정위헌결정을 내린 사건으로 나눌 수 있다. 이러한 구별에 따라 차례대로 구체적 사건을 검토하여 보고자 한다. 여기서는 헌법재판소법 제47조 제3항 단서의 실제 적용모습을 살핀다는 데 목적이 있으므로, 헌법재판소법 제47조 제3항 단서가 효력을 발생하기 이전 사건을 포함한 모든 사건에서 헌법재판소법 제47조 제3항 단서의 적용 가능성을 살펴보려고 한다. 즉 헌법재판소법 제47조 제3항 단서를 전제로 위헌으로 결정된 형벌법규가 소급하여 효력을 상실하는 시점을 확정해 보고자 한다.

② 단순합헌결정 내렸다가 단순위헌결정을 내린 사건

(i) 공직선거및선거부정방지법 제47조 제1항 중 앞괄호부분 등 위헌제청 사건

이 사건에서 심판 대상은 공직선거및선거부정방지법(1995. 4. 1. 법률 제4947호로 개정되고, 2000. 2. 16. 법률 제6265호로 개정되기 전의 것) 제47조 제1항 중 "(자치구·시·군의회의원선거를 제외한다)" 부분과 제84조 중 "자치구·시·군의회의원선거의 후보자" 부분의 위헌 여부이다. 이에 관해서 헌법재판소는 공직선거및선거부정방지법(1995. 4. 1. 법률 제4947호로 개정되고, 2000. 2. 16. 법률 제6265호로 개정되기 전의 것) 제84조 중 "자치구·시·군의회의원선거의 후보자" 부분은 헌법에 위반된다고 결정하였다.[106] 이와 관련하여 헌법재판소는 1999년 11월 25일에 공직선거및선거부정방지법(1995. 4. 1. 법률 제4947호로 개정된 것) 제84조 중 "자치구·시·군의회의원선거의 후보자" 부분은 헌법에 위반되지 아니한다고 합헌결정을 내린 바 있다.[107] 후소의 위헌결정에서는 "최근 지역주의가 상대적으로 약화되고, 혁신정당이 제도권 정치에 진입하고, 1인 2표의 정당명부식 비례대표제가 시행되며, 국민참여경선제 등 상향식 공천제도가 활용되기 시작하는 등 우리의 정치환경이 급속도로 발전적 변화를 이룩하는 추세에 있는 점에 비추어 볼 때"[108]라고 하여 이것이 견해 변경의 결정적 근거인지는 의심스럽지만, 어쨌든 사실관계 변화가 있음을 인정하였다. 그리고 후소의 위헌결정에서는 전소 합헌결정의 견해를 변경한다고 명시적으로 선언하였다.[109] 양 결정의 심판 대상은 전소의 합헌결정 이후에 개정된 점에 비추어 같다. 그리고 양 결정의 실제 심사내용도 실질적 측면에서 같다. 따라서 헌재 2003. 1. 30. 2001헌가4 사건

106) 헌재 2003. 1. 30. 2001헌가4, 판례집 15-1, 7.
107) 헌재 1999. 11. 25. 99헌바28, 판례집 11-2, 543.
108) 헌재 2003. 1. 30. 2001헌가4, 판례집 15-1, 7, 18.
109) 헌재 2003. 1. 30. 2001헌가4, 판례집 15-1, 7, 22.

의 위헌결정은 헌법재판소법 제47조 제3항 단서에 따라 전소 합헌결정의 다음 날인 1999년 11월 26일 0시까지 소급한다.

(ii) 특정범죄가중처벌등에관한법률 제11조 제1항 위헌소원 사건

이 사건에서 심판 대상은 특정범죄가중처벌등에관한법률 제11조 제1항 중 마약류관리에관한법률(2000. 1. 12. 법률 제6146호로 개정된 것) 제58조 제1항 제1호 가운데 "매수" 및 "판매목적소지"에 관한 부분의 위헌 여부이다. 이에 관해서 헌법재판소는 특정범죄가중처벌등에관한법률(2000. 1. 12. 법률 제6146호로 개정된 것) 제11조 제1항 중 마약류관리에관한법률 제58조 제1항 제1호 소정의 "매수" 및 "판매목적소지"에 관한 부분은 헌법에 위반된다고 선언하였다.[110] 이와 관련하여 헌법재판소는 1995년 4월 20일 특정범죄가중처벌등에관한법률 제11조 제1항 및 구 마약법 제60조 제1항(1993.12.27. 법률 제4632호로 개정되기 전의 것)은 모두 헌법에 위반되지 아니한다고 하였다.[111] 후소의 위헌결정에서는 "앞에서 본 바와 같이, 우리나라 마약류범죄에 있어서 1980년대 이후에는 마약사범이 차지하는 양적인 비율이나 질적인 위험성의 정도가 과거보다 현저히 저하되었고, 검찰이나 법원에서 향정사범에 비해 마약사범을 상대적으로 관대하게 처분하는 것으로 나타나는 것도 이러한 양상을 반증하는 것이라 하겠다. 외국산 마약류의 밀반입에 있어서도 반입건수별, 반입량별 점유비율에 있어서 여전히 메스암페타민 등 향정사범이 압도적이며, 마약사범의 경우는 그 비율이 비교적 적게 나타나고 있다. 그렇다면, 마약류 자체가 가지는 위험성의 측면이나 우리 사회에서 차지하고 있는 비중에 있어서도 향정사범과 달리 마약사범에 대하여만 가중을 하여야 할 정도로 마약이 향정신성의약품에 비해 더욱 위험하다고 볼 수는 없으며, 범죄의 실태와 검찰에서의 기소율이나 형사재판의 결과 등을 감안하고 마약류 규제법규의 연혁을 살펴보면 마약사범만을 가중하여야 할 합리적 근거를 찾아보기 어렵다고 할 것이다."[112]라고 하여 사실관계 변화가 있음을 밝혔다. 그리고 후소의 위헌결정에서는 전소 합헌결정의 견해를 바꾼다고 명시하였다.[113] 양 결정의 심판 대상은 다를 뿐 아니라 후소의 심판 대상은 전소의 합헌결정 이후에 개정된 것이어서 전소의 합헌결정은 후소의 위헌결정에 아무런 영향을 미치지 못한다. 따라서 이 사건에는 헌법재판소법 제47조 제3항 단서가 적용될 수 없다. 그러므로 후소의 위헌결정은 심판 대상에 맞추어 개정 시점인 2000년 1월 12일 0시로 소급하여야 한

110) 헌재 2003. 11. 27. 2002헌바24, 판례집 15-2하, 242.
111) 헌재 1995. 4. 20. 91헌바11, 판례집 7-1, 478
112) 헌재 2003. 11. 27. 2002헌바24, 판례집 15-2하, 242, 256-257.
113) 헌재 2003. 11. 27. 2002헌바24, 판례집 15-2하, 242, 257.

다. 하지만 심판 대상의 시행일이 2000년 7월 1일이다. 결국, 후소 위헌결정의 효력은 2000년 7월 1일 0시로 소급한다.

(iii) 폭력행위등처벌에관한법률 제3조 제2항 위헌제청 사건

이 사건에서 심판 대상은 폭력행위등처벌에관한법률(1990. 12. 31. 법률 제4294호로 개정된 것) 제3조 제2항 중 "야간에 흉기 기타 위험한 물건을 휴대하여 형법 제283조 제1항(협박)의 죄를 범한 자" 부분의 위헌 여부이다. 이에 대해서 헌법재판소는 폭력행위등처벌에관한법률(1990. 12. 31. 법률 제4294호로 개정된 것) 제3조 제2항 중 "야간에 흉기 기타 위험한 물건을 휴대하여 형법 제283조 제1항(협박)의 죄를 범한 자" 부분은 헌법에 위반된다고 선언하였다.[114] 이와 관련하여 헌법재판소는 1995년 3월 23일에 폭력행위등처벌에관한법률(1961.6.20. 법률 제625로 제정되고 1990.12.31. 법률 제4294호 개정된 것) 제3조 제2항은 헌법에 위반되지 아니한다고 결정하였다.[115] 후소의 위헌결정에서는 "야간의 폭력행위는 범행, 증거인멸 및 도피가 용이하고 피해가 증대되며, 야간에 있어서의 일반인의 휴식을 깨뜨리거나 심리적 불안을 조성할 가능성이 큰 것이 사실이다. 그러나 폭처법이 제정될 때와는 달리 오늘날 우리 사회는 이미 도시화가 이루어진 산업사회로 접어들어 야간의 생활활동이 빈번해졌기 때문에, 범죄행위가 야간에 이루어졌다는 이유만으로 사회구성원의 평온을 해하는 정도가 일률적으로 주간보다 크다고 할 수는 없다."[116]라고 하여 사실관계가 달라졌음을 확인하였다. 그리고 후소의 위헌결정에서는 전소 합헌결정의 견해를 변경한다는 것을 명시하였다.[117] 양 결정의 심판 대상은 같다. 그리고 실제 심사한 내용을 살펴보아도 양 결정에서 큰 차이가 없다. 따라서 여기에는 헌법재판소법 제47조 제3항 단서가 적용된다. 결국, 후소 위헌결정의 효력은 헌법재판소법 제47조 제3항 단서에 따라 1995년 3월 24일 0시로 소급한다.

(iv) 특정경제범죄가중처벌등에관한 법률 제5조 제4항 제1호 등 위헌제청 사건

이 사건에서 심판 대상은 특정경제범죄가중처벌등에관한법률(1990. 12. 31. 법률 제4292호로 개정되고, 2004. 12. 31. 법률 제7311호로 개정되기 전의 것) 제5조 제4항 중 제1호 및 제2호 부분이 위헌인지이다. 이에 대해서 헌법재판소는 특정경제범죄가중처벌등에관한법률(1990. 12. 31. 법률 제4292호로 개정되고, 2004. 12. 31. 법률 제7311호로 개정되기 전의 것) 제5조 제4항 중 제1호 및 제2호 부분은 헌법에 위반된다고 선언하였

114) 헌재 2004. 12. 16. 2003헌가12, 판례집 16-2하, 446.
115) 헌재 1995. 3. 23. 94헌가4, 판례집 7-1, 342.
116) 헌재 2004. 12. 16. 2003헌가12, 판례집 16-2하, 446, 458.
117) 헌재 2004. 12. 16. 2003헌가12, 판례집 16-2하, 446, 460.

다.[118] 이와 관련하여 헌법재판소는 2005년 6월 30일에 특정경제범죄가중처벌등에관한법률(1990. 12. 31. 법률 제4292호로 개정된 것) 제5조 제4항 제1호는 헌법에 위반되지 아니한다고 결정하였다.[119] 후소의 위헌결정에서는 "이 사건 법률조항도 예외는 아니어서 금융기관 임·직원의 수재죄의 통계적 수치는 정권 교체나 수사 당국의 의지에 따라 다소의 변동만 있을 뿐 오히려 증가하는 추세이다."[120]라고 하여 이전에 확인하지 못하였던 특정한 사실을 확인하였고, "공무원의 수뢰행위에 대하여 이 사건 법률조항과 동일하게 수뢰액을 기준으로 가중처벌할 것을 규정하고 있던 구 특가법 제2조 제1항이 개정됨에 따라 금융기관의 임·직원으로서는 일정한 경우에는 오히려 공무원보다도 더 중한 법정형으로 처벌되는 불합리한 결과가 발생하게 되었"[121]다고 하여 법적 상황도 바뀌었음을 밝혔다. 그리고 후소 위헌결정에서는 전소 합헌결정의 견해를 변경하였음을 명시하였다.[122] 후소의 심판 대상과 관련하여 특정경제범죄가중처벌등에관한법률은 2004년 12월 31일에 개정되기는 하였지만, 그 시행일은 2005년 7월 1일이었다. 그리고 전소의 심판 대상과 관련하여 1990년 12월 31일에 개정된 것 이외에 다른 표시가 없으므로, 개정 시점부터 선고 시점의 해당 법률 전체를 전소의 심판 대상으로 보아야 할 것이다. 따라서 후소 심판 대상이 시행되기 전인 2005년 6월 30일에 내려진 전소 합헌결정의 심판 대상은 특정경제범죄가중처벌등에관한법률 제5조 제4항 제1호에 대해서는 후소 위헌결정의 심판 대상과 같다. 그리고 심사한 내용에서도 차이를 발견할 수 없다. 따라서 여기에는 헌법재판소법 제47조 제3항 단서가 적용된다. 결국, 후소 위헌결정의 효력은 헌법재판소법 제47조 제3항 단서에 따라 2005년 7월 1일 0시로 소급한다.

참고로 대법원은 "형벌조항의 경우에도 그것이 제정이나 개정 이후의 시대적·사회적 상황의 변화로 말미암아 비로소 위헌적인 것으로 평가받는 경우에는 위헌결정의 전면적인 소급효를 인정하는 것이 오히려 사법적 정의에 현저히 반하는 결과를 초래할 수 있으므로, 헌법재판소법 제47조 제2항 단서의 규정에도 불구하고 그 소급효를 제한할 필요성이 있음은 비형벌조항의 경우와 크게 다르지 않다. 특히 동일한 형벌조항에 대하여 과거 헌법재판소의 결정에 의하여 그 조항의 합헌성이 선언된 일이 있음에도 불구하고 그 후의 사회상황의 변화에 따른 사정변경 때문에 새

118) 헌재 2006. 4. 27. 2006헌가5, 판례집 18-1상, 491.
119) 헌재 2005. 6. 30. 2004헌바4등, 판례집 17-1, 907.
120) 헌재 2006. 4. 27. 2006헌가5, 판례집 18-1상, 491, 499.
121) 헌재 2006. 4. 27. 2006헌가5, 판례집 18-1상, 491, 501.
122) 헌재 2006. 4. 27. 2006헌가5, 판례집 18-1상, 491, 502.

로 위헌으로 결정된 경우에는 더욱 그러하다. 다만, 형벌조항에 대한 위헌결정의 경우 죄형법정주의 등 헌법과 형사법하에서 형벌이 가지는 특수성으로 인하여 위헌결정의 소급효와 그에 따른 재심청구권을 명시적으로 규정한 법률의 문언에 반하여 해석으로 그 소급효 및 피고인의 재심에 관한 권리를 제한하는 것은 어렵고, 그에 따른 현저한 불합리는 결국 입법에 의하여 해결할 수밖에 없다."라고 하면서 "이 사건에서 구 특경법 제5조 제4항 제1호의 가중처벌조항은 헌법재판소 2006. 4. 27. 선고 2006헌가5 결정에서 위헌으로 선언되었으므로 헌법재판소법 제47조 제2항 단서에 의하여 소급하여 그 효력을 상실하였는바, 비록 그에 앞서 헌법재판소 2005. 6. 30. 선고 2004헌바4, 2005헌바44(병합) 결정에서 동일한 조항이 합헌으로 선언된 일이 있고, 위 위헌결정이 그 후에 발생한 관련 법률의 개정 등 외부적 사정변경을 이유로 한 것이라 해도 법률상 달리 볼 수는 없다."라고 하였다.[123] 이것을 따르면 대법원은 헌법재판소가 위헌으로 결정된 형벌법규는 제정 시점이나 개정 시점으로 소급한다는 전제 아래 소급효 제한의 필요성을 인정하면서도 이러한 제한은 오로지 입법을 통해서만 가능하다고 하면서 헌법재판소가 위헌결정을 내리기 전에 합헌결정을 내린 적이 있다는 것에 아무런 법적 의미를 부여하지 않는다.

(ⅴ) 형법 제304조 위헌소원 사건

이 사건의 심판 대상은 형법 제304조(1953. 9. 18. 법률 제293호로 제정되고, 1995. 12. 29. 법률 제5057호로 개정된 것) 중 "혼인을 빙자하여 음행의 상습없는 부녀를 기망하여 간음한 자" 부분의 위헌 여부이다. 이에 대해서 헌법재판소는 형법 제304조(1953. 9. 18. 법률 제293호로 제정되고, 1995. 12. 29. 법률 제5057호로 개정된 것) 중 "혼인을 빙자하여 음행의 상습없는 부녀를 기망하여 간음한 자" 부분은 헌법에 위반된다고 선언하였다.[124] 이와 관련하여 헌법재판소는 2002년 10월 31일에 형법 제304조(1953. 9. 18. 법률 제293호로 제정되고, 1995. 12. 29. 법률 제5057호로 개정된 것)는 헌법에 위반되지 아니한다고 선언하였다.[125] 후소의 위헌결정에서는 '국민 일반의 법감정의 변화'라는 제목 아래 "최근의 우리 사회는 급속한 개인주의적·성개방적인 사고의 확산에 따라 성과 사랑은 법으로 통제할 사항이 아닌 사적인 문제라는 인식이 커져 가고 있으며, 전통적 성도덕의 유지라는 사회적 법익 못지 않게 성적자기결정권의 자유로운 행사라는 개인적 법익이 더한층 중요시되는 사회로 변해가고 있다. 성의 개

123) 대법원 2011. 4. 14. 선고 2010도5606 판결.

124) 헌재 2009. 11. 26. 2008헌바58등, 판례집 21-2하, 520.

125) 헌재 2002. 10. 31. 99헌바40등, 판례집 14-2, 390.

방풍조는 선진 국제사회의 변화추이에 따라, 이젠 우리 사회에서도 막을 수 없는 사회변화의 대세가 되었고 그것을 용인할 수밖에 없게 된 것이다. 결혼을 약속하였다고 하여 혼전 성관계를 맺은 여성의 착오가 국가의 형벌권에 의하여 보호될 수 있는 법익에 포함되기 위해서는, 우리 사회에 아직도 한번의 혼전 성관계가 여성에게는 곧 결혼을 의미하는 성풍속이 존재한다거나 아니면 한번의 경솔한 혼전 성관계도 여성에게는 정상적인 결혼이나 사회생활을 가로막는 결정적 장애라는 사회적 인식이 존재한다는 것이 전제되어야 하는데, 위에서 본 바와 같이 결혼과 성에 관한 국민의 법의식에 많은 변화가 생겨나 여성의 착오에 의한 혼전 성관계를 형사 법률이 적극적으로 보호해야 할 필요성은 이미 미미해졌다고 보지 않을 수 없다. 더욱이 다양한 가치관이 존재하는 오늘날의 다원적 사회에서, 혼전 성관계의 동기 중 어떠한 동기가 특히 비난할 여지가 있는 것인가(예컨대, 혼인을 빙자한 간음, 직위를 빙자한 간음, 재산을 빙자한 간음 등)에 관하여도 사회적으로 이를 판단할 수 있는 객관적인 기준이 존재한다고 보기 어렵기 때문에, 혼전 성행위를 유발하는 빙자의 방법과 관련하여 혼인빙자에 의한 간음으로부터만 여성을 보호하고자 하는 것은 더 이상 국가의 과제가 아니라 할 것이다. 결국, "교활한 무기를 사용하여 순결한 성을 짓밟고 유린하는 남성"과 "성의 순결성을 믿고 있는 여성" 간의 대립항은 21세기 한국 사회에서는 더 이상 통용되기 어려워졌다고 할 것이다."[126]라고 하여 사실관계가 바뀌었음을 명확하게 확인하였다. 그리고 후소의 위헌결정에서는 전소 합헌결정의 견해를 바꾸었음을 명시하였다.[127] 주문에 드러난 전소 합헌결정의 심판 대상은 후소 위헌결정의 심판 대상보다 넓다. 그러나 헌법재판소는 심판 대상을 확정하면서 청구인들에 대하여 적용된 공소사실은 '혼인빙자에 의한 간음행위'에 국한되므로, '기타 위계로써' 부분은 이 사건 심판 대상에서 제외한다고 명시하였다.[128] 따라서 양자의 심판 대상은 같다. 그리고 양 결정의 심사내용도 다르지 않다. 따라서 여기에는 헌법재판소법 제47조 제3항 단서가 적용된다. 결국, 후소 위헌결정의 효력은 헌법재판소법 제47조 제3항 단서를 따라서 2002년 11월 1일 0시까지 소급한다.

(vi) 형법 제241조 위헌소원 등 사건

이 사건의 심판 대상은 형법(1953. 9. 18. 법률 제293호로 제정된 것) 제241조 전체가 헌법에 위반되는 지이다. 이에 관해서 헌법재판소는 형법(1953. 9. 18. 법률 제293호

126) 헌재 2009. 11. 26. 2008헌바58등, 판례집 21-2하, 520, 532-533.
127) 헌재 2009. 11. 26. 2008헌바58등, 판례집 21-2하, 520, 536.
128) 헌재 2002. 10. 31. 99헌바40등, 판례집 14-2, 390, 394.

로 제정된 것) 제241조는 헌법에 위반된다고 선언하였다.[129)] 이와 관련하여 형법 제241조에 대해서 헌법재판소가 이미 4차례에 걸쳐 헌법에 위반되지 않는 결정을 선고하였다.[130)] 이 중 2008년 10월 30일 마지막 합헌결정에서 헌법재판소는 형법(1953. 9. 18. 법률 제293호로 제정된 것) 제241조는 헌법에 위반되지 아니한다고 하였다.[131)] 후소의 위헌결정에서는 간통행위에 대한 국민의 의식 변화라는 제목 아래 "우리 사회에서 혼인한 남녀의 정조유지가 전통윤리로 확립되어 있었고, 일부일처제의 유지와 부부간의 정조의무 역시 도덕기준의 하나로 정립되어 왔다. 그러나 최근 전통적인 가족 구조 및 가족 구성원의 역할이나 지위에 대한 인식이 변화하고 있고, 급속한 개인주의 및 성개방적 사고가 확산됨에 따라 결혼과 성에 대한 인식도 바뀌어 가고 있다. 성과 사랑은 형벌로 통제할 사항이 아닌 개인에게 맡겨야 하는 문제로서 부부간의 정조의무를 위반한 행위가 비도덕적이기는 하나, 법으로 처벌할 사항은 아니라는 것이다. 또한, 오늘날 우리 사회는 가치판단에 있어서 전통적인 성도덕의 유지 내지 부부간 정조의무 보호라는 법익 못지않게 성적 자기결정권을 자유롭게 행사하는 것이 개인의 존엄과 행복추구의 측면에서 더한층 중요하게 고려되는 사회로 변해가고 있다는 점도 무시할 수 없다. 이러한 사회 구조의 변화, 결혼과 성에 관한 국민의 의식 변화, 그리고 성적 자기결정권을 보다 중요시하는 인식의 확산에 따라, 배우자 있는 사람이 배우자 아닌 사람과 성관계를 하였다고 하여 이를 국가가 형벌로 다스리는 것이 적정한지에 대해서는 이제 더 이상 국민의 인식이 일치한다고 보기 어렵게 되었다."[132)]라고 하고, "과거 우리 사회에서 간통죄의 존재가 여성을 보호하는 역할을 수행하였던 것은 부인할 수 없다. 우리 사회에서 여성은 사회적·경제적 약자였고 간통행위는 주로 남성에 의하여 이루어졌으므로, 간통죄의 존재가 남성들로 하여금 간통행위에 이르지 않도록 심리적 억제작용을 하였고, 나아가 여성 배우자가 간통고소를 취소하는 조건으로 남성 배우자로부터 위자료나 재산분할을 받아내는 경제적 기능을 수행하였다. 그러나 오늘날 우리 사회의 변화는 간통죄의 위와 같은 존재이유를 상당 부분 상실하도록 하였다. 우선 여성의 사회적·경제적 활동이 활발하여 짐에 따라 여성의 생활능력과 경제적 능력이 향상됨으로써, 여성이 언제나 경제적 약자라는 전제가 적용되지 않게 되었다. 또한, 1990. 1. 13. 민법이 개정됨에

129) 헌재 2015. 2. 26. 2009헌바17등, 공보 221, 349.

130) 헌재 1990. 9. 10. 89헌마82, 판례집 2, 306; 헌재 1993. 3. 11. 90헌가70, 판례집 5-1, 18; 헌재 2001. 10. 25. 2000헌바60, 판례집 13-2, 480; 헌재 2008. 10. 30. 2007헌가17등, 판례집 20-2상, 696.

131) 헌재 2008. 10. 30. 2007헌가17등, 판례집 20-2상, 696.

132) 헌재 2015. 2. 26. 2009헌바17등, 공보 221, 349, 352-353.

따라, 부부가 이혼을 하는 경우 재산분할청구권이 부여되는 한편, 자녀에 대한 친권도 남녀 차별 없이 평등하게 보장되었다. 즉, 민법상 처의 재산분할청구권이 인정되고 주부의 가사노동도 재산형성에 대한 기여로 인정되어 이혼 후의 생활토대를 마련할 수 있는 제도가 마련되었고, 부부의 이혼 시 위자료를 통한 손해배상청구권이 현실화되었으며, 양육비의 청구 등으로 자녀의 양육이 가능하게 된 것이다."[133]라고 하여 사실관계 변화가 있었음을 확인하였다. 그러나 후소의 위헌결정에서는 전소 합헌결정의 견해를 바꾼다는 것을 명시하지 않았다. 전소 합헌결정과 후소 위헌결정의 심판 대상은 정확하게 일치한다. 그리고 양 결정의 심사내용도 다르지 않다. 따라서 여기에는 헌법재판소법 제47조 제3항 단서가 적용된다. 결국, 후소 위헌결정의 소급효는 헌법재판소법 제47조 제3항 단서를 따라서 마지막 합헌결정이 내려진 2008년 10월 30일의 다음 날인 2008년 10월 31일까지 미친다.

(vii) 특정범죄 가중처벌 등에 관한 법률 제5조의4 제1항 위헌제청 사건

이 사건에서 심판 대상은 특정범죄 가중처벌 등에 관한 법률(2010. 3. 31. 법률 제10210호로 개정된 것) 제5조의4 제1항 중 형법 제329조에 관한 부분, 제5조의4 제1항 중 형법 제329조의 미수죄에 관한 부분, 제5조의4 제4항 중 형법 제363조 가운데 형법 제362조 제1항의 '취득'에 관한 부분이 헌법에 위반되는 지이다. 이에 관해서 헌법재판소는 특정범죄 가중처벌 등에 관한 법률(2010. 3. 31. 법률 제10210호로 개정된 것) 제5조의4 제1항 중 형법 제329조에 관한 부분, 같은 법률 제5조의4 제1항 중 형법 제329조의 미수죄에 관한 부분, 같은 법률 제5조의4 제4항 중 형법 제363조 가운데 형법 제362조 제1항의 '취득'에 관한 부분은 헌법에 위반된다고 선언하였다.[134] 이와 관련하여 헌법재판소는 1995년 3월 23일에 구 특정범죄가중처벌등에관한법률(1980. 12. 18. 법률 제3280호로 개정되고, 2010. 3. 31. 법률 제10210호로 개정되기 전의 것) 제5조의4 제1항이 헌법에 위배되지 않는다고 판시한 바 있다.[135] 후소의 위헌결정에서는 전소 합헌결정의 견해를 바뀐다고 명시하기는 하였으나,[136] 사정변경과 관련한 내용은 찾을 수 없다. 양 결정의 심판 대상은 다를 뿐 아니라 후소 위헌결정의 심판 대상은 2010년 3월 31일에 개정된 법률이라서 그 시점을 넘어 소급할 수 없으므로 1995년 3월 23일에 내려진 전소의 합헌결정과 충돌할 가능성이 없다. 따라서 헌법재판소법 제47조 제3항 단서가 적용되지 않는다. 결국, 후소 위헌결정의 효력은 2010

133) 헌재 2015. 2. 26. 2009헌바17등, 공보 221, 349, 354.
134) 헌재 2015. 2. 26. 2014헌가16등, 공보 221, 346.
135) 헌재 1995. 3. 23. 93헌바59, 판례집 7-1, 388.
136) 헌재 2015. 2. 26. 2014헌가16등, 공보 221, 346, 349.

년 3월 31일 0시까지 미친다.

(viii) 특정범죄 가중처벌 등에 관한 법률 제5조의4 제6항 위헌소원 사건

이 사건에서 심판 대상은 '특정범죄 가중처벌 등에 관한 법률'(2010. 3. 31. 법률 제10210호로 개정된 것) 제5조의4 제6항 중 '제1항 또는 제2항의 죄로 두 번 이상 실형을 선고받고 그 집행이 끝나거나 면제된 후 3년 이내에 다시 제1항 중 형법 제329조에 관한 부분의 죄를 범한 경우에는 그 죄에 대하여 정한 형의 단기의 2배까지 가중한다.' 부분이 헌법에 위반되는 지이다. 이에 대해서 헌법재판소는 특정범죄 가중처벌 등에 관한 법률(2010. 3. 31. 법률 제10210호로 개정된 것) 제5조의4 제6항 중 '제1항 또는 제2항의 죄로 두 번 이상 실형을 선고받고 그 집행이 끝나거나 면제된 후 3년 이내에 다시 제1항 중 형법 제329조에 관한 부분의 죄를 범한 경우에는 그 죄에 대하여 정한 형의 단기의 2배까지 가중한다.'라는 부분은 헌법에 위반된다고 선언하였다.[137) 이와 관련하여 헌법재판소는 2012년 5월 31일에 '특정범죄 가중처벌 등에 관한 법률'(2010. 3. 31. 법률 제10210호로 개정된 것) 제5조의4 제6항 중 '제1항 또는 제2항의 죄로 두 번 이상 실형을 선고받고 그 집행이 끝나거나 면제된 후 3년 이내에 다시 제1항의 죄를 범한 경우에는 그 죄에 대하여 정한 형의 단기의 2배까지 가중한다.'라는 부분은 헌법에 위반되지 아니한다고 판시한 바 있다.[138) 후소의 위헌결정에서는 물론 후소의 심판 대상 일부에 대해서 위헌결정을 내렸던 헌법재판소 결정[139)에서도 사정변경과 관련한 내용은 찾을 수 없다. 전소 합헌결정과 후소 위헌결정의 심판 대상은 정확하게 일치한다. 그러나 전소 합헌결정에서는 책임과 형벌 간의 비례원칙 위반 여부와 형벌체계상 균형성 상실 여부나 평등원칙 위반 여부를 심사하였지만, 후소 위헌결정에서는 죄형법정원칙 중의 명확성원칙 위배 여부를 심사하여 심사내용이 다르다. 따라서 두 결정은 서로 충돌하지 않는다. 결국, 후소 위헌결정의 효력은 개정일인 2010년 3월 31일 0시까지 미친다.

③ 단순합헌결정 내렸다가 한정위헌결정을 내린 사건

(i) 공직선거법 제86조 제1항 제2호 등 위헌 확인 사건

이 사건에서 심판 대상은 공직선거법(2005. 8. 4. 법률 제7681호로 개정된 것) 제86조 제1항 제2호, 제255조 제1항 제10호 중 '제86조 제1항 제2호' 부분이 기본권을 침해하는지이다. 이에 대해서 헌법재판소는 공직선거법(2005. 8. 4. 법률 제7681호로 개정된 것)

137) 헌재 2015. 11. 26. 2013헌바343, 판례집 27-2하, 174.
138) 헌재 2012. 5. 31. 2011헌바98등, 판례집 24-1하, 458.
139) 헌재 2015. 2. 26. 2014헌가16등, 판례집 27-1상, 13.

제86조 제1항 제2호, 제255조 제1항 제10호 중 '제86조 제1항 제2호' 부분은 공무원의 지위를 이용하지 아니한 행위에 대하여 적용하는 한 헌법에 위반된다고 하여 한정위헌결정을 내렸다.[140] 이와 관련하여 헌법재판소는 2005년 6월 30일에 공직선거및선거부정방지법(2004. 3. 12. 법률 제7189호로 개정된 것) 제86조 제1항 제2호와 제255조 제1항 제10호는 헌법에 위반되지 아니한다고 선언하였다.[141] 후소의 한정위헌결정에서 전소 합헌결정의 견해를 변경한다고 명시하기는 하였지만,[142] 사정변경과 관련한 내용은 찾을 수 없다. 후소 위헌결정의 심판 대상은 전소 합헌결정 이후에 개정된 법률이다. 따라서 전소의 합헌결정과 후소의 한정위헌결정은 충돌하지 않는다. 결국, 후소 한정위헌결정의 소급효는 심판 대상이 개정된 2005년 8월 4일까지 미친다.

(ii) 교통사고처리특례법 제4조 제1항 등 위헌 확인 사건

이 사건의 심판 대상은 교통사고처리특례법(2003. 5. 29. 법률 제6891호로 개정된 것) 제4조 제1항 본문 중 교통사고로 말미암아 업무상과실치상죄 또는 중과실치상죄(도로교통법위반죄 부분은 제외)를 범한 차의 운전자에 대해서 공소를 제기할 수 없도록 한 부분이 청구인들의 기본권을 침해하였는지이다. 이에 대해서 헌법재판소는 교통사고처리특례법(2003. 5. 29. 법률 제6891호로 개정된 것) 제4조 제1항 본문 중 업무상과실 또는 중대한 과실로 인한 교통사고로 말미암아 피해자로 하여금 중상해에 이르게 한 경우에 공소를 제기할 수 없도록 규정한 부분은 헌법에 위반된다고 하여 한정위헌결정을 내렸다.[143] 이와 관련하여 헌법재판소는 1997년 1월 16일에 교통사고처리특례법(1984. 8. 4. 법률 제3744호로 개정되고, 1997. 8. 30. 법률 제5480호로 개정되기 전의 것) 제4조 제1항이 청구인들의 기본권을 침해하였는지에 관한 헌법소원에서 기각결정을 내렸다.[144] 후소 한정위헌결정에서는 전소 합헌결정의 견해를 변경함을 명시하였으나,[145] 사정변경에 관한 내용은 찾을 수 없다. 심판 대상인 교통사고처리특례법(2003. 5. 29. 법률 제6891호로 개정된 것) 제4조 제1항 본문은 불처벌의 특례를 규정한 것이어서 당사자에게 유리한 내용을 담고 있다. 따라서 이에 대한 위헌결정에 따른 해당 법률 효력의 소급 상실은 당사자에게 불이익한 결과를 낳는다. 그래서 해당 법률에 위헌결정이 내려져도 그 효력은 소급하여 상실하지 않는다. 즉 후소 한정위헌

140) 헌재 2008. 5. 29. 2006헌마1096, 판례집 20-1하, 270.
141) 헌재 2005. 6. 30. 2004헌바33, 판례집 17-1, 927.
142) 헌재 2008. 5. 29. 2006헌마1096, 판례집 20-1하, 270, 283.
143) 헌재 2009. 2. 26. 2005헌마764등, 판례집 21-1상, 156.
144) 헌재 1997. 1. 16. 90헌마110등, 판례집 9-1, 90.
145) 헌재 2009. 2. 26. 2005헌마764등, 판례집 21-1상, 156, 178-179.

결정에서는 소급효가 발생하지 않는다. 후소 한정위헌결정에서도 "이 사건 법률조항에 대하여 위헌선언을 하더라도 그 소급효는 인정되지 아니"[146)]한다고 하였다. 그리고 후소 한정위헌결정의 심판 대상은 전소 합헌결정 이후에 개정된 법률이다. 따라서 전소의 합헌결정과 후소의 한정위헌결정은 심판 대상이 달라서 충돌하지도 않는다.

(iii) 공직선거법 제93조 제1항 등 위헌 확인 사건

이 사건의 심판 대상은 구 공직선거법(2005. 8. 4. 법률 제7681호로 개정되고, 2010. 1. 25. 법률 제9974호로 개정되기 전의 것) 제93조 제1항 본문 중 '기타 이와 유사한 것' 부분과 공직선거법(2010. 1. 25. 법률 제9974호로 개정된 것) 제93조 제1항 본문 중 '그 밖에 이와 유사한 것' 부분 및 공직선거법(2005. 8. 4. 법률 제7681호로 개정된 것) 제255조 제2항 제5호 중 제93조 제1항의 '기타 이와 유사한 것' 또는 '그 밖에 이와 유사한 것' 부분이 청구인들의 기본권을 침해하여 헌법에 위반되는 지이다. 이에 대해서 헌법재판소는 구 공직선거법(2005. 8. 4. 법률 제7681호로 개정되고 2010. 1. 25. 법률 제9974호로 개정되기 전의 것) 제93조 제1항 및 공직선거법(2005. 8. 4. 법률 제7681호로 개정된 것) 제255조 제2항 제5호 중 제93조 제1항의 각 '기타 이와 유사한 것'과 공직선거법(2010. 1. 25. 법률 제9974호로 개정된 것) 제93조 제1항 및 공직선거법(2005. 8. 4. 법률 제7681호로 개정된 것) 제255조 제2항 제5호 중 제93조 제1항의 각 '그 밖에 이와 유사한 것'에, '정보통신망을 이용하여 인터넷 홈페이지 또는 그 게시판·대화방 등에 글이나 동영상 등 정보를 게시하거나 전자우편을 전송하는 방법'이 포함되는 것으로 해석하는 한 헌법에 위반된다고 한정위헌결정을 내렸다.[147)] 이와 관련하여 헌법재판소는 '구 공직선거 및 선거부정방지법'(1997. 11. 14. 법률 제5412호로 개정된 것) 제93조 제1항에 대한 위헌소원사건[148)]에서 합헌결정을 선고한 이래 다수의 위헌소원사건에서 각 합헌결정을 선고한 바 있다.[149)] 이 중 2009년 7월 30일 마지막 합헌결정에서 공직선거법(2005. 8. 4. 법률 제7681호로 개정된 것) 제93조 제1항 중 '기타 이와 유사한 것' 부분이 청구인의 기본권을 침해하여 헌법에 위반되는지에 관한 헌법소원에서 기각결정을 내렸다.[150)] 후소의 한정위헌결정에서는 "선례들의 구체적 사안을 살펴보

146) 헌재 2009. 2. 26. 2005헌마764등, 판례집 21-1상, 156, 171.

147) 헌재 2011. 12. 29. 2007헌마1001등, 판례집 23-2하, 739.

148) 헌재 2001. 8. 30. 99헌바92등, 판례집 13-2, 174.

149) 헌재 2001. 10. 25. 2000헌마193, 판례집 13-2, 526; 헌재 2001. 12. 20. 2000헌바96등, 판례집 13-2, 830; 헌재 2002. 5. 30. 2001헌바58, 판례집 14-1, 499; 헌재 2006. 5. 25. 2005헌바15, 공보 116, 803; 헌재 2007. 1. 17. 2004헌바82, 판례집 19-1, 1; 헌재 2008. 10. 30. 2005헌바32, 판례집 20-2상, 750; 헌재 2009. 2. 26. 2006헌마626, 판례집 21-1상, 211; 헌재 2009. 5. 28. 2007헌바24, 판례집 21-1하, 599; 헌재 2009. 7. 30. 2007헌마718, 판례집 21-2상, 311.

면, 이 사건 금지조항을 포함한 이 사건 법률조항의 논의 중심이 후보자나 후보자가 되고자 하는 자의 오프라인 상의 선거운동을 제한하는 데서부터 일반유권자의 인터넷 상 정치적 의사표현을 규제하는 쪽으로 점차 이동하고 있는 것으로 보인다. 앞의 사건들은 모두 후보자나 후보자가 되고자 하는 자가 오프라인 상의 선거운동과 관련하여 제기한 것인 반면, 마지막 2007헌마718 사건은 일반유권자가 이 사건 금지조항에 의한 UCC의 제작·배포 금지는 정치적 표현의 자유를 침해하는 것이라고 주장하며 제기한 것이었다. 이 사건에서 청구인들이 다투는 것도, 일반유권자 또는 일반국민이 선거일 전 180일부터 선거일까지 정당 또는 후보자를 지지·추천하거나 반대하는 내용을 인터넷에 게시하는 행위가 이 사건 금지조항에 의하여 금지되고, 이를 위반하는 경우 이 사건 처벌조항에 의하여 처벌을 받게 되는 것의 위헌성을 주장하는 취지이다. 이는, 이 사건 금지조항 자체는 변함 없이 유지되고 있는 가운데서도, 공직선거법의 개정으로 예비후보자 제도가 도입되고 후보자 또는 후보자가 되고자 하는 자에게 허용되는 인터넷 선거운동의 범위가 확대되어 온 반면, 우리 사회의 민주화 추세로 국민의 정치적 표현 욕구가 증대하고, 인터넷 매체의 급속한 발전, 보급 및 휴대전화 단말기로 인터넷에 접속할 수 있는 모바일 웹의 개발 등으로 인터넷 상의 표현이 대중화, 일반화되고 있는데도 불구하고, 이를 반영하는 입법조치가 이루어지지 않은 채 기존 오프라인 시대에 후보자들의 선거운동을 규제하기 위하여 도입되었던 이 사건 법률규정이 인터넷 공간에 그대로 적용되고 있음으로써 발생한 문제라고 보이며, 따라서 이 사건 법률규정을 둘러싼 헌법적 쟁점을 새롭게 검토할 필요성이 있음을 의미한다 할 것이다."[151]라고 하고 "그런데 위와 같은 해석을 전제로 하여, 그렇다면 과연 그러한 규제가 헌법적으로 정당화될 수 있는 것인지에 대한 논란이 끊이지 않고 있다. 이러한 논란은, 인터넷이라는 매체가 이 사건 법률조항이 최초로 도입될 당시에는 전혀 예상하지 못했던 새로운 매체일 뿐만 아니라, 이 사건 금지조항에서 예시하고 있는 기존 오프라인 시대의 의사전달 매체들과는 뚜렷이 대비되는 특성을 지니고 있기 때문이다."[152]라고 하여 사실관계 변화를 인정하였다. 그리고 전소 합헌결정의 견해를 변경하였다고 명확하게 지적하였다.[153] 전소에서는 해당 심판 대상이 개정되기 전에 기각결정이 내려진 것이므로, 전소 기각결정과 후소 한정위헌결정의 심판 대상은 구 공직선거법(2005. 8. 4. 법률 제7681호로 개정되고,

150) 헌재 2009. 7. 30. 2007헌마718, 판례집 21-2상, 311.
151) 헌재 2011. 12. 29. 2007헌마1001등, 판례집 23-2하, 739, 752-753.
152) 헌재 2011. 12. 29. 2007헌마1001등, 판례집 23-2하, 739, 754-755.
153) 헌재 2011. 12. 29. 2007헌마1001등, 판례집 23-2하, 739, 764.

2010. 1. 25. 법률 제9974호로 개정되기 전의 것) 제93조 제1항 본문 중 '기타 이와 유사한 것' 부분에 대해서는 같다. 그러나 후소에서는 '정보통신망을 이용하여 인터넷 홈페이지 또는 그 게시판·대화방 등에 글이나 동영상 등 정보를 게시하거나 전자우편을 전송하는 방법'이 포함되는 것으로 해석하는 한 위헌이라고 하였고, 전소에서는 'UCC(이용자제작콘텐츠)'의 배포에 국한하여 심사하였다. 따라서 구체적 측면에서 후소의 심판 대상이 전소의 심판 대상보다 크다. 결국, 헌법재판소법 제47조 제3항 단서가 적용되는 것은 전소의 실질적 심판 대상인 'UCC(이용자제작콘텐츠)'의 배포에 국한한다. 그리고 양 결정의 심사내용도 다르지 않다. 따라서 후소의 한정위헌결정 중에서 구 공직선거법(2005. 8. 4. 법률 제7681호로 개정되고, 2010. 1. 25. 법률 제9974호로 개정되기 전의 것) 제93조 제1항 본문 중 '기타 이와 유사한 것' 부분에 관한 것의 소급효는 'UCC(이용자제작콘텐츠)'의 배포에 한해서 헌법재판소법 제47조 제3항 단서를 따라 2009년 7월 31일 0시까지 미친다.

④ 평가

과거에 합헌결정을 내렸다가 견해를 바꾸어 위헌결정을 내릴 때 헌법재판소는 위헌으로 결정된 형벌법규가 어느 시점까지 소급하여 효력을 상실하는지에 관해서 침묵한다. 그리고 이때 헌법재판소는 거의 예외 없이 사정변경에 관한 언급을 빼놓지 않는다. 그러나 이러한 위헌결정에서 사정변경과 관련한 언급은 중요이유가 아니라 방론에 불과하다. 즉 사정변경에 관한 언급을 빼더라도 결정주문을 근거 지우는 데 아무런 장애가 없다. 특히 사정변경에 관한 언급 중에서 사정변경이 발생한 시점을 확정할 수 있거나 특정 시점에 사정변경이 일어나지 않았거나 사정변경이 일어난 상태라는 것을 확인시키는 것은 찾아볼 수 없다. 이러한 점에서 이러한 위헌결정에서 사정변경은 위헌으로 결정된 형벌법규가 효력을 상실하는 소급 시점을 확정하는 데 아무런 의미가 없다. 더하여 헌법재판소는 이러한 위헌결정에서 대부분 선례변경을 명시하면서도 선례를 바꾸는 이유를 충실하게 제시하지 않고 선례를 바꾸는 구체적 범위를 명시하지도 않는다. 선례 인용이 논증책임을 면제시켜준다는 점에서 이러한 헌법재판소의 태도는 적절하지 않다고 생각한다.

VII. 소결 : 한국 헌법에 근거한 헌법재판소법 제47조 제2항과 제3항의 해석

헌법적으로 정당화할 수 없는 선이해에 따른 해석이 불필요한 문제를 야기하는 때가 종종 있다. 헌법적 근거 없는 선이해 때문에 해석이 조문의 문언에서 벗어나 잘못된 결론을 도출하고 이로 말미암아 발생하는 문제점을 해결하기 위해서 또다시 문구가 왜곡되는 악순환이 발생할 수도 있다. 헌법재판소법 제47조 제2항과 제3항도 이러한 경우 중의 하나로 볼 수도 있다. 한국 법학이 계수법학이라는 한계 때문에 외국의 판례나 이론을 참고하는 것은 거의 필수적이다. 그러나 외국의 판례나 이론은 어디까지나 참고일 뿐 그것이 결론을 대신할 수는 없다. 한국법이 외국 판례나 이론의 단순한 번역이 아닐 뿐 아니라 한국 법현실과 외국 법현실 사이에는 무시할 수 없는 간극이 있기 때문이다. 따라서 한국 법학의 중심에는 언제나 한국 실정법과 한국 법현실이 있어야 한다. 이러한 바탕 아래에서 헌법적 근거 없는 선이해를 배제하고 조문 표현에 충실하게 헌법재판소법 제47조 제2항과 제3항을 해석하면 기존 견해에서 발생하는 문제가 눈녹듯 사라지는 결과가 도출될 수도 있다. 그리고 헌법재판소의 위헌결정이 위헌법률의 효력을 상실시킬 뿐이지 법률을 폐지하는 것이 아니므로, 헌법재판소의 규범통제가 입법행위가 아니라는 점이 명백해져서 헌법재판소는 소극적 입법자라는 의심에서 쉽게 벗어날 수 있다. 또한, 법률의 껍데기는 여전히 존재한다는 점에서 단순위헌결정과 한정위헌결정이나 한정합헌결정의 외형적 차이가 사라져 이들 변형결정을 인정하는 것이 쉽게 되고, 헌법불합치결정에서 법률의 형식적 존속이라는 설명도 별도로 할 필요가 없게 되며, 헌법불합치결정의 효과를 설명하는 것도 쉬워질 수도 있다.

Chapter

09

위헌법률에 근거한 행정처분의 효력

I. 입법적으로 명확하게 해결되지 않은 위헌법률에 근거한 행정처분의 효력

헌법재판소가 위헌으로 결정한 법률이나 법률조항은 형벌법규를 제외하고는 그 결정이 있는 날부터 효력을 상실한다(헌법재판소법 제47조 제2항과 제3항). 그에 따라 모든 국가기관은 위헌으로 확인된 법률을 더는 적용하지 못한다. 그러나 헌법재판소법은 위헌법률의 효력 상실에 따른 법적 관계를 어떻게 처리할 것인지에 관해서는 위헌법률에 근거한 유죄의 확정판결에 대해서 재심 청구를 허용한다는 것만 규정할 뿐이다(헌법재판소법 제47조 제4항). 이와 관련하여 위헌법률(정확하게는 위헌이라고 주장되는 법률)에 근거한 행정처분에 대한 무효 확인의 소를 제기하고 그 소송 계속 중에 해당 법률에 대한 위헌여부심판이 제청되거나 제청 신청이 기각되고 나서 신청한 당사자가 해당 법률에 대한 헌법소원심판을 청구하였을 때, 그 행정처분에 대한 제소기간이 지나 존속력[1)]이 발생하였다면, 근거법률의 위헌 여부가 재판의 전제가 되는지를 판단하기 위해서 위헌법률에 근거한 행정처분을 무효로 볼 것인지 아니면 그러한 행정처분은 취소대상에 불과한 것인지가 문제 된다. 해당 행정처분이 취소대상에 불과하고 그에 존속력이 발생하였다면 근거법률에 대한 위헌결정이 그 행정처분의 효력에 영향을 미칠 수 없어서 재판의 전제성을 인정할 수 없는 결과를 낳을 수도 있기 때문이다. 여기서 문제가 되는 것은 행정처분이 내려지고 나서 근거법률에 대해서 헌법재판소가 위헌결정을 내렸으나(혹은 헌법재판소가 위헌결정을 내리기 전에) 취소의 소를 제기할 수 있는 기간이 지났을 때이다. 위헌결정이 내려지고 나서 발령된 행정처분이 무효라는 점에 관해서는 이론이 없고, 위헌결정 이전에 내려진 행정처분에 관한 취소의 소를 제기할 수 있는 기간이 지나지 않거나 제기한 취소의 소가 계속 중인 때는 무효와 취소 사이에 아무런 차이가 없어서 논의의 실익이 없기 때문이다.

위헌법률에 근거한 행정처분과 관련하여 실무에서 세 가지가 문제 된다. 구체적으로 먼저 ① 위헌법률에 근거한 행정처분은 무효인지 아니면 취소대상에 불과한 것인지, 다음 ② 법률에 근거한 행정처분에 대하여 소를 제기하여 다투면서 해당 법률의 위헌성에 관한 헌법재판소 판단을 구하면 이러한 청구에서 재판의 전제성이 인

1) 행정처분의 불가쟁력을 가리킨다. 이에 대해서는 '확정력'이라는 용어도 사용된다. 하지만 이것은 재판의 효력인 '확정력'과 혼동될 수 있다. 따라서 행정처분에는 '존속력'이라는 용어를 사용하여 재판의 효력인 '확정력'과 구별하는 것이 타당하다고 생각한다. 참고로 독일어에서도 행정처분의 존속력(Bestandskraft)은 재판의 확정력(Rechtskraft)과 다른 단어를 쓴다.

정되는지, 끝으로 ③ 위헌법률에 근거한 행정처분에 존속력이 발생하였을 때 그 후속 행정처분의 효력이 어떻게 되는지이다. 이러한 문제는 위헌결정에 따른 위헌법률의 효력 상실이라는 효력이 위헌결정이 선고된 시점 이전에 내려진 행정처분에도 미친다는 것을 전제한다.

Ⅱ. 위헌결정에 따른 위헌법률의 효력 상실과 그 위헌법률에 근거한 행정처분의 효력

1. 위헌법률에 근거한 행정처분은 무효인가? 아니면 취소대상인가?

일반적으로 행정법학계에서는 형식요건을 갖추어 성립한 행정처분에 하자가 있을 때, 그 하자를 무효사유와 취소사유로 나눈다. 행정처분으로서 외형을 갖추었으나, 그 효력이 전혀 없는 행정처분을 무효인 행정처분이라고 하고, 성립에 하자가 있는데도 공정력으로 말미암아 권한이 있는 기관인 행정청이나 법원의 취소가 있을 때까지 유효한 행정처분을 취소할 수 있는 행정처분이라고 한다. 이러한 구분에 기초하여 위헌법률에 근거한 행정처분은 무효인 행정처분인지 아니면 취소할 수 있는 행정처분에 불과한 것인지가 다투어진다. 여기서는 해당 행정처분의 근거법률에 대하여 헌법재판소가 위헌결정을 내려서 위헌임이 확정된 것을 전제한다. 이와 관련하여 먼저 위헌법률에 근거한 행정처분의 효력을 일반적인 행정법이론에 따라 결정할 수 있는지 아니면 헌법이나 헌법재판소법을 통해서 독자적으로 판단하여야 하는지가 문제 된다. 즉 위헌법률에 근거한 행정처분의 하자를 행정처분의 일반적인 하자에 포함할 수 있는지 아니면 행정처분의 특별한 하자로 별도로 다루어야 하는지가 논란이 된다. 이것은 중대명백설을 일반적으로 수용할 것인지에 관한 다툼으로 구체화한다. 여기서 주의할 것은 위헌법률에 근거한 행정처분이 무효인지 아니면 취소대상인지는 헌법재판소가 아니라 해당 사건을 재판하는 법원이 판단할 사항이라는 것이다.[2)]

2) 헌재 1999. 9. 16. 92헌바9, 판례집 11-2, 262, 270; 헌재 2007. 10. 4. 2005헌바71, 판례집 19-2, 377, 387; 헌재 2010. 9. 30. 2009헌바101, 판례집 22-2상, 651, 657; 헌재 2014. 1. 28. 2010헌바251, 판례집 26-1상, 1, 7 참조.

2. 판례

(1) 헌법재판소

헌법재판소는 판례나 통설은 행정처분이 당연무효인지는 그 행정처분의 하자가 중대하고 명백한지에 따라 결정된다고 보지만, 행정처분의 근거가 되는 법규범이 상위법규범에 위반되어 무효인지는 그것이 헌법재판소나 대법원이 유권적으로 확정하기 전에는 누구에게도 명백한 것이라고 할 수 없어서 원칙적으로 당연무효사유에는 해당할 수 없다고 한다. 그러나 행정처분 자체의 효력이 제소기간이 지나고 나서도 존속 중인 때, 특히 그 처분이 위헌법률에 근거하여 내려진 것이고 그 행정처분의 목적을 달성하려면 후행 행정처분이 필요한데 후행 행정처분은 아직 이루어지지 않은 때, 그 행정처분을 무효로 하더라도 법적 안정성을 크게 해치지 않지만, 그 하자가 중대하여 그 구제가 필요하면 그 예외를 인정하여 이를 당연무효사유로 보아서 제소기간이 지나고 나서도 무효 확인을 구할 수 있는 것이라고 보아야 할 것이라고 한다.[3]

그러나 예외적으로 무효를 인정하는 헌법재판소의 견해가 일관성 있게 관철되는지는 의문이다. 즉 헌법재판소는 "두 개 이상의 행정처분이 연속적으로 행하여지는 경우 선행처분과 후행처분이 서로 독립하여 별개의 법률효과를 목적으로 하는 때에는 선행처분에 불가쟁력이 생겨 그 효력을 다툴 수 없게 된 경우에 선행처분의 하자가 중대하고 명백하여 당연무효인 경우를 제외하고는 선행처분의 하자를 이유로 후행처분의 효력을 다툴 수 없는 것이 원칙이라고 할 것이고(대법원 1994. 1. 25. 선고 93누8542 판결 참조), 조세의 부과처분과 압류 등의 체납처분은 별개의 행정처분으로서 독립성을 가지므로 부과처분에 하자가 있더라도 그 부과처분이 취소되지 아니하는 한 그 부과처분에 의한 체납처분은 위법이라고 할 수는 없다(대법원 1987. 9. 22. 선고 87누383 판결; 1988. 6. 28. 선고 87누1009 판결 참조). 따라서 설령 이 사건 각 부과처분의 근거법률이 위헌이라고 하더라도 그 위헌성이 명백하다는 등 특별한 사정이 있다고 볼 자료가 없는 한 위 각 부과처분에는 취소할 수 있는 하자가 있음에 불과하"[4]다고 하여 예외적인 무효사유가 있는데도 해당 처분을 취소할 수 있는 행정처분으로 본 예가 있다.

(2) 대법원

대법원은 법률에 근거하여 행정처분이 내려지고 나서 그 행정처분의 근거가 된

---

3) 헌재 1994. 6. 30. 92헌바23, 판례집 6-1, 592, 604-605; 헌재 2001. 9. 27. 2001헌바38, 공보 61, 930, 932-933.

4) 헌재 2004. 1. 29. 2002헌바73, 판례집 16-1, 103, 109.

법률을 헌법재판소가 위헌으로 결정하였다면, 결과적으로 행정처분은 법률의 근거가 없이 내려진 것과 마찬가지가 되어 하자 있는 것이 되나, 하자 있는 행정처분이 당연무효가 되려면 하자가 중대할 뿐 아니라 명백한 것이어야 하는데, 일반적으로 법률이 헌법에 위반된다는 사정은 헌법재판소가 위헌결정을 내리기 전에는 객관적으로 명백한 것이라고는 할 수 없어서, 헌법재판소의 위헌결정 전에 행정처분의 근거가 되는 해당 법률이 헌법에 위반된다는 사유는 특별한 사정이 없으면 그 행정처분 취소를 구하는 소의 전제가 될 수 있을 뿐이고 당연무효사유는 아니라고 보는 것이 타당하다고 한다. 만일 이와는 달리 위헌인 법률에 근거한 행정처분이 일반적으로 당연무효라고 한다면 이것은 법적 안정성을 크게 위협하는 결과를 초래하여서 법치국가원리에 비추어 보더라도 부당하다고 하지 않을 수 없다고 한다.[5] 여기서 특별한 사정이 있는 때를 법령의 위헌이나 위법이 명백한 때를 뜻한다고 볼 수 있다는 견해가 있다.[6] 그러나 법령의 위헌이나 위법이 명백하면 중대명백설을 따라서 해당 행정처분은 무효가 된다는 점에서 이러한 사유를 특별한 사정으로 보기는 어렵다.

대법원은 국가보위입법회의법 부칙 제4항에 따른 면직처분과 관련한 사건에서 위헌법률에 근거한 행정처분을 계속 무효로 보았다.[7] 그러나 이러한 사건들은 1980년 헌법 부칙 제6조 제3항 때문에 제소 자체가 금지되어 그 처분의 취소를 구하는 것 자체가 불가능하였던 특수한 경우라서 이것을 일반화하기는 어렵다.[8]

(3) 평가

① 일치하지 않는 헌법재판소와 대법원의 견해

위헌법률에 근거한 처분은 그 근거법률의 위헌성이 객관적으로 명백하다고 볼

---

5) 대법원 1994. 10. 28. 선고 92누9463 판결(공1994하, 3139); 대법원 1994. 10. 28. 선고 93다41860 판결(공1994하, 3109); 대법원 1995. 3. 3. 선고 92다55770 판결(공1995상, 1550); 대법원 1995. 9. 26. 선고 94다54160 판결(공1995하, 3519); 대법원 1995. 12. 5. 선고 95다39137 판결(공1996상, 206); 대법원 1996. 6. 11. 선고 96누1689 판결(공1996하, 2246); 대법원 1998. 4. 10. 선고 96다52359 판결(집46-1, 168; 공1998상, 1267); 대법원 2001. 3. 23. 선고 98두5583 판결(공2001상, 1032); 대법원 2002. 11. 8. 선고 2001두3181 판결(공2003상, 75); 대법원 2009. 5. 14. 선고 2007두16202 판결.

6) **박균성**, 『행정법론(상)(제17판)』, 박영사, 2018, 427~428쪽.

7) 대법원 1991. 6. 28. 선고 90누9346 판결(집39-3, 479; 공1991, 2056); 대법원 1993. 1. 15. 선고 91누5747 판결(공1993상, 735); 대법원 1993. 2. 26. 선고 92누12247 판결(공1993상, 1100); 대법원 1996. 7. 12. 선고 94다52195 판결(공1996하, 2462).

8) 같은 견해: **김인현**, 「근거법률의 위헌결정과 행정처분의 효력」, 『군사법론집』 제2집, 공군본부, 1995, 142쪽; **윤진수**, 「행정처분 무효확인청구가 기판력에 저촉되는 경우 근거법률의 위헌결정이 무효확인청구에 미치는 영향」, 『법조』 제43권 제3호(통권 제450호), 법조협회, 1994. 3., 152쪽.

수 없어서 원칙적으로 당연무효가 아니라 취소대상에 불과하다고 보면서 예외적으로 무효로 볼 가능성을 인정한다는 점에서 헌법재판소와 대법원은 같다. 이것은 위헌법률에 근거한 행정처분의 효력을 일반적인 행정법이론, 즉 중대명백설을 따라서 판단하는 것이다. 그러나 예외적으로 무효로 보는 때를 구체적으로 살펴보면 양자의 견해가 반드시 일치한다고 보기 어렵다. 즉 헌법재판소는 해당 행정처분의 목적을 달성하려면 후행 행정처분이 필요한데 후행 행정처분은 아직 이루어지지 않은 것을 전제로 법적 안정성을 해치지 않고 하자가 중대하여 구제가 필요하면 해당 행정처분을 당연무효로 볼 수 있다고 한다. 그와 비교해서 대법원은 특별한 사정이 있으면 해당 행정처분을 무효로 볼 수 있다고 한다. 물론 헌법재판소가 말하는 사유를 대법원이 말하는 특별한 사정으로 볼 수도 있으나, 대법원이 그러한 것을 명시적으로 긍정한 예가 없을 뿐 아니라 특별한 사정의 의미를 특정한 하나의 요건에 국한하는 것은 의미론적 측면에서 어렵다고 생각한다.

대법원과 헌법재판소의 의견 불일치에 관해서는 위헌법률에 근거한 처분이 당연무효로 인정될 요건에 관한 판단에 따라 제소기간 경과로 말미암아 소송기회가 차단되는지가 달라지고, 이러한 불일치에 따른 법적 불확실성 부담은 결국 행정기관과 국민에 돌아간다는 점에서 문제라는 비판이 있다.[9)]

② 헌법재판소와 대법원의 견해에 대한 비판

(i) 위헌법률에 근거한 행정처분은 단순히 법률에 근거가 없는 행정처분이 아니라 헌법위반이라는 부정적 평가를 받은 법률에 근거한 행정처분이다. 따라서 위헌법률에 근거한 행정처분을 법률 근거 없이 내려진 행정처분과 같은 맥락에서 이해할 수 없다.[10)]

(ii) 대법원이나 헌법재판소의 유권적 결정이 있기 전에는 하자의 명백성을 인정할 수 없다고 한 것은 하자의 판단가능 시점을 처분시가 아니라 판결시로 미룸으로써 무효 주장 자체를 할 수 없게 하고, 취소소송 제기기간이 지나고 나서는 위헌법률에 따른 행정처분에 대한 법적 구제를 전면적으로 봉쇄하는 결과를 가져온다.[11)] 그리고 이것은 결국 하자의 명백성 인식기준이 재판기관의 인식수준이라는 의미이므로, 일반적인 중대명백설과 다르다. 명백성 인식은 통상인의 평균적 인식능력을

9) 김상근, 「위헌법률에 기초한 부과처분의 집행력과 구제방법」, 『조세판례백선』, 박영사, 2005, 110쪽.
10) 김유환, 「위헌법률에 근거한 행정처분의 효력」, 『행정판례연구』 제5집, 서울대학교출판부, 2000, 72쪽.
11) 김상근(주 9), 110~111쪽; 김유환(주 10), 77~78쪽.

기준으로 판단하는 것이 보통이라는 점을 고려하면 재판기관의 유권적 판단이 있기 전에는 하자의 명백성을 인정할 수 없다는 것은 타당하다고 보기 어렵다.[12]

(iii) 헌법재판소와 대법원의 견해가 토대로 하는 중대명백설에 관해서는 중대명백설은 행정처분의 무효 여부를 판단할 때 법적 안정성과 행정의 법적합성의 형량을 요구하는 준거로서, 그 자체가 행정처분을 무효로 만드는 하자를 판단하기 위한 실질적·내용적 기준을 종국적·확정적으로 제시하는 정적인 이론이라기보다는 개별 구체적 사안과 교섭하여 법관의 법적 판단에 따라 가변적 구체화를 필요로 하는 동적인 작업공식이므로, 법적 안정성 요청을 고려할 필요가 없을 때까지 명백성이 없었다는 이유로 해당 행정처분의 효력을 존속시키는 것은 법치국가원리에 비추어 정당화하기 어렵다는 비판이 있다.[13] 이 견해는 법질서 전체에 비추어 도저히 용인할 수 없는 치명적인 하자가 있는 때도 법적 안정성 요청 때문에 그 잠정적 유효성을 인정하거나 제소기간이 지났다고 종국적 유효성을 인정하는 것을 정당화하기 어렵다고 한다. 나아가 사실상 법적 안정성 요청을 고려할 필요가 없거나 제3자 권익을 침해할 여지가 없는 때도 중대명백설을 고수하여 명백성 결여를 이유로 행정처분의 효력을 유지하여야 한다면, 이것은 중대명백설의 정당성 기반이 되는 법적 안정성 요청을 부정하는 결과가 된다고 한다. 따라서 법적 안정성 및 제3자의 신뢰보호와 비교하여 처분의 침해에서 상대방을 보호할 필요가 강하게 요구되는 때는 예외적으로 하자가 중대하기만 하면 무효로 보는 것이 권리 보호 요청에 부합하고 불합리한 결과를 피하는 방법이 될 것이라고 한다.

(iv) 행정처분이 근거한 법률이 위헌인지는 헌법재판소가 위헌결정을 내리기 전에는 누구에게도 명백하지 아니하므로(그 기준에 대한 예외는 행정처분을 내리기 전 유사사건에 대한 위헌결정으로 해당 사건에 적용되는 때를 제외하고는 찾기 어려울 것이다), 그것은 당연무효가 아니라 취소사유라는 것은 다분히 의제로 볼 수 있는데, 이러한 구별 기준은 위헌결정의 효력을 관철하는 데 적절하지 않다는 견해가 있다.[14] 이 견해는 차라리 먼저 불가쟁력이나 확정력을 기준으로 위헌결정의 소급효가 미치는지, 즉 위헌결정에 영향을 받는지를 결정하고 부가적으로 그것이 법적 안정성과 개인의 권리구제 등 실질적 정의를 구체적으로 형량할 수 있다고 하는 것이 좀 더 적절하다고 한다.

---

12) **김유환**(주 10), 77쪽.

13) **황치연**, 「위헌결정의 시간적 효력」, 『헌법재판의 새로운 지평』(이강국 헌법재판소장 퇴임기념논문집), 박영사, 2013, 558~559쪽.

14) **배보윤**, 「위헌결정과 행정처분의 효력」, 『행정판례연구』 제4집, 서울대학교출판부, 1999, 95쪽.

(ⅴ) 헌법재판소는 행정처분의 목적을 달성하려면 후행 행정처분이 필요한데, 후행 행정처분이 아직 이루어지지 않으면 예외적으로 선행처분을 무효로 볼 수 있다고 한다. 이에 대해서는 선행 행정처분이 무효인지가 후행 행정처분이 내려졌는지에 따라 달라진다는 점에서 수긍하기 어렵다는 비판이 있다.[15)]

(ⅵ) 헌법재판소 견해에 대해서는 ⓐ 구체적으로 어떠한 때가 무효사유가 되어 위헌법률에 근거한 처분의 집행력을 배제할 수 있을 것인지가 불분명할 수도 있고, ⓑ 무효사유로 보아 구제해 주는 때와 취소사유로 보아 구제해 주지 않는 때의 형평 문제가 제기되며, 어느 때는 구제를 해주고 어느 때는 해주지 않는다는 형평성 문제를 통일적으로 해결하기 어렵고, ⓒ 무효사유인지 아니면 취소사유에 해당하는지는 궁극적으로 법익형량이 이루어짐으로써 판단될 것이며, 그 법익형량은 결국 구체적인 사건을 해결하는 일반 법원의 몫으로 보아야 할 것이나, 현행 법체계에서는 헌법재판소 결정의 효력에 대해서 집행력이나 실효성을 확보할 적절한 수단이 마련되지 않은 상태라서 때에 따라서는 헌법재판소 결정은 그 실체적인 의미를 찾기 어렵게 될 수도 있고, ⓓ 예외적이라도 행정처분이 위헌법률에 근거하였다는 사정을 무효사유로 보면, 부당이득반환청구권이나 원상회복청구권 등의 소멸시효가 완성되지 않는 한, 그에 대해서 권리구제를 해줄 수밖에 없을 것인데, 그로 말미암아 엄청난 법적 불안정성을 초래할 수도 있으며, ⓔ 무효사유이면 위헌결정 시점 이후에는 위헌법률에 근거한 처분의 효력을 전면 부인할 수 있겠지만, 취소사유에 해당하면 위헌법률에 근거하였는데도 그 시점 이후에 여전히 집행력을 지닐 수 있다는 비판이 있다.[16)]

3. 학설

(1) 무효설

무효설은 헌법재판소에서 위헌으로 결정한 법률은 무효이고, 이러한 무효인 법률에 근거한 행정처분은 당연히 무효라고 한다. 따라서 이러한 행정처분의 하자를 다투려면 무효 확인의 소(청구기간 제한이 없음)를 제기하면 된다고 한다. 무효설은 위헌법률에 근거한 행정처분의 효력을 일반적인 행정법이론에 따라 판단하지 않는다.

① 어떤 법률이 위헌으로 결정되기 전에는 통용력을 통해서 유효하게 적용되는

---

15) **김유환**(주 10), 78쪽; **윤진수**, 「위헌인 법률에 근거한 행정처분의 당연무효 여부」, 『법조』 제44권 제10호(통권 제469호), 법조협회, 1995. 10., 169~170쪽.

16) **남복현**, 「위헌법률에 기한 행정처분의 집행력 허용여부에 관한 검토」, 『헌법실무연구』 제1권, 박영사, 2000, 442~443쪽.

것일 뿐이고, 이러한 통용력에 따른 효력이 위헌결정으로 무효가 되면 그에 근거한 모든 국가행위는 무효가 된다는 견해가 있다.[17] 이 견해는 중대명백설을 수용할 때도 비판이 많았을 뿐 아니라 이것을 취할 때도 명백한 것인지는 위헌결정을 한 시점에 소급효에 따라서 판단되는 것이고, 위헌법률에 근거한 행정처분의 하자는 처음부터 중대할 뿐 아니라 명백한 것이라고 한다. 그리고 위헌으로 결정되기 전의 행정처분은 통용력이 있는 법률에 근거하여 내려진 것으로 행정처분이 유효한 것은 합법률성과 통용력에 기초한 것이지 하자가 명백하지 않기 때문이 아니라고 한다.

② 일정한 행정처분의 근거인 법률이 위헌법률로서 무효가 되면, 그 법률에 근거한 행정처분은 법률 근거 없이 이루어진 것이므로 법률의 근거 없이 내린 행정처분 일반과 마찬가지로 무효가 된다는 견해가 있다.[18]

③ 행정기관과 지방자치단체는 헌법재판소가 위헌으로 결정한 법률을 집행작용의 근거로 삼아서는 아니 된다고 하면서, 위헌법률에 근거한 집행작용은 효력이 없으므로 당연무효이므로, 행정소송법(제4조 제2호 및 제35조)이 정하는 무효 확인 대상이 된다는 견해도 있다.[19]

④ 하자의 명백성 요건을 유연하게 해석하여 예외적으로 무효를 인정하거나 위헌결정의 예외적 소급효를 통해서 행정처분의 무효를 인정할 수 있다는 견해가 있다.[20] 이 견해는 당연무효설에서는 존속력이 발생한 행정행위에 대해서 위헌결정의 소급효를 제한할 필요가 있을 수 있으나, 헌법재판소법 제47조 제2항에 규정된 위헌결정의 효력 발생과 관련하여 즉시효를 인정하는 해석이나 폐지(무효)설을 따르면 예외적으로 부분적 소급효를 인정할 수 있지만, 즉시효를 인정하는 해석이나 폐지(무효)설이 법적 안정성에 기초하므로 실질적 정의와 개인의 권익구제를 위해서 행정처분의 존속력에 기속될 이유가 없다고 한다. 오히려 예외적으로 소급효를 인정하여서 행정처분의 무효를 도출할 수 있다고 한다. 독일처럼 불가쟁력이 발생한 행정처분에 대해서 위헌결정의 소급효를 제한하는 명문규정이 없는데도 행정처분의 존속력을 이유로 위헌결정의 소급효를 제한할 이유는 없다고 한다. 무엇보다도 하자승계론에서

17) 정종섭, 『헌법소송법(제8판)』, 박영사, 2014, 361쪽; 같은 사람, 『헌법학원론(제12판)』, 박영사, 2018, 1541~1542쪽.
18) 이상규, 「위헌법률에 근거한 처분의 효력」, 『판례연구』 제9집, 서울지방변호사회, 1996, 30~33쪽.
19) 허 영, 『헌법소송법론(제13판)』, 박영사, 2018, 243쪽.
20) 정남철, 「법률의 위헌결정의 효력과 행정처분의 법적 효과」, 『행정판례연구』 제20집 제1호, 박영사, 2015, 143~144쪽.

볼 수 있듯이 한국에서 독일처럼 강한 행정처분의 존속력이 보장된다고 단언하기 어렵다고 한다.

(2) 취소사유설

① 중대명백설을 수용하는 견해

(ⅰ) 일반적인 행정처분처럼 위헌법률에 근거한 행정처분의 무효 여부도 중대명백설을 따라 판단하되, 중대명백설을 보완함으로써 국민의 권리구제 폭을 넓히는 것이 바람직할 것이라는 견해가 있다.[21)]

(ⅱ) 행정처분의 근거법률이 사후에 위헌으로 결정되었더라도 위헌법률에 근거하여 내려진 행정처분에 중대한 하자가 있었다고 볼 수 있지만, 처분 당시에는 근거법률이 위헌이라는 사실이 외관상 명백하다고 볼 수 없으므로 그 법률에 근거한 행정처분이 당연무효가 아니라 취소대상에 불과하다는 견해가 있다.[22)]

(ⅲ) 위헌결정 이후에 제소된 일반사건에까지 원칙적 소급효를 인정하는 대법원 판례를 유지하는 한, 소급효로 인정되는 하자의 효과에 대해서는 중대명백설을 기준으로 하여 취소사유로 보는 대법원 태도는 구체적 타당성과 법적 안정성의 조화를 도모한다는 점에서 원칙적으로 적절하다는 견해가 있다.[23)] 그러나 이 견해는 하자의 효과 정도를 모든 경우에 언제나 취소사유에 불과하다고 볼 필요는 없다고 한다. 즉 법적 안정성에 대한 침해가 적고 구체적 타당성 요청이 현저하면 헌법상 기본권보장의무와 국민의 권리구제라는 관점에서 무효사유로 인정할 수 있다고 한다.

(ⅳ) 처분을 발할 당시 시점에서 처분 근거가 된 법률이 헌법에 위반되는지는 명백한 것이 아니어서 처분에 중대한 하자가 있을 뿐이고, 명백한 하자가 있지 않아서 위헌으로 결정된 법률에 근거하여 내려진 행정처분이 당연무효가 되는 것은 아니라는 견해가 있다.[24)] 다만, 이 견해는 행정처분을 무효로 하더라도 법적 안정성을 해치지 않으면 처분을 무효로 할 수 있다고 한다.

② 개별 행위 독자성 원칙을 근거로 하는 견해

21) 이 원, 「위헌법률에 근거한 행정처분의 효력과 그 집행력의 인정여부」, 『법제연구총서』 5, 법제처, 2000, 24~25쪽.

22) 김인현(주 8), 143~144쪽.

23) 정호경, 「행정처분 발령후 근거법률이 위헌결정된 경우의 행정처분의 효력」, 『행정법연구』 제17호, 행정법이론실무학회, 2008, 104~105쪽.

24) 전광석, 『한국헌법론(제13판)』, 집현재, 2018, 827쪽.

개별 행위 독자성 원칙을 근거로 위헌법률에 근거한 행정처분을 취소대상으로 보는 견해가 있다.[25] 개별 행위 독자성 원칙은 법규범에 대해서 위헌결정이 선고되었더라도 위헌으로 결정된 법규범에 근거한 법적 행위는 위헌결정의 법적 효과가 그대로 적용되어서는 아니 된다는 원칙을 말한다.

③ 헌법재판소법 제47조 제2항의 취지를 고려하는 견해

(i) 헌법재판소법 제47조 제2항에서 법적 안정성을 우선시하여 위헌결정의 즉시효를 원칙으로 한 입법자의 의도를 고려하면 헌법재판소와 대법원의 견해가 합리적이라는 견해가 있다.[26] 다만, 이 견해는 위헌법률에 근거한 처분을 일률적으로 취소사유로만 보면 기본권 보장에서 취약성이 있으므로, 법적 안정성에 대한 침해가 적고, 하자가 중대하여 권리구제를 부인하는 것이 실질적인 정의와 형평의 원리에 어긋나면 예외적으로 당연무효사유로 볼 여지를 남겨두는 것이 기본권 보장이라는 위헌법률심판제도의 취지에 들어맞는다고 한다.

(ii) 위헌법률에 근거한 법률은 그 하자가 명백하지 않아서 무효가 되지 않는 것이 아니라 헌법재판소법 제47조 제2항 취지에 따라 법적 안정성 고려에서 원칙적으로 취소대상이지만, 그렇다고 무효 성립 가능성을 전면 부인할 수는 없다는 견해가 있다.[27]

④ 이익형량에 따라 판단하여야 한다는 견해

(i) 위헌법률에 근거한 행정행위가 무효인지는 그 법률의 위헌결정 유무, 위헌결정의 소급효 인정 여부, 인정 범위, 소급효의 본질 등의 문제를 떠나 해당 행정행위가 내포하는 위헌성의 하자와 그 인식가능한 정도, 그 밖의 제반 사정에 비추어, 그 하자 있는 행정행위를 유지할 필요성과 그 하자 있는 행정행위로 말미암은 권리·이익의 구제 필요성 중 어느 쪽을 우선하는 것이 법이념을 최대한 실현할 길인지에 관한 목적론적 관점에서 구체적으로 판단하여야 한다는 견해가 있다.[28]

---

25) **남복현**, 「위헌법률에 기한 처분의 법적 성격」, 『법률신문』 2386호, 1995. 2. 27., 15쪽; **같은 사람**, 「헌법재판소 결정의 효력과 법원의 기속」, 『공법연구』 제24집 제1호, 한국공법학회, 1996, 250쪽; **같은 사람**, 「헌법재판소 결정의 효력에 관한 쟁점 및 해결방안」, 『헌법재판소의 효력에 관한 연구』(헌법재판연구 제7권), 헌법재판소, 1996, 274~277쪽.

26) **한수웅/정태호/김하열/정문식**(정문식 집필), 『주석 헌법재판소법』, 헌법재판소 헌법재판연구원, 2015, 623~624쪽.

27) **김유환**(주 10), 81~83쪽.

28) **나 현**, 「위헌(위법)인 법률, 명령, 규칙(조례)에 근거한 행정행위의 효력」, 『사법연구자료』 제23집, 대법원 법원행정처, 1996, 395~398쪽.

(ii) 행정처분의 근거법률이 그 후 위헌결정으로 무효가 되면 법적 안정성과 구체적 타당성을 비교교량하여 구체적인 때에 따라 결정하여야 한다는 견해가 있다.[29]

4. 사견

(1) 위헌결정의 범위

위헌성이 다투어지는 법률은 헌법재판소의 위헌결정을 통해서 비로소 위헌법률로 확정된다. 따라서 위헌법률에 근거한 행정처분의 효력은 위헌결정이 내려졌음을 전제로 한다. 여기서 위헌결정은 법률의 위헌성을 확인하는 모든 헌법재판소의 종국결정을 아우른다. 따라서 위헌결정에는 단순위헌결정과 헌법불합치결정 그리고 한정위헌결정과 한정합헌결정도 포함한다.[30] 그러나 헌법재판소가 헌법불합치결정을 내리면서 계속 적용을 명령하면, 이것은 위헌법률이 개선될 때까지 해당 법률을 잠정적으로 합헌화하는 효과가 있다.[31] 그러므로 계속 적용명령에 따라 적용되는 위헌법률에 근거한 행정처분은 효력을 유지한다. 그래서 계속 적용 헌법불합치결정은 위헌결정에서 배제된다. 결국, 위헌법률에 근거한 행정처분의 효력은 단순위헌결정과 적용중지 헌법불합치결정 그리고 한정위헌결정과 한정합헌결정이 내려질 때 문제가 된다.

(2) 행정처분의 처분 시점과 위헌결정의 즉시효

행정처분의 하자를 판단하는 기준 시점은 행정처분의 발령 시점, 즉 처분 시점이다. 그런데 위헌으로 결정된 법률이나 법률조항은 위헌결정이 있는 날부터 효력을

---

29) 이기중, 「행정처분의 근거법령이 무효로 된 경우 그 행정처분의 효력」, 『판례연구』 제6집, 서울지방변호사회, 1996, 596~597쪽.

30) BVerfGE 115, 51 (64 f.); ***Ernst Benda/Eckart Klein/Oliver Klein***, Verfassungsprozessrecht, 3. Aufl., Heidelberg/München/Landsberg/Frechen/Hamburg 2012, § 39 Rdnr. 1383; ***Herbert Bethge***, Entscheidungswirkung, in: Theodor Maunz/Bruno Schmit-Bleibtreu/Franz Klein/Gerhard Ulsamer/Herbert Bethge/Karin Grasshof/Rudolf Mellinghoff/Jochen Rozek, Bundesverfassungsgerichtsgesetz - Kommentar, Bd. 2, München 2018 (Stand: Januar 2017), § 79 Rdnr. 18, 45 f., 49, 59; ***Malte Graßhof***, Wirkung der Entscheidung, in: Christian Burkiczak/Franz-Wilhelm Dollinger/Frank Schorkopf (Hrsg.), Bundesverfassungsgerichtsgesetz – Heidelberger Kommentar, Heidelberg 2015, § 79 Rdnr. 6; ***Udo Steiner***, Wirkung der Entscheidungen des Bundesverfassungsgerichs auf rechtskräftige und unanfechtbare Entscheidungen (§ 79 BVerfGG), in: Christian Starck (Hrsg.), Bundesverfassungsgericht und Grundgesetz: Festgabe aus Anlaß des 25jährigen Bestehens des Bundesverfassungsgerichts – Verfassungsgerichtsbarkeit, Bd. 1, Tübingen 1976, S. 631 参조.

31) ***Ernst Benda/Eckart Klein/Oliver Klein*** (Anm. 30), § 39 Rdnr. 1383; ***Herbert Bethge*** (Anm. 30), § 79 Rdnr. 59; ***Malte Graßhof*** (Anm. 30), § 79 Rdnr. 6 참조.

상실한다(헌법재판소법 제47조 제2항: 즉시효). 근거법률에 대한 위헌결정에 소급효가 인정되지 않고 오로지 앞날을 향해서만 위헌의 효력이 인정된다면, 해당 행정처분은 처분 시점을 기준으로는 합헌인 유효한 법률에 근거한 처분이었으므로, 적어도 근거법률의 위헌성과 관련한 행정처분의 하자문제가 생기지 않는 것이 아닌지 하는 의문이 생길 수 있다.

그러나 먼저 헌법재판소는 근거법률의 위헌성을 창조하는 것이 아니라 근거법률에 이미 있는 위헌성을 확인할 뿐이다. 따라서 근거법률의 위헌성은 (처분을 내린 시점 이후에 위헌성이 후발적으로 발생하지 않았다면) 처분을 내린 시점에 이미 있는 것이고, 다만 헌법재판소가 그 위헌성을 확인하였을 때 근거법률이 효력을 상실하여 더는 재판의 근거규범이 될 수 없을 뿐이다. 즉 위헌법률에 근거한 행정처분은 처분 시점에 이미 위헌법률에 따라 내려진 것이지만, 그러한 사실이 나중에 확인되었을 따름이다. 헌법은 법률로 규율되어야 하는 사항을 규정할 때(예를 들어 제2조, 제7조 제2항, 제8조 제3항, 제37조 제2항 등)도 있지만, 법률을 규정짓는 사항이나 대상을 규정하지 않는다. 오로지 법률을 제정하는 주체와 법률제정절차를 규정할 뿐이다(헌법 제40조, 제52조, 제53조). 이러한 점에 비추어 (형식적) 법률이란 국회가 헌법과 법률이 정한 절차를 따라 법률의 형식으로 제정한 법규범을 말한다(헌법 제40조, 제52조, 제53조). 따라서 법률은 형식적 요건만 갖추면 (그 내용과 상관없이 일단) 법률로서 효력이 있다. 그래서 헌법재판소가 근거법률의 위헌성을 확인하기 전까지 근거법률은 잠정적으로 효력을 유지하는 것에 불과하다. 결국, 헌법재판소법 제47조 제2항에 따른 위헌결정의 즉시효가 위헌법률과 그에 근거한 행정처분의 하자를 분리하지 않는다. 문제는 위헌법률에 근거한 행정처분의 하자를 사법적으로 다툴 수 있는지이다. 위헌법률에 근거한 행정처분의 하자가 해당 행정처분을 무효로 만들어도 이것은 사법적으로 확인되었을 때 비로소 해당 행정처분의 효력을 제거할 수 있기 때문이다. 결국, 위헌법률에 근거한 행정처분의 효력은 해당 행정처분을 사법적으로 다투거나 최소한 다툴 가능성이 있을 때 문제가 된다. 이것은 헌법 제107조 제1항이 헌법재판소가 법률의 위헌성을 심사하려면 해당 법률이 헌법에 어긋나는지가 재판의 전제가 되어야 한다고 규정한 점에서 명확하게 드러난다.

(3) 법적 안정성을 강조하는 헌법재판소법 제47조 제2항

위헌법률에 근거한 국가행위가 모두 제거되어야 하는 것은 아니다. 실질적 정의뿐 아니라 법적 안정성도 법치국가원리의 이념이기 때문이다. 법치국가는 법적 안정성과 실질적 정의의 조화에 기초한다. 그런데 헌법은 법적 안정성과 실질적 정의를 어떻게 조화시킬 것인지에 관해서 일반적으로 결정하지 않았다. 따라서 먼저 입법자가 법률을 통해서 구체적 상황에 맞추어 법적 안정성과 실질적 정의를 조화시키는 문제를 해결한다.

헌법재판소가 위헌성을 확인한 법률의 효력 문제와 관련하여 입법자는 헌법재판소법 제47조 제2항에서는 법적 안정성을 중시하는 해결방법을, 같은 조 제3항에서는 실질적 정의를 중시하는 해결방법을 각각 선택하였다. 즉 헌법재판소법 제47조 제2항은 비형벌조항에 대해서 실질적 정의보다 법적 안정성을 더 강조하는 입법적 결단을 내렸다. 이것은 위헌법률로 말미암아 불이익을 당하는 모든 사람이 법적으로 구제되는 것은 아니라는 것을 뜻한다. 이것은 당사자의 신청을 전제로 당사자를 구제하는 사법의 소극성에서 비롯하는 자명한 사실이다. 특히 재판의 전제성을 요구하는 위헌법률심판(헌법 제107조 제1항)은 위헌법률과 관련된 모든 사건을 일률적으로 해결할 수 없어서 이미 옹근(완벽한) 권리구제를 전제하지 않는다. 이러한 법적 안정성 관점에서 위헌법률에 근거한 행정처분을 당연히 무효로 보기는 어렵다. 즉 법률이 법적 안정성을 실질적 정의보다 우위에 두는 한 위헌법률에 근거한 행정처분은 취소대상으로 추정하는 것이 타당하다. 이것은 위헌법률에 근거한 행정처분을 당연히 무효라고 보면, 이로 말미암은 법적 불안정성을 제거하기 위한 특별한 규율(예를 들어 독일 연방헌법재판소법 제79조 제2항)이 있어야 하는데, 이러한 특별한 규율을 헌법재판소법에서는 찾아볼 수 없다는 점에서도 확인할 수 있다. 더하여 구체적 규범통제의 특성에 비추어 위헌법률에 근거한 행정처분을 당연무효로 보기는 어렵다. 위헌법률에 근거한 행정처분이 당연무효라면 당사자는 행정처분이 내려진 시점과 관계없이 언제나 그에 대한 무효 확인의 소를 제기하여 헌법재판소에 그 근거법률의 위헌 여부를 물을 수 있게 된다. 이것은 재판의 전제성 요구를 통해서 위헌규범에 근거한 법질서일지라도 예외적으로만 바로잡도록 한 구체적 규범통제의 취지에 어긋난다. 위헌법률에 근거한 행정처분은 언제 무효가 되어 효력을 상실할 것인지를 도무지 예측할 수 없기 때문이다.

(4) 자기집행력이 있는 법률

자기집행력이 있는 법률에서는 명령과 집행이 동시에 일어난다. 이러한 법률에서는 법적용적 국가기능을 통한 (추가적) 집행이 필요하지 않다.[32] 따라서 이러한 법률에 따른 행정처분은 법률 내용을 확인하는 것에 그치므로, 여기서 문제가 되는 것

32) ***Herbert Bethge*** (Anm. 30), § 79 Rdnr. 76.

은 행정처분이 아니라 해당 법률 자체이다. 그래서 이때는 행정처분의 효력이 아니라 법률 자체의 효력이 문제 된다. 즉 여기서는 위헌법률에 근거한 행정처분이 아니라 위헌법률 자체가 문제 된다. 따라서 이러한 문제는 헌법재판소법 제47조 제2항과 제3항에 따라서 해결된다. 자기집행력이 있는 법률이 위헌으로 선언되어 효력을 상실하면 해당 행정처분은 해당 법률이 효력을 상실하는 시점부터 없는 것이 된다. 예를 들어 법률이 특정한 행정처분이 있는 것으로 의제할 때 해당 법률이 위헌으로 선언되어 효력을 상실하면 그때부터 의제된 행정처분 자체는 없는 것이 된다.[33] 즉 행정처분이 있는 것으로 의제하는 법률이 효력을 상실하면 그 행정처분은 무효가 되거나 취소대상이 되는 것이 아니라 부존재에 해당한다. 결국, 자기집행력이 있는 법률은 위헌법률에 근거한 행정처분과 관련하여 근거법률이 될 수 없다.

(5) 확정판결의 확정력을 배제할 가능성을 인정하는 입법적 예외

위헌법률에 근거한 행정처분의 효력을 다루는 중요한 이유 중 하나는 이러한 행정처분이 취소대상이 되는 것에 그치면 근거법률에 대해서 헌법재판소가 위헌결정을 내리기 전에 해당 행정처분에 대한 판결이 확정되었을 때 헌법재판소가 해당 법률에 대해서 위헌결정을 내려도 당사자는 권리구제를 받을 가능성이 사라진다는 점이다. 그런데 헌법재판소가 위헌결정을 내리면 위헌으로 결정된 법률에 근거하여 확정된 판결의 확정력을 배제할 기회를 주는 예외적인 법률규정이 있다. 이러한 때는 위헌법률에 근거한 행정처분이 당연무효인지 아니면 취소대상인지와 상관없이 해당 행정처분의 효력을 배제할 수 있다.

① 유죄의 확정판결에 따른 행정처분

위헌으로 결정된 법률이나 법률조항에 근거한 유죄의 확정판결은 재심 대상이 된다(헌법재판소법 제47조 제4항). 재심 청구에는 형 집행을 정지하는 효력이 없다. 따라서 헌법재판소의 위헌결정은 유죄의 확정판결에 따른 행정처분(형집행처분)에 아무런 영향을 미치지 않는다. 다만, 관할 법원에 대응하는 검찰청 검사는 재심 청구에 대한 재판이 있을 때까지 형 집행을 정지할 수 있다(형사소송법 제428조). 일단 유죄의 확정판결이 확정되면 판결 집행 전에는 물론 판결 집행 중에도 재심을 청구할 수 있다. 판결 집행이 종료되고 나서도 재심을 청구할 수 있다. 재심을 통해서 무죄가 확정되면 종전 유죄의 확정판결은 효력을 상실한다. 따라서 형 집행 전이면 형을 집행할 수

33) 같은 견해: 헌재 2014. 1. 28. 2010헌바251, 판례집 26-1상, 1, 14 재판관 이정미, 재판관 김이수, 재판관 이진성, 재판관 강일원의 반대의견.

없게 되고, 형 집행 중이면 형 집행이 중단된다. 그리고 형이 일부나 전부 집행되면 당사자는 형사보상을 청구할 수 있다(헌법 제28조).

② 헌법재판소법 제75조 제7항에 따른 재심 허용

헌법재판소법 제68조 제2항에 따른 헌법소원이 제기되어도 재판이 정지되지 않는다. 그래서 행정처분의 근거법률에 대한 헌법재판소법 제68조 제2항에 따른 헌법소원이 인용되었을 때 해당 사건에 대한 재판이 확정될 수 있다. 이때 당사자는 이러한 확정판결에 대해서 재심을 청구할 수 있다(헌법재판소법 제75조 제7항). 당사자에게만 재심을 청구할 기회를 주는 것과 관련하여 헌법재판소는 재심은 확정판결에 대한 특별한 불복방법이고, 확정판결에 대한 법적 안정성 요청은 미확정판결에 대한 그것보다 훨씬 크다고 할 것이므로 재심을 청구할 권리가 헌법 제27조에서 규정한 재판을 받을 권리에 당연히 포함된다고 할 수 없고, 심판 대상 법조항에 따른 재심청구 혜택은 일정한 적법요건 아래 헌법재판소법 제68조 제2항에 따른 헌법소원을 제기하여 인용된 자에게는 누구에게나 일반적으로 인정되는 것이고, 헌법소원심판청구 기회가 규범적으로 균등하게 보장되므로, 심판 대상 법조항이 헌법재판소법 제68조 제2항에 따른 헌법소원을 제기하여 인용결정을 받지 않은 사람에게는 재심 기회를 부여하지 않는다고 하여 청구인의 재판청구권이나 평등권, 재산권과 행복추구권을 침해하였다고는 볼 수 없다고 하였다.[34] 헌법재판소법 제68조 제2항에 따른 헌법소원 계속 중 심판 대상이 된 법률조항이 다른 사건에서 이미 위헌으로 결정되면 헌법재판소는 그 법률조항이 위헌임을 확인하는 결정을 내려서[35] 당사자에게 재심청구 기회를 부여한다.

③ 재판소원의 예외적 허용

헌법재판소는 헌법재판소가 위헌으로 결정하여 그 효력을 상실한 법률을 적용함으로써 국민의 기본권을 침해하는 재판에 대해서는 예외적으로 재판소원을 허용한다.[36] 이러한 재판소원을 인용할 때 헌법재판소는 법률을 위헌이라고 선언하면서 그에 근거한 행정처분을 취소할 수 있다(헌법재판소법 제75조 제3항).[37]

---

34) 헌재 2000. 6. 29. 99헌바66, 판례집 12-1, 848, 864-868.
35) 헌재 1999. 6. 24. 96헌바67, 판례집 11-1, 729; 헌재 2012. 7. 26. 2009헌바35등, 판례집 24-2상, 7.
36) 헌재 1997. 12. 24. 96헌마172등, 판례집 9-2, 842, 859.
37) 헌재 1997. 12. 24. 96헌마172등, 판례집 9-2, 842, 865-867.

(6) 원칙적으로 취소대상인 위헌법률에 근거한 행정처분

위헌으로 결정된 법률은 위헌결정이 있는 날부터 효력을 상실한다(헌법재판소법 제47조 제2항). 예외적으로 형벌에 관한 법률이나 법률조항은 소급하여 효력을 상실한다(헌법재판소법 제47조 제3항). 그런데 소급효가 인정되는 형법에 관한 법률이나 법률조항에 근거한 유죄 확정판결의 확정력은 헌법재판소의 위헌결정에 영향을 받지 않는다. 형벌에 관한 법률이나 법률조항에 대한 위헌결정의 소급효가 인정되어도 법원이 이미 선고한 유죄판결 자체를 무효로 만들거나[38] 유죄 확정판결 집행을 정지시키거나[39] 진행 중인 형 집행을 금지하는 것이 아니다. 즉 유죄 확정판결의 근거인 법률을 헌법재판소가 위헌으로 결정하여도 그 효력이 확정판결의 확정력에 영향을 미치지 않는다. 유죄판결을 받은 사람이 재심 청구를 통해서 확정된 유죄판결을 다툴 수 있을 뿐이다(헌법재판소법 제47조 제4항). 이것을 반대로 해석하면 위헌법률에 근거한 확정판결의 확정력은 헌법재판소가 위헌결정을 내려도 그에 근거한 확정판결의 효력은 그대로 유지되고, 그에 대한 재심도 원칙적으로 인정되지 않는다. 여기서 법률에 대한 위헌결정의 효력이 그 법률을 근거로 이미 확정된 법적 관계를 건드리지 않는다는 것이 도출된다. 즉 위헌법률을 근거로 이미 발생한 불리한 법적 효과는 재판을 통해서 제거할 수 있을 뿐이지 당연히 제거되지는 않는다. 따라서 재판 대상이 되는 위헌법률에 근거한 행정처분도 무효가 아니라 원칙적으로 취소대상으로 보아야 할 것이다. 특히 위법법률에 근거한 행정처분보다 기본권 침해 정도가 훨씬 큰 위헌법률에 근거한 유죄의 확정판결도 오로지 재심을 통해서만 바로잡을 수 있다는 점에서 위헌법률에 근거한 행정처분을 당연히 무효로 보기는 어렵다. 이러한 내용은 헌법재판소법 제75조 제2항과 제3항 그리고 제5항에서 실정법적으로 명확하게 확인할 수 있다. 즉 기본권을 침해하는 공권력에는 당연히 행정처분도 포함된다. 헌법재판소법 제68조 제1항에 따른 헌법소원에서 헌법재판소는 행정처분을 특정하여 취소할 수 있다(헌법재판소법 제75조 제2항과 제3항). 이때 해당 행정처분의 위헌성이 근거법률에 기인한 것이면 헌법재판소는 해당 법률을 위헌이라고 선고할 수 있다(헌법재판소법 제75조 제5항). 이러한 점에 비추어 위법한 근거법률에 근거한 행정처분은 무효가 아니

38) 헌재 1993. 7. 29. 92헌바34등, 판례집 5-2, 56, 63.

39) 그러나 형법 제1조 제3항의 유추적용을 통해서 유죄판결이 확정되면 그 집행이 정지된다는 견해가 있다[**장윤기**, 「헌법재판소에서 위헌으로 결정된 법률의 효력」, 『사법행정』 제34권 제6호(통권 제390호), 한국사법행정학회, 1993. 6., 60쪽]. 그리고 재심 청구가 가능한 사건이라면 형법 제1조 제3항을 따라서 형 집행이 면제된다는 견해도 있다[**김하열**, 『헌법소송법(제3판)』, 박영사, 2018, 346~347쪽; **한수웅/정태호/김하열/정문식**(김하열 집필), 『주석 헌법재판소법』, 헌법재판소 헌법재판연구원, 2015, 632쪽].

라 취소대상에 해당한다. 헌법재판소법 제66조 제2항은 권한쟁의심판에서 헌법재판소가 권한 침해의 원인이 된 피청구인의 처분을 취소하거나 '그 무효를 확인할 수 있다'라고 하여 명확하게 취소와 무효를 구별한다. 따라서 헌법재판소법 제75조 제3항의 공권력 행사 '취소'에 무효 확인이 포함될 가능성을 완벽하게 배제할 수는 없지만, 여기서 최소한 취소가 원칙이라는 것은 확인할 수 있다. 참고로 독일에서도 위헌법률에 근거한 행정처분은 원칙적으로 취소대상이다.[40)]

사법적 보장은 당사자의 적극적인 보호신청을 전제로 한다. 이것은 권리구제가 필요한 사람에게 재판청구권을 부여하여 그 구제 여부는 당사자의 결정에 맡긴다는 것이다. 즉 주어진 재판청구권을 행사하지 않아 권리구제를 받지 못하는 책임은 온전히 당사자에게 있음을 뜻한다. 이러한 점에서 재판청구권을 행사하지 않아 행정처분의 존속력이 발생하면 재판청구권을 행사하지 않은 당사자가 책임을 질 수밖에 없다. 즉 당사자는 더는 행정처분의 효력을 부인하지 못한다. 그리고 사법적 보장은 옹근(완벽한) 권리구제를 보장하지도 않고 보장할 수도 없다. 따라서 재판을 통해서 권리구제를 구하였는데도 권리구제를 받지 못하면, 즉 당사자가 행정처분에 대한 취소의 소를 제기하였으나 패소하면, 특히 위헌법률심판 제청 신청을 통해서 헌법재판소의 위헌심사를 받을 수 있었는데도 이러한 신청을 하지 않아서 위헌법률에 근거한 판결이 확정된 때도 사법구제의 본질에 비추어 당사자가 그 불이익을 감수할 수밖에 없다.[41)] 게다가 재판청구권 부여를 통한 사법적 구제는 재판청구권을 행사하여 다투는 사람만 보호받을 수 있다는 뜻이므로, 당사자(의 청구 여부)에 따른 차별적 구제결과가 발생하는 것을 피할 수 없다. 이러한 점에서 위헌법률에 근거한 행정처분을 취소할 수 있는 것에 불과하다고 보더라도 불합리하다고 볼 수 없다. 위헌법률에 근거한 행정처분이 원칙적으로 취소대상이라면, 헌법재판소의 위헌결정은 해당 행정처분을 취소할 근거만 제공할 뿐이고, 재심 근거가 되지 못할 뿐 아니라 제소기간을 연장하지도 않는다.

(7) 직권취소 가능성

위헌결정은 행정기관에 위헌으로 선언된 법률에 근거한, 존속력이 있는 행정처분을 취소할 의무를 부과하지는 않는다.[42)] 이러한 의무는 재판의 전제성을 요구하는

40) BVerwGE 136, 1 (20); ***Michael Sachs***, Nichtigkeit des Verwaltungsaktes, in: Paul Stelkens/Heinz Joachim Bonk/Michael Sachs (Hrsg.), Verfwaltungsverfahrensgesetz Kommentar, 8. Aufl., München 2014, § 44 Rdnr. 105.

41) ***Christoph Trzaskalik***, Zu den Folgen, wenn das BVerfG Gesetze für nichtig erklärt, in: DB 1991, S. 2256 참조.

헌법 제107조 제1항과 법적 안정성을 우선하는 헌법재판소법 제47조 제2항 내지 제5항 그리고 헌법재판소법 제75조 제2항과 제3항 그리고 제5항에 어긋나기 때문이다. 하지만 이것은 행정기관이 행정처분을 직권으로 취소할 수 없음을 뜻하지 않는다.[43] 즉 위헌결정은 행정처분을 취소하거나 변경할 근거가 될 수 있는 하자를 확인할 뿐이다. 그리고 행정기관은 이러한 하자를 근거로 해당 행정처분을 취소하거나 변경할 수 있다. 행정처분에 대한 판결이 확정되어 확정력이 발생하거나 그에 대한 제소기간이 지나 존속력이 발생하여도 위헌법률에 근거한 행정처분의 하자는 사라지지 않기 때문이다.[44]

(8) 행정처분의 발령 시점과 효력 발생 시점

행정처분은 발령하자마자 효력이 발생할 수도 있지만, 발령 이후 일정한 시점에 효력이 발생할 수도 있다. 이때 행정처분이 발령되고 나서 효력이 발생하기 전에 헌법재판소가 근거법률에 대해서 위헌결정을 내리면 해당 행정처분에 존속력이 발생하더라도 당사자는 사정변경을 이유로 해당 행정처분을 다툴 수 있어야 할 것이다. 특히 취소소송의 제소기간은 처분 등이 있음을 안 날부터 90일 이내, 처분 등이 있은 날부터 1년 이내로(행정소송법 제20조) 다른 소송보다 짧아서 이러한 필요성이 크다. 그리고 행정처분이 개인에게 지속적인 급부의무를 지우는 것처럼 지속적인 법적 관계를 발생시킬 수도 있다. 이러한 지속적인 법적 관계는 행정처분에 존속력이나 확정력이 발생하여도 반복적으로 행정처분이 내려지는 것과 마찬가지이므로 당사자는 헌법재판소의 위헌결정을 근거로 이러한 행정처분을 변경하거나 취소할 수 있다고 보아야 할 것이다.[45] 아직 효력이 발생하지 않은 행정처분이나 지속적인 법적 관계에 관한 행정처분을 취소하여도 법적 안정성에 관한 문제가 발생하지 않기 때문이다.

(9) 예외적 무효사유 - 법률의 효력 상실에 따른 무효 원인 발생

행정처분의 근거법률이 위헌으로 효력을 상실함에 따라 일반적인 무효 원인이

42) ***Herbert Bethge*** (Anm. 30), § 79 Rdnr. 56 참조.

43) **정광현**, 「행정처분 무효확인소송에서 법률의 위헌 주장과 재판의 전제성」, 『헌법논총』 제23집, 헌법재판소, 2012, 341쪽; ***Ernst Benda/Eckart Klein/Oliver Klein*** (Anm. 30), § 39 Rdnr. 1379; ***Herbert Bethge*** (Anm. 30), § 79 Rdnr. 56; ***Wolfgang Löwer***, Zuständigkeiten und Verfahren des Bundesverfassungsgerichts, in: Josef Isensee/Paul Kirchhof (Hrsg.), HStR, Bd. Ⅲ, 3. Aufl., Heidelberg 2005, § 70 Rdnr. 118 참조.

44) **서보국**, 「합헌적 집행법률에 근거한 압류처분의 위헌적 결과에 대한 권리구제의 직접근거로서 헌법 제107조 제2항」, 『행정판례연구』 제18집 제1호, 박영사, 2013, 12~13쪽 참조.

45) ***Udo Steiner*** (Anm. 30), S. 652 f. 참조.

발생하면 해당 행정처분은 무효로 보아야 할 것이다. 무효사유는 그 존재가 확인되는 것만으로 충분한 것이지 그러한 사유가 어떻게 발생하였는지는 중요하지 않기 때문이다. 예를 들어 대법원은 권한 없는 기관의 행정처분은 그 하자가 중대하고 명백하여 당연무효라고 한다.[46] 따라서 권한에 관한 법률조항이 위헌으로 선언되어 효력을 상실하면 해당 법률조항에 따라 내려진 행정처분은 권한 없는 행정기관이 내린 행정처분이 되어서 무효가 되어야 할 것이다.[47] 그러나 (근거규범이 법률이 아니라 조례이지만) 조례 제정권의 범위를 벗어나 국가사무를 대상으로 한 무효인 서울특별시행정권한위임조례의 규정에 근거하여 구청장이 건설업영업정지처분을 한 사건에서 대법원은 그 처분은 결과적으로 적법한 위임 없이 권한 없는 자가 한 것과 마찬가지가 되어 그 하자가 중대하나, 지방자치단체의 사무에 관한 조례와 규칙은 조례가 더 상위규범이라고 할 수 있고, 헌법 제107조 제2항의 '규칙'에는 지방자치단체의 조례와 규칙이 모두 포함되는 것 등 이른바 규칙의 개념이 때에 따라 다르게 해석되는 점 등에 비추어 보면 해당 처분의 위임 과정의 하자가 객관적으로 명백한 것이라고 할 수 없으므로 이로 말미암은 하자는 결국 당연무효사유는 아니라고 보는 것이 타당하다고 하였다.[48]

(10) 중대명백설의 가치와 한계

① 중대명백설을 따르는 대법원

대법원은 하자 있는 행정처분이 당연무효가 되려면 그 하자가 법규의 중요한 부분을 위반한 중대한 것으로서 객관적으로 명백한 것이어야 하며 하자가 중대하고 명백한 것인지를 판별할 때는 그 법규의 목적, 의미, 기능 등을 목적론적으로 고찰함과 동시에 구체적 사안 자체의 특수성에 관하여도 합리적으로 고찰하여야 한다고 하여 무효와 취소의 구별기준과 관련하여 중대명백설을 따른다.[49]

그러나 대법원 소수의견에서는 행정행위의 무효사유를 판단하는 기준으로서 명백성은 행정처분의 법적 안정성 확보를 통하여 행정의 원활한 수행을 도모하는 한

46) 대법원 1976. 2. 24. 선고 76누1 판결(집24-1, 행054; 공1976, 9010); 대법원 2007. 4. 12. 선고 2006두20150 판결(공2007상, 733); 대법원 2004. 7. 22. 선고 2002두10704 판결(공2004하, 1451).

47) 같은 견해: **김성수**, 「권한없는 자의 행정행위」, 『법률신문』 제2437호, 1995. 9. 11., 14~15쪽.

48) 대법원 1995. 8. 22. 선고 94누5694 전원합의체 판결(집43-2, 520; 공1995하, 3132).

49) 대법원 1995. 7. 11. 선고 94누4615 전원합의체 판결(집43-2, 495; 공1995하, 2633); 대법원 2007. 9. 21. 선고 2005두11937 판결; 대법원 2010. 9. 30. 선고 2010두9358 판결; 대법원 2012. 2. 16. 선고 2010두10907 전원합의체 판결(공2012상, 468); 대법원 2014. 5. 16. 선고 2011두27094 판결.

편 그 행정처분을 유효한 것으로 믿은 제3자나 공공의 신뢰를 보호하여야 할 필요가 있는 때 보충적으로 요구되는 것으로서, 그러한 필요가 없거나 하자가 워낙 중대하여 그러한 필요에 비교하여 처분 상대방의 권익을 구제하고 위법한 결과를 바로잡을 필요가 훨씬 더 큰 때라면 그 하자가 명백하지 않더라도 그러한 중대한 하자가 있는 행정처분은 당연무효라고 보아야 한다고 하여[50] 명백성보충요건설을 주장한다. 그리고 대법원 판례 중에는 취득세 신고행위는 납세의무자와 과세관청 사이에 이루어지는 것으로서 취득세 신고행위 존재를 신뢰하는 제3자의 보호가 특별히 문제 되지 않아 그 신고행위를 당연무효로 보더라도 법적 안정성이 크게 저해되지 않지만, 과세요건 등에 관한 중대한 하자가 있고 그 법적 구제수단이 국세보다 상대적으로 미비한데도 위법한 결과를 바로잡지 않고 납세의무자에게 그 신고행위로 말미암은 불이익을 감수시키는 것이 과세행정의 안정과 그 원활한 운영의 요청을 참작하더라도 납세의무자의 권익구제 등의 측면에서 현저하게 부당하다고 볼 만한 특별한 사정이 있으면 예외적으로 이러한 하자가 있는 신고행위가 당연무효라고 함이 타당하다고 하여 명백성보충요건설을 따르는 것도 있다.[51]

② 학설

(i) 중대명백설을 따르는 견해

ⓐ 행정행위의 무효판정에서 중대성과 명백성을 모두 요구하는 취지는 법적 안정성과 가능한 제3자나 공공의 신뢰이익 보호, 행정의 원활한 수행 및 당사자의 권리구제 등을 적절히 조화하는 기능을 수행한다는 점에서 중대명백설이 기본적으로 타당하다는 견해가 있다.[52]

ⓑ 무효·취소의 구별기준에 관한 논의는 궁극적으로 법적 안정성, 제3자의 신뢰보호, 행정의 원활한 수행 및 권리구제 요청을 조화시키려는 것인데, 하자가 중대하고 객관적으로 명백한 때만 처음부터 아무런 효력이 없는 무효인 행정행위로 보고, 그 밖의 경우에는 권한 있는 기관이 취소하여야만 비로소 처분의 효력이 상실될 수 있는 취소사유로 보는 중대명백설이 이러한 요청을 적절히 조화시키는 이론이라는 견해도 있다.[53] 이 견해는 다만 법적 안정성 및 제3자의 신뢰보호에 비교하여 처분 침해에서 상대방을 보호할 필요가 강하게 요구되면 예외적으로 하자가 중대하기만

50) 대법원 1995. 7. 11. 선고 94누4615 전원합의체 판결의 반대의견(집43-2, 495; 공1995하, 2633).
51) 대법원 2009. 2. 12. 선고 2008두11716 판결(공2009상, 349).
52) **류지태/박종수**, 『행정법신론(제16판)』, 박영사, 2016, 238쪽.
53) **김남진/김연태**, 『행정법 I (제22판)』, 법문사, 2018, 317~318쪽.

하면 무효로 보는 것이 권리 보호 요청에 부합하고 불합리한 결과를 피하는 방법이 될 것이라고 한다.

ⓒ 사실 중대명백설을 일률적으로 적용하면 구체적 타당성을 기할 수 없는 때가 있는데, 여기서 생기는 문제를 해결하려면 먼저 중대명백설에서 그 법익형량적 측면을 재발견함으로써 이를 실질적 정의와 법적 안정성의 함수로 재구성할 필요가 있다는 견해가 있다.[54)]

ⓓ 행정행위의 적법성 확보와 공적 거래 안전이나 상대방의 신뢰보호를 고려하면 중대명백설이 합리적이라는 견해도 있다.[55)]

ⓔ 행정행위의 무효·취소의 구별을 인정하여야 하는 논거를 검토하면 중대명백설이 타당하다는 견해가 있다.[56)]

(ii) 중대명백설을 따르지 않는 견해

ⓐ 대법원이 하자의 중대성과 명백성 모두 무효 요건으로 보는 것은 무효사유에 대한 기준이 확립되지 않은 상태에서 이로 말미암은 모든 부담을 법적 지식이 충분하지 않은 국민에게 전가하는 것으로 수용하기 어려워서, 하자의 중대성과 명백성은 무효의 요건이 아닌 하자의 무효성을 판단하는 징표로 이해하여야 하므로, 중대하거나 명백한 하자는 모두 무효사유로 보아야 한다는 견해가 있다.[57)]

ⓑ 기존 논의에서는 하자의 명백성만 주목하고 하자의 중대성 의미에 대해선 상대적으로 소홀히 다루었고, 판례의 중대성인정공식(법규의 중요한 부분)은 너무 막연하므로, 대안으로 명백성 기준을 부인하고 오로지 하자의 중대성만으로 무효기준으로 삼을 것을 제안하는 견해가 있다(신중대성설).[58)]

ⓒ 무효사유와 취소사유의 객관적 기준을 정립하면서도 국민의 권리구제와 행정의 법적 안정성을 적절히 조화시킨다는 관점에서 보면 명백성보충요건설이 원칙적인 기준으로 타당하다는 견해가 있다.[59)]

54) **홍준형**, 「행정행위 무효이론의 재검토」, 『행정논총』 제36권 제1호, 서울대학교 한국행정연구소, 1998, 201~203쪽; **같은 사람**, 『행정법(제2판)』, 법문사, 2017, 228쪽.

55) **홍정선**, 『행정법원론(상)(제26판)』, 박영사, 2018, 445쪽.

56) **김동희**, 『행정법 Ⅰ(제24판)』, 박영사, 2018, 342쪽.

57) **김성수**, 『일반행정법(제7판)』, 홍문사, 2014, 301~302쪽.

58) **김중권**, 『행정법(제2판)』, 법문사, 2016, 292~293쪽.

59) **박균성**(주 6), 416쪽.

③ 검토

중대명백설은 행정처분의 무효와 취소를 가르는 절대적 기준이 아니라 상대적 기준이다. 특히 중대명백설을 기준으로 무효인 행정처분을 확정할 수 있으나, 취소대상인 행정처분을 확정할 수 없다. 즉 중대명백설을 따라 행정처분의 하자가 중대하고 명백하면 행정처분은 무효임에는 이론이 없다. 하지만 그렇지 않은 행정처분이 당연히 취소대상인 것은 아니다. 중대명백설을 취하는 견해들도 예외적인 무효를 인정하여 중대명백설만으로 무효인 행정처분을 인정하지 않는다.

독일 행정절차법(VwVfG) 제44조 제1항[60)]은 중대명백설을 실정법적으로 규정한다. 그런데 이 조항은 행정처분의 하자가 중대하고 명백하면 무효라고 할 뿐이지 그렇지 않은 행정처분에 관해서는 아무런 언급이 없다. 더욱이 같은 조 제2항[61)]에서는 절대적 무효사유를 열거하고 같은 조 제3항[62)]에서는 무효가 아닌 사유를 열거한다. 따라서 행정처분의 하자가 중대하고 명백하면 그 행정처분은 무효이지만, 하자가 중대하지 않거나 명백하지 않은 행정처분이 모두 취소대상으로 볼 수는 없다. 즉 중대명백설이 무효인 행정처분을 골라낼 수는 있지만, 중대명백설이 골라내지 않는 모든 행정처분이 당연히 취소대상이 되는 것은 아니다. 이것은 중대명백설이 법적 안정성과 실질적 정의를 형량하는 기준이라는 점에서 비롯한다. 중대명백설에서 중대성은 실질적 정의를, 명백성은 법적 안정성을 보호한다. 따라서 법적 안정성을 고려할 필요가 없거나 실질적 정의가 법적 안정성을 압도할 정도로 중요하면 하자가 명백하지 않아도 해당 행정처분은 무효가 될 수 있다. 중대명백설만으로는 법적 안정성과 실질적 정의의 형량이 마무리되지 않는다. 결국, 중대명백설은 명백하게 무효인 행정행위만을 걸러내는 성긴 체에 불과하다. 그래서 중대명백설을 적용하고 나서도 법적 안정성을 보호할 필요가 없는 때에 해당하지 않는지를 살펴보아야 한다. 예를 들어 행정처분을 무효로 보아도 법적 안정성을 위태롭게 하지 않지만, 당사자의 기본

60) "행정행위가 특별히 중대한 하자가 있고 모든 사정을 합리적으로 평가하여 이러한 하자가 명백하면 무효이다."

61) "제1항 요건 충족 여부와 상관없이 행정행위는 1. 서면이나 전산으로 발령되었으나 발령한 행정청을 알 수 없을 때, 2. 법규정에 따라 오로지 문서 교부를 통해서만 발령할 수 있으나 이러한 형식을 충족하지 않았을 때, 3. 그에 관한 권한 부여 없이 제3조 제1항 제1호에 근거한 자기 관할 밖에서 행정청이 발령하였을 때, 4. 실질적 근거에 비추어 이행할 수 없을 때, 5. 형법이나 경찰법의 구성요건을 충족하는 위법한 행위 실행을 요구할 때, 6. 선량한 풍속에 어긋날 때 무효이다."

62) "1. 제2조 제3호에 해당하지 않는 지역적 관할권규정을 준수하지 않거나, 2. 제20조 제1항 제1문 제2호 내지 제6호에 열거된 제척사유가 있는 사람이 관여하거나, 3. 법규정이 협력을 요구한 위원회가 행정행위 발령에 필요한 결정을 하지 않거나 할 수 없거나, 4. 법규정에 따라 필요한 다른 행정청의 협력이 없어서 행정행위가 이미 무효인 것은 아니다."

권을 보장하여야 할 중대한 필요성이 있다면 해당 행정처분은 무효가 될 수도 있다. 그리고 헌법재판소가 근거법률과 유사한 법률에 대한 위헌결정을 이미 내려서 해당 근거법률에 대한 강한 위헌 의심이 있다면 혹은 입법자가 헌법재판소가 위헌으로 결정한 내용을 다시 반복입법한다면, 유사법률이나 이전 법률에 대한 위헌결정 이후에 근거법률에 근거한 행정처분의 하자는 명백한 것으로 볼 수 있다. 중대명백설은 입법적 해결 여부나 무효 사유 해당 여부가 판단되고 나서 비로소 적용된다는 점을 잊지 말아야 한다. 그리고 행정처분의 근거법률이 헌법에 어긋난다는 사실이 곧 행정처분 하자의 중대성을 뜻하는지에 관해서는 진지한 고민이 필요하다고 생각한다. 즉 근거법률이 위헌인 이유와 그것이 행정처분에 미치는 영향 등을 종합적으로 고려하여 해당 행정처분의 하자가 중대한 것인지를 판단하여야 할 것이다.[63] 근거법률이 위헌이라고 하더라도 그러한 하자를 실제 살펴보면 사소한 것이거나 쉽게 치유될 수 있을 수도 있다. 따라서 행정처분 근거법률의 위헌성은 하자의 중대성을 추정하는 것에 그치고 실제 검토를 통해서 하자가 중대하지 않음이 증명되면 그러한 추정은 깨질 수 있다고 보는 것이 타당하다고 생각한다.

Ⅲ. 위헌법률에 근거한 행정처분과 재판의 전제성

1. 위헌여부심판의 적법요건인 재판의 전제성

법원은 법률이 헌법에 위반되는지가 재판의 전제가 된 때만 헌법재판소에 위헌여부심판을 제청할 수 있다(헌법 제107조 제1항, 헌법재판소법 제41조 제1항). 따라서 당사자가 법률의 위헌 여부를 사법적으로 다툴 수 있을 때만 위헌법률심판은 청구될 수 있다. 즉 재판의 전제성이 인정되지 않으면 헌법재판소는 법률의 위헌 여부를 심사할 수 없다. 그래서 위헌법률에 근거한 행정처분이 취소대상이 되는 것에 그치면, 이미 위헌법률에 근거한 행정처분에 존속력이 발생하면 위헌법률에 근거한 행정처분을 다투면서 헌법재판소에 해당 법률의 위헌 여부 심사를 구할 수 없게 된다. 헌법재판소가 법률을 위헌으로 선언하여 그 효력을 상실시켜도 행정처분의 존속력을 깨뜨리지 못해서 이때는 재판의 전제가 될 가능성이 없기 때문이다. 대법원도 확정판결이 내려진 사건[64]과 확정된 행정처분[65]에는 위헌결정의 소급효가 미치지 않는다고 하

63) 비슷한 견해: **김중권**(주 58), 293쪽.

64) 대법원 1993. 4. 27. 선고 92누9777 판결(공1993하, 1609); 대법원 1995. 1. 24. 선고 94다28017

였다. 헌법재판소도 비록 위헌법률에 근거한 행정처분이더라도 그 행정처분에 대하여 법령에 정한 제소기간이 모두 경과하는 것 등 더는 취소의 소를 제기하여 다툴 수 없게 되면 그 뒤에 한 위헌결정의 효력이 이에 미치지 않는다고 하였다.[66] 하지만 위헌법률에 근거한 행정처분이 무효라면 무효 확인의 소는 제소기간 제한이 없어서 당사자는 언제든지 무효 확인의 소를 제기할 수 있고, 이러한 소가 계속 중일 때 헌법재판소에 근거법률의 위헌 여부 심사를 구할 수 있게 된다. 위헌법률(정확하게는 위헌이라고 주장되는 법률)에 근거한 행정처분의 효력이 위헌법률심판이나 헌법재판소법 제68조 제2항에 따른 헌법소원심판에서 문제가 되는 것은 오로지 재판의 전제성과 관련하여서이다. 위헌법률에 근거한 행정처분이 무효인지 아니면 취소대상인지를 판단하는 것은 헌법재판소가 아니라 법원의 몫이기 때문이다. 헌법재판소는 재판의 전제성을 판단하려고 부수적으로 위헌법률(정확하게는 위헌이라고 주장되는 법률)에 근거한 행정처분의 효력을 살펴볼 뿐이다. 여기서는 근거법률에 대한 위헌결정이 내려지기 전에 근거법률에 따른 행정처분의 효력을 다투는 상황이 전제됨을 잊지 말아야 한다.

2. 판례

(1) 헌법재판소

헌법재판소는 행정처분의 근거법률이 헌법에 위반된다는 사정은 헌법재판소의 위헌결정이 있기 전에는 객관적으로 명백한 것이라고 할 수는 없으므로 특별한 사정이 없으면 그러한 하자는 행정처분의 취소사유에 해당할 뿐이지 당연무효사유는 아니라고 전제하고 나서, 제소기간이 지난 뒤에는 행정처분의 근거법률이 위헌임을 이유로 무효 확인의 소 등을 제기하더라도 행정처분의 효력에는 영향이 없음이 원칙이므로, 행정처분의 근거가 된 법률조항의 위헌 여부에 따라 해당 행정처분의 무효 확인을 구하는 해당 사건 재판의 주문이 달라지거나 재판의 내용과 효력에 관한 법률적 의미가 달라지는 것은 아니므로 재판의 전제성이 인정되지 아니한다고 하였다.[67] 다만, 헌법재판소는 행정처분의 근거가 된 법률을 통해서 침해되는 기본권이

판결(공1995상, 1128); 대법원 2003. 7. 11. 선고 2003다19572(공2003하, 1720).

65) 대법원 1994. 10. 28. 선고 92누9463 판결(공1994하, 3139); 대법원 1994. 10. 28. 선고 93다41860 판결(공1994하, 3109); 대법원 2000. 6. 9. 선고 2000다16329 판결(공2000, 1641); 대법원 2002. 11. 8. 선고 2001두3181(공2003상, 75).

66) 헌재 2014. 1. 28. 2010헌바251, 판례집 26-1상, 1, 6.

67) 헌재 2001. 9. 27. 2001헌바38, 공보 61, 930, 932-933; 헌재 2005. 3. 31. 2003헌바113, 판례집

중요하고 그 법률에 대한 헌법적 해명이 긴요히 필요하면 근거법률에 대한 위헌결정이 행정처분의 효력에 영향을 미칠 여지가 없는 때도 헌법질서의 수호자로서 사명을 다하기 위하여 예외적으로 본안판단에 나아갈 수 있다고 하였다.68)

그러나 소수의견은 행정처분의 하자가 무효사유인지 취소사유인지를 가리는 것은 구체적인 사실관계를 토대로 그 처분의 근거가 되는 법률의 목적과 기능 등을 고려하여 이를 법적으로 평가하여 내리는 판단으로서, 이에 관한 법원의 판단 이전에 헌법재판소가 재판의 전제성을 판단하면서 행정처분의 무효 여부를 논리적·가정적으로 단정하여 판단할 수는 없으므로, 행정처분에 대한 무효 확인의 소나 그 효력 유무를 선결문제로 하는 민사소송에서 행정처분의 근거법률이 위헌이 되면, 그 행정처분이 무효가 될 가능성이 남으므로, 그 처분에 대한 취소소송의 제소기간이 지났는지와는 상관없이 해당 사건 재판의 주문이 달라지거나 그 내용과 효력에 관한 법률적 의미가 달라질 여지가 없음이 명백하다고 볼 수는 없어 행정처분의 근거법률의 위헌 여부는 재판의 전제가 된다고 보아야 한다고 하였다.69)

(2) 대법원

대법원은 위헌인 법률에 근거한 행정처분이 당연무효인지는 위헌결정의 소급효와는 별개의 문제로서, 위헌결정의 소급효가 인정된다고 하여 위헌인 법률에 근거한 행정처분이 당연무효가 된다고는 할 수 없고, 오히려 이미 취소의 소 제기기간이 지나서 확정력이 발생한 행정처분에는 위헌결정의 소급효가 미치지 않는다고 보아야 할 것이므로, 어느 행정처분에 대해서 그 행정처분의 근거가 된 법률이 위헌이라는 이유로 무효 확인 청구의 소가 제기되면 다른 특별한 사정이 없으면 법원으로서는 그 법률이 위헌인지에 관해서는 판단할 필요 없이 위 무효 확인 청구를 기각하여야 할 것이라고 하였다.70)

3. 학설

① 헌법재판소가 위헌결정을 내리기 전에 위헌을 이유로 하는 무효 주장이 제기

17-1, 413, 422; 헌재 2006. 11. 30. 2005헌바55, 판례집 18-2, 479, 484; 헌재 2007. 10. 4. 2005헌바71, 판례집 19-2, 377, 387-388; 헌재 2014. 1. 28. 2010헌바251, 판례집 26-1상, 1, 8-9.

68) 헌재 2014. 1. 28. 2010헌바251, 판례집 26-1상, 1, 9.

69) 헌재 2014. 1. 28. 2010헌바251, 판례집 26-1상, 1, 15-16 재판관 이정미, 재판관 김이수, 재판관 이진성, 재판관 강일원의 반대의견.

70) 대법원 1994. 10. 28. 선고 92누9463 판결(공1994하, 3139).

되면 대법원은 이를 위헌심사 없이 기각할 것이 아니라 위헌제청 등 위헌심사과정을 거쳐야 하고, 헌법재판소도 위헌 주장이 있으면 아직 유권적 결정이 없어서 하자의 명백성이 없어서 무효가 될 수 없다는 전제 아래 재판의 전제성을 부정할 것이 아니라 무효인지에 관한 최종적 판단을 위해서 근거법률이 위헌인지를 판단하여야 하고, 이러한 논리에서 마땅히 재판의 전제성을 인정하여야 한다는 견해가 있다.[71] 이 견해는 재판의 전제성을 인정하는 것이 위헌법률심사제도의 제도논리에 비추어도 적당하다고 한다.[72]

② 재판의 전제성을 판단하는 헌법재판소로서는 그 법률이 해당 사건에 적용될 법률이고 그 법률이 위헌일 때 합헌일 때와 다른 판단을 할 가능성이 있다면 재판의 전제성을 인정하여야 하고, 이때 재판의 전제성은 본안인 법률의 위헌성 판단에 앞서서 판단하여야 할 심판요건에 불과할 뿐 아니라 일반 소송사건과는 달리 그 위헌심판의 계기가 된 사건은 일반 법원에 계속되어 있다는 점을 고려하여, '위헌일 때 합헌일 때와 다른 판단을 할 가능성'은 제청법원이나 소원제기인의 의견 자체로 보아 '위헌이라고 할지라도 합헌일 때와 다른 판단을 할 가능성'이 없는 것이 명백한 때가 아닌 이상 그 가능성을 인정하여 재판의 전제성을 넓게 인정하여야 한다는 견해가 있다.[73]

③ 취소소송에서도 위헌제청에 따른 결과를 제청 당시에는 알 수 없는 일이라서 취소소송에서 제청, 아니 모든 법원 재판에서 제청은 앞으로 법률의 위헌결정이 내려질 것인지가 불확실하므로 모두 재판의 전제성이 없다는 결과를 낳을 것이므로, 재판의 전제성 단계에서 이를 차단할 것이 아니라 재판의 전제성을 원칙적으로 인정하여야 한다는 견해가 있다.[74]

④ 위헌결정의 소급효가 미치는지는 해당 행정처분이 하자 있는 것으로 될 것인지에 관한 것으로서 해당 하자가 중대·명백하여 제소기간 제한 없이 소송으로 다툴 수 있는 것인지와 별개 문제이고, 대법원이 구체적인 사건과 관련하여 중대명백설을 채택하였더라도 명백성 의미에 관해서는 논란이 있고 그 판례가 다른 행정법원이나 그 밖의 법원들에 대해서 기속력이 없다는 점에서(법원조직법 제8조) 해당 법원은 위헌

---

71) **김유환**(주 10), 82~83쪽. 이를 따르는 견해로는 **성중탁**, 「선행 과세처분의 근거 법률이 위헌선고된 경우, 과세채권의 집행을 위한 체납처분의 효력」, 『저스티스』 제136호, 한국법학원, 2013. 6., 241쪽.

72) **김유환**(주 10), 73~74쪽.

73) **나 현**(주 28), 406쪽.

74) **정재황**, 『판례헌법(제2판)』, 길안사, 1997, 884쪽.

법률에 근거한 행정행위의 하자를 판단할 수 있고 확정적으로 취소사유라고 볼 수 없는 이상 해당 법원이나 헌법재판소는 재판의 전제성을 인정할 필요가 있다는 견해가 있다.[75)]

⑤ 행정처분의 근거법률이 위헌임을 이유로 무효 확인의 소를 제기하면, 원칙적으로 법원이 무효로 판단할 가능성을 명백하게 배제할 수 있는 때가 아니면 재판의 전제성을 인정하여야 한다는 견해가 있다.[76)]

4. 사건

(1) 재판의 전제가 될 가능성 심사에 그치는 재판의 전제성에 관한 헌법재판소의 독자적 판단

재판의 전제성이 요구되는 것은 위헌법률심판의 본질이 구체적 규범통제이기 때문이다. 재판의 전제성은 문제가 되는 법률이 구체적 사건에서 적용된다는 것을 담보한다. 즉 사건의 추상성을 배제하는 것에 재판 전제성의 1차적 의미가 있다. 재판의 전제성으로 말미암아 구체적 규범통제는 추상적 규범통제로 변질하지 않는다. 그러나 재판의 전제성을 엄격하게 요구하면 구체적 규범통제가 허용되는 범위가 좁아질 수밖에 없다. 그래서 재판의 전제성은 원칙적으로 법원이 심리 중인 해당 사건 재판의 결론이나 주문에 어떤 영향을 주는 때뿐 아니라 문제가 된 법률의 위헌 여부가 비록 재판의 주문 자체에는 아무런 영향을 주지 않더라도 재판의 내용과 효력에 관한 법률적 의미가 달라지는 때도 인정된다.[77)]

재판절차에서 증거조사와 구두변론 등을 통해서 사실관계를 확정하고 소송법적 상황은 물론 실체법적 상황도 고려하여야 재판의 전제성을 확실하게 판단할 수 있다. 이러한 점에서 해당 사건의 사실관계와 법적 상황을 충분하게 파악하기 어려운 헌법재판소가 재판의 전제성을 확실하게 판단하는 것은 일반적으로 어렵다. 그래서 헌법재판소는 법원의 위헌여부심판 제청에서 위헌 여부가 문제 되는 법률이나 법률조항이 재판의 전제성 요건을 갖추는지는 되도록 제청법원의 법률적 견해를 원칙적으로 존중한다.[78)] 따라서 제청법원의 법률적 견해가 명백히 불합리하여 유지될 수

75) **성낙인/이효원/권건보/정 철/박진우/허진성**, 『헌법소송론』, 박영사, 2012, 203~204쪽.

76) **황치연**(주 13), 560쪽.

77) 헌재 1993. 7. 29. 90헌바35, 판례집 5-2, 14, 28; 헌재 1995. 7. 21. 93헌바46, 판례집 7-2, 48, 58; 헌재 2005. 3. 31. 2003헌바113, 판례집 17-1, 413, 419; 헌재 2012. 8. 23. 2010헌바471, 판례집 24-2상, 512, 521; 헌재 2016. 3. 31. 2013헌바190, 공보 234, 552, 555.

78) 헌재 1993. 5. 13. 92헌가10등, 판례집 5-1, 226, 239; 헌재 1996. 10. 4. 96헌가6, 판례집 8-2, 308,

없는 때가 아니면 헌법재판소는 법원의 사실판단이나 법률해석을 제청된 법률의 재판 전제성 판단 기준으로 삼는다.[79] 그러나 법원이 재판의 전제성이 없다고 각하하여 당사자가 헌법재판소법 제68조 제2항에 따른 헌법소원을 제기할 때도 헌법재판소가 원칙적으로 법원의 견해를 존중하면 이러한 헌법소원은 실질적 측면에서 구제수단으로 기능할 수 없다. 따라서 적어도 이러한 때는 헌법재판소가 재판의 전제성을 법원의 견해에 구속됨 없이 독자적으로 판단하여야 한다. 재판의 전제성에 관한 최종판단권은 법원이 아닌 헌법재판소에 있기 때문이다.[80]

헌법재판소가 독자적으로 재판의 전제성을 판단하여도 법원과 다른 구조에 비추어 법원과 같은 수준의 판단을 할 수 있다고 기대하기는 어렵다. 재판의 전제성은 헌법재판소가 직권으로 조사하여야 할 사항이라는 점에 비추어 재판의 전제성을 당사자에게 적극적으로 증명할 것을 요구할 수도 없다. 이러한 점에서 헌법재판소가 독자적으로 판단하는 재판의 전제성은 재판의 전제가 될 가능성이 있는지에 그칠 수밖에 없다. 따라서 헌법재판소는 해당 법률이 재판의 전제가 될 가능성이 없을 때만 재판의 전제성을 부정할 수 있다.

나아가 헌법재판소는 해당 소송사건이 종료되어 재판의 전제성이 소멸한 때나 심판 대상 조항에 대한 헌법소원이 인용되더라도 해당 소송사건에 영향을 미칠 수 없어 재판의 전제성이 없는 때도 헌법적 해명이 필요한 긴요한 사안이면 예외적으로 본안판단을 할 수 있다.[81] 따라서 이처럼 예외적으로 헌법적 해명이 필요한 긴요한 사안이면 재판의 전제성 인정 여부와 상관없이 헌법재판소는 법률의 위헌성을 심사할 수 있다. 그래서 헌법재판소는 재판의 전제성을 인정할 수 없는 때도 예외적으로 본안판단에 들어갈 수 있다.

(2) 재판의 전제성을 부정하는 당연한 사유가 아닌 위헌법률에 근거한 행정처분의 효력

현재 법원 실무를 보면 행정처분이 무효인지 아니면 취소대상인지에 대한 구체적인 판단은 행정소송의 본안 심리가 상당히 성숙하여야 비로소 가능하다. 즉 해당

321; 헌재 1999. 9. 16. 98헌가6, 판례집 11-2, 228, 235; 헌재 2007. 6. 28. 2006헌가14, 판례집 19-1, 783, 792.

79) 헌재 2007. 7. 26. 2006헌가4, 판례집 19-2, 1, 7.

80) 같은 견해: 헌재 2014. 1. 28. 2010헌바251, 판례집 26-1상, 1, 10 재판관 이정미, 재판관 김이수, 재판관 이진성, 재판관 강일원의 반대의견.

81) 이러한 예외적인 본안판단을 인정하는 예로는 헌재 1992. 1. 28. 91헌마111, 판례집 4, 5, 56-57; 헌재 1993. 9. 27. 92헌바21, 판례집 5-2, 267, 273; 헌재 1993. 12. 23. 93헌가2, 판례집 5-2, 578, 591; 헌재 2003. 6. 26. 2002헌바3, 판례집 15-1, 713, 720-721; 헌재 2013. 7. 25. 2012헌바63, 판례집 25-2상, 150, 158; 헌재 2014. 1. 28. 2010헌바251, 판례집 26-1상, 1, 9.

행정처분이 무효인지 아니면 취소대상인지는 해당 사건 법원이 헌법에 위반되는 행정처분의 근거법률의 목적과 기능뿐 아니라 개별 행정처분과 관련된 사실관계의 특수성까지 합리적으로 고찰하여 판단할 문제이다. 따라서 해당 법원이 본안판단에서 위헌법률에 근거한 행정처분의 위법성을 판단하기 전에 헌법재판소가 이것을 논리적·가정적으로 판단하는 것은 적절하지 못하다. 그런데 법원의 본안 판단과 상관없이 중간에 별도로 진행되는, 기록도 변론도 없이 지정재판부 3명의 간단한 직권심사로 종국적 결론을 내리기도 하는 헌법재판소법 제68조 제2항에 따른 헌법소원심판의 재판 전제성 판단에서 '행정처분의 무효나 취소대상 여부'를 확정적으로 가리는 것은 불합리한 것으로 보인다. 그래서 헌법재판소는 해당 행정처분이 명확하게 취소대상인 때만 재판의 전제성을 부정하는 것이 타당할 것이다.[82]

위헌법률에 근거한 행정처분이 원칙적으로 취소대상이 되더라도 대법원과 헌법재판소는 위헌법률에 근거한 행정처분이 예외적으로 무효가 될 수 있음을 인정한다. 학설에서도 위헌법률에 근거한 행정처분의 무효 가능성을 전면적으로 부정하는 견해는 찾기 어렵다. 이처럼 위헌법률에 근거한 행정처분이 무효일 가능성이 있다면 헌법재판소는 위헌법률에 근거한 행정처분이 취소대상이라는 이유로 재판의 전제성을 당연히 부정하는 것은 타당하지 않다. 특히 해당 근거법률의 위헌성이 강하게 의심되는데도 헌법재판소가 이에 대한 심사를 거부하는 것은 구체적 사건을 심판하는 일반 재판과 달리 일반적 효력이 있는 법률의 위헌성을 심사하는 헌법재판의 본질에 비추어 헌법 제10조의 기본권보장의무에 어긋난다고 볼 수 있다. 즉 헌법재판소가 위헌성이 의심되는 법률의 위헌심사를 할 기회가 있었는데도 이것을 거부하여 그 법률이 계속 적용되도록 내버려두는 것은 헌법의 수호자로서 국민의 기본권을 적극적으로 보호하여야 할 헌법재판소의 의무를 이행하지 않는 것으로 볼 여지가 있다. 그리고 추상적 규범통제가 도입되지 않아서 법률의 위헌심사를 사후적으로만 할 수 있는 현실에서는 더욱 헌법재판소가 적극적으로 권한을 행사할 필요성이 크다. 더구나 헌법재판소가 재판의 전제성을 인정하여 근거법률을 위헌이라고 선언하여도 그 법률에 근거한 행정처분이 무효인지는 해당 사건을 재판하는 법원이 판단할 사항이다.[83] 따라서 법률의 위헌심사를 독점하는 헌법재판소가 근거법률을 위헌

82) 같은 견해: 헌재 2014. 1. 28. 2010헌바251, 판례집 26-1상, 1, 10-12 재판관 이정미, 재판관 김이수, 재판관 이진성, 재판관 강일원의 반대의견.

83) 헌재 1999. 9. 16. 92헌바9, 판례집 11-2, 262, 270; 헌재 2004. 1. 29. 2002헌바73, 판례집 16-1, 103, 109-110; 헌재 2004. 6. 24. 2003헌바30, 공보 94, 665, 667; 헌재 2005. 3. 31. 2003헌바113, 판례집 17-1, 413, 420; 헌재 2007. 10. 4. 2005헌바71, 판례집 19-2, 377, 387.

이라고 선언하여도 근거법률에 따른 행정처분의 효력은 여전히 법원이 판단하므로 이것은 법원의 권한을 건드리지 않는다. 결국, 헌법재판소가 위헌법률에 근거한 행정처분이 취소대상임을 적극적으로 증명하지 못하는 한, 즉 해당 행정처분이 무효가 될 가능성이 없다는 점을 증명하지 못하면 헌법재판소는 재판의 전제성을 부정하여서는 아니 될 것이다. 물론 헌법재판소가 위헌법률에 근거한 행정처분이 무효가 아님을 적극적으로 논증한다면 재판의 전제성을 부정할 수 있다.[84)]

헌법의 보호 필요성과 위헌법률심판절차 및 헌법재판소법 제68조 제2항에 따른 헌법소원심판절차의 구체적 규범통제적 성격을 조화시키려면 위헌성이 의심되는 법률에 근거하여 내려진 행정처분이 그 법률이 위헌으로 판단되면 무효인지 아니면 취소대상인지가 더 분명하게 드러날 정도로 사건의 사실관계와 법률규정의 목적, 의미 등이 해석을 통해서 충분히 규명된 단계에서 비로소 위헌제청이나 헌법소원 제기를 하면서 헌법재판소법 제68조 제2항에 따른 헌법소원심판절차에서 재판 전제성 요건 충족 여부에 대한 주장책임을 강화하여야 한다는 주장이 제기될 수 있다. 그러나 ① 충분히 규명된 단계를 확정하는 것이 쉽지 않고, ② 그러한 규명 자체는 헌법재판소가 근거법률을 합헌으로 선언하면 불필요한 것이며, ③ 위헌법률에 근거한 행정처분이 무효인지 아니면 취소대상인지는 법원이 판단할 사항이라서 헌법재판소가 이에 관해서 관여하는 것은 적절하지 아니 하고, ④ 그러한 단계에 이르지 않았다는 이유로 각하하면 법원은 필요 여부를 떠나 그러한 규명을 할 수밖에 없으며, 그러한 규명 이후 다시 헌법재판소 판단을 구하여야 하는데, 이것은 헌법재판소의 판단을 늦추는 결과만 가져올 뿐이고 (결국 헌법재판소가 근거법률을 합헌이라고 선언하면) 자칫 불필요한 규명을 강요하는 결과를 낳을 수도 있다. 그리고 ⑤ 재판의 전제성과 관련하여 해당 법률에 근거한 행정처분의 무효 가능성을 주장하는 것을 넘는 주장책임을 당사자에게 지우는 것은 자칫 헌법재판소법 제68조 제2항에 따른 헌법소원심판 청구를 위축시키는 결과를 가져올 수 있다. 따라서 이러한 주장은 타당하지 않다고 생각한다. 이러한 점에서 헌법재판소가 위헌법률에 근거한 행정처분에 관한 재판의 전제성을 넓게 인정하여서 이러한 행정처분에 대한 무효 확인의 소가 남용될 우려는 해당 법률이 위헌일 가능성(합리적인 위헌의 의심)을 적극적으로 해석하고 취소사유를 유형화하여서 명백한 취소대상인 행정처분을 구분해 냄으로써 대처하여야 할 것이다. 이를 위해서 이와 관련한 판례, 특히 대법원의 판례 축적이 필수적이다.

---

84) 예를 들어 헌재 2001. 9. 27. 2001헌바38, 공보 61, 930, 933; 헌재 2010. 9. 30. 2009헌바101, 판례집 22-2상, 651, 657-658; 헌재 2014. 1. 28. 2010헌바251, 판례집 26-1상, 1, 16-18 재판관 조용호의 다수의견에 대한 보충의견.

헌법재판소가 재판의 전제성을 인정하여 근거법률을 위헌으로 선언하여도 법원이 해당 법률에 근거한 행정처분이 무효가 아니라고 하면서 기각판결을 내릴 수 있다. 그러나 이러한 때도 헌법재판소의 위헌결정이 의미가 없는 것은 아니다. 최소한 아직 존속력이 발생하지 않은 행정처분에는 위헌결정의 효력이 미쳐서 그에 대한 취소의 소를 제기할 수 있도록 하고, 행정기관은 해당 법률을 근거로 더는 행정처분을 내릴 수 없게 되기 때문이다. 즉 헌법재판소는 존속력이 발생한 과거의 위헌상태를 바로 잡을 수는 없지만, 현재 사법적으로 다툴 수 있는 과거의 위헌상태를 제거할 수 있게 하고, 앞날을 향하여 새로운 위헌상태가 발생하는 것을 저지할 수 있기 때문이다. 이러한 점에서 재판의 전제성이 인정되지는 않아도 헌법재판소는 예외적으로 본안판단을 할 필요성이 없는지를 적극적으로 살펴보아야 한다.

Ⅳ. 위헌법률에 근거한 행정처분의 후속 행정처분의 효력

1. 존속력이 발생한 위헌법률에 근거한 행정처분과 그 후속 행정처분

위헌법률에 근거한 행정처분이 취소대상일 때 제소기간이 지나 그 행정처분의 존속력이 발생하였으나, 그 행정처분에 따른 후속절차가 남아 있을 수 있다. 이때 이러한 후속절차 집행이 가능한 것인지, 즉 위헌법률에 근거한 행정처분의 후속절차가 허용될 것인지가 문제 된다. 이때 후속 행정처분 자체는 아무런 하자가 없어야 한다. 후속 행정처분에 고유한 하자가 있다면 그 하자를 근거로 해당 행정처분을 다툴 수 있기 때문이다. 그리고 후속 행정처분은 사법적으로 다툴 가능성이 있어야 한다. 즉 후속 행정처분에 대한 제소기간이 지나서 존속력이 발생하여서는 아니 된다. 후속 행정처분을 사법적으로 다툴 가능성이 없다면 그 취소 여부는 문제 되지 않기 때문이다. 또한, 선행 행정처분을 사법적으로 다툴 수 있었어야 한다. 즉 선행 행정처분을 사법적으로 다툴 가능성이 있었는데도 당사자가 이것을 사법적으로 다투지 않아서 존속력이 발생한 때만 후행 행정처분을 사법적으로 다투면서 선행 행정처분의 주장할 수 있는지가 문제 된다. 따라서 당사자가 선행 행정처분을 사법적으로 다툴 가능성이 없었다면 당사자는 후행 행정처분을 다투면서 당연히 선행 행정처분의 하자를 주장할 수 있다. 그렇지 않다면 당사자는 선행 행정처분의 하자를 다툴 가능성을 보장받지 못하기 때문이다. 끝으로 선행 행정처분의 근거법률에 대해서는 헌법재판소가 이미 위헌결정을 내렸음을 전제한다. 선행 행정처분 근거법률의 위헌 여부를 다툴 수 있는지는 존속력이 발생한 행정처분의 후행 행정처분에서 선행 행정처분의 하자를 다툴 수 있는지가 해결되어야 비로소 검토할 수 있는 문제이기 때문이다.

2. 판례

(1) 헌법재판소

헌법재판소는 일반적으로 행정처분의 집행이 이미 종료되었고 그것이 번복되면 법적 안정성을 크게 해치게 될 때 후에 행정처분의 근거가 된 법규가 헌법재판소에서 위헌으로 선고되더라도 (처분의 근거법규가 위헌이었다는 하자는 중대하기는 하나 명백한 것이라고는 할 수 없다는 의미에서) 그 행정처분이 당연무효가 되지는 않는다고 할 수 있어서, 행정처분에 대한 제소기간 안에 그 취소를 구하는 소를 제기한 때는 별론으로 하고 제소기간이 지나고 나서는 처분의 근거법규가 위헌임을 이유로 무효 확인의 소 등을 제기하더라도 행정처분의 효력에 영향이 없음이 원칙이라고 하였다.[85]

그러나 헌법재판소는 행정처분 자체의 효력이 제소기간이 지나고 나서도 존속 중이면, 특히 그 처분이 위헌법률에 근거하여 내려진 것이고 그 행정처분의 목적 달성을 위해서는 후행 행정처분이 필요한데 후행 행정처분은 아직 이루어지지 않은 때처럼 그 행정처분을 무효로 하더라도 법적 안정성을 크게 해치지 않지만, 그 하자가 중대하여 그 구제가 필요하면 그 예외를 인정하여 이를 당연무효사유로 보아서 제소기간이 지나서도 무효 확인을 구할 수 있는 것이라고 봐야 할 것이라고 하였다.[86]

(2) 대법원

대법원은 과세처분이나 압류처분에 확정력이 생겼더라도 그 후속 절차를 진행하려면 후속 처분 당시 유효한 법률상 근거가 있어야 하고, 법률 전부에 대한 위헌결정으로 말미암아 과세처분뿐 아니라 강제징수처분의 근거법률에 대해서도 위헌결정이 내려지면 후속 체납처분 절차를 진행할 수 없다고 한 적이 있다. 즉 위헌결정 이후에 이루어진 체납처분절차 등 후속절차는 당연무효이고,[87] 위헌결정 이후 부담

85) 헌재 1994. 6. 30. 92헌바23, 판례집 6-1, 592, 604-605; 헌재 1999. 9. 16. 92헌바9, 판례집 11-2, 262, 270; 헌재 2001. 9. 27. 2001헌바38, 공보 61, 930, 932; 헌재 2004. 1. 29. 2002헌바73, 판례집 16-1, 103, 109.

86) 헌재 1994. 6. 30. 92헌바23, 판례집 6-1, 592, 605-606; 헌재 2001. 9. 27. 2001헌바38, 공보 61, 930, 932-933.

87) 대법원 2002. 4. 12. 선고 2002다2294 판결(집50-1, 386; 공2002상, 1122); 대법원 2002. 6. 28. 선고 2001다60873 판결(공2002하, 1803); 대법원 2002. 11. 22. 선고 2002다46102 판결(공2003상, 159); 대법원 2005. 4. 15. 선고 2004다58123 판결.

금 징수를 위한 압류처분에 따른 압류등기는 해제되어야 하며,[88] 위헌결정 이후 그 집행이나 집행력을 획득하려는 제소행위도 허용되지 않을 뿐 아니라[89] 위헌결정 후 납부의무 없이 자유로운 의사에 어긋나게 낸 부담금은 부당이득반환청구를 할 수 있다고 하였다.[90] 그러한 이러한 판결들은 집행처분의 근거법률에도 위헌결정이 내려진 사례라서 위헌법률에 근거한 행정처분의 후속 행정처분의 효력을 직접 다루는 것이라고 보기는 어려운 점이 있다.

대법원은 헌법재판소법 제47조 제1항은 "법률의 위헌결정은 법원과 그 밖의 국가기관 및 지방자치단체를 기속한다."라고 규정하는데, 이러한 위헌결정의 기속력과 헌법을 최고규범으로 하는 법질서의 체계적 요청에 비추어 국가기관 및 지방자치단체는 위헌으로 선언된 법률규정에 근거하여 새로운 행정처분을 할 수 없음은 물론이고, 위헌결정 전에 이미 형성된 법률관계에 근거한 후속처분이라도 그것이 새로운 위헌적 법률관계를 생성·확대하면 이것을 허용할 수 없으므로, 조세 부과의 근거가 되었던 법률규정이 위헌으로 선언되면, 비록 그에 근거한 과세처분이 위헌결정 전에 이루어졌고, 과세처분에 대한 제소기간이 이미 지나서 조세채권이 확정되었으며, 조세채권 집행을 위한 체납처분의 근거규정 자체에 대하여는 따로 위헌결정이 내려진 바 없다고 하더라도, 위와 같은 위헌결정 이후에 조세채권의 집행을 위한 새로운 체납처분에 착수하거나 이를 속행하는 것은 더는 허용되지 않고, 나아가 이러한 위헌결정의 효력에 어긋나게 이루어진 체납처분은 그 사유만으로 하자가 중대하고 객관적으로 명백하여 당연무효라고 보아야 한다고 하였다.[91]

3. 학설

(1) 하자 승계 이론 적용설

위헌법률에 근거한 행정처분의 효력을 인정한다면 그에 따른 후속 조치(집행력)도 인정하는 것이 수미일관하고, 위헌결정의 기속력에 대한 해석론을 통해서 이것을 전면 부정하는 것은 타당하지 않다는 견해가 있다.[92]

---

88) 대법원 2002. 8. 23. 선고 2002두4372 판결; 대법원 2002. 8. 23. 선고 2001두2959 판결(공2002하, 2216); 대법원 2002. 8. 27. 선고 2002두2383 판결(공2002하, 2344).

89) 대법원 2002. 8. 23. 선고 2002두4372 판결.

90) 대법원 2003. 9. 2. 선고 2003다14348 판결(공2003하, 1948).

91) 대법원 2012. 2. 16. 선고 2010두10907 전원합의체 판결(공2012상, 468).

92) 이 원(주 21), 29~35쪽.

(2) 헌법재판소법 제47조 적용설

① 위헌법률에 근거한 행정처분의 후속 행정처분의 효력 문제는 하자승계로 접근할 문제가 아니고, 위헌결정의 효력(특히 소급효)과 관련된 문제라는 견해가 있다.[93] 이 견해는 위헌결정의 기속력은 법원뿐 아니라 행정청에도 미치는데, 행정청에는 처분청뿐 아니라 관계 행정청도 포함된다고 한다. 따라서 위헌결정 이후에 그 규범에 근거한 처분 집행을 허용하는 것은 위헌결정의 기속력에 어긋난다고 한다.

② 법률적 근거로서 헌법재판소법 제47조 제1항과 제2항(법률적 근거) 그리고 국가의 기본권보장의무를 규정한 헌법 제10조 후단, 합헌적인 법률에 따른 재판을 받을 권리를 규정한 헌법 제27조, 헌법과 법률에 따라서 재판하도록 규정한 헌법 제103조, 기본권 제한 한계를 규정한 헌법 제37조 제2항, 위헌법률심판을 규정한 헌법 제107조(헌법적 근거) 등을 근거로 위헌법률에 근거한 행정처분의 집행력을 배제하는 견해가 있다.[94]

③ 하자 승계 일반론보다는 헌법재판소법 제47조 제2항 자체의 해석론에서 문제를 해결하는 것이 더 헌법정신에 합치된다는 견해가 있다.[95] 이 견해는 하자의 승계 이론을 따라 불합리한 결과가 발생하면 하자 승계 이론을 매개시켜 위헌판단의 즉시효를 제한할 것이 아니라 위헌결정의 후속행위에 대한 구속력을 널리 인정함으로써 합헌적 행정을 담보하는 것이 타당하다고 한다.

④ 헌법재판소법 제47조 제1항의 기속력에서 도출되는 결정준수의무를 근거로 삼는 것이 결론은 물론이고 논리전개 과정에서 가장 무리 없는 견해라는 주장이 있다.[96]

⑤ 위헌법률에 근거한 행정처분에 대해서는 위헌결정의 기속력에 어긋나므로 집행력이 부여되지 않는다는 견해도 있다.[97]

⑥ 처분 근거법령에 대한 위헌·위법결정의 구속력은 처분 근거법령의 위헌·위법에만 미치고 강제집행 근거규정에까지 미치지는 않으므로, 위헌·위법인 법령에 근거한 존속력이 발생한 취소할 수 있는 처분의 집행력은 인정되는 것으로 보는 것이 타당하다는 견해도 있다.[98]

---

93) **정남철**(주 20), 144~145쪽.

94) **남복현**(주 25, 헌법재판소 결정의 효력과 법원의 기속), 250~251쪽; **같은 사람**(주 25, 헌법재판소 결정의 효력에 관한 쟁점 및 해결방안), 282~283쪽; **같은 사람**(주 16), 448~449쪽.

95) **김유환**(주 10), 84~85쪽.

96) **허성욱**, 「위헌·위법인 법령에 근거한 처분의 집행력」, 『행정판례평선』, 박영사, 2011, 286쪽.

97) **정하중**, 『행정법총론(제12판)』, 법문사, 2018, 265쪽.

98) **박균성**(주 6), 432쪽.

(3) 후행처분의 근거규정은 합헌이나 결과적으로 처분이 위헌이어서 결국 위법이라는 견해

이 견해는 압류처분에 고유한 하자가 있고 그 하자는 직접적인 근거규범과 관련하여 위법·위헌이라는 법논리가 아니라 적법·위헌이라는 구조를 취한다. 이것이 독일 조세법상 '불형평한(unbillig) 처분'이고, 그 근거규범은 합헌이고 적법하게 적용하였으나 결과적으로 위헌이 될 수밖에 없는 처분을 가리킨다고 한다. 독일 법이론에서 형평은 법적용 전에 추상적인 규범적 상태에 대한 정의가 아니라 개별적 사건에 적용한 구체적 결과를 대상으로 한 개별적 정의를 뜻한다고 한다. 따라서 법률적 정의는 충족되나 개별적 형평은 충족되지 않는 사례를 불형평한 사건이라고 할 수 있다고 한다. 이때 법률은 합헌으로 판단 받게 되나 이러한 법률을 적법하게 적용한 개별적 처분 결과가 위헌적이어서 결국 해당 처분은 위법하다고 한다. 이러한 불형평한 처분은 규범통제 차원에서 다루어지는 법률적 또는 유형적 정의와 처분에 대한 항고소송에서 다뤄지는 개별적 정의가 일치하지 않는 영역에서 발생한다고 한다. 사법심사 기준이 일치하지 않는 이유는 예외적인 개별적 사례나 처분이 그 근거규범을 대상으로 하는 규범통제소송에서 위헌판단에 고려되는 정도와 개별적인 처분을 대상으로 하는 항고소송에서 위법성 판단에 고려되는 정도가 다르기 때문이라고 한다. 선행처분의 근거규범에 대한 위헌결정으로 말미암아 후행처분의 근거규범이 포섭하는 범위가 축소되었는데도 해당 관청이 형식논리적으로 후행처분을 발령함으로써 적법하나 위헌적인 결과를 발생시키게 된다고 한다. 이러한 법률규정의 포섭범위가 축소하는 만큼 숨겨진 법률 공백이 발생하게 되고 이것은 목적론적 축소적용이나 합헌적 축소적용을 통해서 개별 처분의 위헌성이 제거되어야 한다고 한다.[99)]

4. 사견

(1) 현상유지원칙과 위헌성 존속

헌법재판소에 위헌심사권을 독점시키고 규범통제를 구체적 규범통제에 국한하면서(헌법 제107조 제1항) 헌법재판소에 위헌여부심판을 구할 권한을 법원과 위헌제청 신청을 기각당한 당사자에게만 부여할 뿐 아니라 헌법이 법률을 형식적으로 규정한 것은 실질적 정의보다 법적 안정성을 중시하여 국회가 제정한 법률의 효력을 원칙적으로 유지하고 예외적으로만 그 효력을 배제하겠다는 것이다. 특히 법률의 위헌결

99) 서보국(주 44), 17~19쪽.

정에 법원과 그 밖의 국가기관 및 지방자치단체를 기속시키면서도(헌법재판소법 제47조 제1항) 형벌법규를 제외한 위헌으로 결정된 법률이나 법률조항을 위헌결정이 있는 날부터 효력을 상실시키고(헌법재판소법 제47조 제2항), 소급효가 인정되는 형벌법규에 근거한 유죄의 확정판결을 무효로 하거나 취소시키는 것이 아니라 재심 대상으로 삼는 데 그침으로써(헌법재판소법 제47조 제4항) 법률을 통해서 형성된 법적 관계를 사법심사 가능성을 기준으로 원칙적으로 앞날을 향해서 바꾸겠다는 것을 확인한다. 이것은 결국 법률을 통해서 형성된 법적 관계에 대한 사법심사 가능성이 사라지면 원칙적으로 그대로 유지한다는 것을 뜻한다. 즉 사법심사를 통해서 다툴 수 없는 법적 관계는 기존 상태를 변함없이 인정하지만, 사법심사를 통해서 다툴 수 있는, 정확하게 말하면 다투는 법적 관계는 기존 상태의 유지기간과 상관없이 헌법에 맞게 바꾸게 된다. 따라서 사법적으로 다툴 수 없게 된 국가행위의 위헌성은 소급하여 제거할 수 없고 지난날에 이러한 행위에서 도출되는 부정적 효과는 배제할 수 없다. 이러한 맥락에서 행정처분에 대한 제소기간이 지나서 존속력이 발생하면 해당 행정처분의 효력은 그대로 유지된다.

하지만 행정처분에 관해서 존속력이 발생하여 더는 다툴 수 없게 되더라도 이것이 해당 행정처분의 위헌성이 사라진다는 것을 뜻하지는 않는다. 즉 해당 행정처분의 위헌성은 이러한 때도 여전히 있다. 이것은 이러한 행정처분에 근거한 다른 행위가 행정처분을 통해서 (최소한 온전한) 정당성을 부여받을 수 없다는 것을 뜻한다. 따라서 위헌인 행정처분이 앞날을 향하여 강제적으로 관철되는 것은 예방되어야 한다. 그리고 잊지 말아야 할 것은 당사자가 위헌법률심판 제청 신청이나 헌법재판소법 제68조 제2항에 따른 헌법소원심판 청구를 통해서 선행 행정처분의 근거법률을 다투지 않았다고 하여서 후속 행정처분의 위헌성을 다툴 수 없는 것이 아니라는 점이다.[100] 행정처분을 사법적으로 다투지 않았음이 그 행정처분을 종국적으로 승인하고 모든 사법적 구제수단을 포기하였음을 뜻하는 것이 아니기 때문이다.

(2) 위헌결정에 따른 목적론적 축소

법학방법론을 따르면 법관의 법획득(Rechtsgewinnung)은 법발견(Rechtsfindung)과 법형성(Rechtsfortbildung)을 통해서 이루어진다. 법발견은 법관의 법해석이 '법문언의 가능한 의미' 안에 머물면서 해당 사안에 대한 법을 실정법에서 찾아내는 것이다. 해당 사안에 대한 법적 결정이 '법문언의 가능한 의미'를 넘어서면, 이것은 바로 규율

100) ***Udo Steiner*** (Anm. 30), S. 2256 f. 참조.

되어야 할 사안에 관한 적합한 법규정이 없는, 즉 해당 사안을 규율할 실정법에 빈틈이 있는 것이고(이른바 '법흠결'), 법관이 재판하려고 이러한 빈틈을 메우는 것이 법관의 법형성이다. 이러한 빈틈은 유추나 목적론적 축소 등을 통해서 메워진다. 목적론적 축소는 법문의 목적을 고려할 때 지나치게 넓게 파악된 법문을 그 목적에 맞게 축소하여 적용하는 것을 말한다. 즉 유추는 '같은 것은 같게'라는 원칙을 따라 법적용 범위를 확대하는 것이라면, 목적론적 축소는 '다른 것은 다르게'라는 원칙을 따라 법적용 범위를 축소하는 것을 뜻한다. 다시 말해서 둘 다 모두 정의원칙을 구현하지만, 유추는 '평등대우'를 강조하고, 목적론적 축소는 '차별적 취급'을 중시한다. 이러한 차별취급은 제한되어야 할 법규정 자체의 의미나 목적 혹은 그렇지 않으면 달성할 수 없는 다른 법규정의 목적, 사물의 본성이나 특정사례군에 우선하는 법규정에 내재하는 원리를 통해서 요구될 수 있다. 유추가 이루어지는 법흠결 대부분은 명시적인 흠결이지만, 목적론적 축소가 전제하는 법흠결은 은폐된 흠결이 될 수밖에 없다. 명시적 흠결은 법규정이 그 목적을 따르면 일정한 규율을 포함하였어야 하는데도 특정한 사례군에 적용되어야 할 규율을 포함하지 않은 것이다. 은폐된 흠결은 해당 사안을 규율할 법규정은 있으나 이것을 그대로 적용하면 불합리한 결과가 나타나는 때이다. 목적론적 축소는 해당 법규정의 목적을 따라 지나치게 넓게 파악된 법문 범위를 축소하는 것이기 때문이다. 목적론적 축소는 법규정의 적용범위를 법목적을 따라 축소하는 것이고, 이러한 방식으로 해당 사안에 법규정이 적용되지 않게 구성함으로써 사실은 법문과 정반대의 결과를 가져온다. 그래서 목적론적 축소를 통한 법형성은 법규정에 어긋나는 법해석으로 보이는 것이 대부분이다.[101)]

법률이 헌법과 충돌하여 위헌이 되면, 그 법률에 근거한 행정처분도 위헌이 된다. 이러한 행정처분에 후속절차가 필요할 때, 후속 행정처분이 근거하는 법률 자체는 아무런 위헌성이 없어도 후속 행정처분은 선행 행정처분의 근거법률 때문에 위헌이 될 수 있다. 사법적으로 다툴 수 없다는 것은 당사자가 그 행정처분의 효력을 제거할 수 없지만, 그 행정처분의 하자 자체를 제거하지 않기 때문이다.[102)] 선행 행정처분 존재는 후속 행정처분의 근거법률이 후속 행정처분을 정당화하는 전제요건이다. 즉 후속 행정처분의 근거법률이 선행 행정처분을 포섭할 수 있어야 비로소 후

101) 목적론적 축소에 관해서 자세한 내용은 **김영환**, 「법학방법론의 이론적 체계와 실천적 의의」, 『법철학연구』 제17권 제3호, 한국법철학회, 2014, 11~23쪽; ***Karl Larenz/Claus-Wilhelm Canaris***, Methodenlehre der Rechtswissenscchaft, 3. Aufl., Berlin 1995, S. 201~216쪽 참조.

102) ***Ernst Benda/Eckart Klein/Oliver Klein*** (Anm. 30), § 39 Rdnr. 1379; ***Malte Graßhof*** (Anm. 30), § 79 Rdnr. 25 참조.

속 행정처분의 근거법률이 후속 행정처분을 근거 지울 수 있다. 그런데 선행 행정처분의 근거법률이 위헌이어서 선행 행정처분이 위헌이 되면 후속 행정처분의 근거법률은 선행 행정처분 존재라는 요건을 충족하는 것으로 볼 수 없다. 즉 후속 행정처분의 근거법률이 적용되는 데 필요한 선행 행정처분에서 위헌법률에 근거한 행정처분은 제외된다. 후속 행정처분 근거법률의 적용요건은 위헌이 아닌 선행 행정처분 존재이기 때문이다. 따라서 이러한 범위에서 후속 행정처분 근거법률의 적용범위는 축소되고 그에 따라 은폐된 흠결이 발생한다. 그래서 위헌인 선행 행정처분과 관련된 부분에 후속 행정처분의 근거법률이 더는 적용될 수 없다. 결국, 후속 행정처분은 아무런 법률적 근거 없이 내려진 행정처분에 해당하게 된다. 그래서 당사자는 후속 행정처분이 법률적 근거 없이 내려졌다고 주장하면서 그 취소를 구할 수 있다.

(3) 사정변경

행정처분은 발령 시점의 사실관계와 법적 상황을 기준으로 내려진다. 행정처분의 존속력도 이러한 사실관계와 법적 상황을 전제로 발생한다. 따라서 사실관계와 법적 상황이 달라지면 해당 행정처분의 위헌이나 효력 여부가 달라질 수 있다. 행정처분의 근거법률이 위헌으로 확정되면 그 법률은 효력을 상실하여 더는 적용될 수 없게 된다. 이것은 근거법률이 법질서에서 추방되었음을 뜻한다. 이로 말미암아 법적 상황은 달라질 수밖에 없다. 그러므로 근거법률을 헌법재판소가 위헌으로 확정한 시점을 기준으로 행정처분의 존속력이 차단된다.

선행 행정처분에 따르는 후행 행정처분의 취소를 다툴 때, 선행 행정처분이 하자가 있는지는 후행 행정처분의 고유한 하자가 없을 때 선결문제가 된다. 이러한 선결문제에도 선행 행정처분의 존속력이 미친다. 그러나 후행 행정처분 취소의 소가 확정되기 전에 선행 행정처분의 근거법률이 위헌으로 확정되면 법적 상황 변경을 이유로 선행 행정처분의 존속력은 차단된다. 따라서 당사자는 이러한 존속력에 기속되지 않고 위헌으로 확정된 법률에 근거한 선행 행정처분의 하자를 주장할 수 있게 된다. 이것은 위헌법률에 근거한 행정처분에 존속력이 발생하여도 행정처분의 하자가 치유되는 것이 아니라 행정처분의 하자를 다툴 수 없는 것에 불과하기 때문이다. 이러한 당사자의 주장에 따라 법원은 행정처분의 존속력에 기속됨 없이 헌법재판소의 위헌결정에 따라 바뀐 법적 상황에 맞게 판결을 내려야 한다.

(4) 소결

현상유지원칙을 따르면 국가행위에 이미 존재하는 위법성이 있어도 국가행위의 효력은 그대로 유지된다. 하지만 현상유지원칙은 새로운 위법성 발생을 허용하거나 위법성 확대를 정당화하지 않는다. 그리고 연속되는 행정처분이 서로 밀접하게 관련되면 연속되는 행정처분 전부가 완료되지 않는 한 그 전체 행정처분이 완료되었다고 볼 수 없다. 따라서 후속 행정처분을 다투면서 선행 행정처분의 하자를 주장할 수 있게 한다고 하여서 법적 안정성을 침해한다고 보기 어렵다. 이러한 점에 비추어 후행 행정처분을 다투면서 존속력이 발생한 선행 행정처분이 위헌법률에 근거하였다는 것을 주장하는 것은 허용될 수 있다. 이것은 실체법적으로는 목적론적 축소를 통해서, 절차법적으로는 사정변경(법적 상황 변경)을 통해서 정당화할 수 있다.

참고로 하자 승계 이론을 따르는 대법원도 선행처분과 후행처분이 서로 독립하여 별개의 효과를 목적으로 할 때도 선행처분의 불가쟁력이나 구속력이 그로 말미암아 불이익을 입게 되는 사람에게 수인한도를 넘는 가혹함을 가져오고, 그 결과를 당사자가 예측할 수 없으면 국민의 재판받을 권리를 보장하는 헌법의 이념에 비추어 선행처분의 후행처분에 대한 구속력은 인정될 수 없다고 하여, 선행처분과 후행처분이 서로 독립하여 별개의 법률효과를 목적으로 하면 선행처분에 불가쟁력이 생겨 그 효력을 다툴 수 없게 되면 선행처분의 하자가 중대하고 명백하여 당연 무효인 때를 제외하고는 선행처분의 하자를 이유로 후행처분의 효력을 다툴 수 없다는 것이 절대적인 결론이 아니라고 하였다.[103)]

5. 후행 행정처분을 다투면서 존속력이 발생한 선행 행정처분 근거법률의 위헌성을 주장할 수 있는가?

선행 행정처분의 근거법률에 대한 위헌 여부에 대한 헌법재판소 판단이 아직 없을 때, 선행 행정처분의 제소기간이 지나고 나서 후행 행정처분을 다툴 수 있다. 이때 후행 행정처분 자체를 사법적으로 다툴 가능성은 있으나, 즉 후행 행정처분에 대한 제소기간이 지나지 않았으나, 후행 행정처분 자체에는 하자가 없고 선행 행정처분의 근거법률이 위헌임을 주장할 수도 있다. 여기서 선행 행정처분 근거법률의 위헌 여부는 당연히 헌법재판소만 판단할 수 있고, 이러한 판단을 위해서는 해당 법률에 대해서 재판의 전제성이 인정되어야 한다.

선행 행정처분의 하자가 후행 행정처분의 효력에 아무런 영향을 미칠 수 없다면 후행 행정처분을 다투면서 선행 행정처분 근거법률의 위헌성을 주장하여도 재판의

103) 대법원 1994. 1. 25. 선고 93누8542 판결(공1994상, 849); 대법원 1998. 3. 13. 선고 96누6059 판결(공1998상, 1084); 대법원 2005. 4. 15. 선고 2004두14915 판결.

전제성을 인정할 수 없다. 그러나 선행 행정처분의 하자가 후행 행정처분의 효력에 영향을 미친다면 선행 행정처분의 위헌 여부는 후행 행정처분의 효력을 다툴 때 재판의 전제가 될 수 있다. 선행 행정처분의 위헌 여부에 따라 법원의 재판결과가 달라질 것이기 때문이다. 헌법재판소는 두 개 이상의 행정처분이 연속적으로 내려질 때, 선행 행정처분과 후행 행정처분이 서로 결합하여 1개의 법률효과를 완성하면 선행 행정처분의 하자가 후행 행정처분에 승계되므로 선행 행정처분에 존속력이 생겨 그 효력을 다툴 수 없게 되어도 선행 행정처분의 하자를 이유로 후행 행정처분의 효력을 다툴 수 있어서 재판의 전제성이 인정되지만, 선행 행정처분과 후행 행정처분이 서로 독립하여 별개의 법률효과를 목적으로 할 때 선행 행정처분에 존속력이 생겨 그 효력을 다툴 수 없게 되면 선행 행정처분의 하자가 중대하고 명백하여 당연무효인 때를 제외하고는 선행 행정처분의 하자를 이유로 후행 행정처분의 효력을 다툴 수 없어서 재판의 전제성이 부정된다고 한다.[104)]

선행 행정처분을 다툴 기회가 당사자에게 없었다면 당사자는 후행 행정처분을 다투면서 선행 행정처분의 근거법률이 위헌임을 주장할 수 있어야 한다. 이것을 부정하면 당사자는 선행 행정처분을 다투어 권리구제를 받을 가능성을 보장받지 못하기 때문이다. 따라서 이때는 후행 행정처분을 다투면서 선행 행정처분의 근거법률에 대한 위헌판단을 헌법재판소에 구하면 재판의 전제성이 인정되어야 한다.

그런데 헌법재판소는 도시계획시설사업의 사업시행자지정고시처분의 하자가 그 실시계획인가고시처분에 승계되는지에 관한 명시적 대법원 판례가 없는 상황에서 하자승계가 부정됨을 근거로 실시계획인가고시처분의 효력을 다투는 취소의 소에서 사업시행자시행자지정고시처분 근거법률의 재판 전제성을 부정하였다.[105)] 즉 하자승계 이론을 전제로 형식적 측면에서 해당 법률조항은 해당 사건에 직접 적용되는 법률이 아니고, 그 위헌 여부에 따라 직접 적용되는 법률의 위헌 여부가 결정된다고도 할 수 없어서 원칙적으로 재판의 전제성이 인정되지 아니한다고 하였다. 하지만 사업시행자지정처분으로는 피수용자의 재산권이 제약되지 않아 피수용자는 사업시행자지정처분을 다툴 원고적격이 없다.[106)] 따라서 피수용자는 사업시행자지정처분의 효력을 다툴 수 없다. 그러나 실시계획인가를 통해서 사업인정이 의제되면 사업시행자에게 수용권이 부여된다. 피수용자는 이러한 사업시행자의 수용권 행사로 말미암아 자기 재산권이 제약된다. 그런데 헌법재판소 결정을 따르면 이른바 사인에

104) 헌재 2015. 1. 29. 2013헌바136.

105) 헌재 2010. 12. 28. 2009헌바429, 공보 171, 176, 180.

106) 대법원 2009. 4. 23. 선고 2008두242 판결 참조.

의한 수용이 문제 되는 상황에서 피수용자는 선행 행정처분인 사업시행자지정고시 처분의 하자는 원고적격이 없어서 이에 대한 취소의 소를 제기할 수 없고, 후행 행정처분인 실시계획인가고시처분을 다투면서 선행 행정처분인 사업시행자지정고시 처분의 근거법률이 위헌인지는 재판의 전제성이 없어서 다툴 수 없게 되는 불합리한 결과가 발생한다. 따라서 이때는 후행 행정처분을 다투면서 피수용자가 청구한 헌법소원심판에서 헌법재판소는 재판의 전제성을 인정하여 당사자에게 권리구제 가능성을 열어주어야 한다. 헌법재판소는 구 사회간접자본시설에 대한 민간투자법 제9조 위헌소원 사건에서 민간투자사업이 문제 되었을 때 후행 행정처분인 실시계획승인처분을 다투는 것을 해당 사건으로 하여 사업시행자지정처분의 근거조항에 대해서 제기한 헌법재판소법 제68조 제2항에 따른 헌법소원에서 재판의 전제성이 인정됨을 근거로 본안판단을 한 바 있다.[107]

V. 소결 : 법적 안정성과 실질적 정의의 조화를 바탕으로 해결되어야 할 위헌법률에 근거한 행정처분의 효력

헌법은 물론 헌법재판소법도 위헌법률에 근거한 행정처분의 효력이 어떻게 되는지 명시적으로 규정하지 않는다. 이를 빌미로 대법원과 헌법재판소의 판례는 물론 많은 학자는 행정법의 일반이론, 즉 중대명백설을 바탕으로 이 문제를 해결하려고 한다. 그러나 중대명백설 자체가 그 타당성을 의심받는다. 게다가 중대명백설은 합헌인 법률을 바탕으로 내려진 행정처분의 하자를 다루는 이론으로서 위헌법률을 전제로 하는 논의에는 적합하지 않다. 이러한 점에서 일반적인 행정처분의 하자와 위헌법률에 근거한 행정처분의 하자를 같은 것으로 보고 논의를 전개하는 것은 적절하다고 보기 어렵다. 이러한 점에서 위헌법률에 근거한 행정처분의 효력은 헌법 우위를 바탕으로 구체적 규범통제의 특수성을 고려하면서 법적 안정성과 실질적 정의의 조화를 추구하는 방향으로 검토되어야 할 것이다. 물론 이와 더불어 헌법과 헌법재판소법에서 해결의 빌미를 찾을 수 있는지 면밀하게 살펴보아야 한다. 그러나 이러한 과정에서 행정법의 일반이론이 전적으로 배제되는 것은 아니다. 행정법의 일반이론이 수용될 가능성도 꼼꼼히 따져 보아야 한다. 이러한 검토를 통해서 다음과 같

107) 헌재 2009. 10. 29. 2007헌바63, 판례집 21-2하, 103.

은 결론을 도출할 수 있다.

1. 헌법 우위는 행정처분이 헌법에 어긋나면 가능한 한 빨리 최적의 방법으로 그 효력을 제거할 것만을 요구한다. 따라서 위헌법률에 근거한 행정처분이 무효인지 아니면 취소대상인지는 헌법과 헌법재판소법을 중심에 놓고 행정처분의 하자 논의를 참고하면서 결정하여야 할 것이다. 헌법 제107조 제1항과 헌법재판소법 제47조 제2항은 법적 안정성을 실질적 정의보다 우위에 둔다. 이러한 점에서 위헌법률에 근거한 행정처분은 취소대상으로 추정하는 것이 타당할 것이다.

2. 유죄 확정판결의 근거인 법률을 헌법재판소가 위헌으로 결정하여도 그 효력이 확정판결의 확정력에 영향을 미치지 않는다. 유죄판결을 받은 사람은 재심 청구를 통해서 확정된 유죄판결을 다툴 수 있을 뿐이다(헌법재판소법 제47조 제4항). 이것을 반대로 해석하면 헌법재판소가 근거법률에 대해서 위헌결정을 내려도 그에 근거한 확정판결의 효력은 그대로 유지되고, 그에 대한 재심도 원칙적으로 인정되지 않는다. 따라서 재판의 대상이 되는 위헌법률에 근거한 행정처분도 무효가 아니라 원칙적으로 취소대상으로 보아야 할 것이다. 이러한 내용은 헌법재판소법 제75조 제2항과 제3항 그리고 제5항에서 실정법적으로 명확하게 확인할 수 있다. 즉 기본권을 침해하는 공권력에는 당연히 행정처분도 포함된다. 헌법재판소법 제68조 제1항에 따른 헌법소원에서 헌법재판소는 행정처분을 특정하여 취소할 수 있다(헌법재판소법 제75조 제2항과 제3항). 이때 해당 행정처분의 위헌성이 근거법률에서 기인한 것이면 헌법재판소는 해당 법률을 위헌이라고 선고할 수 있다(헌법재판소법 제75조 제5항). 이러한 점에 비추어 위법한 근거법률에 근거한 행정처분은 당연히 무효가 아니라 취소대상에 해당한다.

3. 다만, 근거법률의 효력 상실에 따라 무효 원인이 발생하면 그에 근거한 행정처분은 무효가 될 것이다. 그리고 중대명백설에 따라 하자가 중대하고 명백하여도 해당 행정처분은 무효가 된다. 그러나 중대명백설은 명백하게 무효인 행정행위만을 걸러내는 성긴 체에 불과하다. 따라서 중대명백설을 적용하고 나서도 법적 안정성을 보호할 필요가 없으면 해당 행정처분은 무효가 될 수 있다. 즉 중대하고 명백한 하자가 없는 행정처분이라고 하여서 당연히 취소대상인 것은 아니다. 그리고 행정처분의 근거법률이 헌법에 어긋난다는 사실이 곧 행정처분 하자의 중대성을 뜻한다고

보기는 어렵다. 즉 근거법률의 위헌인 이유와 그것이 행정처분에 미치는 영향 등을 종합적으로 고려하여 해당 행정처분의 하자가 중대한 것인지를 판단하여야 할 것이다. 따라서 행정처분 근거법률의 위헌성은 하자의 중대성을 추정하는 것에 그치고 실제 검토를 통해서 하자가 중대하지 않음이 증명되면 그러한 추정은 깨질 수 있다.

4. 헌법재판소가 위헌성이 의심되는 법률의 위헌심사를 할 기회가 있었는데도 이를 거부하여 그 법률이 계속 적용되도록 내버려두는 것은 헌법의 수호자로서 국민의 기본권을 적극적으로 보호하여야 할 헌법재판소의 의무를 이행하지 않는 것으로 볼 여지가 있다. 그리고 추상적 규범통제가 도입되지 않아서 법률의 위헌심사를 사후적으로만 할 수 있는 현실에서는 더욱 헌법재판소가 적극적으로 권한을 행사할 필요성이 크다. 더구나 헌법재판소가 재판의 전제성을 인정하여 근거법률을 위헌이라고 선언하여도 그 법률에 근거한 행정처분이 무효인지는 해당 사건을 재판하는 법원이 판단할 사항이다. 따라서 위헌법률(정확하게는 위헌이라고 주장되는 법률)에 근거한 행정처분의 효력이 위헌법률심판이나 헌법재판소법 제68조 제2항에 따른 헌법소원심판에서 재판의 전제성과 관련하여 문제가 될 때, 헌법재판소가 위헌법률에 근거한 행정처분이 취소대상임을 적극적으로 증명하지 못하는 한, 즉 해당 행정처분이 무효가 될 가능성이 없다는 점을 증명하지 못하면 헌법재판소는 재판의 전제성을 부정하여서는 아니 될 것이다. 물론 헌법재판소가 위헌법률에 근거한 행정처분이 무효가 아님을 적극적으로 논증한다면 재판의 전제성을 부정할 수 있다.

5. 현상유지원칙을 따르면 국가행위에 이미 존재하는 위법성이 있어도 국가행위의 효력은 그대로 유지된다. 하지만 현상유지원칙은 새로운 위법성 발생을 허용하거나 위법성 확대를 정당화하지 않는다. 그리고 연속되는 행정처분이 서로 밀접하게 관련되면 연속되는 행정처분 전부가 완료되지 않는 한 그 전체 행정처분이 완료되었다고 볼 수 없다. 따라서 선행 행정처분의 하자를 후속 행정처분을 다투면서 주장할 수 있게 한다고 하여서 법적 안정성을 침해한다고 보기 어렵다. 이러한 점에 비추어 후행 행정처분을 다투면서 제소기간이 지나 존속력이 발생한 선행 행정처분이 위헌법률에 근거하였다는 것을 주장하는 것은 허용될 수 있다. 이것은 실체법적으로는 목적론적 축소를 통해서, 절차법적으로는 사정변경(법적 상황 변경)을 통해서 정당화할 수 있다.

참고문헌
찾아보기

■ 참고문헌

강승준, 「제4절 재판」, 민일영/김능환 편집대표, 『주석 민사소송법(Ⅲ)(제7판)』, 한국사법행정학회, 2012, 169~446쪽.

강용현, 「제423조[상고이유]」, 김상원/박우동/이시윤/이재성 편집대표, 『주석 신민사소송법(Ⅵ)』, 한국사법행정학회, 2004, 257~325쪽.

강일신, 『헌법재판소 선례변경에 관한 연구』, 헌법재판소 헌법재판연구원, 2017.

강태수, 「헌법의 우위와 헌법유보」, 『법학논집』 제18집, 청주대학교 법학연구소, 2002, 1~30쪽.

강현중, 「판결의 파생적 효력」, 『사법행정』 제27권 제12호, 한국사법행정학회, 1986. 12., 59~65쪽.

______, 「헌재의 해산 정당 소속 국회의원직 상실 결정의 소송법상 효력」, 『법률신문』 제4423호, 2016. 6. 20., 12쪽.

______, 『민사소송법 강의』, 박영사, 2013.

______, 『민사소송법(제7판)』, 박영사, 2018.

계희열, 「법률에 대한 위헌판결의 효력」, 『법률의 위헌결정과 헌법소원의 대상』(헌법재판연구 제1권), 헌법재판소, 1989, 173~232쪽.

______, 「헌법재판과 국가기능」, 『헌법재판의 회고와 전망 - 창립 10주년 기념세미나 -』, 헌법재판소, 1998, 201~266쪽.

공진성, 「반복입법금지에 관한 소고」, 『헌법학연구』 제16권 제4호, 한국헌법학회, 2010, 363~390쪽.

권영성, 「헌법판례의 체계적 연구」, 『논문집』 제3집, 한국방송통신대학, 1984, 207~235쪽.

______, 『헌법학원론(개정판)』, 법문사, 2010.

김남진/김연태, 『행정법 Ⅰ(제22판)』, 법문사, 2018.

김대휘, 「법원론에 관한 연구」, 서울대학교 법학박사학위논문, 1992.

김도협, 『헌법재판개설』, 진원사, 2017.

김동희, 『행정법 Ⅰ(제24판)』, 박영사, 2018.

김상근, 「위헌법률에 기초한 부과처분의 집행력과 구제방법」, 『조세판례백선』, 박영사, 2005, 95~100쪽.

김선택, 「국가기능체계에 있어서 헌법재판소의 역할과 한계」, 『공법연구』 제33집 제4호, 한국공법학회, 2005, 179~209쪽.

______, 「헌법적 대화에 있어서 헌법재판소의 역할」, 『공법연구』 제41집 제4호, 한국공법학회, 2013, 33~63쪽.

김성수, 「권한없는 자의 행정행위」, 『법률신문』 제2437호, 1995. 9. 11., 14~15쪽.

______, 『일반행정법(제8판)』, 홍문사, 2018.

김시철, 「헌법해석에 관한 결정이유와 선례구속의 원칙」, 『헌법논총』 제17집, 헌법재판소, 2006, 35~96쪽.

_____, 「헌법재판소결정의 효력과 넓은 의미의 구체적 규범통제의 법적 성격」, 『헌법논총』 제18집, 헌법재판소, 2007, 5~93쪽.

김영환, 「법학방법론의 이론적 체계와 실천적 의의」, 『법철학연구』 제17권 제3호, 한국법철학회, 2014, 5~40쪽.

김용진, 『다시본 민사소송법』, 청목출판사, 2012.

김운용, 『위헌심사론』, 삼지원, 1998.

김유환, 「위헌법률에 근거한 행정처분의 효력」, 『행정판례연구』 제5집, 서울대학교출판부, 2000, 68-86쪽.

김인현, 「근거법률의 위헌결정과 행정처분의 효력」, 『군사법론집』 제2집, 국방부, 1995, 109~123쪽.

김중권, 『행정법(제2판)』, 법문사, 2016.

김지형, 「헌법재판결정의 기판력」, 『헌법논총』 제3집, 헌법재판소, 1992, 254~306쪽.

김철수, 『학설·판례 헌법학(전정신판)(중)』, 박영사, 2009.

김철용/최광률 편집대표, 『주석 행정소송법』, 박영사, 2004.

김하열, 『헌법소송법(제3판)』, 박영사, 2018.

김학성, 「헌법소원에 관한 연구」, 서울대학교 법학박사학위논문, 1990.

_____, 『헌법학원론(전정2판)』, 박영사, 2018.

김학세, 『행정소송의 체계(증보개정판)』, 일조각, 1998.

김현철, 『판례 헌법소송법(제4판)』, 전남대학교출판부, 2016.

김현철/박경철/박진영/홍영기, 『형벌규정에 대한 위헌결정의 시적효력에 관한 연구』(헌법재판연구 제24권), 헌법재판소, 2013.

김홍엽, 『민사소송법(제7판)』, 박영사, 2018.

나 현, 「위헌(위법)인 법률, 명령, 규칙(조례)에 근거한 행정행위의 효력」, 『사법연구자료』 제23집, 대법원 법원행정처, 1996, 381~415쪽.

남동현, 「판결의 제3자적 효력의 본질과 그밖의 판결의 효력에 관한 검토」, 『비교사법』 제16권 제2호, 한국비교사법학회, 2008, 337~372쪽.

남복현, 「헌법재판소 결정의 확정력」, 『한양법학』 제3집, 한양법학회, 1992, 213~236쪽.

_____, 「헌법재판소 결정의 기속력」, 『한양법학』 제4·5(통합)집, 한양법학회, 1994, 151~188쪽.

_____, 「법률의 관한 위헌여부 결정의 법규적 효력」, 『공법연구』 제21집, 한국공법학회, 1993, 313~334쪽.

_____, 「법률의 위헌결정의 효력에 관한 연구」, 한양대학교 법학박사학위논문, 1994.

_____, 「위헌법률에 기한 처분의 법적 성격」, 『법률신문』 2386호, 1995. 2. 27., 15쪽.

_____, 「헌재법 제47조 제2항의 해석과 적용에 관한 비판적 고찰」, 『법학논총』 제12집, 한양대학교 법학연구소, 1995, 379~397쪽.

_____, 「위헌결정의 효력에 있어 폐지무효설의 이론적 전개」, 『공법학의 현대적 지평』(심천 계희열 박사 화갑기념논문집), 박영사, 1995, 382~409쪽.

_____, 「헌법재판소 결정의 효력과 법원의 기속」, 『공법연구』 제24집 제1호, 한국공법학회, 1996, 221~258쪽.

_____, 「위헌법률에 기한 행정처분의 집행력 허용여부에 관한 검토」, 『헌법실무연구』 제1권, 박영사, 2000, 419~450쪽.

_____, 「동일한 사건의 인정범위와 헌재결정의 기판력」, 『강의중 교수 정년기념논문집』, 교학사, 2002, 90~115쪽.

______, 「헌법재판소 결정주문의 합의방식과 중요한 결정이유의 기속력」, 『헌법학연구』 제15권 제1호, 한국헌법학회, 2009, 209~247쪽.

______, 「헌법불합치결정을 둘러싼 법적 쟁점의 검토 - 실체적 형벌법규를 중심으로 -」, 『헌법실무연구』 제10권, 박영사, 2009, 463~510쪽.

______, 「헌법재판소의 법률에 대한 위헌여부 결정과 국회의 입법과의 관계」, 『헌법학연구』 제18권 제3호, 한국헌법학회, 2012, 149~204쪽.

______, 『헌법재판소 결정의 소송법적 효력』, 한국학술정보, 2013.

______, 「형벌법규에 대한 위헌결정의 효력을 둘러싼 쟁점」, 『공법연구』 제43집 제1호, 한국공법학회, 2014, 237~264쪽.

류지태, 「행정소송의 판결의 효력」, 『고시계』 제38권 제5호(통권 제435호), 국가고시학회, 1993. 5., 87~102쪽.

류지태/박종수, 『행정법신론(제16판)』, 박영사, 2016.

문광삼/남복현/전정환, 『헌법재판소결정의 효력에 관한 연구』(헌법재판연구 제7권), 헌법재판소, 1996, 19~88쪽.

민일영, 「제4절 재판」, 김상원/박우동/이시윤/이재성 편집대표, 『주석 신민사소송법(Ⅲ)』, 한국사법행정학회, 2004, 155~391쪽.

박경철, 「대법원 2001.4.27. 선고 95재다14판결의 문제점 - 한정위헌결정의 당위성과 기속력을 중심으로 -」, 『헌법학연구』 제8권 제2호, 한국헌법학회, 2002, 401~441쪽.

박균성, 『행정법론(상)(제17판)』, 박영사, 2018.

박승호, 「형벌규정에 대한 헌법불합치결정」, 『아주법학』 제8권 제4호, 아주대학교 법학연구소, 2015, 129~165쪽.

박일경, 『유신헌법』, 박영사, 1972.

박일환, 「위헌판결의 효력(상)」, 『대한변호사협회지』 제151호, 대한변호사협회, 1989. 3., 8~19쪽.

______, 「위헌판결의 효력(하)」, 『인권과 정의』 제152호, 대한변호사협회, 1989. 4., 39~46쪽.

______, 「법률의 시적 효력범위」, 『법조』 제38권 제11호(통권 제398호), 법조협회, 1989. 11., 40~63쪽.

______, 「위헌법률의 효력상실시점」, 『인권과 정의』 제165호, 대한변호사협회, 1990. 5., 103~110쪽.

______, 「헌법재판실무자료(3)」, 『법조』 제39권 제7호(통권 제406호), 법조협회, 1990. 7., 178~207쪽.

박정훈, 「취소소송의 소송물에 관한 연구: 취소소송의 관통개념으로서 소송물 개념의 모색」, 『법조』 제49권 제7호(통권 제526호), 법조협회, 2000. 7., 93~126쪽.

박진완, 「헌법재판소와 국회와의 관계: 규범반복금지」, 『헌법학연구』 제11권 제2호, 한국헌법학회, 2005, 75~110쪽.

박진우, 「형벌조항에 관한 위헌결정의 소급효에 대한 비판적 고찰」, 세계헌법연구 제17권 제2호, 세계헌법학회 한국학회, 2011, 411~438쪽.

박찬주, 「위헌심판결정의 기속력」, 『외법논집』 제34집 제4호, 한국외국어대학교 법학연구소, 2010, 133~157쪽.

방승주, 「독일연방헌법재판소에 의한 경과규정의 허용성」, 『안암법학』 제4집, 안암법학회, 1996, 179~233쪽.

______, 「헌법재판소의 헌법합치적 해석의 효력」, 『법학논집』 특별호, 고려대학교 법학연구소, 1997, 411~444쪽.

______, 「국가배상법 제2조 제1항 단서에 대한 한정위헌결정의 기속력」, 『인권과 정의』 제304호, 한국변호사협회, 2001. 12., 102~120쪽.

배보윤, 「위헌결정과 행정처분의 효력」, 『행정판례연구』 제4집, 서울대학교출판부, 1999, 81~101쪽.

배종대/이상돈/정승환/이주원, 『형사소송법(제2판)』, 홍문사, 2016.

백춘기, 「판결의 효력」, 『사법논집』 제36집, 법원도서관, 2003, 461~534쪽.

사봉관, 「위헌결정의 효력발생시기」, 『헌법논총』 제18집, 헌법재판소, 2007, 203~242쪽.

서규영/류태경/이재형/김재방/박지용, 『헌법재판소법 제47조 제2항 단서의 개정에 관한 연구용역 보고서』, 법무부 법무실 국가송무과, 2011.

서보국, 「합헌적 집행법률에 근거한 압류처분의 위헌적 결과에 대한 권리구제의 직접근거로서 헌법 제107조 제2항」, 『행정판례연구』 제18집 제1호, 박영사, 2013, 3~28쪽.

서희원, 『영미법강의』, 박영사, 2000.

성낙인, 『헌법학(제18판)』, 법문사, 2018.

성낙인/이효원/권건보/정 철/박진우/허진성, 『헌법소송론』, 법문사, 2012.

성중탁, 「선행 과세처분의 근거 법률이 위헌선고된 경우, 과세채권의 집행을 위한 체납처분의 효력」, 『저스티스』 제136호, 한국법학원, 2013. 6., 228~253쪽.

손상식, 「한정합헌결정과 한정위헌결정에 관한 소고」, 『헌법학연구』 제18권 제3호, 한국헌법학회, 2012, 465~510쪽.

손용근, 「위헌결정의 소급효가 미치는 범위에 관한 비판적 고찰」, 『사법논집』 제24집, 법원도서관, 1993, 5~98쪽.

______, 「위헌결정의 소급효에 관한 재검토」, 『헌법문제와 재판(중)』(재판자료 제76집), 법원도서관, 1997, 7~104쪽.

손철우, 「위헌결정의 소급효에 관한 소고」, 『법조』 제49권 제10호(통권 제529호), 법조협회, 2000. 10., 145~187쪽.

손한기, 『민사소송법』, 홍문사, 2017.

송상현/박익환, 『민사소송법(신정7판)』, 박영사, 2014.

슈테판 코리오트, 허완중 옮김, 「주문 선택의 기술」, 『헌법판례연구』 제11권, 박영사, 2010, 223~244쪽.

신봉기, 「헌법불합치결정의 이유에 기초한 개선입법의무」, 『헌법논총』 제7집, 헌법재판소, 1996, 349~384쪽.

신 평, 『헌법재판법(전면개정판)』, 법문사, 2011.

신현범, 「형벌조항에 대한 위헌결정의 소급효 제한 가능성」, 『대법원판례해설』 제88호(2011 상반기), 법원도서관, 2011, 880~913쪽.

안철상, 「행정소송의 판결」, 조해현 편집대표, 『행정소송(Ⅰ) - 재판실무연구(4)』, 한국사법행정학회, 2008, 312~327쪽.

양 건, 『헌법강의(제7판)』, 법문사, 2018.

유진오, 『신고 헌법해의』, 일조각, 1957.

윤일영, 「판례의 기능」, 『민사판례연구』 제1권, 박영사, 1992, 357~369쪽.

윤진수, 「위헌법률의 효력」, 『헌법논총』 제1집, 헌법재판소, 1990, 273~321쪽.

______, 「행정처분 무효확인청구가 기판력에 저촉되는 경우 근거법률의 위헌결정이 무효확인청구에 미치는 영향」, 『법조』 제43권 제3호(통권 제450호), 법조협회, 1994. 3., 144~153쪽.

______, 「위헌인 법률에 근거한 행정처분의 당연무효 여부」, 『법조』 제44권 제10호(통권 제469호), 법조협회, 1995. 10., 147~173쪽.

______, 「헌법재판소 위헌결정의 소급효」, 『헌법문제와 재판(상)』(재판자료 제75집), 법원도서관, 1996,

621~718쪽.

_____, 「독일법상 ≪판례≫의 의미 -우리 법에의 시사-」, 『판례실무연구』 제6권, 박영사, 2003, 215~236쪽.

이강국, 「위헌법률의 효력」, 『공법학의 현대적 지평』(심천 계희열 박사 화갑기념논문집), 박영사, 1995, 369~381쪽.

이광범, 「『판례』의 의미와 구속력에 관한 소고」, 『판례실무연구』 제6권, 박영사, 2003, 237~255쪽.

이경주, 『헌법 Ⅱ』, 법영사, 2013.

이기중, 「행정처분의 근거법령이 무효로 된 경우 그 행정처분의 효력」, 『판례연구』 제6집, 부산판례연구회, 1996, 585~606쪽.

이기철, 「헌법재판소의 부수적 의견과 그 문제점」, 『21세기 한양법학에의 낙수』(석하 김기수교수 정년기념논문집), 언약, 1997, 1148~1169쪽.

_____, 「헌법재판소결정은 주된 이유에도 기속력이 미치는가?」, 『한양법학』 제13집, 한양법학회, 2002, 63~117쪽.

_____, 「헌법재판소의 결정은 당연무효인가 폐지무효인가?」, 『강의중교수정년기념논문집』, 교학사, 2002, 19~43쪽.

_____, 「헌법재판소의 방론은 바람직한가?」, 『공법학연구』 제7권 제1호, 한국비교공법학회, 2006, 319~363쪽.

이명환, 「민사판결의 인적효력범위」, 『사회과학논총』 제1집, 계명대학교 사회과학연구소, 1983, 129~142쪽.

이부하, 「법률조항에 대한 헌법재판소의 위헌결정의 소급효에 대한 고찰」, 『공법학연구』 제14권 제2호, 한국비교공법학회, 2013, 383~405쪽.

이상규, 「위헌법률에 근거한 처분의 효력」, 『판례연구』 제9집, 서울지방변호사회, 1996, 25~34쪽.

이상훈, 「위헌결정과 헌법불합치결정의 효력 및 그 재판실무상 적용」, 『사법논집』 제38집, 법원도서관, 2004, 5~109쪽.

이성환, 「헌법재판소 결정의 효력에 관한 연구」, 서울대학교 법학박사학위논문, 1994.

_____, 「한정위헌결정의 기속력」, 『세계헌법연구』 제2호, 국제헌법학회 한국학회, 1997, 543~567쪽.

이성환/정태호/송석윤/성선제, 『정당해산심판제도에 관한 연구』(헌법재판연구 제15권), 헌법재판소, 2004.

이승우, 「위헌법률의 효력에 관하여」, 『법률신문』 제2197호, 1993. 3. 1., 9, 15쪽.

이승우/정만희/음선필, 『탄핵심판제도에 관한 연구』(헌법재판연구 제12권), 헌법재판소, 2001.

이시윤, 『신민사소송법(제12판)』, 박영사, 2018.

이 원, 「위헌법률에 근거한 행정처분의 효력과 그 집행력의 인정여부」, 『법제연구총서』 5, 법제처, 2000, 1~38쪽.

이재상/조균석, 『형사소송법(제11판)』, 박영사, 2017.

이재승, 「선결례와 법발견」, 『법제』 제479호, 법제처, 1997. 11., 70~82쪽.

이정념, 「위헌결정 형벌규정의 소급효」, 『형사판례연구』 제20권, 형사판례연구회, 2012, 185~209쪽.

이준일, 『헌법학강의(제6판)』, 홍문사, 2015.

임지봉, 「국회의 입법형성권과 헌법재판소 결정의 기속력」, 『입법학연구』 제3집, 한국입법학회, 2006, 127~144쪽.

장영수, 『헌법학(제10판)』, 홍문사, 2017.

장윤기, 「헌법재판소에서 위헌으로 결정된 법률의 효력」, 『사법행정』 제34권 제6호(통권 제390호), 사법행정학회, 1993. 6., 47~62쪽.

전광석, 「헌법재판에 있어서의 결정주문의 유형과 효력」, 『헌법재판 및 제도의 활성화에 관한 연구』(헌법재판연구 제2권), 헌법재판소, 1991, 111~183쪽.

_____, 『한국헌법론(제13판)』, 집현재, 2018.

전민형, 「정당해산심판 결정의 유형과 법적 효과」, 『안암법학』 제44권, 안암법학회, 2014, 473~515쪽.

전정환, 「헌법재판소 결정의 확정력에 관한 고찰」, 『아태공법연구』 제8집, 아세아태평양공법학회, 2000, 207~229쪽.

_____, 「헌법재판소결정의 법규적 효력」, 『고시계』 제48권 제9호(통권 제559호), 고시계사, 2003. 9., 4~15쪽.

정광현, 「행정처분 무효확인소송에서 법률의 위헌 주장과 재판의 전제성」, 『헌법논총』 제23집, 헌법재판소, 2012, 315~352쪽.

정남철, 「법률의 위헌결정의 효력과 행정처분의 법적 효과」, 『행정판례연구』 제20집 제1호, 박영사, 2015, 123~155쪽.

정동윤/유병현/김경욱, 『민사소송법(제6판)』, 법문사, 2017.

정연주, 「위헌결정의 기속력」, 『헌법논총』 제17집, 헌법재판소, 2006, 403~430쪽.

_____, 「안마사 결정의 재검토 - 위헌결정 기속력의 주관적·객관적 범위의 문제를 중심으로 -」, 『홍익법학』 제10권 제2호, 홍익대학교 법학연구소, 2009, 317~241쪽.

_____, 『헌법소송론』, 법영사, 2015.

정영환, 『신민사소송법』, 세창출판사, 2009.

정재황, 「헌법관습과 헌법판례의 불문헌법법원성 여부」, 『고시계』 제36권 제10호(제416호), 고시계사, 1991. 10., 97~109쪽.

_____, 「헌법재판소와 국회·법원과의 관계」, 『고시연구』 제19권 제1호(통권 제214호), 고시연구사, 1992. 1., 44~59쪽.

_____, 『판례헌법(제2판)』, 길안사, 1997.

정종섭, 『헌법소송법(제8판)』, 박영사, 2014.

_____, 『헌법학원론(제12판)』, 박영사, 2018.

정태호, 「법률에 대한 위헌결정의 소급효문제에 대한 비판적 고찰」, 『법률행정논집』 제19집, 전남대학교 법률행정연구소, 2000, 199~244쪽.

정하중, 『행정법총론(제12판)』, 법문사, 2018.

정호경, 「행정처분 발령후 근거법률이 위헌결정된 경우의 행정처분의 효력」, 『행정법연구』 제17호, 행정법이론실무학회, 2008, 87~110쪽.

조배숙, 「위헌결정의 소급효」, 『취봉 김용철선생 고희기념 법학논집』, 박영사, 1993, 206~229쪽.

조상혁, 「형성판결의 효력 서설」, 『재산법연구』 제21권 제2호, 한국재산법학회, 2005, 405~436쪽.

최경옥, 「헌법판례의 선례구속성과 법원성」, 『대학원논문집』 제22집, 동아대학교, 1997, 63~87쪽.

최병조, 「제1조(법원)」, 곽윤직 편집대표, 『민법주해[Ⅰ] - 총칙(1)』, 박영사, 2004, 26~72쪽.

최희수, 「법률의 위헌결정의 효력에 관한 연구 - 소송법적 효력을 중심으로 -」, 고려대학교 법학박사학위논문, 2001.

_____, 「규범통제결정의 기판력」, 『헌법논총』 제14집, 헌법재판소, 2003, 535~566쪽.

______, 「헌법재판소 결정의 결정이유의 기속력에 관한 연구」, 『공법연구』 제33집 제1호, 한국공법학회, 2004, 445~468쪽.

______, 「헌법재판소 한정합헌·한정위헌 결정의 기속력」, 『고려법학』 제61호, 고려대학교 법학연구원, 2011, 173~203쪽.

______, 「위헌결정의 기속력」, 『헌법재판 주요선례연구 2』, 헌법재판소 헌법재판연구원, 2012, 469~492쪽.

______, 『헌법소송법 요론(개정판)』, 대명출판사, 2015.

한병채, 『헌법재판론』, 고시계, 1994.

한봉희, 「제1조[법원]」, 박준서 편집대표, 『주석 민법[총칙(1)]』, 한국사법행정학회, 2002, 131~148쪽.

한수웅, 『헌법학(제8판)』, 법문사, 2018.

한수웅/정태호/김하열/정문식, 『주석 헌법재판소법』, 헌법재판소 헌법재판연구원, 2015.

허성욱, 「위헌·위법인 법령에 근거한 처분의 집행력」, 『행정판례평선』, 박영사, 2011, 280~290쪽.

허 영, 『헌법이론과 헌법(신8판)』, 박영사, 2017.

______, 『한국헌법론(전정14판)』, 박영사, 2018.

______, 『헌법소송법론(제13판)』, 박영사, 2018.

허완중, 「헌법 제29조 제2항 법률이 정하는 보상의 적극적 해석」, 『고려법학』 제51호, 고려대학교 법학연구원, 2008, 195~229쪽.

______, 「헌법재판에서 필요성이 의심되는 법률적 효력과 형성력에 의한 그 대체 가능성」, 『안암법학』 제28호, 안암법학회, 2009, 33~72쪽.

______, 「관습법과 규범통제」, 『공법학연구』 제10권 제1호, 한국비교공법학회, 2009, 161~189쪽.

______, 「헌법재판소결정의 선례적 구속력」, 『저스티스』 제110호, 한국법학원, 2009. 4., 5~28쪽.

______, 「한국헌법에 따른 헌법재판소법 제47조 제2항의 해석」, 『공법연구』 제37집 제4호, 한국공법학회, 2009, 229~255쪽.

______, 「헌법재판소의 지위와 민주적 정당성」, 『고려법학』 제55호, 고려대학교 법학연구원, 2009, 1~37쪽.

______, 「법률과 법률의 효력」, 『공법학연구』 제11권 제1호, 한국비교공법학회, 2010, 187~214쪽.

______, 「형벌에 관한 법률(조항)에 대한 헌법재판소의 헌법불합치결정」, 『공법연구』 제38집 제4호, 한국공법학회, 2010, 133~157쪽.

______, 「한정위헌결정은 변형결정인가?」, 『헌법학연구』 제16권 제3호, 한국헌법학회, 2010, 695~738쪽.

______, 「헌법재판소의 결정유형 선택기준」, 『헌법학연구』 제17권 제1호, 한국헌법학회, 2011, 399~436쪽.

______, 「위헌결정의 법률요건적 효력」, 『헌법학연구』 제19권 제3호, 한국헌법학회, 2013, 389~430쪽.

______, 『헌법재판소 결정이 입법자를 구속하는 범위와 한계』, 전남대학교출판문화원, 2017.

『헌법재판실무제요(제2개정판)』, 헌법재판소, 2015

호문혁, 『민사소송법(제13판)』, 법문사, 2016.

홍계정, 「선례구속 원칙의 한국적 전개」, 중앙대학교 법학석사학위논문, 2008.

홍기문, 『민사소송법(제7판)』, 대명출판사, 2016.

홍성방, 『헌법학(하)(제3판)』, 박영사, 2014.

______, 『헌법소송법』, 박영사, 2015.

홍일표, 「판결이유와 선례로서의 구속력의 범위」, 『민사판례연구』 제13권, 박영사, 1991, 239~254쪽.

_____, 「판례위반을 이유로 한 권리상고와 영미법에 있어서의 선례구속의 원칙」, 『민사판례연구』 제6권, 박영사, 1993, 210~243쪽.

_____, 「판례의 형성과 구속력의 범위」, 『일감법학』 제12호, 건국대학교 법학연구소, 2007, 1~41쪽.

홍정선, 『행정법원론(상)(제26판)』, 박영사, 2018.

홍준형, 「행정행위 무효이론의 재검토」, 『행정논총』 제36권 제1호, 서울대학교 행정대학원, 1998, 187~209쪽.

_____, 『행정법(제2판)』, 법문사, 2017.

황도수, 「헌법재판소 결정의 기속력」, 『헌법의 규범력과 법질서』(연천 허영 박사 정년기념논문집), 박영사, 2002, 764~796쪽.

황우여, 「위헌결정의 효력」, 『사법논집』 제21집, 법원도서관, 1990, 5~37쪽.

_____, 「위헌결정의 효력」, 『헌법재판의 이론과 실제』(금랑 김철수교수 화갑기념), 박영사, 1993, 301~334쪽.

황치연, 「대법원 1996. 4. 9. 선고 95누11405 판결과 관련된 쟁점들에 대한 비판적 고찰」, 『인권과 정의』 제240호, 대한변호사협회, 1996. 8., 147~157쪽.

_____, 「위헌결정의 시간적 효력」, 『헌법재판의 새로운 지평』(이강국 헌법재판소장 퇴임기념논문집), 박영사, 2013, 537~561쪽.

Peter Badura, Die Bedeutung von Präjudizien im öffentlichen Recht, in: Uwe Balurock (Hrsg.), Die Bedeutung von Präjudizien im deutschen und französischen Recht, Frankfurt am Main 1985, S. 49-74.

Ulrich Battis, Der Verfassungsverstoß und seine Rechtsfolgen, in: Josef Isensee/Paul Kirchhof (Hrsg.), HStR, Bd. Ⅶ, Heidelberg 1992, § 162.

Ernst Benda, Die Verfassungsgerichtsbarkeit der Bundesrepublik Deutschland, in: Christian Starck/Albrecht Weber (Hrsg.), Verfassungsgerichtsbarkeit in Westeuropa, Teilband 1, Baden-Baden 1986, S. 121-148.

Ernst Benda/Eckart Klein/Oliver Klein, Verfassungsprozessrecht, 3. Aufl., Heidelberg/München/Landsberg/Frechen/Hamburg 2012.

Herbert Bethge, Die Rechtskraft im Verfassungsprozessrecht, in: Christian Heinrich (Hrsg.), Festschrift für Hans-Joachim Musielak zum 70. Geburtstag, München 2004, S. 77-103.

_____________, Verbindlichkeit der Entscheidung, in: Theodor Maunz/Bruno Schmit- Bleibtreu/Franz Klein/Gerhard Ulsamer/Herbert Bethge/Karin Grasshof/Rudolf Mellinghoff/Jochen Rozek, Bundesverfassungsgerichtsgesetz - Kommentar, Bd. 1, München 2017 (Stand: Januar 2017), § 31.

_____________, Entscheidungswirkung, in: Theodor Maunz/Bruno Schmit-Bleibtreu/Franz Klein/Gerhard Ulsamer/Herbert Bethge/Karin Grasshof/Rudolf Mellinghoff/Jochen Rozek, Bundesverfassungsgerichtsgesetz - Kommentar, Bd. 2, München 2017 (Stand: Januar 2017), § 79.

Gernot Biehler, Zur Bindungswirkung von Urteilen des Bundesverfassungsgerichts, in: DVBl. 1991, S. 1237-1239.

Winfried Brohm, Die Funktion des BVerfG – Oligarchie in der Demokratie?, in: NJW 2001, S. 1-10.

Hans Brox, Zur Zulässigkeit der erneuten Überprüfung einer Norm durch das Bundesverfassungsgericht, in: Gerhard Leibholz/Hans Joachim Faller/Paul Mikat/Hans Reis (Hrsg.), Menschenwürde und freiheitliche Rechtsordnung: Festschrift für Willi Geiger zum 65. Geburtstag, Tübingen 1974, S. 809-826.

Brun-Otto Bryde, Verfassungsentwicklung, Baden-Baden 1982.

Volker Busse, Kontinuität und Wandelbarkeit in der verfassungsgerichtlichen Judikatur, in: ZG 1988, S. 353-362.

Young-Chul Chang, Die konkrete Normenkontrolle in der Verfassung der Republik Korea, Diss. jur. Köln, 1998.

Claus Dieter Classen, Gesetzesvorbehalt und Dritte Gewalt, in: JZ 2003, S. 693-701.

Hans-Joachim Cremer, Die Wirkungen verfassungsgerichtlicher Entscheidungen, in: Jochen Abr. Frowein/Thilo Marauhn (Hrsg.), Grundfragen der Verfassungsgerichtsbarkeit in Mittel-und Osteuropa, Berlin/Heidelberg 1998, S. 237-359.

Christoph Degenhart, Systemgerechtigkeit und Selbstbindung des Gesetzgebers als Verfassungspostulat, München 1976.

Steffen Detterbeck, Normwiederholungsverbote aufgrund normverwerfender Entscheidungen des Bundesverfassungsgerichts, in: AöR 116 (1991), S. 391-459.

________________, Streitgegenstand und Entscheidungswirkungen im öffentlichen Recht, Tübingen 1995.

Rainer Eckertz, Die Kompetenz des Bundesverfassungsgerichts und die Eigenheit des Politischen, in: Der Staat 17 (1978), S. 183-203.

Wolfgang Endemann, Zur Bindungswirkung von Entscheidungen des Bundesverfassungsgerichts im Verfassungsbeschwerdeverfahren, in: Theo Ritterspach/Willi Geiger (Hrsg.), Festschriftfür Gebhard Müller: Zum 70. Geburtstag des Präsidenten des Bundesverfassungsgerichts, Tübingen 1970, S. 21-38.

Ernst Friesenhahn, Zum Inhaltund zur Wirkung der Entscheidungen des deutschen Bundesverfassungsgerichtes, in: Scritti in Onore di Gaspare Ambrosini, Bd. I, Milano 1970, S. 669-708.

Reinhard Gaier, Die Durchsetzung verfassungsgerichtlicher Entscheidungen, in: JuS 2011, S. 961-966.

Willi Geiger, Die Beziehungen zwischen der Bundesverfassungsgerichtsbarkeit und der übrigen Gerichtsbarkeit im Bunde auf Grund des Bundesverfassungsgerichtsgesetzes (BVGG.), in: DRiZ 1951, S. 172-175.

____________, Die Grenzen der Bindung verfassungsgerichtlicher Entscheidungen (§ 31 Abs. 1 BVerfGG), in: NJW 1954, S. 1057-1061.

Philippe Gerber, Die Rechtssetzungsdirektiven des Bundesverfassungsgerichts, in: DÖV 1989, S. 698-707.

Malte Graßhof, Wirkung der Entscheidung, in: Dieter C. Umbach/Thomas Clemens/Franz- Wilhelm Dollinger (Hrsg.), Bundesverfassungsgerichtsgesetz - Mitarbeiterkommentar und Handbuch, 2. Aufl., Heidelberg 2005, § 79.

Christoph Gusy, Parlamentarischer Gesetzgeber und Bundesverfassungsgericht, Berlin 1985.

Georg Hermes, Verfassungsrecht und einfaches Recht - Verfassungsgerichtsbarkeit und

Fachgerichtsbarkeit, in: VVDStRL 61, Berlin 2002, S. 119-154.

Konrad Hesse, Grundzüge des Verfassungsrechts der Bundesrepublik Deutschland, 20. Aufl., Heidelberg 1995 (**콘라드 헷세, 계희열** 역, 『통일독일헌법원론』, 박영사, 2001).

Andreas Heusch, Verbindlichkeit der Entscheidungen, in: Dieter C. Umbach/Thomas Clemens/ Franz-Wilhelm Dollinger (Hrsg.), Bundesverfassungsgerichtsgesetz - Mitarbeiterkommentar und Handbuch, 2. Aufl., Heidelberg 2005, § 31.

Christian Hillgruber, Richterliche Rechtsfortbildung als Verfassungsproblem, in: JZ 1996, S. 118-125.

Christian Hillgruber/Christoph Goos, Verfassungsprozessrecht, 4. Aufl., Heidelberg 2015.

Wolfgang Hoffmann-Riem, Beharrung oder Innovation - Zur Bindungswirkung verfassungsgerichtlicher Entscheidungen, in: Der Staat 13 (1974), S. 335-364.

Dietrich Jesch, Zur Bindung an Entscheidungen des BVerfG über Verfassungsbeschwerden, in: JZ 1954, S. 528-533.

Ernst Kadenbach, Zur bindenden Wirkung der Entscheidungen des Bundesverfassungsgerichts – Versuch einer abschließenden Betrachtung -, in: AöR 80 (1955/1956), S. 385-422.

Uwe Kischel, Darf der Gesetzgeber das Bundesverfassungsgericht ignorieren? – Zum erneuten Erlaß für nichtig erklärter Gesetze, in: AöR 131 (2006), S. 219-254.

Hans Hugo Klein, Probleme der Bindung des „einfachen Richters“ an Entscheidungen des BVerfG, in: NJW 1977, S. 697-700.

______________, Verfassungsgerichtsbarkeit und Verfassungsstruktur – Vom Rechtsstaat zum Verfassungsstaat -, in: Paul Kirchhof/Klaus Offerhaus/Horst Schöberle (Hrsg.), Steuerrecht, Verfassungsrecht, Finanzpolitik: Festschrift für Franz Klein, Köln 1994, S. 511-526 (**한스 후고 클라인, 송석윤** 옮김, 『헌법재판과 헌법구조』, 독일 콘라드 아데나워 재단, 1996).

Kai-Oliver Knops, Bundesverfassungsgericht und die Bindungskraft seiner Entscheidungen, in: KritV 1997, S. 38-58.

Stefan Korioth, Die Bindungswirkung normverwerfender Entscheidungen des Bundesverfassungsgerichts für den Gesetzgeber, in: Der Staat 30 (1991), S. 549-571 (**슈테판 코리오트, 허완중** 옮김, 「입법자에 대한 연방헌법재판소 규범폐기재판의 기속력」, 『헌법판례연구』 제12권, 집현재, 2011, 239~271쪽).

____________, Staatsrecht Ⅰ, 4. Aufl., Stuttgart 2018.

Martin Kriele, Theorie der Rechtsgewinnung, 2. Aufl., Berlin 1976 (**마르틴 크릴레, 홍성방** 옮김, 『법발견의 이론』, 유로서적, 2013).

__________, Recht und praktische Vernunft, Göttingen 1979 (**마르틴 크릴레, 홍성방** 옮김, 『법과 실천이성』, 유로서적, 2013).

__________, Grundrechte und demokratischer Gestaltungsspielraum, in: Josef Isensee/Paul Kirchhof (Hrsg.), Handbuch des Staatsrechts der Bundesrepublik Deutschland, Bd. V, Heidelberg 2000, § 110.

Hanno Kube, Die Bindungswirkung der Normverwerfung– Zur Stellung der Parlamente im Verfassungsstaat -, in: DÖV 2002, S. 737-739.

Klaus Lange, Rechtskraft, Bindungswirkung und Gesetzeskraft der Entscheidungen des Bundesverfassungsgerichts, in: JuS 1978, S. 1-8.

Karl Larenz/Claus-Wilhelm Canaris, Methodenlehre der Rechtswissenschaft, 3. Aufl., Berlin/Heidelberg 1995.

Hans Lechner, Nochmals zur bindenden Wirkung verfassungsgerichtlicher Entscheidungen, in: NJW 1956, S. 441-445.

Ki-Cheol Lee, Schonung des Gesetzgebers bei Normenkontrollentscheidungen durch das Bundesverfassungsgericht - Eine verfassungstheoretische Betrachtung von Kompetenzstreitigkeiten -, Diss. jur. Göttingen, 1993.

Wolfgang Löwer, Zuständigkeiten und Verfahren des Bundesverfassungsgerichts, in: Josef Isensee/Paul Kirchhof (Hrsg.), HStR, Bd. Ⅲ, 3. Aufl., Heidelberg 2005, § 70.

Hermann Maassen, Problem der Selbstbindung des Bundesverfassungsgerichts, in: NJW 1975, S. 1343-1348.

Christian-Friedrich Menger, Anmerkung zu zwei Beschlüssen des OVG Lüneberg und des Bundesverfassungsgerichts, in: AöR 80 (1955/1956), S. 218-230.

Christian Pestalozza, Verfassungsprozeßrecht, 3. Aufl., München 1991.

Albrecht Peter Pohle, Die Verfassungswidrigerklärung von Gesetzen, Frankfurt am Main/Bern/Cirencester 1979.

Ludwig Renck, Zur Bindung der Gerichte an verfassungsgerichtliche Entscheidungen, in: BayVBl. 1977, S. 368.

Klaus Rennert, Verbindlichkeit der Entscheidungen, in: Dieter C. Umbach/Thomas Clemens (Hrsg.), Bundesverfassungsgerichtsgesetz - Mitarbeiterkommentar und Handbuch, 1. Aufl., Heidelberg 1992, § 31.

Alfred Rinken, in: Erhard Denninger/Wolfgang Hoffmann-Riem/Hans-Peter Schneider/Ekkehart Stein (Hrsg.), AK-GG, 3. Aufl., Neuwied/Kriftel 2001 (Stand: August 2002), Art. 94.

Gerd Roellecke, Aufgaben und Stellung des Bundesverfassungsgerichts in der Gerichtsbarkeit, in: Josef Isensee/Paul Kirchhof (Hrsg.), HStR, Bd. Ⅲ, 3. Aufl., Heidelberg 2005, § 68.

Leo Rosenberg/Karl Heinz Schwab/Peter Gotteald, Zivilprozessrecht, 17. Aufl., München 2010.

Hans G. Rupp, Zur Bindungswirkung der Entscheidungen des Bundesverfassungsgerichts, in: die Rechtswissenschaftliche Abteilung der Rechts- und Wirtschaftswissenschaftlichen Fakultät der Universität Tübingen (Hrsg.), Tübinger Festschrift für Eduard Kern, Tübingen 1968, S. 403-422.

Wiltraut Rupp-von Brünneck, Stellung und Tätigkeit des deutschen Bundesverfassungsgerichts, in: Hans-Peter Schneider (Hrsg.), Verfassung und Verantwortung, Baden-Baden 1983, S. 245-276.

Michael Sachs, Die Bindung des Bundesverfassungsgerichts an seine Entscheidung, München 1977.

____________, Bindungswirkungen bei verfassungskonformer Gesetzesauslegung durch das Bundesverfassungsgericht, in: NJW 1979, S. 344-348.

____________, Der Fortbestand der Fristenlösung für die DDR und das Abtreibungsurteil des Bundesverfassungsgerichts, in: DtZ 1990, S. 193-199.

____________, Zur Verbindlichkeit bundesverfassungsgerichtlicher Entscheidungen, in: Burkhart Ziemske (Hrsg.), Staatsphilosophie und Rechtspolitik: Festschrift für Martin Kriele zum 65. Geburtstag, München 1997, S. 431-455.

__________, Nichtigkeit des Verwaltungsaktes, in: Paul Stelkens/Heinz Joachim Bonk/Michael Sachs (Hrsg.), Verfwaltungsverfahrensgesetz Kommentar, 8. Aufl., München 2014, § 44.

Horst Säcker, Die Rechtsmacht des Bundesverfassungsgerichts gegenüber dem Gesetzgeber, in: BayVBl. 1979, S. 193-200.

Hans Schäfer, Gesetzeskraft und bindende Wirkung der Entscheidungen des Bundesverfassungsgerichts, in: NJW 1954, S. 1465-1469.

Ulrich Scheuner, Das Verfassungsgericht und die Bindungskraft seiner Entscheidungen, in: DÖV 1954, S. 641-647.

Klaus Schlaich, Die Verfassungsgerichtsbarkeit im Gefüge der Staatsfunktionen, in: VVDStRL 39, Berlin 1981, S. 99-146.

__________, Das Bundesverfassungsgericht - Stellung, Verfahren, Entscheidung, in: JuS 1982, S. 597-604.

Klaus Schlaich/Stefan Korioth, Das Bundesverfassungsgericht - Stellung, Verfahren, Entscheidungen, 11. Aufl., München 2018.

Friedrich E. Schnapp/Sandra Henkenötter, Zur Bindungswirkung der Entscheidungen des BVerfG, in: JuS 1994, S. 121-125.

Hans Schneider, Die Verbindlichkeit von Entscheidungen des Bundesverfassungsgerichts, in: DVBl. 1954, S. 184-187.

Helmuth Schulze-Fielitz, Wirkung und Befolgung verfassungsrechtlicher Entscheidungen, in: Peter Badura/Horst Dreier (Hrsg.), Festschrift 50 Jahre Bundesverfassungsgericht: Verfassungsgerichtsbarkeit - Verfassungsprozeß, Bd. I, Tübingen 2001, S. 385-420.

Max-Jürgen Seibert, Wirkungen der Entscheidungen des BVerfG, in: JuS-Lernbogen 1988, S. L 49-52.

Walter Seuffert, Über Gesetzgebung, Rechtsprechung und Bindungswirkungen, in: AöR 104 (1979), S. 170-200.

Nina-Luisa Siedler, Gesetzgeber und Bundesverfassungsgericht - eine funktionell-rechtliche Kompetenzabgrenzung -, Hamburg 1999.

Udo Steiner, Wirkung der Entscheidungen des Bundesverfassungsgerichs auf rechtskräftige und unanfechtbare Entscheidungen (§ 79 BVerfGG), in: Christian Starck (Hrsg.), Bundesverfassungsgericht und Grundgesetz: Festgabe aus Anlaß des 25jährigen Bestehens des Bundesverfassungsgerichts - Verfassungsgerichtsbarkeit, Bd. 1, Tübingen 1976, S. 323-373.

Klaus Stern, Das Staatsrecht der Bundesrepublik Deutschland, Bd. Ⅱ, München 1980.

__________, in: Rudolf Dolzer/Klaus Vogel/Karin Graßhof (Hrsg.), BK, München 2007 (Stand: Juni 2007), Art. 94.

Gregor Stricker, Subjektive und objektive Grenzen der Bindungswirkung verfassungsgerichtlicher Entscheidungen gemäß § 31 Abs. 1 BVerfGG, in: DÖV 1995, S. 978-985.

Christoph Trzaskalik, Zu den Folgen, wenn das BVerfG Gesetze für nichtig erklärt, in: DB 1991, S. 2255-2258.

Klaus Vogel, Rechtskraft und Gesetzeskraft der Entscheidungen des Bundesverfassungsgerichts, in: Christian Starck (Hrsg.), Bundesverfassungsgericht und Grundgesetz: Festgabe aus Anlaß des 25jährigen Bestehens des Bundesverfassungsgerichts, Bd. I, Verfassungsgerichtsbarkeit, Tübingen 1976, S.

568-627.

Andreas Voßkuhle, in: Hermann von Mangoldt/Friedrich Klein/Christian Starck (Hrsg.), Kommentar zum Grundgesetz, Bd. 3, 7. Aufl., München 2018, Art. 94, S. 689-714.

Dirk Waschull, Das verfassungsrechtliche Normwiederholungsverbot am Beispiel der Entscheidung des Bundesverfassungsgerichts zu den Einmalzahlungen, in: SGb 2000, S. 602-610.

Roland Wenig, Zur Zulässigkeit einer erneuten Vorlage im Normenkontrollverfahren, in: DVBl. 1973, S. 345-349.

Günther Willms, Was bindet nach § 31 I BVerfGG?, in: JZ 1954, S. 525-528.

Norbert Wischermann, Rechtskraft und Bindungswirkung verfassungsgerichtlicher Entscheidungen - Zu den funktionsrechtlichen Auswirkungen der extensiven Auslegung des § 31 Abs. 1 BVerfGG -, Diss. jur. Berlin 1979.

Wolfgang Zeidler, Die Verfassungsrechtsprechung im Rahmen der staatlichen Funktionen – Arten, Inhalt und Wirkungen der Entscheidungen über die Verfassungsmäßigkeit von Rechtsnormen, in: EuGRZ 1988, S. 207-217.

Albrecht Zeuner, Über die Geltungsdauer der Entscheidungen des Bundesverfassungsgerichts und die Möglichkeit späterer abweichender Entscheidungen, in: DÖV 1955, S. 335-340.

Jan Ziekow, Rechtsmittelrecht und Verfassungsgerichtsbarkeit, in: Die Verwaltung 27 (1994), S. 461-494.

__________, Abweichung von bindenden Verfassungsgerichtsentscheidungen?, in: NVwZ 1995, S. 247-250.

__________, Die Bindungswirkung der Entscheidungen des Bundesverfassungsgerichts, in: Jura 1995, S. 522-529.

Rüdiger Zuck, Die Selbstbindung des Bundesverfassungsgerichts, in: NJW 1975, S. 907-911.

Konrad Zweigert, Die Verfassungsbeschwerde, in: JZ 1952, S. 321-328.

찾아보기